高 等 职 业 教 育 教 材

基础化学

高雅男　张志艳　主编

伊赞荃　主审

化学工业出版社

·北京·

内容简介

《基础化学》共二十章，介绍了无机化学及分析化学的基础知识模块，包括物质结构基础、溶液、化学反应速率和化学平衡、酸碱滴定等内容；讲解了有机化学基础知识与饱和烃、不饱和烃、卤代烃、芳香烃、醇、酚、醚、醛、酮、羧酸及其衍生物、杂环化合物、糖、氨基酸等有机化合物的结构特点、分类方法、重要理化性质。以不同类型化合物在生产、生活中的应用实例为引导，阐明化学与未来专业学习的密切关系，并有机融入课程思政相关元素。内容由浅入深，符合现代高职学生的认知规律。

本书涵盖理论讲解、实例解析、配套习题、化学实验，全方位帮助学生提高理论水平和专业技能。

本书可作为高职院校食品类、制药类、药品营销类、生化类、环保类、材料类专业的应用型、技能型人才培养的教材，也可为从事相关行业的工作人员提供参考。

图书在版编目（CIP）数据

基础化学 / 高雅男，张志艳主编 . --北京：化学工业出版社，2025.8. --（高等职业教育教材）.

ISBN 978-7-122-48514-4

Ⅰ. O6

中国国家版本馆 CIP 数据核字第 202567VA01 号

责任编辑：刘心怡　张双进　　　　装帧设计：关　飞
责任校对：田睿涵

出版发行：化学工业出版社
　　　　　（北京市东城区青年湖南街 13 号　邮政编码 100011）
印　　装：中煤（北京）印务有限公司
787mm×1092mm　1/16　印张 20　彩插 1　字数 486 千字
2025 年 9 月北京第 1 版第 1 次印刷

购书咨询：010-64518888　　　　售后服务：010-64518899
网　　址：http://www.cip.com.cn
凡购买本书，如有缺损质量问题，本社销售中心负责调换。

定　　价：**48.00 元**（教材十活页）

前言

化学伴随了人类社会发展的大部分阶段，贯穿于人类生产生活的方方面面，其重要性不言而喻。

本书认真贯彻《关于推动现代职业教育高质量发展的意见》和2022年全国教育工作会议精神，本着课程内容与职业标准对接、教学过程与生产过程对接的原则组织教材内容。编写过程中充分考虑生源状况，调整知识框架结构，使内容能够满足学生现有阶段的知识需求，为未来专业提升打好基础。

本教材在编写中力图体现以下特色：

① 内容丰富，生动鲜活。教材中插入了生产生活相关知识、学科前沿故事、历史趣闻、科学家生平等，让学生在学习的同时能够多方位了解化学对人类发展进步、日常生活、科学研究的重要意义，提升学习兴趣。

② 融入数字资源，实用性强，支持回放。书中的重要知识点及重要实验都配以微课和实验视频，支持二维码扫码播放，这样更加方便学生课前预习、课后复习，对于难懂的知识点还可以反复听取教师讲解，提高学习效果。

③ 培根铸魂，启智润心。"以文化人，以德育人"，将德育与智育在教材中有机融合，让学生在学习专业知识的同时潜移默化地建立起对科学的敬畏、对专业的热爱之情，把立德树人的根本任务融入知识技能教育，培养学生精益求精的工匠精神。

本书由河北化工医药职业技术学院高雅男、张志艳主编，河北化工医药职业技术学院赵志才、王麟，石家庄九达科技有限公司赵立献参编，全书由高雅男统稿。

河北化工医药职业技术学院的伊赞荃担任本书的主审，河北化工医药职业技术学院的王萍也对有关章节的编写提出了宝贵意见。在此谨对以上教师致以诚挚的感谢。

本书在编写时参考了大量相关专著与文献资料，在此向各位作者一并表示衷心感谢。

限于编者水平，书中难免有不妥之处，恳请同行与读者批评指正。编者邮箱 249916747@qq.com。

编者

2025 年 3 月

目录

第一模块　无机化学、分析化学 / 001

第二模块　有机化学 / 103

第一模块
无机化学、分析化学

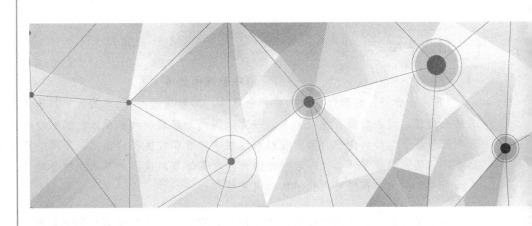

第一章
化学在身边

【知识目标】

    1. 掌握化学的研究对象、研究内容。

    2. 了解化学与人类生活、社会发展、生态环境的重要关系。

    3. 理解发展绿色化学的重要性。

【能力目标】

    能正确认识化学发展的两面性。

【素质目标】

    树立正确的价值观，充分认识到化学发展和人类活动及生态环境的密切关系。

情景导入

酒中乾坤何处寻

    "花间一壶酒、独酌无相亲。举杯邀明月，对影成三人。"酒的历史几乎伴随人类文明发展的全过程。过去的数百年间，人们一直试图揭开酿酒的神秘面纱，搞明白从粮食到琼浆玉液到底经历了怎样的变化。酒曲在酿酒过程中起着非常重要的作用，不同的酒曲酿出的酒口感各不相同。酒曲是什么呢？古时酿酒选在春夏时节，做酒曲却选在秋冬时节，这又是为什么？所有这些问题都需要用化学的知识来解答。

    化学是什么？化学能做什么？化学和人们的生活有什么关系？化学未来又会变成什么样子？这些问题都将在本章中一一解答。

第一节　化学简介

    化学是一门专注于研究物质变化的科学。世界是物质的，而化学就是人类认识世界、改造世界的工具，人类的生活质量能够不断改善和提高，化学功不可没。

化学是什么？

一、化学的定义及研究内容

    化学是在原子、离子或分子及以上层面研究物质组成、结构、性质及变化规律的一门基础学科。

中国的丹霞地貌分布广泛，甘肃张掖、贵州赤水都是中国丹霞地貌的典型代表，见图1-1。远远望去一块块岩石犹如披上了一件件火红的霞衣，为什么这里能孕育出这样美的岩石？东北的黑土地，见图1-2，有人形象地说它是"一两土、二两油"，还有人夸张地说"就是插根筷子在东北的土地上都能发芽"，为什么这片土地如此肥沃？……解决这些问题都要靠化学。丹霞地貌区域的岩石中含有大量的氧化铁，氧化铁的颜色就是红色，而东北的黑土地中含有大量的腐殖质，能为植物生长提供充足的氮、磷、硫等元素，这片土地就像是植物的加油站。这就是研究物质的组成。

图 1-1　张掖丹霞地貌

图 1-2　肥沃的黑土地

钻石光彩夺目、质地坚硬，它与铅笔芯都是由碳元素组成的，钻石与铅笔芯的区别主要由碳原子排列方式不同导致。这也是化学要研究的内容，即物质的结构。

酒类的储藏很有讲究，比如葡萄酒（图1-3），对温度、湿度都有要求，不同的储藏条件会产生不同的风味，这是为什么呢？白葡萄酒放久了，有的会在瓶底出现少量红棕色沉淀，摇晃后又澄清了，这又是什么原因？其实，这些问题也是化学研究的范畴，即物质的变化规律和性质。

化学研究的内容非常广泛，且与人们的生活息息相关，人们吃的食物、穿的衣服、住的房子都是化学的研究对象，也可以说人们时时刻刻都在享受化学的研究的成果。

图 1-3　储存在橡木桶中的葡萄酒

二、化学的学科分类

化学在发展过程中，随着研究领域越来越广泛，派生出了许多不同层次的分支。在20世纪20年代以前，化学传统地分为无机化学、有机化学、物理化学和分析化学四个分支。20年代以后，世界经济的高速发展，化学键理论、量子力学的诞生以及电子技术和计算机技术的兴起，使得化学研究在理论上和实验技术上都获得了新突破、新手段，导致这门学科开始飞速发展，呈现出了崭新的面貌。一方面是衍生的分支越来越多，另一方面化学还和其他学科形成了更多交叉学科，服务于各个领域，建立了生物化学、高分子化学、应用化学、热化学、光化学和化学工程学等新学科。

三、化学发展简史

人类是什么时候起接触化学的呢？一般认为，人类祖先钻木取火、利用火烘烤食物、寒夜取暖、驱赶野兽，就开启了最早的化学实践活动。

从远古到公元前1500年，人类学会用火蒸煮食物，从矿石中烧出金属，接下来，还学会了用谷物酿酒、给丝麻等织物染色，这些都是在实践经验的启发下，经过长期摸索而来的最早的化学工艺，也就是化学的萌芽时期。

公元前1500年到公元1650年，为求得长生不老的仙丹，为得到昂贵的黄金，涌现出一批又一批炼丹家、炼金术士，他们开始了最早的化学实验。虽然长生不老和点石成金的梦想并没有实现，但人们却在炼丹、炼金的过程中积累了许多物质发生化学变化的条件和现象，为后期化学的发展积累了丰富的实践经验。

1661年英国化学家罗伯特·波义耳提出新的化学元素的概念，化学终于作为一门学科被建立起来，近代化学诞生了。1774年，法国化学家拉瓦锡用定量化学实验阐述了燃烧的氧化学说，并为氧和氢命名，他是公认的化学学科开创者。1803年，英国化学家道尔顿提出近代原子学说，并强调了各种元素的原子质量为其最基本的特征，为近代化学奠定了坚实的基础。1811年意大利科学家阿伏伽德罗提出"分子"概念。之后，德国化学家韦勒人工合成了尿素，俄国化学家门捷列夫发现元素周期律，一位又一位伟大的化学家开始为化学添砖加瓦，这门学科也渐渐成熟、蓬勃发展起来。

20世纪，随着其他自然学科的飞速发展，各种先进的研究技术、研究方法都得以应用到化学当中。近代的价键理论、分子轨道理论等加速推动了结构化学的发展，逐步揭露了化学键的本质，更清晰地解释了化学变化发生的原因及规律。人们发现了同位素，并能够人工实现核裂变和核反应，使人类对原子的认识深入到了亚原子层。

化学是一门建立在实验基础上的科学，实验与理论一直是化学研究中相互依赖、彼此促进的两个方面，理论的飞速进步，也推动了新的实验成果。我国科学家屠呦呦率领团队利用现代化学实验方法创造性地研制出抗疟新药青蒿素和双氢青蒿素，并荣获2015年诺贝尔生理学或医学奖，成为第一个获得诺贝尔自然学奖的中国人。

化学的重要地位在资源、材料、健康、环境等领域越发凸显。越来越多结构复杂的天然大分子有机物如咖啡因、血红素、叶绿素在实验室中被合成出来，用于医药卫生领域；各式各样的新材料如光电材料、光导纤维、信息储存材料出现在人们的身边，化学在人类发展的长河中发挥着越来越重要的作用。

第二节　生活中的化学

通过回顾化学的发展史能够看出化学本就是从生活中走出的科学，它的一切研究成果也最终作用于人类的生活、社会的发展。

化学与生活
息息相关

一、化学帮助人类解决温饱

1905年，德国化学家哈伯用氮气和氢气直接合成得到了氨，氨再经过一些简单反应就能制成碳铵、尿素等化肥。从此，源源不断的氮肥从工厂走向田间。合成氨工艺的发明和改进，使得化肥能够大量廉价生产，为粮食生产提供了强有力的支持，人类得以脱离饥饿的威胁。

1921年，我国化学家侯德榜离美回国，承担起建设碱厂的重任，当时制碱技术被外国公司严密垄断，侯德榜带领广大职工排除万难，终于在 1926 年生产出第一批优质纯碱，打破了洋碱的垄断，具有十分重要的意义。图 1-4 为侯德榜邮票。制出的纯碱除用于食物制作，还是重要的化工原料，可以作化肥或其他化工医药产品。

图 1-4　侯德榜邮票

翻开衣服的标签经常发现聚酯纤维、氨纶、莫代尔等字样，这些都是合成纤维。这些合成纤维均是由化工技术创造的人工材料。与传统材质如棉、麻等相比，合成纤维具有强度高、质轻、弹性好、容易染色等优势，用这些合成纤维制成布料，再染上光鲜靓丽的颜色，大大丰富了人们的衣橱。合成纤维的出现使人类摆脱了严重依赖天然纺织材料的历史，减少了对自然资源的依赖，降低了环境污染。

二、化学帮助人类对抗疾病

20 世纪初在欧洲爆发的西班牙流感，夺去了上千万人的生命。百年之后的今天，世界各地又陆续爆发了禽流感、非典、新冠肺炎，却没有造成巨大的人员伤亡。因为人们有了抗病毒的药物。在 50 多年前，肺结核还是不治之症。现在，有了链霉素，结核病得到了根治。青霉素的发现正值第二次世界大战，当时青霉素就拯救了很多伤员的生命，价格堪比黄金，就是在今天青霉素仍然发挥着巨大作用。这些药物在化学领域都称为化合物，它们的结构研究、合成方法研究都离不开化学。

三、化学改变着人类出行方式

人类采用化学手段从自然界获取各式各样的能源物质，如煤、石油、天然气，实现了人们的交通方式从步行到马车、自行车，再到现如今人们可以坐着汽车、火车、轮船和飞机遨游全世界。科学家还发明了依靠化学能产生动力的运载火箭，去探索太空奥秘，这些都离不开化学。

四、绿色化学的新目标

不可否认，化学在推动社会进步的同时，也对人类生存造成了一定的负面影响，如能源的消耗，温室效应，大气污染等。到了现代，绿色、环境友好成了新时尚，空气污染、食品安全和环境污染等问题进入了人们的视野。而掌握了化学知识的化学家们和从事化学生产的工业界已经认识到这一问题的严重性。未来的化学，不仅要能生产高品质的产品，更要追求高环保、低能耗的生产方式。为此人类提出了"环境无害、环境友好"的绿色化学的新目标。

📖 素质阅读

化学对人类生活的影响也绝不仅仅在这几方面。2022 年在中国举行的冬奥会受到世界各国的夸赞，其中，也应用了很多化学相关科技。冬奥会使用的火炬叫作"飞扬"，如图 1-5 所示，是世界首套高压储氢火炬，用 H_2 作燃料，实现了冬奥会历史上火炬的零碳排放。"飞扬"的高科技还体现在它的外壳上，外壳使用碳纤维与高性能树脂结合的碳纤维复合材料，不仅耐火耐 800℃ 的高温，还能在极寒天气中正常工作，其质量只有钢的 1/4 左右，但是强度却是钢的 7~9 倍。此次冬奥会的颁奖礼仪服"瑞雪祥云""鸿运山水"和"唐花飞雪"，在它们美丽的外表下也藏着化学高科技，为了保证在零下 30℃ 也能有效保暖，衣服内胆里特意添加了石墨烯。这是针对冬奥会研发的第二代石墨烯发热材料，通过碳分子团之间的相互摩擦、碰撞就可以产生热能，热能又均匀地辐射出来，使穿着者感受到由内而外的温暖。

图 1-5 "飞扬"火炬

本章习题

单选题

(1) 下列能源物质中属于绿色能源的是（　　）。

A. 煤　　　　　　　B. 石油　　　　　　　C. 太阳能

(2) 冬奥会火炬"飞扬"使用的能源是（　　）。

A. 丙烷　　　　　　B. 氢气　　　　　　　C. 丁烷

本章小结

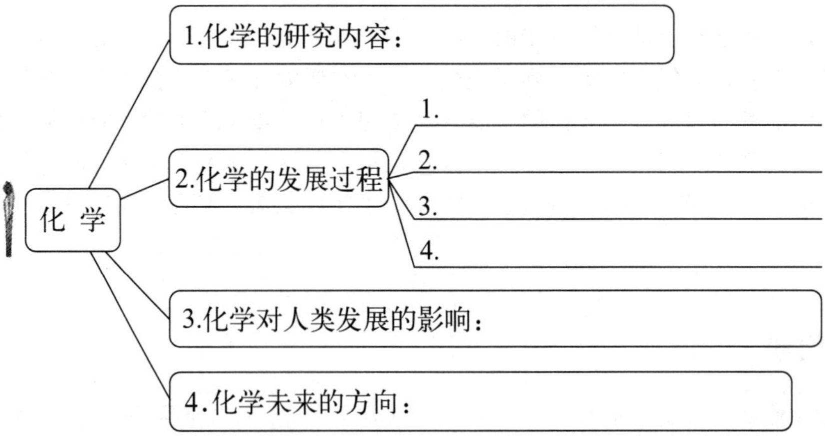

- 化　学
  - 1.化学的研究内容：
  - 2.化学的发展过程
    - 1.
    - 2.
    - 3.
    - 4.
  - 3.化学对人类发展的影响：
  - 4.化学未来的方向：

第二章
物质结构基础

【知识目标】

1. 了解原子核外电子运动的特征。
2. 掌握核外电子排布的规律。
3. 熟悉元素周期表，掌握元素周期表中元素性质的递变规律。

【能力目标】

1. 能正确写出 1～36 号元素及其他常见金属和非金属元素的名称和元素符号。
2. 能正确写出 1～20 号元素原子的电子排布式和价电子构型。
3. 能根据元素的原子结构，判断其在元素周期表中的位置和性质。
4. 能判断离子化合物和共价化合物、极性分子和非极性分子。

【素质目标】

1. 通过对原子结构、元素、化学式及化学键的学习，培养逻辑思维能力。
2. 通过了解科学家的事迹，培养锲而不舍的科学探索精神。

案例导入

葡萄酒中的矿物元素

葡萄酒中的无机成分对其酿造的生化过程及加工工艺都至关重要，有的能促进酒精发酵，有的能影响系统的氧化还原反应。其中，含量较高的金属元素有钾、钠、钙、镁、铁等，这些元素都会影响葡萄酒的质量。例如，钾元素能降低葡萄酒的酸度，钙元素影响葡萄酒的澄清度，铁元素会引起葡萄酒的"铁破败病"、铜元素会引起"铜破败病"。

世界上物质千千万万，这些物质都是由什么组成呢？一位古希腊思想家德谟克利特给出了指引。他注意到硬币在使用的过程中总是逐渐被磨损，越来越小，于是做了一个大胆的猜测，物质是由极其微小的小单元组成的，他还给这个单元起了个名字，叫作"原子"。尽管这只是个猜想，但却是探索物质组成最初的成果，现在来看这也的确是一个了不起的、非常重要的猜想。

第一节 原子核外电子的运动状态

原子是物质进行化学反应的基本微粒，熟悉原子结构是研究化学变化的前提。

一、原子结构

1. 原子结构组成

原子很小，如果拿一个原子跟一个乒乓球相比，就相当于用乒乓球跟地球相比。原子内部还含有一个更小的、密实的原子核，核内有质子和中子，如图 2-1 所示。

原子内部结构

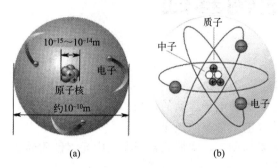

图 2-1　原子结构示意图

原子核带正电。核内的每个质子带一个单位正电荷，中子不带电，所以整个原子核带有的正电荷数目就等于它含有的质子的数目，这个电荷数称为**核电荷数**。

环绕在原子核外的是一定数目的电子，每个电子带一个单位负电荷。正是因为负电荷会被原子核所带的正电荷吸引，所以电子才会被束缚在原子核附近，如果要将它们带离，则需要提供一定能量。

原子整体不显电性，是电中性的。原子核中的质子数目叫作**原子序数**，它确定了这个原子的身份。如一个原子的原子核内有 6 个质子，就可以确定它是原子序数为 6 的碳原子；如原子核内有 11 个质子，那么它就是钠原子。

$$原子(电中性)\begin{cases}原子核(带正电)\begin{cases}质子(每个质子带一个单位正电荷)\\中子(不带电)\end{cases}\\核外电子(每个电子带一个单位负电荷)\end{cases}$$

质子数＝核电荷数＝原子序数＝核外电子数

不同种类的原子，核内质子数不同，核外电子数自然也不同。

2. 原子的质量

原子很小、很轻，但原子再轻也得有质量，如 1 个氢原子质量为 1.67×10^{-27} kg，1 个氧原子质量为 2.657×10^{-26} kg。由于原子质量数值太小了，书写和使用都不方便，所以更常采用相对质量来描述原子质量的大小。原子相对质量的衡量标准为 ^{12}C 原子质量的 $\dfrac{1}{12}$，即 1.6606×10^{-27} kg，称为原子量。

一个质子和一个中子相对质量取近似整数值时均为 1，与质子、中子相比，电子质量就更小了，约为质子质量的 1/1836，可以忽略不计。

所以，原子的质量主要集中在原子核上。质量数是将原子内所有质子和中子的相对质量取近似整数值相加而得到的数值。所以，一个原子的质量数计算如下：

质量数(A)＝质子数(Z)＋中子数(N)

如果用 $^A_Z X$ 的形式表示一个质量数为 A、质子数为 Z 的原子，那么组成原子的粒子间的关系可以表达为：

$$\text{原子}_Z^A\text{X} \begin{cases} \text{原子核} \begin{cases} \text{质子} & Z \text{ 个} \\ \text{中子} & A-Z \text{ 个} \end{cases} \\ \text{核外电子} & Z \text{ 个} \end{cases}$$

$_1^1\text{H}$ 原子核内只有 1 个质子，没有中子，质量数为 1，$_{12}^{12}\text{C}$ 核内有 6 个质子，6 个中子，质量数为 12。

（各元素的原子量均可见附录中的元素周期表。）

> **思考：** 核外电子的运动是无规则的，还是有固定的模式？是随意自由运动，还是像高铁那样在固定轨道上行驶？

二、原子核外电子的运动状态

1. 电子云

电子在原子核外直径 10^{-10} m 的空间作高速运动，但这种微观粒子的运动规律不同于宏观物体。很难确定在某一时刻电子的具体位置，或电子在某一瞬间的运动速度。

以氢原子为例，氢原子核外只有一个电子，它经常在核外空间一个球形区域内出现，经过统计，将这个电子在一定时间内的瞬间位置叠加起来就得到了一个如同一团云雾的图像。这团笼罩在原子核周围的云雾，人们形象地称之为**电子云**，电子云是电子在核外空间出现的概率密度，用以描述核外电子的运动状态，如图 2-2 所示。

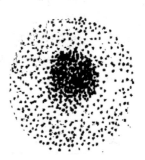

图 2-2　氢原子电子云示意图

如图 2-2 所示，原子核位于中心，小黑点的疏密表示核外电子密度的相对大小，即电子在核外空间各处出现机会的多少。小黑点密集的地方电子出现的概率大，稀疏的地方则概率小。根据量子力学计算得知，基态氢原子的电子在半径 $r = 53$pm 的球体内出现的概率较大，而在离核 $200 \sim 300$pm 以外的区域，电子出现的概率极小，可以忽略不计。

2. 核外电子的运动特征

既然核外电子的运动规律不同于宏观物体，那么如何描述电子的运动状态呢？主要从以下四个方面描述。

(1) 电子层　在多电子原子中，核外电子的能量是不相同的。能量低的电子通常在离核较近的区域内运动；能量高的电子则可以在离核较远的区域内运动。电子能量由低到高，运动的区域离核由近及远，人们将这些离核距离不等的电子运动区域，称为**电子层**，用 n 表示。电子层是确定核外电子运动能量的主要因素。

n 代表电子层数，也表示电子距原子核的远近，它的取值只能是正整数 1、2、3……。n 值越大，表示电子所在的电子层离核越远，能量越高。有时也用 K、L、M、N、O、P、Q 等字母分别代表 1、2、3、4、5、6、7 等电子层。

由于核外电子是在不同的电子层内运动的，人们把这种现象叫作核外电子的分层排布。

(2) 电子亚层和电子云的形状　科学研究发现，即使在同一电子层中，电子的能量仍然存在微小的差别，且电子云的形状也不相同。所以，根据能量差别及电子云的形状不同，把同一电子层进一步分为几个电子亚层，这些亚层分别用 s、p、d、f 表示。s 亚层的电子云是以原子核为中心的球体，如图 2-3 所示。p 亚层的电子云为无柄哑铃形，如图 2-4 所示。除了这两种电子云还有 d 亚层电子云和 f 亚层电子云，但它们的形状更为复杂，本书不作介绍。

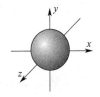

图 2-3　s 亚层电子云

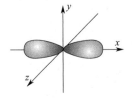

图 2-4　p 亚层电子云

在 1～4 电子层中，每个电子层包含的电子亚层数目等于电子层的序数，如下：

$n=1$ 时，也就是 K 层，只有一个亚层，即 s 亚层。

$n=2$ 时，也就是 L 层，包括两个亚层，即 s 亚层、p 亚层。

$n=3$ 时，也就是 M 层，包括三个亚层，即 s 亚层、p 亚层和 d 亚层。

$n=4$ 时，也就是 N 层，包括四个亚层，即 s 亚层、p 亚层、d 亚层和 f 亚层。

为了表明电子在核外所处的电子层、电子亚层及其能量的高低和电子云的形状，通常将表示电子亚层的符号标注在电子层的后面，见表 2-1。例如，处在 K 层中 s 亚层的电子记为 1s 电子；处在 L 层中 s 亚层和 p 亚层的电子分别记为 2s 电子和 2p 电子；处在 M 层中 d 亚层的电子记为 3d 电子。

表 2-1　处于不同电子层、电子亚层电子的表示方法

电子层 ＼ 电子亚层	s	p	d	f
$n=1$	1s			
$n=2$	2s	2p		
$n=3$	3s	3p	3d	
$n=4$	4s	4p	4d	4f

(3) 电子云的伸展方向　电子云不仅有确定的形状，而且在空间还有一定的伸展方向。如 s 电子云呈球形对称，所以在空间各个方向出现的概率都是一样的，没有方向性；p 电子云在空间呈现出三种不同的伸展方向，如图 2-5 所示。d 电子云有五个伸展方向，f 电子云则有七个伸展方向。

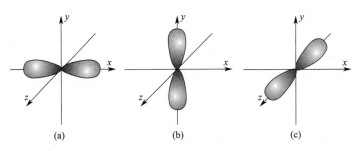

(a)　　　　　　　　(b)　　　　　　　　(c)

图 2-5　p 电子云的三种伸展方向

习惯上，把在一定的电子层中，具有一定形状和伸展方向的电子云所占的原子空间称为原子轨道，简称"轨道"。原子轨道是描述核外电子运动状态的特殊函数，它从电子层、电子亚层和电子云的伸展方向三个方面加以描述。

可以看出，各个电子亚层可能有的最多轨道数由该亚层电子云伸展方向的个数决定。因此，s、p、d、f 亚层分别有 1、3、5、7 个轨道。只要处于同一亚层，即使伸展方向不同的电子云其能量也是相同的，如图 2-5 中 $2p_x$、$2p_y$、$2p_z$ 三个轨道虽然伸展方向不同，但具有的能量相同，像这样能量相同的一组轨道称为"**等价轨道**"。

需要注意的是，提到某一轨道时，必须同时指明电子层数、电子亚层、轨道伸展方向这三个方面才可以，缺一不可。

通常可以用方框（□）或圆圈（○）表示一个轨道，各亚层上的轨道可用轨道式来表示。例如 2p 亚层有三个轨道，它们可表示为：

2p   2p

□□□   或   ○○○

现将各电子层可能有的轨道数归纳为如表 2-2 所示。

表 2-2 电子层数与轨道数的关系

电子层(n)	电子亚层	轨道数
K($n=1$)	1s	$1=1^2$
L($n=2$)	2s 2p	$1+3=4=2^2$
M($n=3$)	3s 3p 3d	$1+3+5=9=3^2$
N($n=4$)	4s 4p 4d 4f	$1+3+5+7=16=4^2$

由此可见，每个电子层内所含的轨道数，等于该电子层数的平方，即 n^2（$n \leqslant 4$）。

(4) 电子的自旋 原子中的电子在围绕原子核运动的同时，还存在本身的自旋运动。电子的自旋状态只有两种，即顺时针方向和逆时针方向，通常用"↑"和"↓"表示两种不同的自旋方向。

用轨道表示式表示核外电子运动状态时，应表明其自旋方向。例如，氦原子的 1s 轨道上有两个电子，其自旋方向相反，可表示为 ⊕。

综上所述，描述原子核外电子的运动状态时，必须同时指明电子所处的电子层、电子亚层、电子云的伸展方向和电子的自旋方向。

✎ **练习**

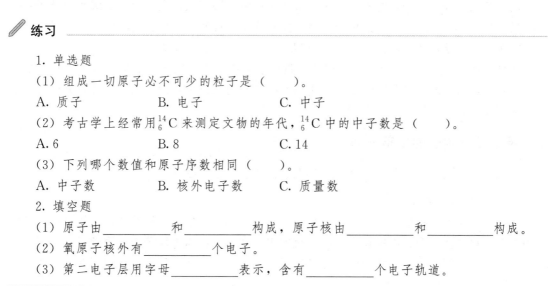

1. 单选题

(1) 组成一切原子必不可少的粒子是（　　）。

A. 质子　　　　　　B. 电子　　　　　　C. 中子

(2) 考古学上经常用 $_{6}^{14}C$ 来测定文物的年代，$_{6}^{14}C$ 中的中子数是（　　）。

A. 6　　　　　　　B. 8　　　　　　　C. 14

(3) 下列哪个数值和原子序数相同（　　）。

A. 中子数　　　　B. 核外电子数　　　C. 质量数

2. 填空题

(1) 原子由＿＿＿＿＿和＿＿＿＿＿构成，原子核由＿＿＿＿＿和＿＿＿＿＿构成。

(2) 氧原子核外有＿＿＿＿＿个电子。

(3) 第二电子层用字母＿＿＿＿＿表示，含有＿＿＿＿＿个电子轨道。

第二节　原子核外电子排布

一、多电子原子轨道和近似能级图

> **思考：**通过前面的学习已经知道原子核外是存在原子轨道的，那么轨道建好了，这些"电子动车"会如何分配在轨道上呢？

对氢原子来说，其核外的一个电子位于基态的 1s 轨道上。而对多电子的原子来说可知，其核外电子是按能级顺序分层排布的。根据光谱实验结果，并结合原子核外电子的运动状态可知，原子中电子所处轨道的能量（E）的高低，主要由电子层（n）决定，但也与电子亚层有关。

1. 不同电子层比较

不同电子层的同类型亚层的能量，按电子层序数增加而递增，如 $E_{1s} < E_{2s} < E_{3s} < E_{4s}$，$E_{2p} < E_{3p} < E_{4p}$。

2. 相同电子层比较

在同一电子层中，存在不同亚层时，各亚层能量按 s、p、d、f 的顺序递增。即 $E_{ns} < E_{np} < E_{nd} < E_{nf}$。这好像阶梯一样，一级一级的，称为**原子的能级**。一个亚层也称为一个能级，如 1s、2s、2p、3d、4f 等都是原子的一个能级。

3. 能级交错

在多电子原子中，电子层越多，情况越复杂。依据光谱实验结果将能量不同的轨道按其能量高低的顺序排列起来，如图 2-6 所示。图中每一个方框表示一个轨道，方框的位置越低，表示能量越低；方框的位置越高，表示能量越高。

由于各电子间存在较强的相互作用，造成某些电子层序数较大的亚层能级反而低于某些电子层序数较小的亚层能级，这种现象称为**能级交错**。观察图 2-6 发现，从第三电子层开始出现能级交错现象，如：$E_{4s} < E_{3d}$；$E_{5s} < E_{4d}$；$E_{6s} < E_{4f} < E_{5d}$ 等。

另外，图 2-6 中按能量高低，将能量相近的能级用虚线方框分为 7 个能级组。每个能级组内各亚层轨道间的能量差别较小，而相邻能级组间的能量差别则较大。电子填充时按照能量由低到高的顺序对号入座。

二、原子核外电子的排布规则

根据光谱实验结果，人们总结出核外电子排布遵守以下原则。

1. 能量最低原理

物体能量越低，越稳定。实验结果表明：核外电子总是尽量先排布在能量最低的原子轨道中，然后再依次排布在能量较高的原子轨道中，这个规律称为**能量最低原理**。

根据多电子原子的近似能级图和能量最低原理可知，核外电子填入各亚层轨道的顺序如图 2-7 所示。

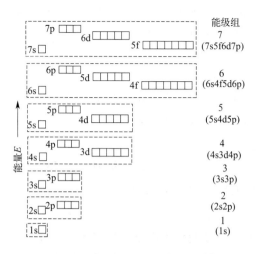

图 2-6　多电子原子的近似能级图

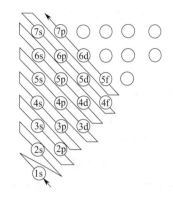

图 2-7　电子填入轨道的顺序

需要注意的是，无论是实验结果还是理论推导都证明：原子在失去电子时的顺序与填充时的顺序并不对应。例如，Fe 的最高能级组电子填充的顺序为先填 4s 轨道上的 2 个电子，再填 3d 轨道上的 6 个电子，而在失去电子时，先失去 2 个 4s 电子得到 Fe^{2+}，再失去 1 个 3d 电子最后得到 Fe^{3+}。

2. 泡利不相容原理

科学实验证明：在同一个原子中，不可能有运动状态完全相同的电子存在，这就是**泡利不相容原理**。如果两个电子处于同一轨道，则两个电子的自旋状态必定不同，也就是说每一个原子轨道中最多只能容纳 2 个自旋方向相反的电子。由前面的介绍已知每个电子层中最多有 n^2 个轨道，所以各电子层最多可能容纳 $2n^2$（$n \leq 4$）个电子。表 2-3 列出了 1～4 电子层最多能容纳的电子数。

表 2-3　1～4 电子层最多能容纳的电子数

电子层(n)	K($n=1$)	L($n=2$)		M($n=3$)			N($n=4$)			
电子亚层	1s	2s	2p	3s	3p	3d	4s	4p	4d	4f
亚层中的轨道数	1	1	3	1	3	5	1	3	5	7
亚层中的电子数	2	2	6	2	6	10	2	6	10	14
表示符号	$1s^2$	$2s^2$	$2p^6$	$3s^2$	$3p^6$	$3d^{10}$	$4s^2$	$4p^6$	$4d^{10}$	$4f^{14}$
电子层最多能容纳的电子数	2	8		18			32			

3. 洪德规则

同亚层中的等价轨道，如 $2p_x$、$2p_y$、$2p_z$，在排布电子时，应尽可能分占不同的轨道，且自旋状态相同，以使整个原子的能量最低，这就是**洪德规则**。如原子序数为 7 的氮元素核外电子排布应为：

$$N \quad 1s^2 2s^2 2p^3 (2p_x^1, 2p_y^1, 2p_z^1)$$

此外，由量子力学的计算表明，洪德规则存在特例。在等价轨道上，当电子处于全充满（如 p^6、d^{10}、f^{14}）、半充满（如 p^3、d^5、f^7）或全空（如 p^0、d^0、f^0）状态时，能量较低，因而此时是较稳定的状态。

需要注意的是，绝大多数原子的核外电子排布符合核外电子排布的三条原则，但也有少数元素例外，个别元素原子的电子排布的特殊性还有待于进一步探讨。

三、原子的电子层结构

根据电子填充顺序和电子排布原则，就可以确定大多数元素的基态原子中电子的排布情况，即得原子的电子层结构。原子的电子层结构可用如下方法表示：

1. 电子排布式

按电子在原子核外各亚层中分布的情况，在亚层符号的右上角注明排列的电子数，此表示方法称为**电子排布式**。如 11 号元素钠的电子排布式为：$1s^2 2s^2 2p^6 3s^1$。

2. 价电子排布（价层电子构型）

核外电子中能与其他原子相互作用形成化学键的电子叫作价电子。主族元素的价电子就是主族元素原子的最外层电子；过渡元素的价电子情况复杂一些，不仅是最外层电子，次外层电子及某些元素的倒数第三层电子也可能成为价电子。

发生化学变化时主要是价电子结构改变，因此，有时为了简洁也可以仅表示出价层电子的排布式，价层电子所在的亚层的电子排布称为价层电子排布或价层电子构型。

例如：

主族元素　　　$_6C$　$2s^2 2p^2$；$_{11}Na$　$3s^1$；$_{17}Cl$　$3s^2 3p^5$

非主族元素　　$_{24}Cr$　$3d^5 4s^1$；$_{29}Cu$　$3d^{10} 4s^1$

熟悉价层电子排布情况对于后期讨论化学键的形成尤为重要，必须牢固掌握。

根据能量最低原理、泡利不相容原理和洪德规则，按照多电子原子的近似能级图，将核电荷数为 1～36 的元素的原子核外电子排布情况列于表 2-4 中。

表 2-4　核电荷数为 1～36 的元素原子的核外电子排布

核电荷数	元素符号	电子层									
		K	L		M			N			
		1s	2s	2p	3s	3p	3d	4s	4p	4d	4f
1	H	1									
2	He	2									
3	Li	2	1								
4	Be	2	2								
5	B	2	2	1							
6	C	2	2	2							
7	N	2	2	3							
8	O	2	2	4							
9	F	2	2	5							
10	Ne	2	2	6							
11	Na	2	2	6	1						
12	Mg	2	2	6	2						
13	Al	2	2	6	2	1					
14	Si	2	2	6	2	2					
15	P	2	2	6	2	3					
16	S	2	2	6	2	4					
17	Cl	2	2	6	2	5					
18	Ar	2	2	6	2	6					

核电荷数	元素符号	电子层									
		K	L		M			N			
		1s	2s	2p	3s	3p	3d	4s	4p	4d	4f
19	K	2	2	6	2	6		1			
20	Ca	2	2	6	2	6		2			
21	Sc	2	2	6	2	6	1	2			
22	Ti	2	2	6	2	6	2	2			
23	V	2	2	6	2	6	3	2			
24	Cr	2	2	6	2	6	5	1			
25	Mn	2	2	6	2	6	5	2			
26	Fe	2	2	6	2	6	6	2			
27	Co	2	2	6	2	6	7	2			
28	Ni	2	2	6	2	6	8	2			
29	Cu	2	2	6	2	6	10	1			
30	Zn	2	2	6	2	6	10	2			
31	Ga	2	2	6	2	6	10	2	1		
32	Ge	2	2	6	2	6	10	2	2		
33	As	2	2	6	2	6	10	2	3		
34	Se	2	2	6	2	6	10	2	4		
35	Br	2	2	6	2	6	10	2	5		
36	Kr	2	2	6	2	6	10	2	6		

素质阅读

"两弹"功臣

一般的化学反应中发生变化的是原子核外的价电子结构，原子核本身并不发生改变，是稳定的。但稳定的原子核一旦发生变化，释放出的能量会十分惊人。核反应（nuclear reaction），是指原子核与原子核，或者原子核与其他粒子（如质子、中子、光子或高能电子）之间相互作用，原子核的组成、能量或结构发生变化的过程。

1964 年我国第一颗原子弹爆炸，1967 年第一颗氢弹爆炸，原子弹、氢弹释放的能量如此巨大就是因为它们利用的是核反应的能量。原子弹主要是利用核裂变释放出来的巨大能量，氢弹利用的是核聚变反应瞬时释放出的巨大能量。

两弹的实验成功是中国在反对帝国主义核讹诈和核威胁政策的斗争中取得的重大成就。直至今日，距离两弹实验成功已过去 50 多年，我们享受着新中国丰硕成果的时候更不能忘记当初为之奋斗、牺牲的先烈，这些名字不能被遗忘。

邓稼先 26 岁就获得美国名校博士学位，被称为天才核物理学家，受到祖国召唤义无反顾归国，肩负起了祖国建设的重要任务。从 1958 年 8 月的一天起，邓稼先的身影从亲朋好友周围消失了，那时他与爱人结婚只有五年，而再相见时却是在病床，当时的邓稼先已经 61 岁，因为直肠癌住院治疗，享年 62 岁。

钱学森作为世界著名科学家，漫漫回国路长达 5 年，他的爱人回忆甚至有一次被当地政府叫去调查，被折磨至失声。钱学森在应用力学、物理力学、航天等领域的研究，对新中国乃至世界的发展都作出了巨大贡献。

王淦昌是世界物理学界享有很高声誉的一位科学家，为了投身于我国的核事业，销声匿迹了 17 年。如果当时他坚持自己的研究，他很可能成为我国第一个获得诺贝尔奖的人。数年以后，说起这段经历时，王淦昌只是非常平淡地说，"我认为国家的强盛就是我们这一代人的追求，那正是我报效国家的时候"。

✏️ 练习

1. 单选题

(1) 价电子排布式为 $4s^1$ 的元素是（　　）。

A. C　　　　　　　　B. K　　　　　　　　C. Al

(2) 某原子的原子核外有三个电子层，M 层电子数是 L 层电子数的一半，该原子是（　　）。

A. Li　　　　　　　B. Si　　　　　　　C. Al

(3) 氮元素的核外电子排布式为（　　）。

A. $1s^1 2s^2 2p^4$　　　B. $1s^2 2s^1 2p^4$　　　C. $1s^2 2s^2 2p^3$

(4) 下列电子轨道中能量最高的是（　　）。

A. 2s　　　　　　　B. $2p_x$　　　　　　C. 3s

2. 依据原子核外电子的排布规律，请写出 $_{12}Mg$、$_{18}Ar$ 的原子核外电子排布式。

第三节　元素周期律与元素周期表

元素就是具有相同核电荷数（即质子数）的同一类原子的总称。如：所有核电荷数为 1 的氢原子统称为氢元素，所有核电荷数为 8 的所有氧原子统称为氧元素。世界上的物质种类繁多，已知的就有 2000 多万种，但组成这些物质的元素并不多，到目前为止，已经合成了第 118 种元素（Og）。

人体也是由多种元素构成的，含量最多的当属氢、氧、碳三种元素，总量占人体总质量的 90% 以上，当然还有必需的铁、碘、锌、硒、氟、铜、钴、镉、铅等微量元素。其中铁、锌、氟、碘等对于维持人体的新陈代谢、机体的功能、免疫能力等具有重要的作用。如缺铁会导致缺铁性贫血，缺碘可引起地方性甲状腺肿，氟缺乏会导致龋齿；反之，钠摄入过多会造成高血压，铅摄入过多会导致神经系统、血管病变。总之，缺一不可，过犹不及。

食物中也富含多种元素，例如葡萄酒中的矿物元素就非常丰富，如表 2-5 所示。

表 2-5　葡萄酒中主要金属元素的含量

元素	含量/(mg/L)	元素	含量/(mg/L)
K	698	Mg	165
Na	41	Fe	30
Ca	80		

一、元素周期律

元素周期律，指元素单质及其化合物的性质随着元素的原子序数的递增而呈周期性变化的规律，这个规律表现在各个方面，比如原子序数的变化，原子质量和原子半径的变化以及元素化合价及性质的变化等。它是 1869 年由俄国科学家门捷列夫发现的。元素周期律产生的基础就是元素原子核外电子排布周期性变化（见表 2-4）。

二、元素周期表

元素周期表是元素周期律的表现形式。现代化学的元素周期表也是由门捷列夫首创的，他将当时已知的 63 种元素按原子量大小以表的形式排列，把有相似化学性质的元素放在同一列，制成元素周期表的雏形，经过多年修订后才成为当代的元素周期表。

📖 素质阅读

门捷列夫

大名鼎鼎的德米特里·门捷列夫（图 2-8），出生于寒冷的西伯利亚，家里共有 14 个孩子，而他是最小的那个，13 岁那一年父亲去世，几年后家里维持生计的工厂也被付之一炬，坚韧的母亲没有因此而颓废，反而带着家里最小、最聪颖的孩子德米特里四处求学。德米特里不负众望，在学校展示出过人的天分，顺利完成学业，在巴黎短暂留学后回到俄国。

当时发现的化学元素已达六十余种，但彼时科学家们还没有发现它们的关系。于是出现了一个有意思的现象，有的教授一上讲台会先讲氢元素，因为觉得它最轻；有的先讲铁元素，因为觉得它在生产中很重要；还有的先讲金元素，因为觉得它很贵重。这时门捷列夫在做什么呢？他在实验室玩"纸牌"。他玩的当然不是普通的扑克牌，每一张纸牌上都注明一种元素的名称、熔点、沸点、化合价等重要参数，他想把这些元素进行分类排队，企图在元素复杂的特性里，找到它们之间的联系。但他的研究一次又一次地失败了，可他不屈服、不放弃，经过坚持不懈地努力，终于在 1869 年门捷列夫发现元素性质随原子量的递增呈现出明显的

图 2-8　门捷列夫

周期性，提出了世界上第一张元素周期表，并根据周期律修正了铟、铀、钍、铯等 9 种元素的原子量。这张元素周期表并不完整，还有些空位，于是他预言还有钪、镓、锗这几种新元素。后人发现这些新元素的原子量、密度和物理化学性质都与他的预言惊人地相符。通过一代又一代化学家们的不断探索，门捷列夫的周期表变得越来越完整。

现从以下几个方面讨论元素周期表与原子电子层结构的关系。

1. 周期

具有相同电子层，且按照原子序数递增顺序排列的一系列元素，叫作一个**周期**。元素周期表一横行对应一个周期，现有元素排列为 7 个周期：一个特短周期（2 种元素），两个短周期（8 种元素），两个长周期（18 种元素），两个特长周期（32 种元素）。

每一周期中元素的数目等于相应能级组中原子轨道所能容纳的电子总数，如第二周期对应第二能级组中包含的一个 s 轨道、三个简并 p 轨道，每个轨道最多容纳自旋相反的两个电子，第二周期最多可容纳 8 个电子，所以第二周期有八种元素。各周期元素的数目与原子结构的关系见表 2-6。

表 2-6　各周期元素的数目与原子结构的关系

周期	元素数目	容纳电子总数
2	8	8
3	8	8
4	18	18
5	18	18
6	32	32
7	32	32

元素在周期表中所处的位置与原子结构的关系为：

周期序数＝电子层层数

因此，每增加一个电子层，就开始一个新的周期。

2. 族

元素周期表的纵行，称为**族**。元素周期表有 18 个纵行，共 16 个族。其中Ⅰ A～Ⅷ A 为主族（包括 1、2、13、14、15、16、17、18 纵行），Ⅰ B～Ⅷ B 为副族（包括 11、12、3、4、5、6、7、8、9、10 纵行）。Ⅷ A 族为第 18 纵行，又称为零族。Ⅷ B 族包括左数第 8、9、10 三个纵行，又称为Ⅷ族。每一纵行为一族，每一族元素的外层电子构型大致相同，因此，每一族元素的化学性质相似。

元素的族序数与其原子的外层电子构型关系密切。对于主族元素，除零族元素外其族序数与元素的最外层电子数相等，例如：Mg 的最外层有 2 个电子，所以属于Ⅱ A 族。零族元素为稀有气体元素，其最外层电子数为 2 或 8。

副族元素有以下三种情况：

① Ⅰ B 和Ⅱ B 族元素的族序数＝元素的最外层电子数。

② Ⅲ B～Ⅶ B 族元素的族序数＝最外层电子数＋次外层 d 轨道的电子数。

③ Ⅷ B 族具有相似的价电子结构。

元素原子的电子结构呈周期性变化，导致元素的基本性质——原子半径、金属性和非金属性、电负性等性质随着核电荷数的递增呈周期性变化。

知识加油站

元素在周期表中的位置，反映了元素的原子结构和性质。可以根据元素在周期表中的位置推测其原子结构和性质；反之，也可以根据元素的原子结构推测其在元素周期表中的位置和性质。

周期表中位置靠近的元素性质相近，在一定区域内寻找元素、发现物质的新用途被视为一种相当有效的方法。例如，周期表中金属与非金属的分界处可以找到半导体材料，如硅、锗、镓等。又如，通常农药中所含的氟、氯、硫、磷、砷等元素在周期表中位置靠近，对这个区域的元素进行研究有助于合成出新品种的农药，如用对人畜毒性较低的含磷有机物代替毒性高的含砷的有机物等。人们还在过渡金属元素中寻找新材料以制造催化剂和耐高温、耐腐蚀的合金。

三、元素性质的周期性变化

1. 原子半径的周期性变化

同一周期从左至右（稀有气体除外）随着原子序数的增加，原子半径逐渐减小；同一主族的元素自上而下随着原子序数的增加，原子半径逐渐增大。

副族元素即过渡金属元素的原子半径这里不作详细介绍。

2. 金属性与非金属性的周期性变化

元素的金属性指的是元素的原子失去电子的能力；非金属性则是指元素的原子得到电子的能力。如金属钠性质活泼，就是因为构成金属钠的钠原子容易失去电子，即金属性强；反之，氯气性质也很活泼，是因为构成氯气的氯原子很容易得到电子，即非金属性强。

同一周期从左至右主族元素金属性逐渐减弱，非金属性逐渐增强；同主族元素自上而下，元素的金属性逐渐增强，非金属性逐渐减弱。

> **思考：**
>
> 比较下列元素的金属性强弱：（1）Na 和 Al；（2）H 和 Na
>
> 比较下列元素的非金属性强弱：（1）O 和 S；（2）F 和 Cl

3. 电负性的周期性变化

元素的电负性是指分子中元素的原子吸引成键电子的能力。电负性概念是 1932 年由鲍林首先提出来的，他指定最活泼的非金属元素氟的电负性为 4.0，然后通过计算得出其他元素电负性的相对值，如表 2-7 所示。

（1）同周期电负性规律

同一周期从左至右，主族元素的电负性依次递增。这是由于原子的核电荷数从左至右递增，原子半径递减，所以原子在分子中吸引成键电子的能力增强。

（2）同族电负性规律

同一主族自上而下，元素的电负性趋于减小，说明原子在分子中吸引成键电子的能力趋于减弱。过渡元素电负性的变化没有明显的规律。

元素的电负性综合反映了原子得、失电子的能力，故可作为元素金属性及非金属性统一衡量的依据。一般来说，金属的电负性小于 2.0，非金属的电负性大于 2.0。电负性越大，表明该元素原子在分子中吸引电子的能力越强，元素的非金属性越强，金属性越弱。反之，电负性越小，表明该元素的非金属性越弱，金属性越强。各元素的电负性见表 2-7。

表 2-7　元素原子的电负性

H 2.1																
Li 1.0	Be 1.5											B 2.0	C 2.5	N 3.0	O 3.5	F 4.0
Na 0.9	Mg 1.2											Al 1.5	Si 1.8	P 2.1	S 2.5	Cl 3.0
K 0.8	Ca 1.0	Sc 1.3	Ti 1.5	V 1.6	Cr 1.6	Mn 1.5	Fe 1.8	Co 1.9	Ni 1.9	Cu 1.9	Zn 1.6	Ga 1.6	Ge 1.8	As 2.0	Se 2.4	Br 2.8
Rb 0.8	Sr 1.0	Y 1.2	Zr 1.4	Nb 1.6	Mo 1.8	Tc 1.9	Ru 2.2	Rh 2.2	Pd 2.2	Ag 1.9	Cd 1.7	In 1.7	Sn 1.8	Sb 1.9	Te 2.1	I 2.5
Cs 0.7	Ba 0.9	La-Lu 1.0~1.2	Hf 1.3	Ta 1.5	W 1.7	Re 1.9	Os 2.2	Ir 2.2	Pt 2.2	Au 2.4	Hg 1.9	Tl 1.8	Pb 1.8	Bi 1.9	Po 2.0	At 2.2
Fr 0.7	Ra 0.9	Ac 1.1	Th 1.3	Pa 1.4	U 1.4	Np-No 1.4~1.3										

1. 单选题

（1）若 R 元素的一种粒子的价电子构型为 $2s^2 2p^4$，则下列说法中正确的是（　　　）。

A. 该粒子的最外层有 6 个电子　　　　　B. R 元素是金属元素

C. 该元素位于元素周期表中第ⅦA族

（2）主族元素最外层电子数与以下哪个数值相同（　　　）。

A. 电子层数　　　　B. 族序数　　　　C. 原子序数

2. 填空题

（1）$_{17}Cl$ 的原子核外电子的排布式是＿＿＿＿＿＿＿＿＿；它在元素周期表的第＿＿＿＿＿周期，第＿＿＿＿＿族。

（2）写出原子序数为 20 的元素的名称及符号＿＿＿＿＿＿＿＿，其原子量为＿＿＿＿＿＿。

第四节　化学式与化合价

一、物质的化学式

用元素符号和数字的组合表示物质组成的式子叫作化学式。例如 O_2、H_2O、HCl、NaCl 等化学符号都是化学式，它们分别表示了氧气、水、氯化氢、氯化钠等物质的组成。纯净物都有一定的组成，都可用一个相应的化学式来表示其组成。有些化学式还能表示这种物质的分子构成，这种化学式也叫作分子式。

注意，化学式仅表示纯净物，混合物没有化学式。化学式的书写必须依据实验的结果，不能凭空臆造。化学式的意义如表 2-8 所示。

表 2-8　化学式的意义

分类	意义	实例（以 H_2O 为例）
宏观	①表示一种物质	水
	②表示该物质的元素组成	水由氢元素和氧元素两种元素组成
微观	①表示物质的一个分子	一个水分子
	②表示物质的分子构成	每个水分子由两个氢原子和一个氧原子构成

当化学式前写有数字时，该化学式不再表示该物质，不具有宏观意义，只表示分子的个数。如 $2CO_2$ 表示 2 个二氧化碳分子。

1. 单质化学式的写法

① **稀有气体**　用元素符号表示，如氖写作 Ne，氦写作 He。

② **金属和固体非金属**　习惯上用元素符号表示，如铁写作 Fe，碳写作 C。

③ **非金属气体**　元素符号右下角用数字写出构成一个单质分子的原子个数，如 O_2。

2. 化合物化学式的写法

① 当组成元素原子个数比为 1 时，1 可省略，如氯化氢写作 HCl。

② 氧化物化学式的书写，一般把氧的元素符号写在右边，另一种元素的元素符号写在左边，如 CO_2；氢元素与另一元素组成的化合物，一般把氢元素符号写在左边，如 HCl。

③ 金属元素与非金属元素组成的化合物，一般把金属元素符号写在左边，非金属元素符号写在右边，如氯化钠写作 NaCl。直接由离子构成的化合物，其化学式常用其离子最简单整数比表示。

3. 式量

化学式中各原子的原子量的总和，叫作化学式的式量（由分子组成的物质也叫分子量）。

4. 化学式的读法（即化合物的名称）

一般是从右向左读作"某化某"，如 CuO 读作氧化铜。当一个分子中原子个数不止一个时，还要读出原子个数，如 P_2O_5 读作五氧化二磷。

有带酸的原子团要读成"某酸某"，如 $CuSO_4$ 读作硫酸铜。还有的要读"氢氧化某"，如 NaOH 读作氢氧化钠。在读含铁化合物时还要注意铁的化合价，+3 价的铁读作铁（如 $FeCl_3$ 读作氯化铁），+2 价的铁读作亚铁（如 $FeCl_2$ 读作氯化亚铁）。若含结晶水应先读出结晶水的个数，即读作"某水合某"，如 $CuSO_4 \cdot 5H_2O$ 读作五水合硫酸铜（注：结晶水个数为 1 时也应读出个数，读作"一水合某"）。

二、元素的化合价

> **思考**：如何确定分子式中元素的下角标呢？有什么规律吗？

元素在相互化合时，反应物原子的个数比并不是一定的，而是由原子的最外层电子数决定的。比如，一个钠离子（化合价为 +1，失去一个电子）能够和一个氯离子（化合价为 −1，得到一个电子）结合；而一个镁离子（化合价为 +2，失去两个电子）能够和 2 个氯离子结合。

如果形成化合物的元素的化合价代数和不为零，就不能使构成分子的原子的最外电子层成为稳定结构，也就不能形成稳定的化合物。

因此，把一种元素一定数目的原子跟其他元素一定数目的原子化合的性质，叫作这种元素的化合价。化合价有正价和负价。

原子团（又叫根）也有化合价，如 OH^- 为 −1 价。

如何表示化合价？

表示方法：$\overset{+n}{R}$ 或 $\overset{-n}{R}$

如：+3 价的铁元素为 $\overset{+3}{Fe}$；−2 价的氧元素为 $\overset{-2}{O}$。

> **小贴士**
>
> **一些常见元素的化合价口诀**：一价钾钠氯氢银、二价氧钙钡镁锌、三铝四硅五价磷、二三铁、二四碳、二四六硫都齐全，铜汞二价最常见，条件不同价不同，单质为零记心间。
>
> **一些常见原子团的化合价口诀**：负一硝酸氢氧根、负二硫酸碳酸根、负三记住磷酸根、正一价的是铵根。

表 2-9 中列出了常见元素和原子团的化合价。

表 2-9 一些常见元素和原子团的化合价

元素和原子团的名称	元素和原子团的符号	常见的化合价	元素和原子团的名称	元素和原子团的符号	常见的化合价
钾	K	+1	氯	Cl	-1、$+1$、$+5$、$+7$
钠	Na	+1	溴	Br	-1
银	Ag	+1	氧	O	-2
钙	Ca	+2	硫	S	-2、$+4$、$+6$
镁	Mg	+2	碳	C	$+2$、$+4$
钡	Ba	+2	硅	Si	$+4$
铜	Cu	+1、+2	氮	N	-3、$+2$、$+3$、$+4$、$+5$
铁	Fe	+2、+3	磷	P	-3、$+3$、$+5$
铝	Al	+3	氢氧根	OH	-1
锰	Mn	+2、+4、+6、+7	硝酸根	NO_3	-1
锌	Zn	+2	硫酸根	SO_4	-2
氢	H	+1	碳酸根	CO_3	-2
氟	F	-1	铵根	NH_4	$+1$

确定化合物中元素的化合价，需注意以下问题：

① 化合价有正价和负价。

② 氧元素通常显 -2 价。

③ 氢元素通常显 $+1$ 价。

④ 金属元素跟非金属元素化合时，金属元素显正价，非金属元素显负价（一般来说在化学式中正价元素写在前面，负价元素写在后面）。

⑤ 在化合物里正负化合价的代数和为 0。

例如：

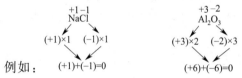

⑥ 一些元素在同种物质中可显不同的化合价。

例如：
$$\overset{-3}{N}H_4\overset{+5}{N}O_3$$

⑦ 一些元素在不同的物质中可显示不同的化合价。

例如：

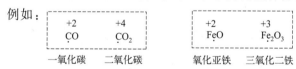

⑧ 元素的化合价是元素的原子在形成化合物时表现出来的一种性质，因此，在单质分子里，元素的化合价为 0。

例 1： 试确定化合物 $KMnO_4$ 中 Mn 元素的化合价。

解： 设化合物中 Mn 元素的化合价为 x，则
$$(+1)+1\times x+4\times(-2)=0$$
$$x=+7$$
故 $KMnO_4$ 中 Mn 元素的化合价为 $+7$ 价。

例 2：计算 O_2、H_2O、$(NH_4)_2CO_3$ 的分子量。

解：O_2 的分子量＝$16×2＝32$

H_2O 的分子量＝$1×2+16＝18$

$(NH_4)_2CO_3$ 的分子量＝$(14+1×4)×2+12+16×3$

$\qquad\qquad\qquad\qquad ＝96$

例 3：计算硝酸铵中各元素的质量比。

解：在 NH_4NO_3 中

$m(N)：m(H)：m(O)＝14×2：1×4：16×3$

$\qquad\qquad\qquad ＝28：4：48$

$\qquad\qquad\qquad ＝7：1：12$

例 4：计算化肥硝酸铵（NH_4NO_3）中氮元素的质量分数。

解：元素的质量分数＝$\dfrac{该元素的原子量×该元素的原子个数}{物质的分子量}×100\%$

先根据化学式计算出 NH_4NO_3 的分子量：

NH_4NO_3 的分子量＝$14+1×4+14+16×3＝80$

再计算氮元素的质量分数：$\dfrac{N的原子量×N的原子个数}{NH_4NO_3的分子量}×100\%$

$\qquad\qquad\qquad\qquad ＝\dfrac{14×2}{80}×100\%＝35\%$

✎ 练习

1. 用元素符号或化学式填空

(1) 4 个二氧化碳分子（　　　　　）　　　(2) 7 个铁原子（　　　　　）

(3) 1 个氧分子（　　　　　）　　　　　　(4) 5 个硫原子（　　　　　）

2. 某元素 X 的核电荷数为 13，Y 元素的核电荷数为 17，则两种元素所形成物质的化学式为（　　　　　）。

3. 写出下列物质的名称：NaOH ＿＿＿＿＿＿＿＿，HgO ＿＿＿＿＿＿＿＿，KCl ＿＿＿＿＿＿＿＿，$Fe(OH)_2$ ＿＿＿＿＿＿＿＿。

4. 化学式 Fe_3O_4 的读法是：＿＿＿＿＿＿＿＿。

第五节　化学键

除稀有气体外，其他元素的原子都未达到稳定结构，因此都不能以原子的形式孤立存在，必须形成分子，使各自达到稳定构型。分子是保持物质化学性质的最小微粒，是参与化学反应的基本单元。物质的性质主要由分子的性质决定，而分子的性质则是由分子的内部结构决定。因此，研究分子的内部结构，对于了解物质的性质和化学反应规律有极其重要的作用。

物质的分子是由原子结合而成的，说明原子之间存在着强烈的相互作用力。分子（或晶体）中相邻原子（或离子）之间主要的、强烈的相互作用称为**化学键**。根据化学键的特点，一般把化学键分为离子键、共价键、金属键三种基本类型。本节重点讨论离子键和共价键。

一、离子键

1916 德国化学家柯塞尔（Kossel）受到稀有气体原子结构的异常稳定性启发提出了离子键的概念。他认为原子间相互化合时，原子会倾向于失去或得到电子以达到稀有气体的稳定结构。这种靠原子得失电子形成阴、阳离子，由阴、阳离子间静电作用形成的化学键叫作**离子键**。

如金属钠与氯气反应生成氯化钠。钠原子属于活泼的金属原子，最外电子层只有 1 个电子，容易失去；氯原子属于活泼的非金属原子，最外电子层有 7 个电子，容易得到 1 个电子，从而使最外层都达到 8 个电子，形成稳定结构。

离子键的形成

当钠原子与氯原子接触时，钠原子最外层的 1 个电子就转移到氯原子的最外电子层上，形成带正电的钠离子（Na^+）和带负电的氯离子（Cl^-）。阴阳离子间存在的静电吸引力，使两种离子相互靠近，达到一定距离时，静电引力和电子与电子、原子核与原子核之间同性电荷间的排斥力达到平衡，于是 Na^+ 与 Cl^- 间就形成了稳定的化学键——离子键。

$$Na: 1s^2 2s^2 2p^6 3s^1 \xrightarrow{-e} 1s^2 2s^2 2p^6 \qquad\qquad Na^+（阳离子）$$

$$Cl: 1s^2 2s^2 2p^6 3s^2 3p^5 \xrightarrow{+e} 1s^2 2s^2 2p^6 3s^2 3p^6 \qquad Cl^-（阴离子）$$

活泼的金属原子（主要指ⅠA族和ⅡA族）和活泼的非金属原子（主要指ⅦA族的F、Cl和ⅥA族的O、S等原子）化合时，都能形成离子键。

因为离子所带的电荷分布呈球形对称，在空间各个方向上的静电作用均相同，所以离子键不具有方向性。一个阳离子在空间允许的各个方向，可以尽可能多地吸引阴离子；同样，一个阴离子也可以尽可能多地吸引阳离子。例如在 NaCl 晶体中，每个钠离子（或氯离子）的周围排列着 6 个相反电荷的氯离子（或钠离子）。但除了这些近距离相接触的吸引外，每个离子还会受到更远范围内所有其他异性离子的作用，只不过距离越远相互作用越弱而已，所以说离子键既没有方向性也没有饱和性。

将所有含有离子键的化合物称为**离子化合物**。

> **思考：**典型的非金属元素可以和典型的金属元素形成离子键，那么这些金属元素还能形成共价键吗？

二、共价键

1. 路易斯经典共价键理论

共价键的形成

1916 年美国化学家路易斯（Gilbert Newton Lewis）首先提出共价键的概念，

他认为原子结合成分子时，原子间可以共用一对甚至几对电子，以形成类似稀有气体的稳定电子层结构（第一周期 He 为 2 电子结构，其余为 8 电子结构），像这样原子与原子间通过共用电子对所形成的化学键，叫作**共价键**。

同种非金属原子间可以形成共价键，例如 Cl_2、N_2、O_2 等分子；另外，性质比较接近的不同非金属元素的原子间也可以通过共用电子对的方式结合而形成共价键，例如 HCl、CO、H_2O 等分子。

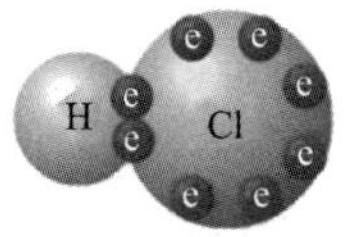

图 2-9　氯化氢分子的形成过程

氢气在氯气中燃烧生成氯化氢分子时，氢原子与氯原子从最外层电子中各自提供一个电子形成共用电子对供它们二者共同使用，这样，氯化氢分子就形成了，如图 2-9 所示。

化学上，常用"—"表示一对共用电子对，用"="表示两对共用电子对，用"≡"表示三对共用电子对。因此，H_2O、Cl_2、HCl、N_2、CO_2 可以分别表示为：

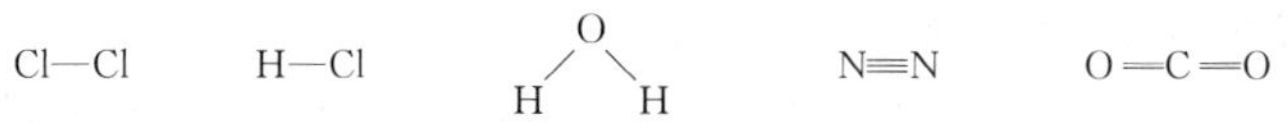

$$Cl{-}Cl \qquad H{-}Cl \qquad \begin{matrix} & O & \\ H & & H \end{matrix} \qquad N{\equiv}N \qquad O{=}C{=}O$$

共价键的这种表示方式称为**结构式**，能够说明分子中原子的连接顺序和连接方式（结构式在有机物结构书写时应用较多，具体参见第七章相关内容）。

2. 现代价键理论

Lewis 的经典共价键理论成功地解释了同种元素的原子，以及性质相近的元素的原子的成键情况，初步揭示了共价键的本质，对分子结构的认识前进了一步。但这一理论应用中遇到了许多不能解释的问题，如两个电子都带负电荷，为何不相互排斥，反而相互配对成键？两个氢原子可以形成电子对，三个氢原子能否共用电子形成 H_3？为了解决这些矛盾，一些化学家在经典共价键理论基础上，从量子力学的角度发展了这一成果，建立了现代价键理论，又称电子配对法。其要点如下：

① **电子配对原理**　两个原子接近时自旋相反的未成对的价电子可以配对形成共价键。一个原子有几个未成对的价电子，便可和几个自旋相反的电子配对。例如，氮原子有三个未成对的价电子，当与另一个氮原子成键时就可以形成三个共价键，写作 $N{\equiv}N$；氧原子有两个未成对的价电子，当与只有一个价电子的氢成键时，就会形成 AB_2 型分子，写作 $H{-}O{-}H$。

② **能量最低原理**　成键过程中，自旋相反的成对电子的原子，相互靠近时，电子云重叠，核间电子云密度较大，体系能量将会降至最低，可以形成稳定的共价键。

③ **原子轨道最大重叠原理**　原子间形成共价键时，原子轨道一定要发生重叠，重叠程度愈高，核间电子云密度愈大，形成的共价键就愈牢固，因此共价键尽可能地沿着原子轨道最大重叠的方向形成。

例如图 2-10 中列举了三种重叠的情况：

a. 氢原子沿 x 轴同氯原子接近，轨道重叠程度最大，形成稳定的共价键。

b. 氢原子沿 z 轴向氯原子接近，轨道不能重叠，无法成键。

c. 氢原子沿 y 轴倾斜方向同氯原子接近，轨道重叠程度较小，结合不牢固。

3. 共价键的特征

共价键结合力的本质仍然是电性的，但绝不是像离子键那样纯粹的静电引力，两者有本质的区别，其特点如下：

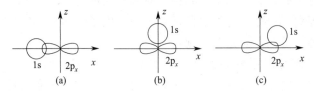

图 2-10　氢的 s 电子云和氯的 p 电子云的三种重叠情况

① 共价键的形成是原子核对共用电子对的吸引力，不同于阴阳离子间的库仑引力。共价键的强度取决于原子轨道成键时重叠的多少、共用电子对的数目和原子轨道重叠的方式等因素。

② 形成共价键的两原子核间电子云概率密度较大，但这并不意味着电子对仅存在于两核之间，电子对应该在两核周围的空间运动，只是在两核间空间出现的概率最大。

③ 共价键具有饱和性。根据共价键形成的条件，原子的每一个未成对电子跟另一个原子的自旋相反的电子配对成键后，就不能再与第三个原子的电子配对成键。因此，一个原子中有几个未成对电子，就只能和几个自旋相反的电子配对成键，这就是共价键的饱和性，是共价键与离子键的重要区别之一。

④ 共价键具有方向性。根据原子轨道最大重叠原理，原子间总是尽可能地沿着原子轨道最大重叠的方向靠近成键。s 轨道是球形对称的，因此，无论在哪个方向上都能发生最大重叠。而 p、d 轨道在空间都有不同的伸展方向，为了形成稳定的共价键，原子轨道尽可能沿某个方向进行最大程度的重叠，这就是共价键的方向性，是与离子键的另一重要区别。

例如，对于有单个 s 电子和 p 电子的原子来说，能形成共价键的原子轨道是 s-s、s-p_x、p_x-p_x、p_y-p_y、p_z-p_z，如图 2-11 所示。

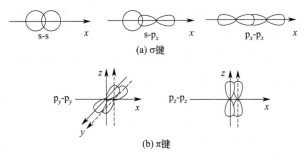

图 2-11　σ 键和 π 键的形成

4. 共价键的类型

（1）σ 键和 π 键　根据原子轨道重叠方式的不同，共价键可分为 σ 键和 π 键。一种是沿键轴方向，以"头碰头"的方式重叠，形成的共价键叫 σ 键，如图 2-11(a) 所示。如 HCl 分子中的 s-p_x 键就是 σ 键。另一种是在键轴的两侧，以"肩并肩"的方式重叠，形成的共价键叫 π 键，如图 2-11(b) 所示的 p_y-p_y、p_z-p_z 键。

从原子轨道重叠程度来看，π 键重叠程度比 σ 键小，而且 π 键电子能量较高，键较易断开，表现为化学活泼性较强。因此，形成分子时 π 键是不能单独存在的，只能与 σ 键共存。如 N_2 分子中每个氮原子有三个未成对电子（$2p_x^1$、$2p_y^1$、$2p_z^1$），分别密集于三个互相垂直的

σ 键和 π 键的形成

对称轴上。当两个氮原子的 $2p_x^1$ 轨道沿键轴以"头碰头"的方式重叠形成 p_x-p_x σ 键的同时，p_y-p_y 和 p_z-p_z 只能采取"肩并肩"的方式重叠成两个互相垂直的 π 键，如图 2-12 所示。

因此，N_2 分子中两个 N 原子间共有三个共价键，两个 N 原子以 1 个 σ 键和 2 个 π 键结合在一起，其结构可表示为 N≡N。

σ 键是构成分子的骨架，能单独存在于两个原子间，共价化合物中的单键都是 σ 键，如 CH_4 四个碳氢键都是 σ 键；双键中则一个共价键是 σ 键，另一个共价键是 π 键，如 CO（O≡C）、C_2H_4（CH_2≡CH_2）分子；三键中有一个共价键是 σ 键，另外两个都是 π 键，如 N_2、C_2H_2（H—C≡C—H）分子等。σ 键、π 键的特点总结在表 2-10 中。

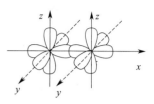

图 2-12 氮气分子
形成的示意图

表 2-10 σ 键和 π 键的特点比较

项目	σ 键	π 键
存在	可以单独存在	不能单独存在,只能与 σ 键共存
形成	成键轨道沿键轴重叠,重叠程度大	成键轨道平行,侧面重叠,重叠程度小
分布	电子云对称分布在键轴周围呈圆柱形	电子云对称分布于 σ 键所在平面的上下
性质	①键能较大,比较稳定 ②成键的两个原子可沿键轴自由旋转 ③电子云受核的束缚大,不易极化	①键能较小,不稳定 ②成键的两个原子不能沿键轴自由旋转 ③电子云受核的束缚小,容易极化

（2）极性共价键和非极性共价键 根据成键的共用电子对在两原子核间有无偏移，可把共价键分为极性共价键和非极性共价键。

成键电子对没有偏向任一原子的共价键叫作非极性共价键，简称**非极性键**。由同种原子形成的共价键，如单质 H_2、Cl_2、N_2 等分子中的共价键就是非极性共价键。

由两种不同元素的原子形成的共价键，由于不同原子的电负性不同，对共用电子对的吸引力不同，共用电子对将偏向电负性较大的原子一方，两原子间电荷分布不均匀。电负性较小的原子一端带部分正电荷为正极，电负性较大的原子一端带部分负电荷为负极。这种共用电子对有偏向的共价键叫作极性共价键，简称**极性键**。如 HCl、H_2O、NH_3 等分子中的 H—Cl、H—O、N—H 键就是极性键。

通常以成键原子电负性的差值，来判断共价键极性的强弱。

思考：NH_3 分子中含有几个共价键？溶液还存在一种叫铵根（NH_4^+）的离子，铵根离子中存在哪些共价键，都是如何形成的？

（3）配位键

如果共价键的共用电子对是由成键的两个原子各提供 1 个电子所组成，称为普通共价键，如 H_2、O_2、Cl_2、HCl 等。如果共价键的共用电子对是由成键两原子中的一方原子提供，而另一方原子只是提供可容纳共用电子对的空轨道，则称为**配位共价键**，简称**配位键**。

以铵根离子的形成为例，NH_3 分子与 H^+ 之所以能生成 NH_4^+，是因为 NH_3 中的 N 原子有一对未参与成键的电子（称为孤电子对），而 H^+ 有空轨道（H 原子失去最外层的 1 个电子后，原来这个电子运动时所在的核外空

配位键的形成

间区域不会消失，就好比铁轨，铁轨一直存在，但这个铁轨上可以没有火车），N原子的孤电子对进入 H^+ 的空轨道，这一对电子为氮、氢两原子所共用，于是形成了配位键。通常用"→"表示配位键，箭头指向电子对接受体，箭尾指向电子对供给体，以区别于普通共价键。

需要注意，普通共价键和配位键的差别，仅仅表现在键的形成过程中，虽然共用电子对的电子来源不同，但在键形成之后，二者并无任何差别。如在铵根离子中，虽然有一个N—H键跟其他三个N—H键的形成过程不同，但是形成后四个键表现出来的性质完全相同。

配位键具有共价键的一般特性。但共用电子对毕竟是由一个原子单方提供，所以配位键是极性共价键。

形成配位键必须具备两个条件：

① 一个原子的价电子层有未共用的孤电子对。

② 另一个原子的价电子层有空轨道。

只含有共价键的化合物称为**共价化合物**。不同种非金属元素的原子结合形成的化合物（如 CO_2、SO_2、H_2O、HCl 等）和大多数有机化合物，都属于共价化合物。

🛢️ 知识加油站

杂化轨道理论

价键理论成功地揭示了共价键的本质，但却无法解释某些共价化合物分子的形成和空间构型。例如，C原子的价电子层排布为 $2s^2 2p_x^1$，$2p_y^1$，按照电子配对法它只能形成两个近乎互相垂直的共价键。但实验证明，CH_4 分子中有四个能量相同的C—H键，键角为109.5°，分子的空间构型为正四面体。这用价键理论是解释不通的。1931年鲍林（L. Pauling）提出了杂化轨道理论，解释了许多用价键法不能说明的实验事实，从而发展了价键理论。

1. 杂化和杂化轨道

碳原子最外电子层只有两个未成对的p电子，如何形成四个稳定的C—H键呢？杂化理论认为：碳原子在成键时，它的一个2s电子吸收外界能量激发到2p轨道上，形成了四个未成对的电子；又由于2s、2p轨道能量相近，它们可以混合起来，重新组合成四个能量相等的新轨道，这一过程如图2-13所示。

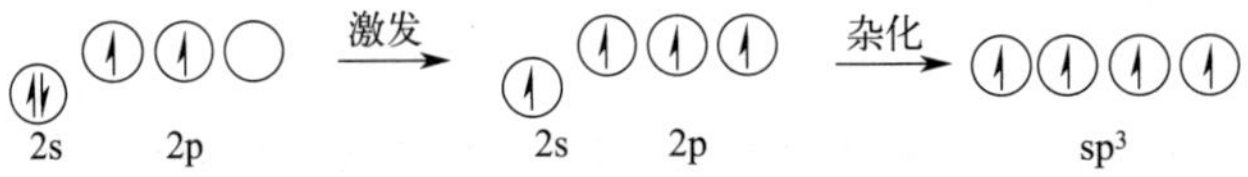

图 2-13　碳原子轨道杂化过程

在原子形成分子时，同一原子中能量相近的原子轨道混合起来，重新组合成一系列能量和数目完全相等的利于成键的新轨道，从而改变了原有轨道的状态，这一过程称为**"杂化"**，所形成的新轨道叫作**"杂化轨道"**。

杂化后轨道的能量和空间伸展性都发生了变化，以便轨道能达到更大程度的重叠，增强成键能力，从而降低分子体系能量，使分子更加稳定。因此，杂化轨道理论认为只有在形成分子时,才会发生原子轨道的杂化。

2. 杂化轨道类型

根据参与杂化的原子轨道的种类及数目的不同,杂化轨道分为不同的类型。下面只对 ns 轨道和 np 轨道进行杂化的三种方式作简单介绍。

(1) sp^3 杂化 同一原子内由一个 ns 轨道和三个 np 轨道混合,重新组成四个能量相等的 sp^3 杂化轨道的过程,叫作 sp^3 杂化。

每个 sp^3 杂化轨道含有 1/4 的 s 成分和 3/4 的 p 成分。它的形状和单纯的 s 轨道、p 轨道不同,呈葫芦形,一头特别大,如图 2-14(a) 所示,成键时,这样的原子轨道重叠得多,形成的共价键更稳定,如图 2-14(b) 所示。四个 sp^3 杂化轨道,分别指向正四面体的四个顶角,四个轨道对称轴间的夹角互为 109.5°,空间构型为正四面体,如图 2-14(c) 所示。常见的分子有 CH_4、CCl_4、$SiCl_4$。

(a) 葫芦形轨道　　　(b) sp^3杂化轨道　　　(c) CH_4分子结构

图 2-14　CH_4 分子结构和 sp^3 杂化轨道

(2) sp^2 杂化 同一原子内由一个 ns 轨道和两个 np 轨道混合,重新组成三个能量相等的 sp^2 杂化轨道的过程,叫作 sp^2 杂化。

每个 sp^2 杂化轨道含有 1/3 的 s 成分,2/3 的 p 成分。sp^2 杂化轨道也呈葫芦形,空间构型为平面三角形。这三条杂化轨道分别指向平面三角形的三个顶点,夹角为 120°,如图 2-15 所示。

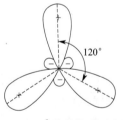

BF_3、BCl_3 及 CO_3^{2-}、NO_3^- 的中心原子均采取 sp^2 杂化轨道成键,它们都具有平面三角形的结构。例如,BF_3 的四个原子在同一平面上,三个 B—F 之间的键角均为 120°,硼原子位于平面三角形的中心,三个氟原子分别位于平面三角形的三个顶点。

图 2-15　sp^2 杂化轨道示意图

(3) sp 杂化 同一原子内由一个 ns 轨道和一个 np 轨道混合,重新组成两个能量相等的 sp 杂化轨道的过程,叫作 sp 杂化。

每个 sp 杂化轨道含有 1/2 的 s 成分和 1/2 的 p 成分。sp 杂化轨道,也是葫芦形的,比较大的一端参与成键。两个 sp 杂化轨道在一条直线上,夹角为 180°,空间构型为直线型。$HgCl_2$、$BeCl_2$、C_2H_2、$ZnCl_2$ 等分子的中心原子均采用 sp 杂化轨道成键,故都是直线型分子。例如,$BeCl_2$ 分子的形成和 sp 杂化轨道,如图 2-16 所示。

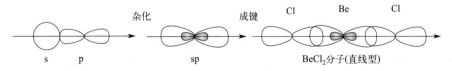

图 2-16　$BeCl_2$ 分子的形成和 sp 杂化轨道

3. sp^3、sp^2、sp 杂化的比较

sp^3、sp^2、sp 杂化轨道的特征比较见表 2-11。

表 2-11　sp^3、sp^2、sp 杂化轨道的特征比较

项目	sp^3	sp^2	sp
轨道数目	4	3	2
成分	1/4s,3/4p	1/3s,2/3p	1/2s,1/2p
	s 成分愈大,电子云离原子核愈近,其电负性愈强		
形状	葫芦形	葫芦形	葫芦形
	在长度上依次缩小,在宽度上依次增大		
杂化轨道的分布	正四面体分布(对称轴间夹角 109.5°)	平面三角形分布(对称轴间夹角 120°)	直线分布(对称轴间夹角 180°)
杂化轨道与未杂化轨道的关系	—	未杂化 p 轨道垂直于 3 个杂化轨道组成的平面	两个未杂化 p 轨道相互垂直,并垂直于杂化轨道

📝 **练习**

1. 单选题

（1）下列说法中正确的是（　　）。

A. 非金属原子不会和其他元素原子形成化学键

B. 化学键是相邻两个或多个原子间强烈的相互作用

C. 有的化学键存在于分子之间

（2）下列说法中正确的是（　　）。

A. 含有共价键的分子一定是共价分子

B. 离子化合物中可能含有共价键

C. 只含有共价键的物质一定是共价化合物

（3）以下物质中属于离子化合物的是（　　）。

A. O_2　　　　　　B. NH_4Cl　　　　　　C. H_2O

（4）下列属于共价化合物的是（　　）。

A. NH_4OH　　　　B. H_2CO_3　　　　　C. Na_2SO_4

（5）下列属于非极性键的是（　　）。

A. N—H　　　　　　B. C—H　　　　　　C. N≡N

2. 填空题

（1）原子失去电子后，就带有_____电荷，成为_____离子；原子得到电子后，就带有_____电荷，成为_____离子。

（2）在共价双键中，含有一个_____键和一个_____键；共价三键中，含有_____个 σ 键，_____个 π 键。

（3）甲烷中的碳原子形成_____共价键，采用_____杂化方式。

（4）s 轨道和 p 轨道的杂化方式有三种，分别为_____杂化、_____杂化、_____杂化。

第六节 分子的极性及应用

思考: 分子中共价键的极性对分子的性质有什么影响?分子中如果只含有极性共价键那么这个分子就是极性分子吗?

在任何中性分子中,都有带正电荷的原子核和带负电荷的电子。可设想分子内部,两种电荷分别集中于某一点上,就像任何物体的重量可以认为集中在其重心上一样。把电荷的这种集中点叫作"电荷重心"或"电荷中心",其中正电荷的集中点叫"正电荷中心",负电荷的集中点叫"负电荷中心"。分子中正、负电荷中心可称为分子的正、负两个极,用"+"表示正电荷中心,即正极,用"-"表示负电荷中心,即负极。

根据分子中正、负电荷中心是否重合,可把分子划分为极性分子和非极性分子。正、负电荷中心不重合的分子是**极性分子**;正、负电荷中心重合的分子是**非极性分子**,如图 2-17 所示。

(a) 离子型分子　　　(b) 共价极性分子　　　(c) 共价非极性分子

图 2-17　分子类型

一、双原子分子

双原子分子的极性比较容易判断,有以下几种情况:

① 由相同原子组成的单质分子,如 H_2、Cl_2、O_2 等均为非极性分子。

② 由不同原子组成的双原子分子,如 HF、HCl、HBr、HI 等均为极性分子,且键的极性越大,分子的极性也越大。

可见,对双原子分子来说,分子是否有极性,决定于所形成的键是否有极性。

二、多原子分子

多原子分子(由不同原子组成)的极性判断比较复杂,需要考虑分子的构型。键有极性,而分子是否有极性,则决定于分子的空间构型是否对称。

① 当分子的空间构型对称时,键的极性相互抵消,使整个分子的正、负电荷中心重合,因此这类分子是非极性分子,如 CO_2、CH_4、BF_3、$BeCl_2$、C_2H_2 等,图 2-18 就是 CO_2、CH_4 的球棍模型。

② 当分子的空间构型不对称时,键的极性不能相互抵消,分子的正、负电荷中心不重合,因此这类分子是极性分子,如 H_2O、NH_3、SO_2、CH_3Cl 等分子,图 2-19 就是 H_2O 的球棍模型。

  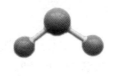

图 2-18　CO_2、CH_4 的球棍模型　　　　　　　　图 2-19　H_2O 的球棍模型

由上述讨论可知，分子的极性与键的极性是两个概念，但两者又有联系。极性分子中必含有极性键，但含有极性键的分子不一定是极性分子。

三、分子极性的应用

食盐可以溶于水中，食用油就不可以，学习了分子极性知识就能很好地解释这个问题。"相似相溶"原理认为溶质、溶剂的结构越相似，溶解前后分子间的作用力变化越小，这样的溶解过程就越容易发生。也就是说，由于极性分子间的电性作用，极性分子组成的溶质易溶于极性分子组成的溶剂，难溶于非极性分子组成的溶剂。如：NH_3 和 H_2O 可以互溶，却难溶于 CCl_4；非极性分子组成的溶质易溶于非极性分子组成的溶剂，难溶于极性分子组成的溶剂，如 I_2 易溶于 CCl_4，而难溶于水。

✏️ 练习

1. 分析分子结构中存在的共价键极性，并判断哪些是极性分子，哪些是非极性分子。
CO_2　　　　N_2　　　　HBr　　　　H_2O　　　　NO　　　　NH_3

2. 冬天穿的羽绒服需到干洗店干洗。干洗适于那些不宜水洗和易褪色的织物，有防止织物纤维变形和使纤维保持原有色泽的优点，同时还能延长衣服的穿着寿命。请查阅资料说明什么是干洗，干洗应用了什么化学原理。

📝 **本章习题**

1. 填空题

（1）原子序数为 14 的元素名称为_____，其元素符号为_____，其原子核外电子排布式为_____，价电子层有_____个电子。

（2）在化学变化中，①原子总数、②分子总数、③物质的种类、④物质的总质量、⑤物质的总能量、⑥原子种类，反应前后肯定不发生变化的是_____。

（3）原子间通过_____所形成的化学键叫共价键。

（4）核外电子排布应遵循的三条规律是_____、_____和_____。

（5）硫元素的原子价电子构型为 $3s^2 3p^4$，该元素的原子核外有_____个电子层，它属于_____（填"金属"或"非金属"）元素，其化学性质比较活泼，在化学反应中易_____（填"得"或"失"）电子形成_____离子，该离子与 Na^+ 形成的化合物的化学式为_____。

（6）原子轨道沿键轴方向，"头碰头"重叠，形成的共价键叫_____，在键轴的两侧，"肩并肩"重叠，形成的共价键叫_____键。

(7) CO_2 内有_____个共价键，其中两个是_____共价键，两个是_____共价键，CO_2 为_____（填"极性"或"非极性"）分子。

(8) 原子得到电子，形成_____；原子失去电子，形成_____。靠_____所形成的化学键叫离子键。

2. 单选题

(1) 某元素的原子价电子构型为 $4s^2 4p^4$，对该元素的认识正确的是（　　）。

A. 该元素的原子核内质子数是 34　　　　B. 该元素是金属元素

C. 该元素原子的最外层电子数是 4

(2) HCl 分子中，氢原子与氯原子之间的化学键是（　　）。

A. π 键　　　　　　　B. 离子键　　　　　　C. 共价键

(3) 下列物质中既含离子键又含共价键的是（　　）。

A. Cl_2　　　　　　　B. NaOH　　　　　　　C. HCl

(4) 下列物质含有极性共价键的是（　　）。

A. I_2　　　　　　　B. $MgCl_2$　　　　　　C. H_2O

(5) 下列化合物分子中键极性最强的是（　　）。

A. HF　　　　　　　B. HCl　　　　　　　C. HBr

(6) 下列假设能级中不存在的能级是（　　）。

A. 2s　　　　　　　B. 3f　　　　　　　　C. 3d

(7) M 电子层最多可以容纳的电子数为（　　）。

A. 8　　　　　　　　B. 18　　　　　　　　C. 32

3. 现有下列物质：CO_2、H_2O、H_2、NaOH、Cl_2、NaCl、CH_4、$MgCl_2$、CaO。请回答以下问题：

(1) 这些物质中分别存在哪些类型的化学键？

(2) 哪些物质属于离子化合物？哪些物质属于共价化合物？

(3) 这些物质中哪些易溶于水？

4. 下列分子中哪些是非极性分子？哪些是极性分子？

NO　　　　　H_2S　　　　　N_2　　　　　HBr　　　　　H_2O　　　　　CO_2

5. 根据电负性的数据判断下列分子中键极性的强弱。

HF　　　　HCl　　　　HBr　　　　HI

6. 某种牛奶的营养成分如表 2-12 所示（NRV％是指每 100g 食品中营养素的含量占该营养素每日摄入量的比例）。

表 2-12　营养成分表

项目	每 100g	NRV％
能量	309kJ	4％
蛋白质	3.6g	6％
脂肪	4.4g	7％
碳水化合物	5.0g	2％
钠	65mg	3％
钙	120mg	15％

(1) 请查阅资料，说出牛奶中的钙是以什么形式存在的。

（2）写出钙的原子核外电子排布式，判断它在元素周期表中的位置，并说明它是金属元素还是非金属元素。

💡 本章小结

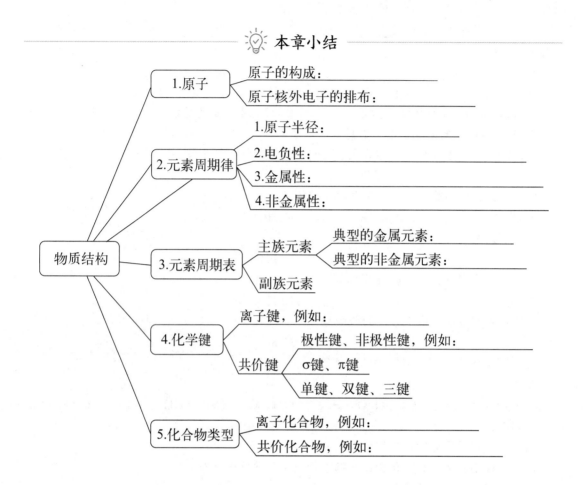

第三章

溶液

【知识目标】

1. 掌握溶液、溶质、溶剂的含义。
2. 掌握饱和溶液与不饱和溶液的含义。
3. 掌握物质的量、物质的量浓度的含义。

【能力目标】

1. 能正确区分溶液、悬浊液、乳浊液、胶体。
2. 学会计算溶液浓度，如质量分数、物质的量浓度等。
3. 学会配制一定物质的量浓度的溶液。

【素质目标】

通过学习溶质、溶剂、溶液三者关系以及饱和溶液与不饱和溶液的转化，培养逻辑思维能力。

情景导入

海洋波澜壮阔，清澈的海水喝起来却又苦又咸，这是什么原因？海水中除了水，一定还包含了其他物质。海水中各成分的含量和地域有关，但主要含有的阳离子有钠离子、钾离子、钙离子、镁离子、钡离子、锰离子等，而阴离子主要有氯离子、硫酸根离子、溴离子和硝酸根离子等。氯离子就是体现海水咸味的物质，而阳离子，如钠离子、钾离子、钙离子、镁离子则带给了大海苦味。

生活中很多物质都是混合物，如呼吸的空气、喝的水、穿的衣服等等，在化学研究中把一种或几种物质分散在另一种物质中构成的体系叫作**分散系**，其中，被分散的物质称为分散质，而容纳分散质的物质称为分散剂。

按照分散系中分散质粒子的大小进一步将分散系分为溶液、胶体、浊液，见表 3-1。

表 3-1　分散系的分类

分散系	分散质微粒直径	实例
溶液	$d < 1nm$	柴胡注射液、NaCl 溶液
胶体	$1nm < d < 100nm$	$Fe(OH)_3$ 胶体
浊液	$d > 100nm$	泥水、油水混合物

溶液中分散质粒子直径小于 1nm，可以顺利通过半透膜和滤纸；胶体中分散质粒子直

径为 1~100nm，可以顺利通过滤纸却不能通过半透膜；而浊液中分散质粒子直径大于 100nm，既不能通过滤纸也不能通过半透膜。

第一节　溶液

思考：什么样的分散系体系可以称为溶液？液态混合物就是溶液吗？清泉入口回甘，它是溶液吗？海水虽清澈透明却又苦又咸，它是溶液吗？血液、牛奶是溶液吗？平常听起来不像溶液的体系，如合金，是溶液吗？

溶液在日常生活、工农业生产以及科学研究中有着广泛的用途，与人们的生活息息相关。在医疗上用的葡萄糖溶液和生理盐水、医治细菌感染引起的各种炎症的注射液（如庆大霉素）、各种眼药水等都是按一定的要求配成的溶液。许多中药中的有效成分也要溶解在一定的溶剂中制成中药注射液供临床使用。工业生产中，许多化学反应也都是在溶液中发生的，有些化学反应甚至只能在溶液中发生。

溶液对动植物的生理活动也有很大意义。动物摄取食物里的养分，必须经过消化，变成溶液，才能被吸收。在动物体内氧气和二氧化碳也是溶解在血液中进行循环的。植物从土壤里获得的各种养料，也要溶解在溶液中才能被根部吸收（图3-1）。

图 3-1　土壤中的养分被植物吸收

一、溶液

1. 溶液的定义

一小勺食盐放到一杯水中，搅动几下，白色颗粒就不见了，尝一尝水却变咸了，所以食盐并不是凭空消失，而是以更小的形态分散在水中了。**溶解**是指一种物质以分子或离子形式均匀分散到另一种物质中去的过程。食盐溶于水后得到的这种液体，就是溶液。**溶液是指一种或几种物质分散到另一种物质里，形成的均一、稳定的混合物。**

判断一种物质是不是溶液，可从以下两个方面思考：

（1）溶液必须是混合物　溶液体系内至少有两种物质存在，例如矿泉水与蒸馏水的区别在于矿泉水中溶解了多种微量元素和矿物质，它就是溶液，而蒸馏水只含有水这一种物质，它不是混合物，就不是溶液。

（2）溶液体系必须"均一、稳定"　在不改变外界条件的前提下，溶液的颜色、密度、浓度等是不会改变的。浊液相对于溶液来说体系就不太稳定了，而胶体的稳定性介于两者之间。

需要注意的是溶液并不局限于状态，一般根据溶液状态可将其分为以下三类：

① 气态溶液　气体混合物，如空气。

② 液态溶液　气体、固体或液体溶解在另一种液体中，如食盐水。

③ 固态溶液　彼此呈分子分散的固体混合物，如合金（不锈钢）。

溶液不一定透明，例如合金。另外，$CuSO_4$ 溶液是蓝色的、$KMnO_4$ 溶液显紫红色、$FeCl_3$ 溶液为黄色、$FeCl_2$ 溶液是浅绿色等，可见溶液也不一定是无色的。

2. 溶液的组成

溶液是由溶质和溶剂共同组成的，其中被溶解的物质叫作**溶质**，能溶解其他物质的物质叫作**溶剂**。

溶质可以是固体，如食盐、白糖、碘、$CuSO_4$、Na_2CO_3 等；也可以是液体，如酒精、硫酸、液溴等；还可以是气体，如氯化氢、氨气等。

溶剂也可以是固态、液态、气态三种形式，生活、生产中最常见、最绿色环保的溶剂就是水。所以，一般不做说明的情况下，提到"某溶液"都是指水作溶剂。例如食盐溶液，是指食盐和水的混合物；氢氧化钠溶液，就是氢氧化钠和水的混合物；乙醇的水溶液就简称为乙醇溶液。

当两种液体互相溶解时，如果其中一种液体是水，则一般认为水作溶剂，如在 75% 酒精水溶液中，水是溶剂，酒精是溶质；若两种液体都不是水，通常把量多的一种叫作溶剂，量少的叫作溶质。若是固体、气体与液体组成的溶液，一般液体是溶剂，固体、气体是溶质。

当然，汽油、酒精等也可以作溶剂。如汽油能溶解油脂（花生油、豆油、猪油等），酒精能溶解碘（即碘酒）等。汽油、酒精属于有机物，也称为有机溶剂。

溶液是由溶质和溶剂组成的，则有 $m_{溶液}＝m_{溶质}＋m_{溶剂}$，如将 2g 食盐溶于 50g 水中，则食盐溶液的质量为：$m_{溶液}＝2g＋50g＝52g$。

需要注意，2mL 酒精与 100mL 水组成的酒精溶液的体积并不是 102mL，因为分子间有间隔。

$$V_{溶液}\neq V_{溶质}＋V_{溶剂}$$

> **思考**：溶剂能够无限量溶解溶质吗？

二、饱和溶液和不饱和溶液

1. 饱和溶液和不饱和溶液的含义

在相同条件下，有的物质易溶于水，如 NaCl，有的则难溶于水，如 $CaCO_3$。不同物质在同一种溶剂中的溶解能力不同。**通常把一种物质溶解在另一种物质中的能力叫作溶解性。**

尽管有些物质易溶，在一定条件下，在一定量的溶剂中，溶质也不能无限制地溶解，见实验 3-1。

实验 3-1 烧杯中盛有 5g NaCl，在室温下，向烧杯中加入 20mL 水，搅拌，观察现象。看到 NaCl 完全溶解。继续向烧杯中加 5g NaCl，搅拌，观察现象。看到部分 NaCl 不溶（无论怎么搅拌都溶解不了，见图 3-2）。

图 3-2　氯化钠在水中的溶解情况

将实验 3-1 中的 NaCl 换成 KNO₃ 得到了相同的结论。

这就说明，在一定温度下，NaCl 和 KNO₃ 虽然都易溶于水，但在一定量的水中，NaCl 和 KNO₃ 溶解的量是有限的，并不能无限地溶解。

在一定温度下，一定量的溶剂中，不能再溶解某种溶质的溶液叫作这种溶质的**饱和溶液**；还能继续溶解某种溶质的溶液，叫作这种溶质的**不饱和溶液**。在实验 3-1 中，第一次加入溶质的量为 5g 时，食盐还能继续溶解，此时的溶液为氯化钠的不饱和溶液；第二次又加了 5g，食盐不能继续溶解而有固体剩余，这 20mL 水能溶解的氯化钠的质量已经达到了最大值，此时的溶液就是氯化钠的饱和溶液。

固体的溶解度是指在一定温度下，某固态物质在 100g 溶剂中达到饱和状态时所溶解的质量。如果不指明溶剂，一般说的溶解度指的是物质在水中的溶解度。例如，20℃时，氯化钠在水中的溶解度是 36g。意思就是，在 20℃时，100g 水中最多能溶解 36g 氯化钠（这时溶液达到饱和状态）。大部分固体物质的溶解度随温度升高而升高，如 KNO₃；有的固体物质的溶解度随温度变化不大，如 NaCl、KCl、NH₄Cl；但还有一些物质的溶解度随温度升高反而降低，如 Ca(OH)₂。

溶解度

2. 饱和溶液和不饱和溶液的相互转化方法

当改变条件时，饱和溶液与不饱和溶液可以相互转化。饱和溶液与不饱和溶液相互转化的途径有以下几种：

① 不饱和溶液通过增加溶质（对一切溶液适用）或降低温度（对于大多数溶解度随温度升高而升高的溶质适用，反之则须升高温度，如石灰水）、蒸发溶剂（溶剂是液体时）能转化为饱和溶液。

② 饱和溶液通过增加溶剂（对一切溶液适用）或升高温度（对于大多数溶解度随温度升高而升高的溶质适用，反之则降低温度，如石灰水）能转化为不饱和溶液。

饱和溶液与不饱和溶液相互转化的过程概括如下：

溶液还可以按照其中溶质含量的多少粗略地分为**浓溶液和稀溶液**。如实验中经常提到的稀硫酸、浓氨水、浓氢氧化钠溶液等。需要注意的是，浓溶液、稀溶液和饱和溶液、不饱和溶液并无固定对应关系。

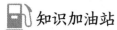 **知识加油站**

结晶和重结晶

"盐田法"是一种古老的且至今仍广泛沿用的海水制盐方法，需要在气候温和，光照充足的地区选择大片平坦的海边滩涂，构建盐田（图 3-3）。先将海水引入蒸发池，经日晒蒸发水分到一定程度变成浓溶液时，再将其导入另一个池中，继续日晒蒸发，浓海水就会成为食盐的饱和溶液，再晒食盐就逐渐析出来了。这时得到的晶体就是常见的"粗盐"，制粗盐的过程中就包含了"结晶"过程。

图 3-3 盐田

$$海水 \rightarrow 贮水池 \rightarrow 蒸发池 \rightarrow 结晶池 \begin{cases} 食盐 \rightarrow 氯化钠 \\ \\ 母液 \rightarrow 多种化工产品 \end{cases}$$

结晶是指热的溶液冷却后，已溶解在溶液中的溶质从饱和溶液中以晶体的形式析出的过程。海水晒盐得到的粗盐就是结晶产品，但显然这样的盐杂质太多不能食用，于是就需要重结晶。

重结晶过程是指将晶体溶于溶剂或熔融以后，再采用一定手段使其重新从溶液或熔体中结晶出来。粗盐提纯利用的就是物质溶解度的性质，将晶体溶解在热的溶剂中并达到饱和，冷却时由于溶解度降低，溶液过度饱和而开始析出晶体。一般被提纯的物质是大量的，而杂质是少量的，利用溶剂对被提纯物质及杂质的溶解度不同，可以使被提纯物质从中析出，而少量杂质全部或大部分留在溶液中，从而达到提纯目的。这也是化工生产中常用的分离、提纯手段。

✏️ **练习**

1. 单选题

(1) 溶液的基本特征是（　　　）。

A. 无色透明　　　　B. 无色均一　　　　C. 均一、稳定

(2) 下列液体不属于溶液的是（　　　）。

A. CO_2 通入水中　　B. 冰投入水中　　　C. 碘酒

(3) 溶液是一种（　　　）。

A. 化合物　　　　　B. 混合物　　　　　C. 无色透明液体

(4) 20℃时从200g氯化钠溶液中取出20g溶液，剩下的溶液中不变的是（　　　）。

A. 溶液质量　　　　B. 溶剂质量　　　　C. 溶液的密度

(5) 下列体系不属于溶液的是（　　　）。

A. 不锈钢　　　　　B. 稀粥　　　　　　C. 空气

2. 下列溶液中溶质、溶剂各是什么？

(1) 硫酸铜溶液　　　　　　(2) 稀硫酸　　　　　　(3) 75％的医用酒精

(4) 油脂溶解在汽油里　　　(5) 盐酸　　　　　　　(6) CO_2 的水溶液

第二节　悬浊液、乳浊液、胶体

悬浊液、乳浊液都属于分散系中的浊液，其分散质粒子直径大于100nm，不能通过半透膜、滤纸。胶体中分散质直径介于溶液和浊液之间，能透过滤纸却不能透过半透膜。

一、悬浊液

有些混合物体系中一种物质分散在液态物质中并没有被溶解，而仅仅是分散

浊液及胶体

而已，将固体小颗粒分散到液体里形成的混合物叫作**悬浊液**。由于分子的布朗运动固体颗粒分散后并不会很快下沉，待静置后才会逐渐下沉。悬浊液不透明、不均一、不稳定，不能透过滤纸。泥水、石灰乳、面糊都是悬浊液。

悬浊液在制药、农用化学品、燃料、化妆品等领域都有使用。如用 X 射线检查肠胃病时，让病人服用的钡餐就是硫酸钡的悬浊液；普鲁卡因青霉素（图 3-4）使用时则是加适量灭菌注射用水形成悬浊液后进行肌内注射。

二、乳浊液

一种液体以小液滴的形式分散在另外一种液体之中形成的混合物称为**乳浊液**，如牛奶、乳胶漆等。乳浊液不均一、不稳定，静置后就会出现上下分层的现象，能透过滤纸，不能透过半透膜。

在农业上，为了合理使用农药，常把不溶于水的固体农药或液体农药配制成悬浊液或乳浊液，用来喷洒有病虫害的农作物。这样药液散失得少，附着在叶面上得多，提高药效。含有槟榔、除虫菊等 13 种抗菌杀螨中成药的癣螨净就是一种乳浊液，见图 3-5。

图 3-4　普鲁卡因青霉素　　　　　　　　图 3-5　癣螨净乳浊液

三、胶体

1. 胶体的定义

胶体即胶体溶液，是指一定大小的固体颗粒（直径在 $1\sim100$nm 之间）或高分子化合物分散在溶剂中所形成的混合物。溶剂大多数为水，少数为非水溶剂。固体颗粒以多分子聚集体（胶体颗粒）分散于溶剂中，构成多相不均匀分散体系；高分子化合物以单分子形式分散于溶剂中，构成单相均匀分散体系。

胶体溶液在药剂学中应用甚广，尤其动、植物药在制剂过程中更与胶体溶液有密切关系。动物药材中含有的高分子物质溶于提取液中，往往形成胶体溶液。植物中的纤维素衍生物，天然的多糖类、黏液质及树胶，人工合成的右旋糖酐等遇水后所形成的溶液均属胶体。蛋白质溶液、淀粉溶液、糖原溶液及血液、淋巴液等也都属于胶体溶液。

> **思考：** $Fe(OH)_3$ 胶体溶液混入了少量 NaCl，如何利用两者性质的差别除去 NaCl，对 $Fe(OH)_3$ 胶体进行提纯？

2. 胶体的性质

胶体具有独特性质，它既不同于真溶液，也不同于混悬液。胶体分散系的胶体粒子能透过滤纸，但不能透过半透膜。

（1）丁达尔效应

实验 3-2 分别用激光照射盛有蒸馏水和氢氧化铁胶体的烧杯，在光束垂直的方向观察现象。

图 3-6　Fe(OH)₃ 胶体的丁达尔现象

可以看到 $Fe(OH)_3$ 胶体中出现光束，而蒸馏水中没有形成光束，见图 3-6。当可见光束通过胶体时，在入射光侧面可观察到明亮的"通路"，这种现象叫作**丁达尔效应**。

可以利用丁达尔效应快速区分溶液和胶体。葡萄酒成分复杂，是一种具有胶体性质的液体，也有丁达尔现象，见图 3-7。

另外，汽车车灯形成的光束、电影院放映时形成的光束、晨光照射的森林中形成的光束等也都是胶体丁达尔效应的体现。

图 3-7　葡萄酒中的丁达尔现象

（2）电泳　胶体粒子不停地作无规则运动。由于胶体粒子表面积较大，会选择性吸附溶液中的阴、阳离子而带正电荷或负电荷，如 $Fe(OH)_3$ 胶体，胶粒 $[Fe(OH)_3]_m$ 会吸附溶液中的 Fe^{3+} 而带正电荷，即 $[Fe(OH)_3]_m \cdot Fe^{3+}$，胶体粒子在外加电场的作用下，在分散剂中会作定向移动。一般来说，金属氧化物的胶体粒子带正电荷；非金属氧化物、金属硫化物的胶体粒子带负电荷。如 H_2SiO_3 胶粒带负电荷，泥沙胶体粒子带负电荷。

胶体不带电，胶体与溶液一样是电中性的，而形成胶体的胶粒带电荷。

（3）胶体的聚沉　使胶体粒子聚集成较大的颗粒，从而形成沉淀，从分散剂里析出，这个过程叫作胶体的**聚沉**。可通过加热、加入带相反电荷的胶粒的胶体或加电解质溶液（加入电解质离子电荷数越多，对胶体的聚沉效果越好）使胶体聚沉。

生活中也能发现胶体的聚沉现象。很多白葡萄酒，尤其装瓶后，常常出现浑浊现象，并渐渐生成一种棕红色的沉淀，这就是酒中的少量铜离子引起的聚沉。

（4）渗析　半透膜通常用鸡蛋壳膜或羊皮纸、胶棉薄膜、玻璃纸、动物的膀胱膜、肠衣等制成，有非常细小的孔，只能允许较小的分子和离子透过，胶体粒子不能透过。把混有离子或分子杂质的胶体，放入半透膜袋中，置于溶剂中，从而使分子或离子从胶体溶液中除去的操作称为渗析，又称透析。可通过渗析操作对胶体进行分离提纯。

实验 3-3　烧杯中装有一定量蒸馏水，将包有氯化钠溶液和淀粉胶体的半透膜包用细线拴在一玻璃棒上，将玻璃棒架在烧杯中，观察 10min，然后取烧杯中的液体各 5mL 分别置于两支试管中，其中一支滴入 $AgNO_3$ 溶液，另一支滴入碘水，观察现象。

现象：加入 $AgNO_3$ 溶液的试管中出现白色沉淀，加入碘水的试管中无现象，见图 3-8。

结论：Cl^- 能透过半透膜，而淀粉胶体不能透过半透膜。

胶体这一性质在医药卫生领域主要用于氨基酸、蛋白质、血清等生物制品的提纯和研究，如血液透析。

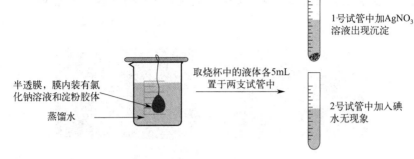

半透膜，膜内装有氯
化钠溶液和淀粉胶体

蒸馏水

取烧杯中的液体各5mL
置于两支试管中

1号试管中加AgNO₃
溶液出现沉淀

2号试管中加入碘
水无现象

图 3-8　渗析现象

总的来说，溶液是十分稳定的分散系，浊液是不稳定的分散系，而胶体是比较稳定的分散系。

📝练习

1. 单选题

（1）胶体区别于其他分散系的特征是（　　）。

A. 胶体微粒不停地作无规则运动　　　　B. 胶体有丁达尔效应

C. 胶体均一、稳定

（2）鉴别胶体和溶液可以采取的方法是（　　）。

A. 加热　　　　　　B. 从外观观察　　　C. 丁达尔效应实验

（3）根据中央电视台报道，近年来，我国的一些沿江或沿海城市多次出现大雾天气，致使高速公路关闭，航班停飞，雾属于下列分散系中的（　　）。

A. 溶液　　　　　　B. 悬浊液　　　　　C. 胶体

2. 动手试一试

有激光灯的同学回家之后用自己的激光灯观察一下，生活中一些常见的东西是不是胶体，能不能产生丁达尔现象，如果冻、肥皂水、稀豆浆、牛奶、果汁、泡好的茶叶水、透明的洗发水、洗洁精、鸡蛋清等。

第三节　质量分数与质量浓度

　　思考：李某与朋友聚会喝酒后开车回家，与两辆机动车相撞，造成一死两伤重大交通事故。经抽血检测李某血液中酒精含量高达 203mg/100mL，属醉酒驾车行为。那么 203mg/100mL 指的是什么呢？它属于哪种浓度表示方法呢？

在给农作物或树木喷施农药时，如果药液过浓，会伤害农作物或树木，而药液过稀，又不能有效地杀虫灭菌；完成化学反应时，也需要控制反应物的浓度，浓度太低反应速率太慢，浓度太高也不利于反应进行。因此，使用溶液时需要准确地知道溶液中各个组分的含量。

下面重点介绍两种生产、生活中较常见的表示溶液中组分含量的方法，即质量分数和质量浓度。

一、溶质的质量分数

溶液的浓度用溶质的质量占全部溶液质量的百分比来表示，叫作**溶质的质量分数**（简称质量分数）。例如，食盐溶液的浓度等于 9%，就是表示 100g 的溶液中有 9g 食盐和 91g 水，或 100kg 的溶液中有 9kg 食盐和 91kg 水。

溶质的质量分数可以根据下式进行计算：

$$溶质的质量分数 = \frac{溶质的质量}{溶液的质量}$$

即

$$w_B = \frac{m_B}{m} \tag{3-1}$$

其中，**溶液的质量＝溶质的质量＋溶剂的质量**

m_B、m 单位相同时，质量分数（w_B）是无量纲的。例如，$w_{NaCl} = 0.1$，也可以用百分数表示为 $w_{NaCl} = 10\%$，市售的浓酸（如盐酸、硫酸）、浓碱（如氨水）大多用这种浓度表示。

若式(3-1) 中 m_B、m 单位不同，则质量分数应写上单位，如 mg/g、μg/g 等。质量分数还常用来表示待测组分在试样中的含量，如铁矿石中铁的含量 $w_{Fe} = 0.28 = 28\%$。

二、质量浓度

溶液中溶质的总质量与溶液的体积之比叫作溶质的**质量浓度**。例如，医药上常用的葡萄糖注射液和生理盐水的质量浓度分别为 50g/L 和 9g/L，就是分别表示 1L 葡萄糖注射液中有 50g 葡萄糖，1L 生理食盐水中有 9g 食盐。质量浓度多用于描述溶质是固体的溶液浓度。

溶质的质量浓度可以根据下式进行计算：

$$溶质的质量浓度 = \frac{溶质的质量}{溶液的体积}$$

即

$$\rho_B = \frac{m_B}{V} \tag{3-2}$$

式中 ρ_B——溶质 B 的质量浓度，g/L；

     m_B——溶质的质量，g；

     V——溶液的体积，L。

ρ_B 的国际单位为 kg/m^3，但实际应用中更多采用 g/L，也可采用 mg/L 或 mg/mL。

例1：我国药典规定，临床注射用生理盐水的规格是 500mL，生理盐水中含 4.5g NaCl，问生理盐水的质量浓度是多少？某患者需要静脉滴注 800mL 生理盐水，则有多少克 NaCl 进入了体内？

解：生理盐水的质量浓度为：

$$\rho_{NaCl}=\frac{m_{NaCl}}{V}=\frac{4.5g}{0.5L}=9g/L$$

800mL 生理盐水中 NaCl 的质量为：

$$m_{NaCl}=\rho_{NaCl}V=9g/L\times0.8L=7.2g$$

质量浓度应用较广，如酱油、食醋的标签上使用的就是质量浓度，某些注射用药液的浓度、饮用矿泉水中某些离子的浓度、酒驾抽血化验单中血液酒精含量也是用质量浓度表示的。

✎ 练习

1. 单选题

(1) 关于质量浓度的单位错误的是（　　）。

A. g/L   B. mg/L   C. mL/mg

(2) 某溶液质量分数为 7%，其意义表示正确的是（　　）。

A. 每一升溶液中有 0.7L 溶质

B. 每一升溶液中有 0.7kg 溶质

C. 每 100g 溶液中有 7g 溶质

2. 填空题

某注射用药液的配制是将瓶中 30mg 药物用 5mL 灭菌注射用水溶解，此时溶液质量浓度为_____，再用 100mL 0.9% 氯化钠注射液稀释，静脉滴注。

第四节　物质的量浓度

在介绍物质的量浓度之前先要搞清楚一个新的概念——物质的量。

一、物质的量

1. 物质的量

物质的量是含有一定数目微观粒子的集合体，用符号 n 表示。它是把微观粒子与宏观可称量物质联系起来的一种物理量。物质的量的基本单位是**摩尔**，简称摩，符号为 mol。表 3-2 中列出了国际单位制中的几个基本单位。

物质的量

表 3-2　国际单位制（SI）中的几个基本单位

物理量	国际单位	符号
长度	米	m
质量	千克	kg
时间	秒	s
物质的量	摩尔	mol

宏观上，物质之间的反应是按照一定质量关系来进行的，但从微观角度分析，物质之间

反应的实质是微观粒子间按照一定的个数比进行的。

$$2H_2 + O_2 \xrightarrow{\text{点燃}} 2H_2O$$

从以上化学反应可以看出 2 个 H_2 和 1 个 O_2 点燃条件下反应生成 2 个 H_2O。但在实际生产中，是称取一定质量的物质进行反应，而不是数清微观粒子的个数。为了解决这个问题，国际上采用了一个新的物理量——物质的量。

物质的量所指的粒子可以是分子、原子、离子、质子、中子、电子等微观粒子，也可以是这些粒子的特定组合。使用摩尔作单位时，所指粒子必须十分明确，粒子种类最好用化学式表示，如 2mol H，1mol H_2，1.5mol NaOH，3mol OH^-。

2. 阿伏伽德罗常数

经过计算，12g ^{12}C 所含的碳原子数约为 6.02×10^{23}。国际上规定 1mol 某粒子集合体所含的该粒子的粒子数就等于 12g ^{12}C 所含的碳原子数，这是一个常数，称为"**阿伏伽德罗常数**"，用符号 N_A 表示，近似值为 6.02×10^{23}。

如果知道实际粒子数 N，就可以计算出这些粒子的物质的量（n）：

$$n = \frac{N}{N_A} \tag{3-3}$$

3. 摩尔质量

单位物质的量的物质所具有的质量叫作**摩尔质量**，符号为 M，常用单位为 g/mol。1mol 不同物质含有的粒子数目都是相同的，但由于每种粒子的质量不同，所以不同物质的摩尔质量也就不同。

1mol 任何粒子或物质的质量以克为单位时，在数值上等于该粒子的原子量或分子量。

物质的量（n）、质量（m）与摩尔质量（M）之间存在如下关系：

$$n = \frac{m}{M} \tag{3-4}$$

式中　n——物质的量，mol；

　　　m——质量，g；

　　　M——摩尔质量，g/mol。

例2：90g H_2O 的物质的量是多少？（H_2O 的摩尔质量为 18g/mol）

解：

$$n = \frac{m}{M} = \frac{90g}{18g/mol} = 5mol$$

答：90g H_2O 的物质的量是 5mol。

例3：4g NaOH 的物质的量是多少？含有多少个 Na^+？（$M_{NaOH} = 40g/mol$）

解：

$$n = \frac{m}{M} = \frac{4g}{40g/mol} = 0.1mol$$

因为 NaOH 是离子化合物，一个 NaOH 中有 1 个 OH^-，1 个 Na^+，则 0.1mol NaOH 中有 0.1mol Na^+。

所以 Na^+ 的数目 $=0.1mol \times 6.02 \times 10^{23}/mol = 6.02 \times 10^{22}$

答：4g NaOH 的物质的量是 0.1mol，含有 6.02×10^{22} 个 Na^+。

二、物质的量浓度

溶液的质量浓度、质量分数固然可以表示溶液的浓度，但是在很多情况下使用的溶液是液体，取用液体溶液时，一般不是称量它的质量，而是量取它的体积。而且在化学反应中，物质是以微粒为单位反应的，而并不是质量。所以如果能有方法衡量一定体积的溶液中溶质的微粒数也就是物质的量，对于计算化学反应中各物质之间量的关系是非常便利的。

物质的量浓度表示单位体积溶液中所含溶质 B 的物质的量，也称为 **B 的物质的量浓度**，符号为 c_B。即

$$c_B = \frac{n_B}{V} \tag{3-5}$$

式中　c_B——溶液的物质的量浓度，mol/L；

　　　n_B——溶质的物质的量，mol；

　　　V——溶液的体积，L。

c_B 的国际单位为 mol/m^3，化学计算中常用单位为 mol/L。

表 3-3 是一张医院的化验单，检查结果就是用物质的量浓度来表示的。

表 3-3　化验结果中的一些指标数据

项目名称	检查结果	单位	参考值
钾	4.1	mmol/L	3.5～5.5
钠	140	mmol/L	135～145
钙	2.43	mmol/L	2.13～2.40
肌酐（酶法）	71	μmol/L	59～104
葡萄糖	5.11	mmol/L	3.9～6.11
尿酸	310	μmol/L	210～416
总胆固醇	4.65	mmol/L	2.85～5.70
甘油三酯	1.50	mmol/L	0.45～1.70

例 4：将称量好的 11.7g NaCl 配制成 500mL NaCl 溶液，此溶液的物质的量浓度是多少？（$M_{NaCl} = 58.5g/mol$）

解：

$$n_{NaCl} = \frac{m_{NaCl}}{M_{NaCl}} = \frac{11.7g}{58.5g/mol} = 0.2mol$$

$$c_{NaCl} = \frac{n_{NaCl}}{V} = \frac{0.2mol}{0.5L} = 0.4mol/L$$

答：此 NaCl 溶液的物质的量浓度是 0.4mol/L。

例 5：计算 98% 的浓硫酸的物质的量浓度是多少？（$M_{H_2SO_4} = 98g/mol$）

表 3-4 为 20℃时硫酸密度和质量分数对照表。

表3-4 硫酸密度和质量分数对照表（20℃）										
密度 /(g/mL)	1.01	1.07	1.14	1.22	1.30	1.40	1.50	1.61	1.73	1.81	1.84
质量分数 /%	1	10	20	30	40	50	60	70	80	90	98

解：设现有1L（即1000mL）98%的浓硫酸，则该溶液中H_2SO_4的质量为

$$m(H_2SO_4) = \rho[H_2SO_4(aq)] \times V[H_2SO_4(aq)] \times 98\%$$
$$= 1.84g/mL \times 1000mL \times 98\%$$
$$= 1803.2g$$

$$c_{H_2SO_4} = \frac{n_{H_2SO_4}}{V} = \frac{m_{H_2SO_4}}{M_{H_2SO_4}V} = \frac{1803.2g}{98g/mol \times 1L} = 18.4mol/L$$

答：98%的浓硫酸的物质的量浓度为18.4mol/L。

素质阅读

阿伏伽德罗

阿莫迪欧·阿伏伽德罗（1776年8月9日～1856年7月9日），见图3-9，意大利物理学家、化学家，出生于都灵，父亲曾担任撒伏以王国的最高法官，是当地的望族。其实他小时候学习并不努力，勉强读完中学。进入都灵大学读法律系后，才突然开窍发奋读书，成绩突飞猛进。30岁时，他对物理产生兴趣。1809年被聘为维切利皇家学院的物理学教授，1811年，也就是在他35岁时，发表了阿伏伽德罗假说，即阿伏伽德罗定律，并提出分子概念及原子、分子区别等重要化学问题。但遗憾的是，阿伏伽德罗的卓越见解长期得不到化学界的承认，反而遭到了不少科学家的反对，被冷落了将近半个世纪。但他只是默默地埋头于科学研究工作中，从不追求名誉地位，不计较个人得失。

图3-9 阿伏伽德罗

直到1860年，意大利化学家坎尼扎罗在一次国际化学会议上慷慨陈词，声言阿伏伽德罗在半个世纪以前已经解决了确定原子量的问题。坎尼扎罗以充分的论据、清晰的条理、易懂的方法很快使大多数化学家相信阿伏伽德罗的学说是正确的。但这时阿伏伽德罗已经离世四年了。

为了纪念这位伟大的科学家，化学界将著名的1mol标准，以他的姓氏阿伏伽德罗命名，即阿伏伽德罗常数（Avogadro's number），符号为N_A。

练习

1. 填空题

（1）12.04×10^{23} 个 OH^- 是_____ mol OH^-；0.5mol Na^+ 是_____个 Na^+。

（2）现有0.5mol/L H_2SO_4 溶液，则溶液中 H^+ 的物质的量浓度为_____，SO_4^{2-} 的物质的量浓度为_____。

（3）0.5mol H_2 含有 _____ 个氢原子。3mol NH_3 中含有 _____ 个 N 原子，_____ 个 H 原子。

思考：在实验室中，需要配制 1mol/L 的氯化钠溶液 250mL，需要哪些基本步骤？主要使用哪些仪器？

第五节　溶液配制中的有关计算

配制一定物质的量浓度的溶液需要的步骤有计算、称量或量取、溶解或稀释、溶液转移、定容、摇匀，其首要步骤就是计算出所需固体溶质的质量或液体溶质的体积。

配制一定物质的
量浓度的溶液

一、用固体试剂配制一定物质的量浓度的溶液的计算

在用固体试剂配制溶液时，首先需要根据所配溶液的体积和溶质的物质的量浓度，计算出所需溶质的质量，然后根据所要配制的溶液的体积选择容积合适的容量瓶。

例 6： 配制 250mL 0.20mol/L Na_2CO_3 溶液需要固体 Na_2CO_3 的质量是多少？（$M_{Na_2CO_3}$ = 106g/mol）

解：
$$c_{Na_2CO_3} = \frac{n_{Na_2CO_3}}{V}$$

$$
\begin{aligned}
n_{Na_2CO_3} &= c_{Na_2CO_3} V_{Na_2CO_3(aq)} \\
&= 0.20mol/L \times 0.25L \\
&= 0.050mol
\end{aligned}
$$

0.050mol Na_2CO_3 的质量为：

$$
\begin{aligned}
m_{Na_2CO_3} &= n_{Na_2CO_3} M_{Na_2CO_3} \\
&= 0.050mol \times 106g/mol \\
&= 5.3g
\end{aligned}
$$

答： 配制 250mL 0.20mol/L Na_2CO_3 溶液需要固体 Na_2CO_3 5.3g。

二、用液体试剂配制一定物质的量浓度的溶液的计算

人们不仅用固体物质来配制溶液，还经常要将浓溶液稀释成不同浓度的稀溶液。在用浓溶液配制稀溶液时，在稀释前后，虽然溶液体积发生了变化，但溶液中溶质的物质的量不变，常用下式计算有关的量：

$$n(浓溶液) = n(稀溶液)$$

即　　　　　　　$$c(浓溶液)V(浓溶液) = c(稀溶液)V(稀溶液)$$

例7： 配制 100mL 2mol/L 的稀硫酸溶液需要 8mol/L 的硫酸溶液多少毫升？

解： 设需要 8mol/L 的硫酸溶液 x

$$2mol/L \times \frac{100mL}{1000} = 8 \times \frac{x}{1000}$$

$$x = 25mL$$

例8： 实验室存有浓盐酸，请根据瓶上标签信息进行计算：

（1）这瓶浓盐酸的物质的量浓度是多少？（结果精确到整数）

（2）要配制 250mL 3mol/L 的盐酸溶液，需要这种浓盐酸多少毫升？需加入水多少毫升？

盐酸
（化学式HCl）
体积：500mL
分子量：36.5
密度：1.19g/cm³
质量分数：37%

解： （1） $m_{HCl} = \rho_{HCl(aq)} \times V_{HCl(aq)} \times 37\%$

$$= 1.19g/mL \times 500mL \times 37\%$$

$$= 220.15g$$

$$c_{HCl} = \frac{n_{HCl}}{V} = \frac{m_{HCl}/M_{HCl}}{V} = \frac{220.15g}{36.5g/mol \times 0.5L} \approx 12mol/L$$

（2）设需要这种浓盐酸溶液 x

$$3mol/L \times \frac{250mL}{1000} = 12 \times \frac{x}{1000}$$

$$x = 62.5mL$$

需加水：250mL－62.5mL＝187.5mL

此外，在用两种液体配制溶液时，有时用两种溶液的体积比表示溶液的浓度，叫作体积比浓度。例如，配制 1∶4 的硫酸溶液（或表示为 1+4 硫酸溶液），就是指 1 体积硫酸（一般指 98%、密度为 1.84g/mL 的硫酸）和 4 体积水配成的溶液。这种体积比浓度比较粗略，但配制时简便易行，在农业生产上配制农药、医疗上配制药剂、在化学实验室配制溶液，也可采用这种浓度。

✐ **练习**

计算题

（1）配制 0.5mol/L 的 $CuSO_4$ 溶液 200mL，需要 $CuSO_4 \cdot 5H_2O$ 多少克？

（2）把 500mL 3mol/L 的 NaOH 溶液稀释为 2mol/L，需要加水多少毫升？

📝 **本章习题**

1. 填空题

（1）36g H_2O 的物质的量是_____ mol。

（2）用 5mol NaOH 配成 500mL 溶液，其浓度为_____ mol/L，取 5mL 该溶液，其浓度为_____ mol/L。

（3）2mol/L 的硫酸溶液中_____作溶质，_____作溶剂，其中 H^+ 浓度为_____，SO_4^{2-} 浓度为_____。

（4）30mL 0.5mol/L NaOH 溶液加水稀释到 500mL，稀释后溶液中 NaOH 的物质的量浓度为_____。

（5）配制 50g 质量分数为 6％的氯化钠溶液所需固体氯化钠_____ g，水_____ g。

（6）求下列物质的物质的量，写出过程，标明单位。

1kg S _____；0.5kg Al _____；

1kg CO_2 _____；500g NaCl _____。

（7）用 5mol Na_2CO_3 配成 500mL 溶液，其中 Na^+ 浓度为_____ mol/L，取 5mL 该溶液，Na^+ 浓度为_____ mol/L。

2．单选题

（1）下列不属于胶体的是（　　）。

A．淀粉溶液　　　　B．烟雾　　　　　C．葡萄酒

（2）下列生活中的常见物质不属于溶液的是（　　）。

A．生理盐水　　　　B．"雪碧"汽水　　C．冰、水混合物

（3）溶液一定为（　　）。

A．液态　　　　　　B．无色　　　　　　C．混合物

（4）关于饱和溶液的说法正确的是（　　）。

A．氯化钠的饱和溶液降温时，会有晶体析出

B．饱和溶液加热时仍然是饱和溶液

C．饱和溶液都是浓溶液

（5）在表 3-3 所示的化验结果中，表示葡萄糖指标的物理量是（　　）。

A．质量分数　　　　B．溶解度　　　　C．摩尔质量　　　　D．物质的量浓度

（6）下列溶液中 Cl^- 浓度与 50mL 1mol/L 的 $AlCl_3$ 溶液中 Cl^- 浓度相等的是（　　）。

A．150mL 1mol/L 的 NaCl　　　　　　B．75mL 3mol/L 的 NH_4Cl

C．150mL 2mol/L 的 KCl

3．判断题

（1）凡是无色、透明的液体都是溶液。　　　　　　　　　　　　　　　（　　）

（2）溶液都是均一、稳定、无色透明的液体。　　　　　　　　　　　　（　　）

（3）食盐水和蔗糖水混合后仍为溶液。　　　　　　　　　　　　　　　（　　）

（4）所有的溶液都是由一种溶质和一种溶剂组成的。　　　　　　　　　（　　）

（5）1mol/L 的 Na_2SO_4 溶液中 Na^+ 的物质的量浓度是 1mol/L。　　　　（　　）

4．计算题

（1）配制 0.5mol/L 下列物质的溶液各 200mL，需下列物质各多少克？

①H_2SO_4　②NaOH　③$CuSO_4$　④$Na_2CO_3 \cdot 10H_2O$

（2）配制 250mL 1.0mol/L H_2SO_4 溶液，需要 18mol/L H_2SO_4 溶液多少毫升？

（3）在 20℃时，3.16g 硝酸钾溶于 10g 水可得到饱和溶液，该饱和溶液的密度为 1.13g/cm³，计算该饱和溶液中溶质的质量分数和物质的量浓度。

（4）右侧虚线框中是某种饮用矿泉水标签的部分内容，请仔细阅读标签内容并计算：

> ×××(饮用矿泉水)
>
> 净含量：350mL
>
> 配料表：纯净水、硫酸镁、氯化钾
>
> 保质期：12个月
>
> 主要成分：水
>
> 　　　　钾离子(K^+)：1.0～27.3mg/L
>
> 　　　　镁离子(Mg^{2+})：0.1～4.8mg/L

① Mg^{2+} 的物质的量浓度最大是多少？

② Cl^- 的物质的量浓度最大是多少？

③ 配制 250mL1.0mol/L H_2SO_4 溶液，需要 98％的浓 H_2SO_4 多少毫升？需加水多少毫升？（不同质量分数硫酸溶液的密度见表3-4。）

💡 本章小结

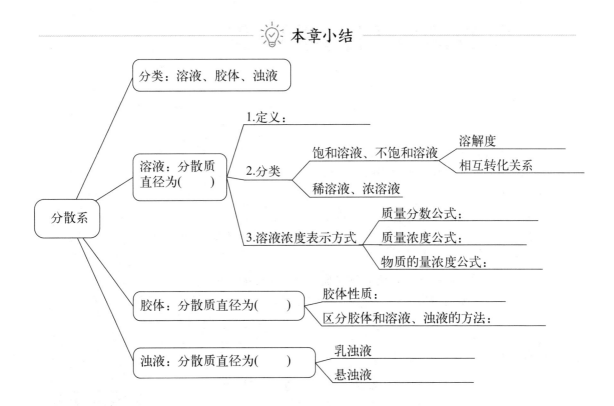

第四章
化学反应速率和化学平衡

【知识目标】

1. 掌握化学反应速率及化学平衡的含义。
2. 掌握平衡常数的物理意义及表示方法。

【能力目标】

1. 能够应用反应速率理论解释反应速率的快慢。
2. 能运用平衡移动原理说明浓度、压力及温度对化学平衡的影响。

【素质目标】

1. 通过对化学平衡的学习，建立对立统一的辩证思维。
2. 通过浓度、温度等影响化学反应速率的学习，培养量变引起质变的辩证思维。

案例导入

宴会上喝出来的催化剂

图 4-1　贝采里乌斯

  1835 年的一天，瑞典化学家贝采里乌斯（图 4-1）的妻子举办生日宴，可他由于忙于实验直到宴会要结束才姗姗来迟，顾不上洗手就拿起一杯果酒喝，却发现甜酒变得很酸，家里的客人都纷纷猜测酒杯是"神杯"。作为科学家的贝采里乌斯可不相信什么神杯，宴会结束仔细回忆了自己今天在实验室接触的药品，用到了铂黑，联想起之前有报道说金属铂能使二氧化硫氧化为三氧化硫，于是猜测是不是铂也可以把乙醇氧化为乙酸。于是，贝采里乌斯就开始进行试验验证，结果证实了他的猜想！更有意思的是这种铂金反应前后并没有任何变化，既没有被氧化增重，也没有形成可溶物进入酒溶液，更没有产生什么气体。不久之后，他就在《物理学与化学年鉴》杂志上发表了论文，首次提出了"催化"与"催化剂"的概念。自此，贝采里乌斯借助一次宴会为化学打开了一扇新的大门。

  这是偶然事件吗？是全靠运气吗？显然不是，宴会提供了发现催化剂的机遇，但更需要贝采里乌斯客观严谨、一丝不苟的科学精神，不放过身边任何一个"可疑"的现象，否则，即使有发现的机遇也会被错过。

  在化学反应的研究中，人们最关心两个基本问题：化学反应进行得快慢以及反应物是否能够完全转化为产物，即化学反应速率和化学平衡。这不仅在化学反应的基础研究中极其重要，在实际生产过程中也是必须掌握的基本规律。

第一节 化学反应速率

一、化学反应速率的概念及表示方法

反应速率是指一定反应条件下，反应物转变为生成物的速率。在化学反应中，随着反应的进行，反应物浓度会不断减小，生成物浓度不断增大。某物质在反应中的反应速率和浓度有一定关系，所以，绝大多数化学反应的反应速率是不断变化的。

通常用单位时间内反应物或生成物浓度的变化来表示化学反应速率。一般地，描述化学反应快慢时选用平均反应速率和瞬时反应速率。

1. 平均反应速率

平均反应速率是指某一段时间内反应的平均速率。浓度单位为 mol/L，因此反应速率的单位常见的有 mol/(L·s)、mol/(L·min) 等，可表示为：

$$\overline{v} = -\frac{\Delta c(\text{反应物})}{\Delta t} \text{ 或 } \overline{v} = \frac{\Delta c(\text{生成物})}{\Delta t} \tag{4-1}$$

式中　$\overline{v}$——平均反应速率，mol/(L·s)；

Δc——反应物或生成物的浓度变化，mol/L；

Δt——反应时间，s。

因为反应速率总是正值，所以用反应物浓度的减少来表示时，必须在式子前加一个负号，使反应速率为正值。

2. 瞬时反应速率

某一时刻的化学反应速率称为瞬时反应速率。它可以用极限的方法来表示。如对一般反应，以反应物 A 的浓度来表示反应速率，则有：

$$\nu(A) = -\lim_{\Delta t \to 0} \left[\frac{\Delta c(A)}{\Delta t}\right] \tag{4-2}$$

二、影响化学反应速率的因素

反应速率的大小首先取决于参加反应的物质本身的性质，其次还有外界条件的影响，如反应物的浓度、反应体系温度和催化剂种类等。例如，氢气和氟

化学反应速率
的影响因素

在低温、暗处就会发生爆炸，而氢气和氯气反应时则需要有光照或在加热的条件下才能顺利完成。

1. 浓度对反应速率的影响

反应速率与反应物的浓度密切相关，实验证明，**当其他条件相同时，增大反应物的浓度可加快反应速率**。例如，物质在纯氧中燃烧比在空气中燃烧更为剧烈。

对于有气态物质参加的反应，压力会影响反应速率。在一定温度时，增大压力，气态反应物的浓度增大，反应速率加快；相反，降低压力，气态反应物的浓度减小，反应速率减慢。

对于没有气体参加的反应，压力对反应物的浓度影响较小，当仅改变压力而其他条件不

变时，对反应速率影响不大。

> **思考**：夏天食物容易腐烂变质，放到冰箱里会保存时间长一些，这是为什么呢？

2. 温度对反应速率的影响

一般情况下，温度升高，化学反应速率加快，但也有极少数反应（如 NO 氧化生成 NO_2）例外。荷兰物理化学家范特霍夫（J. H. Van't Hoff）根据实验事实归纳出一条经验规律：**一般化学反应，在一定的温度范围内，反应温度每升高 10℃，反应速率或反应速率常数增大 2~4 倍**。

如氢气和氧气化合生成水的反应：

$$2H_2 + O_2 \longrightarrow 2H_2O$$

空气中就存在氢气和氧气，在室温下，这个化合反应慢到难以察觉。但如果温度升至 500℃，只需 2h 左右就可以完全反应，而在 600℃ 以上则以爆炸的形式完成反应。

> **思考**：果酒具有一定保质期不会很快变质，为什么贝采里乌斯手中的甜果酒很快就变酸了呢？

3. 催化剂对反应速率的影响

增大反应物浓度、升高反应温度均可使化学反应速率加快。但是在实际生产中却不能只依赖这两种方式，因为反应物浓度增大，其用量也跟着加大，生产成本太高；而升高温度，有时又会产生副反应，过高的温度也不利于反应操作和后期处理。采用催化剂，则可以有效地改变反应速率。

催化剂是一种能显著改变化学反应速率，而其自身在反应前后质量和化学组成均不改变的物质，就像贝采里乌斯手上沾的铂黑。催化剂能改变反应速率的作用称为催化作用。

能加快反应速率的催化剂，叫正催化剂；反之，叫负催化剂。如为防止塑料、橡胶老化及药物变质，常添加某种物质以减慢其氧化反应速率，这些被添加的物质就是负催化剂。**通常我们所说的催化剂是指正催化剂**。

催化剂具有以下基本特征：

① 反应前后其质量和化学组成不变。

② 量小但对反应速率影响大。

③ 有一定的选择性，一种催化剂只催化一种或少数几种反应。

④ 催化剂的作用是双向的，既催化正反应，也催化逆反应。

催化剂在工业上也被称为触媒。据统计，化工生产中约有 85% 的化学反应需要使用触媒。尤其在大型化工、石油化工中，许多化学反应用于生产都是在找到了优良的催化剂后才付诸实现的。就连生物体内也存在多种催化剂，这种催化剂叫作"酶"。酶是一种具有催化能力的蛋白质，生物体的化学反应几乎都在酶的催化作用下进行。

✏️ 练习 ────────────────────────────────────

1. 填空题

（1）影响化学反应速率的主要因素有：＿＿＿＿＿、＿＿＿＿＿、＿＿＿＿＿等。

（2）对于反应 $CH_4(g) + H_2O(g) \longrightarrow CO(g) + 3H_2(g)$，采取＿＿＿＿＿、＿＿＿＿＿、

_____的措施可以加快其反应速率。

第二节　化学平衡

一、可逆反应和化学平衡

在同一条件下，既能向正反应方向进行又能向逆反应方向进行的反应称为**可逆反应**。通常用 $\rightleftharpoons$ 表示反应的可逆性，绝大多数的化学反应都具有一定的可逆性。例如，在一密闭容器中，将氮气和氢气按 1:3（体积比）混合，它们将发生反应：

$$N_2 + 3H_2 \rightleftharpoons 2NH_3$$

在一定条件下，反应刚开始时，正反应速率最大，逆反应的速率几乎为 0，随着反应的进行，反应物（N_2 和 H_2）浓度逐渐减小，正反应速率逐渐减小，生成物（NH_3）浓度逐渐增大，逆反应速率逐渐增大。

当正反应速率等于逆反应速率时，体系中反应物和生成物的浓度均不再随时间改变而变化，体系所处的状态称为化学平衡， 如图 4-2 所示。

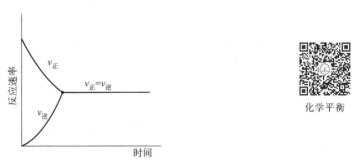

化学平衡

图 4-2　可逆反应的正、逆反应速率随时间变化图

化学平衡有以下特点：

① 达到化学平衡时，正、逆反应速率相等（$v_正 = v_逆$），如果外界条件不变，平衡会一直维持下去。

② 化学平衡是动态平衡。达平衡后表面上生成物不再增加，似乎反应停止了，但实际上反应依旧在进行，因正、逆反应速率相等，也就是生成物的生成和消耗速率相同，所以体系中各物质浓度保持不变。

③ 化学平衡是有条件的平衡。一旦外界条件改变，正、逆反应速率发生变化，原有的平衡将被破坏，反应就会朝正向或逆向继续进行，直到建立新的动态平衡。

④ 由于反应是可逆的，因而要达到化学平衡是可以双向进行的，既可以由反应物开始达到平衡，也可以由生成物开始达到平衡。如 $N_2 + 3H_2 \rightleftharpoons 2NH_3$，平衡既可从 N_2 和 H_2 反应开始达到平衡，也可从 NH_3 分解开始达到平衡。

二、化学平衡常数

1. 经验平衡常数

(1) 一般可逆反应 对于一般可逆反应 $aA + bB \rightleftharpoons gG + hH$，在一定温度下达平衡时，各反应物、生成物的平衡浓度关系如下：

$$K_c = \frac{[G]^g[H]^h}{[A]^a[B]^b} \tag{4-3}$$

式(4-3)中，$[G]$、$[H]$、$[A]$、$[B]$ 表示生成物 G、H 和反应物 A、B 的平衡浓度。K_c 代表的意义是反应平衡时，生成物平衡浓度幂的乘积与反应物平衡浓度幂的乘积之比为一常数。

(2) 气相可逆反应 若为气相平衡，平衡常数可用各气体相应的平衡分压表示，称为压力常数，用 K_p 表示：

$$K_p = \frac{p^g(G)p^h(H)}{p^a(A)p^b(B)} \tag{4-4}$$

式(4-4)中，$p(G)$、$p(H)$、$p(A)$、$p(B)$ 分别表示各物质的平衡分压，单位为 MPa。例如：

$$N_2(g) + 3H_2(g) \rightleftharpoons 2NH_3(g)$$

其压力常数和浓度常数可分别表示为：

$$K_p = \frac{p^2(NH_3)}{p(N_2)p^3(H_2)} ; K_c = \frac{[NH_3]^2}{[N_2][H_2]^3} \tag{4-5}$$

2. 平衡常数的意义

平衡常数是可逆反应的特征常数，它的大小表明了在一定条件下反应进行的程度。对同一类反应，在给定条件下，平衡常数值越大，表明正反应进行的程度越大，反应越完全。

需要指出的是，平衡常数与反应体系的浓度（或分压）无关，而与温度有关。对同一反应，温度不同平衡常数值不同，因此，使用平衡常数时必须注明对应的温度。

3. 书写平衡常数表达式的规则

① 多相体系中的纯固体、纯液体和水的浓度是一常数，其浓度不写入表达式中。例如，$CaCO_3(s) \rightleftharpoons CaO(s) + CO_2(g)$

$$K_p = p(CO_2)$$

$$Cr_2O_7^{2-}(aq) + H_2O(l) \rightleftharpoons 2CrO_4^{2-}(aq) + 2H^+(aq)$$

$$K_c = \frac{[CrO_4^{2-}]^2[H^+]^2}{[Cr_2O_7^{2-}]}$$

② 对于同一反应，平衡常数的表达式及数值随化学反应方程式的写法不同而不同，但其实际含义却是相同的。例如：

$$N_2O_4(g) \rightleftharpoons 2NO_2(g) \qquad K_{c1} = \frac{[NO_2]^2}{[N_2O_4]}$$

$$\frac{1}{2}N_2O_4(g) \rightleftharpoons NO_2(g) \qquad K_{c2} = \frac{[NO_2]}{[N_2O_4]^{1/2}}$$

$$2NO_2(g) \rightleftharpoons N_2O_4(g) \qquad K_{c3} = \frac{[N_2O_4]}{[NO_2]^2}$$

③ 当几个反应相加（或相减）得一总反应时，则总反应的平衡常数等于各相加（或相减）反应的平衡常数之积（或商），这就是多重平衡规则。

例如：某温度下，已知下列反应：

$$2NO(g) + O_2(g) \rightleftharpoons 2NO_2(g) \qquad K_{c1} = a$$
$$2NO_2(g) \rightleftharpoons N_2O_4(g) \qquad K_{c2} = b$$

两式相加得 $\quad 2NO(g) + O_2(g) \rightleftharpoons N_2O_4(g)$ 则 $K_c = K_{c1} \cdot K_{c2} = a \cdot b$

> **思考：** 对于生产来说，人们希望正反应发生得越多越好，最好没有逆反应，我们已经认识了催化剂在提高反应速率方面的优秀表现，那么催化剂在控制反应平衡中有作用吗？

三、化学平衡的移动

化学平衡
的移动

反应条件变化导致正、逆向反应速率改变，化学反应由原平衡状态转变到新平衡状态的过程，称为**化学平衡的移动**。

1884 年法国科学家勒夏特列概括出一条普遍规律：**如果改变平衡体系的条件之一（如浓度、压力或温度），平衡就向能减弱这个改变的方向移动。**这个规律被称为勒夏特列原理，也叫作平衡移动原理。此原理适用于所有的动态平衡体系，但必须指出，它只能用于已经建立平衡的体系，对于非平衡体系则不适用。

1. 浓度对化学平衡的影响

由勒夏特列原理可知其他条件不变时，增大反应物浓度或减小生成物浓度，平衡向右移动；增大生成物浓度或减小反应物浓度，平衡向左移动。

实验 4-1 向重铬酸钾溶液中滴加浓盐酸并观察现象；再向烧杯中滴加浓碱液并观察现象。

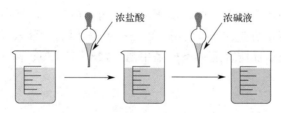

$$2CrO_4^{2-}（黄色） + 2H^+ \rightleftharpoons Cr_2O_7^{2-}（橙色） + H_2O$$

重铬酸钾水溶液为黄色，加入浓盐酸后颜色加深，最后由黄变橙；滴加浓碱液后，溶液颜色由橙变黄。

2. 压力对化学平衡的影响

在液相和固相中发生的反应，改变压力，对平衡几乎没有影响。对于有气体参加的可逆反应，压力的改变就意味着气体浓度的改变。

对于有气体参与的任一反应：

$$aA + bB \rightleftharpoons gG + hH$$

总压力的改变对化学平衡的影响有两种情况：

① 如果方程式两边气体分子计量总数相等，即 $a + b = g + h$，体系总压力改变，平衡不发生移动。

② 如果方程式两边气体分子计量总数不等，即 $a+b \neq g+h$，压力对化学平衡的影响为：其他条件不变时，增加体系的总压力，平衡将向气体分子计量总数减少的方向移动；减小体系的总压力，平衡将向气体分子计量总数增多的方向移动。例如：

$$N_2(g) + 3H_2(g) \Longrightarrow 2NH_3(g)$$

增加总压力，平衡将向生成 NH_3 的方向移动；减小总压力，平衡将向产生 N_2 和 H_2 的方向移动。

3. 温度对化学平衡的影响

前面已经介绍平衡常数与温度有关，而温度对化学平衡的影响与反应的热效应有关，即与反应的吸热、放热性质有关。

由平衡移动原理推得其他条件不变时，升高温度，化学平衡向吸热方向移动；降低温度，化学平衡向放热方向移动。如上述合成氨反应为放热反应，升高温度平衡逆向移动，降低温度平衡正向移动。

4. 催化剂与化学平衡

催化剂的作用是双向的，能同等程度地增大正、逆反应速率，平衡常数 K 并不改变。因此，使用催化剂并不会使化学平衡发生移动，只能缩短可逆反应达到平衡的时间，有利于提高生产效率。

四、反应速率与化学平衡的综合应用

在实际工业生产中既希望加快化学反应速率，节省反应时间，又希望提高平衡转化率，节省成本，而往往两者有时又是矛盾的，如何才能二者兼得？这就需要综合考虑反应速率和化学平衡，采取最有利的工艺条件，以获得最高的经济效益。

如合成氨反应中降低温度可使平衡向放热的方向移动，也就是正向移动，有利于 NH_3 的形成。但降低温度会降低反应速率，导致 NH_3 单位时间的产量下降。同时，这又是一个气体分子计量数减小的反应，因此增加总压可使平衡正向移动，有利于生成 NH_3。但在工业生产中，还要考虑能量消耗、原料费用、设备投资等费用。所以，需要在几者之间寻求一个平衡，最后确定合成氨反应合适的条件是中温（723～773K）、高压（$3 \times 10^7 Pa$）和使用铁催化剂。

✏️ 练习

1. 填空题

（1）化学平衡的特点可概为 _____、_____、_____、_____。

（2）影响化学平衡的主要因素有 _____、_____、_____。

2. 单选题

（1）反应 $2NO(g) + 2CO(g) \Longrightarrow N_2(g) + 2CO_2(g)$ 在一定条件下反应物的转化率为 25.7%，如加催化剂，则其转化率（　　）。

A. 小于 25.7%　　　B. 不变　　　　　C. 大于 25.7%

（2）某催化剂能加快正反应速率，则它对逆反应速率的作用是（　　）。

A. 加快　　　　B. 减慢　　　　C. 不确定

（3）反应 $N_2(g) + 3H_2(g) \Longrightarrow 2NH_3(g)$（放热），以下操作能使其平衡向右移动的是（　　）。

A. 提高反应温度　　B. 降低反应温度　　C. 加入催化剂

✏️ 本章习题

1. 单选题

(1) 某反应 $A(g)+B(g)\rightleftharpoons G(g)+H(g)$ 的 $K_c=10^{-12}$，这意味着（　　）。

A. 反应物的初始浓度太低　　　　　　B. 正反应能进行但进行程度不大

C. 该反应是可逆反应，且两个方向进行的机会均等

(2) 水煤气反应 $C(s)+H_2O(g)\rightleftharpoons CO(g)+H_2(g)$，吸热反应，下列正确的是（　　）。

A. 此反应为吸热反应，升温则 $\nu_{正}$ 增加，$\nu_{逆}$ 减小

B. 增大压力不利于 $H_2O(g)$ 的转化

C. 加入催化剂可以提高产率

(3) 当反应 $2Cl_2(g)+2H_2O(g)\rightleftharpoons 4HCl(g)+O_2(g)$ 达到平衡时，下列哪种操作不能使平衡移动（　　）。

A. 降低温度　　　　B. 加入氧气　　　　C. 加入催化剂

(4) 关节炎病因是在关节滑液中形成尿酸钠晶体，尤其在寒冷季节易诱发关节疼痛。其化学机理为：①$HUr+H_2O\rightleftharpoons Ur^-+H_3O^+$，②$Ur^-(aq)+Na^+(aq)\rightleftharpoons NaUr(s)$。下列对反应②的叙述正确的是（　　）。

A. 正反应为吸热反应　　　　　　　　B. 升高温度，平衡向逆反应方向移动

C. 负反应为放热反应

(5) 在 2L 的密闭容器中，发生化学反应 $3A(g)+B(g)\rightleftharpoons 2C(g)$，初始加入的 A、B 都为 4mol，已知 A 的平均反应速率为 0.12mol/(L·s)，反应 10s 后容器中剩余 B 物质为（　　）。

A. 3.6mol　　　　　　B. 2.8mol　　　　　　C. 3.2mol

2. 判断题

对于水煤气反应 $C(s)+H_2O(g)\rightleftharpoons CO(g)+H_2(g)$，$q>0$

(1) 升高温度，正反应速率增大，逆反应速率减小，所以平衡向右移动。　　（　　）

(2) 由于反应前后分子数相等，所以增大压力对平衡没有影响。　　（　　）

(3) 达到平衡时各反应物和生成物的分压一定相等。　　（　　）

(4) 加入催化剂，使正反应速率（$v_{正}$）增大，所以平衡向右移动。　　（　　）

3. 简答题

在装置中充入 NO 和氧气，将左侧烧瓶放入装有热水的烧杯中，右侧放入装有冷水的烧杯中，有何变化？已知该反应是一放热反应。

$$2NO(g)+O_2(g)\rightleftharpoons 2NO_2(g)$$

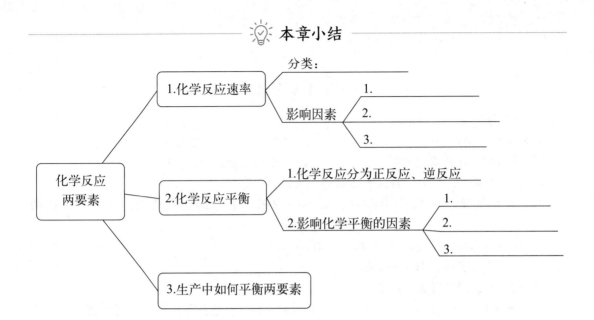

第五章
定量分析基础

【知识目标】

    1. 掌握误差及偏差的概念及其计算方法。

    2. 掌握有效数字及其修约规则和运算规则。

    3. 掌握基准物质的概念和标准滴定溶液的配制方法。

    4. 掌握滴定分析的基本过程及滴定分析对化学反应的基本要求。

【能力目标】

    1. 能进行误差及偏差的基本计算。

    2. 能对有效数字正确修约并计算。

    3. 能配制标准滴定溶液。

【素质目标】

    培养对待科学严谨认真的学习态度，尊重实验数据和科学规律。

案例导入

三聚氰胺事件的反思

    2008 年初，各地的儿童医院接收的结石婴儿案例突增，经过多方调查发现和三鹿集团向奶粉中大量添加化学品三聚氰胺有直接关系。事件曝光，社会哗然，深入调查后发现有多达 22 家企业的婴儿奶粉中都有不同含量的三聚氰胺检出，引发了乳制品行业地震。

    三聚氰胺是什么？为什么要添加在奶制品中？为什么之前没有检出呢？衡量奶制品质量的标准之一就是其中蛋白质的含量，当时主要依靠凯氏定氮法测定奶制品蛋白质的含量，基本原理是通过测定奶制品中氮元素的含量间接推断出蛋白质的含量。这套测定方法的盲区就是无法识别氮元素的来源，可以是蛋白质中的氮元素，也可以是其他物质中的氮元素。于是无良商家抓住了这个空子，将三聚氰胺添加在奶制品中（三聚氰胺的氮含量高达 66.6%，远超过蛋白质，且无味），制造出奶制品蛋白质含量高的假象。

    这次事件凸显出定量分析化学在生活中的重要作用。科学、严谨的检测手段在生产中非常重要，可更重要的是对生命的珍视和尊重。

    分析化学的主要任务包括检测物质的化学组成、测定物质中某组分的含量、确定物质的结构等。按其具体研究内容不同还可细分为定性分析（物质的化学组成）、定量分析（测定某组分的相对含量）、结构分析（研究物质的分子结构）。

　　水果、蔬菜中有没有农药残留，通常只需定性检测就可以知道，但如果想知道残留量的多少就需要定量检测。定量分析通常根据物质化学反应的计量关系来确定待测组分的含量。常用的定量分析方法又分为以下两种：

　　① 重量分析法　使用一定手段使试样中的待测组分与试样中其他组分分离，然后称量其质量，从而计算出待测组分的含量。

　　② 滴定分析法　将一种已知其准确浓度的试剂溶液（称为标准溶液）滴加到被测物质的溶液中，直到化学反应完全时，根据所用标准溶液的浓度和体积求得被测组分的含量（也称容量分析法）。

　　本章主要介绍定量分析所必备的基础知识。

第一节　定量分析中的误差

　　在定量分析操作中经常遇到这样的情况，同样的试样，同样的检测仪器，不同的人测量得到的结果并不完全一致，甚至同一位操作者操作数次得到的检测结果也不尽相同。出现这种现象源于定量分析中的误差。

一、分析检验中的误差

　　根据误差的性质和来源不同，误差可分为系统误差和随机误差（偶然误差）两种类型。

1. 系统误差

由于分析过程中某些固定的、经常性的原因所引起的误差叫作**系统误差**。系统误差具有很鲜明的特点：

　　① 引起系统误差的原因通常是确定的。

　　② 重复性，即如果不进行纠正，系统误差会在多次平行测定中一直出现。

　　③ 单向性，产生的误差其正负、大小是固定的，使测定结果总是有规律地偏高或偏低。因此，系统误差的大小是可以通过实验方法测定的，是可以校正的，故又称为可测误差、恒定误差。

　　系统误差主要来源于以下几个方面：

　　(1) 方法误差　是由于分析方法本身不够完善所造成的误差，即使操作技术再细致也无法消除。例如，滴定分析中指示剂的选择不当造成的颜色突变的终点与计量点并不完全一致造成的误差；选择用于计算的化学反应存在副反应等。这是系统误差中比较严重的一类。

　　(2) 试剂误差　是由于测定使用的试剂的纯度不够引起的误差。例如，蒸馏水中含有微量杂质，使用的基准试剂组成和化学式不相符。这类误差是可以通过更换试剂或提纯试剂改善的。

　　(3) 仪器误差　是由于仪器本身精度不够或未经校准而引起的误差。例如，天平灵敏度不符合要求，砝码质量未经校正，所用滴定管、容量瓶、移液管的刻度值与真实值不相符等，也会在使用过程中使测定结果产生误差。这类误差和试剂误差一样也是可以通过更换、校正仪器改善的。

　　(4) 操作误差　是指在正常操作情况下，由于操作人员主观原因所造成的误差。如滴定管读数偏高或偏低，滴定终点颜色辨别偏深或偏浅等。这类误差的大小因人而异，但对于同一操作者常常是有规律的，只能通过严格的规范操作减小。

2. 随机误差

即使尽量减小系统误差，平行实验的结果也仍然难以统一，这说明还存在另一类误差在影响实验。一些偶然的、意外的、无法控制的外界因素所引起的误差叫作**随机误差**。这类误差的出现具有随机性、不确定性的特点。例如，测量时环境温度、压力、湿度的突然变化，仪器性能的微小变化，空气中尘埃的影响等。

随机误差的特点总结如下：

① **对测定结果的影响程度不确定。** 在同一条件下进行多次平行测定所出现的随机误差有时正、有时负，误差的数值也不固定，有时大、有时小，不可预测，也难以控制。

② **大小相近的正误差和负误差出现的概率相等。**

③ **绝对值小的误差出现的概率大。** 经过统计发现，绝对值小的误差出现的概率较大，绝对值很大的误差出现的概率较小。

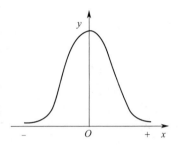

图 5-1 中的正态分布曲线清楚地反映出随机误差（偶然误差）的规律性。因此，这类误差不但难以被察觉，而且即使被察觉也难以避免、无法校正。

图 5-1　随机误差的正态分布曲线

需要注意的是，系统误差和随机误差在实际工作中并不严格区分，事实上这两种误差通常是同时存在的。

> **思考：** 既然定量分析中都存在误差，那么在检测试样时，如何确定哪一位操作者的实验结果更可靠呢？

二、误差的表示方法

1. 准确度与误差

准确度是指测定值与真实值相接近的程度，它说明测定值的正确性，常用误差的大小来衡量。误差一般用绝对误差和相对误差来表示。绝对误差 E 表示测定值 x_i 与真实值 x_T 之差，即

$$E = x_i - x_T \tag{5-1}$$

显然，绝对误差越小，测定值与真实值越接近，测定结果越准确。一些仪器的测定准确度高低常用绝对误差的大小来衡量。如电光分析天平的称量误差为 $\pm 0.0001\text{g}$ 等。

但是用绝对误差的大小来衡量测定结果的准确度，有时并不明显。因为它没有和测定过程中所取试样的质量联系起来。通常把绝对误差在真实值中所占的比值称为**相对误差**（E_r）。

$$E_r = \frac{E}{x_T} \tag{5-2}$$

绝对误差和相对误差都有正值和负值之分，正值表示分析结果偏高，负值表示分析结果偏低。由于相对误差能够反映误差在真实值中所占的比值，故**常用相对误差来表示或比较各种情况下测定结果的准确度。**

例1：用分析天平称量A、B两个样品的质量分别为1.2535g和0.2535g，已知A、B两个样品的真实质量分别为1.2534g、0.2534g。求用该分析天平称量A、B两个样品时的绝对误差及相对误差，并比较测量结果的准确度。

解：

$$E_A = x_A - x_T = 1.2535g - 1.2534g = +0.0001g$$

$$E_{r_A} = \frac{E_A}{x_T} = \frac{+0.0001g}{1.2534g} = +0.008\%$$

$$E_B = x_B - x_T = 0.2535g - 0.2534g = +0.0001g$$

$$E_{r_B} = \frac{E_B}{x_T} = \frac{+0.0001g}{0.2534g} = +0.04\%$$

通过计算可以看出，虽然称量A、B两个样品的绝对误差均为+0.0001g，但称量B样品的相对误差却是称量A样品相对误差的5倍，即称量A样品的准确度较高。说明实际操作中相对误差更能反应测定结果的准确度，更具有实际分析意义。

2. 精密度与偏差

采用相对误差衡量操作准确性的前提是知道真实值，但实际操作中往往并不确定真实值，而是需要测定真实值，这时候就无法计算相对误差，而是采用精密度评价实验结果的可靠性。

在相同的条件下，一组平行测定结果之间相互接近的程度叫作精密度。精密度的高低常用偏差的大小来衡量，偏差越小，精密度越高。

(1) 偏差 首先计算多次平行测定结果的算术平均值（$\overline{x}$）用以表示分析结果：

$$\overline{x} = \frac{x_1 + x_2 + \cdots + x_n}{n} = \frac{1}{n}\sum_{i=1}^{n} x_i \tag{5-3}$$

单次测定值x_i与多次测定结果的平均值$\overline{x}$之差称为**偏差**。与误差相似，偏差也可表示为绝对偏差（d_i）和相对偏差（d_r）。

绝对偏差
$$d_i = x_i - \overline{x} \tag{5-4}$$

相对偏差
$$d_r = \frac{d_i}{\overline{x}} \tag{5-5}$$

绝对偏差和相对偏差只能用来衡量单次测定结果对平均值的偏离程度。为了更好地说明多次测定结果和平均值的关系，在一般分析工作中常用平均偏差或标准偏差表示。

(2) 平均偏差 各次测定结果偏差绝对值的平均值叫作**绝对平均偏差**，简称平均偏差（$\overline{d}$）。

$$\overline{d} = \frac{\sum |d_i|}{n} = \frac{\sum |x_i - \overline{x}|}{n}(i = 1, 2, \cdots, n) \tag{5-6}$$

平均偏差也有绝对平均偏差和相对平均偏差之分。平均偏差$\overline{d}$在平均值$\overline{x}$中所占的比例叫作**相对平均偏差（$\overline{d_r}$）**。

$$\overline{d_r} = \frac{\overline{d}}{\overline{x}} \tag{5-7}$$

例 2： 对某溶液的浓度平行测定 3 次后分别得到如下结果：0.1012mol/L、0.1017mol/L、0.1009mol/L，计算测定结果的相对平均偏差。

解： 测定结果的平均值为

$$\overline{x} = \frac{x_1 + x_2 + \cdots + x_n}{n} = \frac{0.1012 + 0.1017 + 0.1009}{3} = 0.1013 (\text{mol/L})$$

平均偏差为

$$\overline{d} = \frac{\sum |d_i|}{n} = \frac{\sum |x_i - \overline{x}|}{n} = \frac{|0.1012 - 0.1013| + |0.1017 - 0.1013| + |0.1009 - 0.1013|}{3}$$

$$= 0.0003 (\text{mol/L})$$

相对平均偏差为： $$\overline{d}_r = \frac{\overline{d}}{\overline{x}} = \frac{0.0003}{0.1013} = 0.003 = 0.3\%$$

(3) 标准偏差 用平均偏差表示精密度比较简单，但不足之处是在一系列测量中，偏差小的值总是占多数，而偏差大的值总占少数，这样按总测定次数来计算平均偏差时大偏差值得不到充分的反映。因此，引入标准偏差衡量实验结果精密度。

标准偏差又称均方根偏差（S），其数学表达式为：

$$S = \sqrt{\frac{\sum (x_i - \overline{x})^2}{n-1}} \tag{5-8}$$

标准偏差在平均值中所占的比例叫作相对标准偏差，也叫变异系数或变动系数（CV）。其计算式为：

$$CV = \frac{S}{\overline{x}} \tag{5-9}$$

在生产和科研分析报告中常用标准偏差表示精密度。

例如，现有两组测量结果，各次测量的偏差分别为：

第一组　-0.04，-0.02，$+0.04$，$+0.02$，-0.03，0，-0.02，$+0.03$

第二组　-0.08，$+0.01$，-0.01，$+0.01$，$+0.07$，0，$+0.01$，-0.01

两组测量值的平均偏差（$\overline{d}$）分别为：

第一组　$\overline{d} = \dfrac{\sum |d_i|}{n} = 0.025$

第二组　$\overline{d} = \dfrac{\sum |d_i|}{n} = 0.025$

从两组的平均偏差数据看，两组的平均偏差相同，都等于 0.025，好像两组的精密度一样高。但第二组中有 2 个偏差即 -0.08 和 $+0.07$ 明显较大，用平均偏差表示时却显示不出这个差异，但若用标准偏差 S 来表示，情况就不一样了。两组测量值的标准偏差分别为：

第一组　$S = \sqrt{\dfrac{\sum (x_i - \overline{x})^2}{n-1}} = 0.030$

第二组　$S = \sqrt{\dfrac{\sum (x_i - \overline{x})^2}{n-1}} = 0.041$

由标准偏差比较出第一组数据的精密度更好。

3. 准确度与精密度的关系

准确度和精密度是判断分析结果是否准确的依据，但两者又有区别。好的精密度是获得准确结果的前提和保证，精密度差，所得结果不可靠，也就谈不上准确度高。但是精密度高，准确度也不一定高，因为可能在一个实验的多次平行测定中存在相同的系统误差，只有在减小了系统误差的前提下，精密度高，其准确度才可能高。

如图 5-2 所示，甲所得结果的精密度和准确度均较好，结果可靠；乙分析结果的精密度虽然很高但准确度较低；丙的精密度和准确度都很差；丁的精密度很差，虽然平均值接近真实值，但这是由于正负误差相互抵消的结果，而其精密度很差表明了该数据是不可靠的，因而也就失去了衡量准确度的意义。

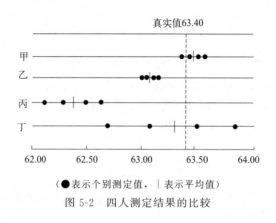

（●表示个别测定值，│表示平均值）

图 5-2　四人测定结果的比较

三、提高分析结果准确度的方法

1. 减小测量误差

在选定测定对象及其适宜的分析方法后，为了保证分析结果的准确度，必须尽量减小测量误差。如在分析工作中，试样或基准物质的称取质量应适量，以减小称量误差。一般分析天平的称量误差是 $\pm 0.0001g$，用减量法称取一个试样要称两次，可能引起的最大误差是 $\pm 0.0002g$，为了使称量的相对误差在 0.1% 以下，由式(5-5) 相对偏差的计算中就可得到：

$$称取质量 \geqslant \frac{0.0002}{0.001} = 0.2(g)$$

又如在滴定分析中，滴定管的估读数一般有 $\pm 0.01mL$ 的误差，一次滴定通常读两次数，这样可能造成 $\pm 0.02mL$ 的误差。为了控制测量时相对误差小于 0.1%，则每次滴定所消耗的标准滴定溶液用量至少是 20mL（国家标准规定体积为 30～35mL）。

外，为了减小测量误差，在标准滴定溶液制备过程中，标定浓度较高的溶液时一般选用称量法，标定浓度较低的溶液时可选用移液管法。

2. 减小系统误差

系统误差的减免可通过对照试验、空白试验和校准仪器等方法来实现。

（1）对照试验　把含量已知的标准试样或纯物质当作样品，按所选用的测定方法，与待测样品平行测定。由分析结果与已知含量的差值可得出分析误差，从而用这个误差值对未知试样的测定结果进行校正。

（2）空白试验　在测定某试样中微量组分含量时，由于试剂不纯、仪器腐蚀所引起的误差往往对实验结果的影响较大。一般会通过空白试验来测定系统误差，减小对试验结果的影响。

空白试验是指不加入试样，在完全相同的操作条件下完成测定过程，所得的试验结果即为空白值。从试样的分析结果中扣除空白值之后得到的就是比较准确的分析结果。由环境、试验器皿、试剂及蒸馏水等带入的杂质所引起的系统误差，可通过空白试验来校正。

（3）校准仪器　当分析结果准确度要求高时，应对测量所用仪器如天平、容量瓶、移液管和滴定管等进行校正。为了减小系统误差，通常可采用简单而有效的方法，即在同一分析项目的多次平行测定中，尽可能使用同一套仪器，以抵消由仪器带来的误差。

3. 减小随机误差

定量分析测试从不"一次成功"，而必须进行多次平行试验。依据图 5-2 中的统计结果可见，多次平行试验有利于消除大概率误差对试验结果的影响，保证试验结果的准确性。但测定次数过多则意义不大，在实际工作中，平行测定次数一般控制在 4～6 次，基本上就可以得到比较准确的分析结果。

需要注意的是，由于操作者工作粗心大意、不遵守操作规程所造成的一些差错，如器皿未洗净、加错试剂、看错砝码、读错刻度值、记录或计算错误等而造成的错误结果，是不能通过上述方法减免的。因此，操作者在工作中要严格遵守操作规程，认真仔细地进行试验，做好原始记录，并反复核对，以避免类似错误的发生。

✍ 练习 _____

1. 填空题

（1）由随机的因素造成的误差叫作_____误差；由某种固定原因造成的使测定结果偏高所产生的误差属于_____误差。

（2）用于测定某盐酸溶液浓度的标准氢氧化钠溶液由于长期放置于空气中，吸收了 CO_2 造成的测定结果不准确属于_____误差。

（3）用于试验的样品由于汲取了空气中少量水分造成的测定结果不准确属于_____误差。

（4）减小定量分析试验误差的有效方法有_____、_____、_____等。

2. 计算题

三次测定 NaOH 溶液浓度的结果为 0.2085mol/L、0.2083mol/L、0.2086mol/L，计算测定结果的平均值、平均偏差、相对平均偏差。

第二节　分析数据的处理

思考：某位同学在测定盐酸溶液浓度时，四次测定结果的平均值为 0.1046219……，他该如何记录呢？

完成严格、规范的定量操作之后还面临大量试验数据的记录和计算问题，这就要求数据记录和计算的准确程度要与各分析步骤的准确程度相适应。

一、有效数字及其修约

用数据表述测定结果时，除了要反映出测量值的大小以外，还要反映出测量时的准确程度。通常用有效数字来体现测量值的可信程度。

1. 有效数字

有效数字是指在分析工作中能够实际测量到的数字。在有效数字中，除最后一位数字是可疑的，前面的数字都是准确数字，最后一位数字一般有上下 $1\sim2$ 个单位的误差。例如，用分析天平称得某物体的质量为 0.4830g，在这一数值中，0.483 是准确的，最后一位数字"0"是可疑的，此时称量的绝对误差为 ±0.0001g，相对误差为：

$$E_r = \frac{\pm0.0001}{0.4830} = \pm0.02\%$$

若将上述称量结果记录为 0.483g，虽然两者的值是相同的，但其相对误差却变为

$$E_r = \frac{\pm0.001}{0.483} = \pm0.2\%$$

可见，数据的位数不仅能表示数值的大小，更重要的是反映了测定的准确程度。因此，记录数据的位数不能随意增减。

关于有效数字，应注意以下几点：

① 记录测量所得数据时，只允许保留一位可疑数字。

② 记录测量数据时，绝不能因为最后一位数字是零而随意舍去，因为有效数字的位数能反映出使用仪器的准确度。

③ 有效数字与小数点的位置及量的单位无关。

④ 数字"0"在数据中具有双重意义。当用来表示与测量精度有关的数字时，是有效数字；当它只起定位作用，与测量精度无关时，则不是有效数字。即数字之间的"0"和小数上末尾的"0"都是有效数字；而数字前面的"0"只起定位作用，因而不是有效数字，如 0.03040 中数字 3 与 4 之间的 0 及 4 后面的 0 都是有效数字，数字 3 前面的 0 都不是有效数字。

⑤ pH、pK、lg$K$ 等对数值，其有效数字位数仅决定于小数部分的数字位数，如 pH＝4.05，为两位有效数字。

⑥ 可以改变数据单位，但不能改变数据的有效数字位数，例如 23.40mL 只能记作 23.40×10^{-3}L，而不能记作 23.4×10^{-3}L。

2. 有效数字修约规则

根据有效数字的要求，常常要弃去多余的数字，然后再进行计算。通常把弃去多余数字的处理过程称为数字的修约。

数字的修约通常采用"四舍六入五留双"法则。即被修约的数字小于或等于 4 时，则舍，大于或等于 6 时，则入。当被修约的数字等于 5 时，若 5 后面的数字并非全部为零，则入；若 5 后面无数字或全部为零则看 5 的前一位，5 的前一位是奇数则入，是偶数（零视为偶数）则舍。

例如，将下列数据修约成两位有效数字：

$21.44 \longrightarrow 21$；$9.76 \longrightarrow 9.8$；$8.3503 \longrightarrow 8.4$；$9.3500 \longrightarrow 9.4$；$9.4500 \longrightarrow 9.4$

注意，修约时只能将数据一次修约到所需要的位数，不得连续进行多次修约。例如，将 9.5467 修约成两位有效数字：

一次修约：$9.5467 \longrightarrow 9.5$

而不得多次修约为：$9.5467 \longrightarrow 9.547 \longrightarrow 9.55 \longrightarrow 9.6$

另外，在涉及安全需要或已知极限的情况下，则应按一个方向修约，即只进不舍或只舍不进，例如：

① 已知室内空气中 CO 的最高容许含量为 $\rho(CO) \leqslant 30mg/m^3$，实测值为 $30.4mg/m^3$，修约值为 $31mg/m^3$（只进不舍），CO 含量不符合要求。

② 分析纯 KCl 试剂，其含量规定 $w(KCl) \geqslant 99.8\%$，实测值为 99.78%，修约值为 99.7%（只舍不进），产品不合格。

二、有效数字运算规则

在实际操作中，涉及大量的间接测量，这就需要由直接测量数据进行各种运算后才能得到间接测量结果。运算时应当尽量减少运算过程。有效数字的具体运算规则如下：

1. 加减法

在加减法运算中，计算结果有效数字位数的保留，以小数点后位数最少的数据为准，即以绝对误差最大的数据为准。

> **例 3**：$0.1542 + 5.42 + 3.783 = ?$
> 正确计算为：$\quad 0.1542 + 5.42 + 3.783$
> $\qquad = 0.154 + 5.42 + 3.783 \qquad$ （修约）
> $\qquad = 9.357 \qquad$ （计算）
> $\qquad = 9.36 \qquad$ （再修约）
> 本题中相加的 3 个数据中，5.42 小数点后位数最少，其中数字"2"已是可疑数字。因此，最后结果有效数字的保留应以此数据为准，即保留有效数字的位数到小数点后第二位。

2. 乘除法

在乘除法运算中，计算结果有效数字位数的保留，应以各数据中有效数字位数最少的数据为准，即以相对误差最大的数据为准。

> **例 4**：$\dfrac{0.14762 \times 24.38 \times 6.2}{18.3} = ?$
> 计算结果应为：
> $$\frac{0.14762 \times 24.38 \times 6.2}{18.3} = \frac{0.148 \times 24.4 \times 6.2}{18.3} = 1.22 = 1.2$$
> 在这个算式中，四个数据的最后一位都是可疑数字，但各数据的相对误差不同，分别为
> $$E_r = \frac{\pm 0.00001}{0.14762} = \pm 0.007\%$$
> $$E_r = \frac{\pm 0.01}{24.38} = \pm 0.04\%$$

$$E_r = \frac{\pm 0.1}{6.2} = \pm 2\%$$

$$E_r = \frac{\pm 0.1}{18.3} = \pm 0.5\%$$

在上述计算中，6.2的相对误差最大（有效数字为2位），因此最后结果有效数字的保留应以此数据为准，保留2位有效数字。

在计算和取舍有效数字位数时还应注意以下问题：

① 若某一数据中首位数字大于或等于8，则其有效数字位数可多算一位。如9.74，表面上虽然是三位有效数字，但在实际计算中，可视为四位有效数字。

② 在测定的有关计算中，经常会遇到一些倍数、分数和系数等情况，因其不是由测定所得，故可视为无穷多位有效数字，计算结果的有效数字位数应由其他测量数据来决定。

③ 在使用电子计算器进行计算时，特别要注意最后结果中有效数字位数的保留，应根据上述原则进行取舍，不可全部照抄计算器上显示的数字。

④ 乘方或开方时，有效数字位数不变。对数计算时，对数的小数点后的位数应与真数的有效数字位数相同。

有了正确的有效数字取舍和数字运算才能保证实验结果的准确性。

练习

1. 填空题

(1) 将以下数字修约为4位有效数字。

0.0253541修约为_____，0.0253561修约为_____，

0.0253550修约为_____，0.0253650修约为_____，

0.0253651修约为_____，0.0253549修约为_____。

(2) 以下计算结果中有_____位有效数字。

$$w_x = \frac{0.1000 \times (25.00 - 20.00) \times 15.68}{0.2980 \times \dfrac{10.00}{250.0}}$$

2. 单选题

(1) 准确度和精密度的关系是（   ）。

A. 一组数据的准确度高，要求其精密度也高

B. 一组数据的精密度高，所以准确度也高

C. 一组数据的准确度和精密度并无明显关系

(2) 下列数据中有效数字不是三位的是（   ）。

A. 4.00×10^{-5}　　　B. 0.400　　　C. 0.004

(3) 下列说法正确的是（   ）。

A. 溶液pH值为12.27，该数据的有效数字为4位

B. 称得某试样的质量为0.0054g，该数据的有效数字为5位

C. 算式11.3+1.27的计算结果应修约为12.6

第三节 滴定分析概述

滴定分析（也称容量分析）是分析检验工作中应用较早、较广泛的一类化学分析方法，是常用的常量分析方法（常量分析所用试样的量一般大于 0.1g，所用试样的体积大于 10mL）。该方法操作简便、快速、所用仪器设备简单、测定结果准确度高，可以测定很多无机物和有机物。

一、滴定分析的原理及基本概念

滴定分析是将一种已知准确浓度的试剂溶液（也叫标准滴定溶液）滴加到一定量待测溶液中，直到待测组分与所加试剂按照化学计量关系完全反应为止。然后根据标准滴定溶液的浓度和所消耗的体积，利用化学反应的计量关系计算出待测物质的含量。

① **标准滴定溶液** 已知准确浓度的试剂溶液。

② **滴定** 将标准滴定溶液通过滴定管滴加到待测组分溶液中的过程。

③ **滴定反应** 滴定时进行的化学反应。

④ **化学计量点** 滴定分析中，当待测组分与滴加的标准滴定溶液按照化学反应方程式所示计量关系定量地反应完全时，称为化学计量点，也称为理论终点。

⑤ **指示剂** 分析中用于指示滴定终点的试剂。它在滴定反应的化学计量点附近产生能敏锐觉察到的颜色或沉淀等变化，从而指示滴定终点。

⑥ **滴定终点** 在滴定分析中，实际操作时依据指示剂颜色发生突变而停止滴定的一点，称为滴定终点，简称终点。滴定分析成功的关键，就是要准确地找到滴定终点，并努力使滴定终点与化学计量点相一致。

⑦ **滴定误差** 由于滴定终点与化学计量点不一致所产生的误差。

滴定误差是滴定分析误差的主要来源之一，受化学反应的完全程度、指示剂的选择及其用量是否恰当以及滴定操作的准确程度等多方面的影响。

二、滴定方法和滴定分析对化学反应的要求

滴定分析法主要包括酸碱滴定法、配位滴定法、氧化还原滴定法和沉淀滴定法等。

滴定分析适用于组分含量在 1% 以上的物质的测定。用于滴定分析的化学反应，必须符合某些特定的要求：

① 反应必须定量进行，无副反应发生，而且完全率高于 99.9%。

② 反应速率要快。滴定反应最好能在瞬间定量完成，如果反应较慢需要采取适当措施，如加热等方式提高反应速率。

③ 要有适当的方法来确定滴定终点。确定滴定终点最简便和常用的方法就是使用合适的指示剂。如果没有合适的指示剂可供选用，也可考虑采用其他的物理化学方法（如仪器分析方法）确定滴定终点。

④ 滴定反应应不受其他共存组分的干扰。

三、滴定方式

1. 直接滴定法

用标准滴定溶液直接滴定溶液中的待测组分，利用指示剂或仪器测试显示滴定终点的滴定方式，称为直接滴定法。直接滴定法是滴定分析中最常用和最基本的滴定方式。

2. 返滴定法

当待测物质难溶于水、易挥发、反应速率慢或没有合适的指示剂时，可采用返滴定法。返滴定法是在待测试液中准确加入适当过量的标准滴定溶液，待反应完全后，再用另一种标准滴定溶液返滴剩余的第一种标准滴定溶液，从而测定出待测组分的含量。

3. 置换滴定法

若被测物质与滴定剂不能完全按照化学反应方程式所示的计量关系定量反应，或伴有副反应时，则可以用置换滴定法来完成测定。

置换滴定法是向试液中加入一种适当的化学试剂，使其与待测组分反应，并定量地置换出另一种可被滴定的物质，再用标准滴定溶液滴定该生成物，然后根据滴定剂的消耗量以及反应生成的物质与待测组分的化学计量关系计算出待测物质的含量。

4. 间接滴定法

某些待测组分不能直接与滴定剂反应，但可通过其他化学反应间接测定其含量。

由于可以采用返滴定法、置换滴定法和间接滴定法等多种滴定方式，因而极大地扩展了滴定分析的应用范围。

📝 练习

1. 单选题

在滴定分析中，一般用指示剂颜色的突变来判断化学计量点的到达，在指示剂变色时停止滴定，这一点称为（　　　　）。

A. 化学计量点　　　B. 滴定误差　　　C. 滴定终点

2. 名词解释

标准滴定溶液　　化学计量点　　滴定终点　　　滴定误差　　指示剂

第四节　标准滴定溶液的制备

思考： 滴定分析中一再提到的标准滴定溶液从何而来呢？它的浓度如何准确测得呢？

一、基准物质

在滴定分析中，无论采用何种滴定方法，都必须使用标准滴定溶液。因此，正确地配制标准滴定溶液以及准确地标定其浓度，对于提高滴定分析结果的准确度和可靠性有重要意义。

能用于直接配制或标定标准滴定溶液的物质，称为**基准试剂（也称基准物质）**。基准试剂必须符合下列要求：

① 必须具有足够纯度。其纯度要求达 99.98％以上，而杂质含量应低于滴定分析所允许的误差限度。

② 其实际组成应恒定并与化学式相符，若包含结晶水（如草酸 $H_2C_2O_4 \cdot H_2O$），其结晶水的数目也应与化学式相符。

③ 性质稳定。不易吸收空气中的水分、二氧化碳或发生其他化学反应。

④ 最好有较大的摩尔质量，可以减小称量误差。

如无水碳酸钠、邻苯二甲酸氢钾（KHP）、草酸钠、重铬酸钾、乙二胺四乙酸二钠（EDTA）等物质就是常用的基准试剂。用基准试剂可以直接配制标准滴定溶液。

表 5-1 列出了工作基准试剂的干燥条件及其应用。

表 5-1　工作基准试剂的干燥条件及其应用

工作基准试剂			干燥条件	标定对象
名　称	化学式	式量		
无水碳酸钠	Na_2CO_3	105.99	300℃灼烧至恒重	盐酸
邻苯二甲酸氢钾	$KHC_8H_4O_4$	204.22	105～110℃干燥至恒重	氢氧化钠
三氧化二砷	As_2O_3	197.84	硫酸干燥器中干燥至恒重	碘
草酸钠	$Na_2C_2O_4$	134.00	(105 ± 2)℃干燥至恒重	高锰酸钾
碘酸钾	KIO_3	214.00	(180 ± 2)℃的电烘箱干燥至恒重	硫代硫酸钠
溴酸钾	$KBrO_3$	167.00	(120 ± 2)℃干燥至恒重	硫代硫酸钠
重铬酸钾	$K_2Cr_2O_7$	294.18	(120 ± 2)℃干燥至恒重	硫代硫酸钠
氧化锌	ZnO	81.389	于已在800℃恒重的铂坩埚中,逐渐升温于800℃灼烧至恒重	乙二胺四乙酸二钠
碳酸钙	$CaCO_3$	100.09	(110 ± 2)℃干燥至恒重	乙二胺四乙酸二钠
氯化钠	$NaCl$	58.442	500～600℃灼烧至恒重	$AgNO_3$
氯化钾	KCl	74.551	500～600℃灼烧至恒重	$AgNO_3$
乙二胺四乙酸二钠	$C_{10}H_{14}N_2O_8Na_2 \cdot 2H_2O$	372.24	硝酸镁饱和溶液(有过剩的硝酸镁晶体)恒湿器中放置7天	氯化锌
硝酸银	$AgNO_3$	169.87	硫酸干燥器中干燥至恒重	氯化钠
苯甲酸	C_6H_5COOH	122.12	五氧化二磷干燥器中干燥至恒重	氢氧化钠

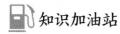 知识加油站

重要的基准试剂

滴定分析用基准试剂可细分为工作基准试剂（Working Chemical）和第一基准试剂（Primary Chemical）。工作基准试剂纯度（质量分数）在 (100 ± 0.05)％范围内，与国家二级标准物质［GBW(E)］对应，相当于 IUPAC 规定的 D 级（Working Standard）；第一基准试剂纯度（质量分数）在 (100 ± 0.02)％范围内，与国家一级标准物质（GBW）对应，相当于 IUPAC 规定的 C 级（Primary Standard）。分析化学实验用标准滴定溶液的标定，一般使用工作基准试剂即可，第一基准试剂通常用于对工作基准试剂进行赋值。

二、标准滴定溶液的制备方法

在滴定分析中，制备标准滴定溶液的方法一般有两种，即直接法和间接法。

1. 直接法

准确称取一定量的基准试剂，溶解后定量转移至容量瓶中，加蒸馏水稀释至刻度，充分摇匀。根据所称取基准试剂的质量以及容量瓶的容积即可直接计算出该标准滴定溶液的准确浓度。

对于如盐酸、氢氧化钠、高锰酸钾、硫代硫酸钠等不符合基准试剂条件的试剂，就不能用直接法配制标准滴定溶液，可采用间接法。

2. 间接法

大部分试剂不符合基准物质的条件，不能直接配制成基准试剂（如 NaOH），则可以先配制成接近所需浓度的溶液，然后用基准试剂或另一种已知浓度的标准滴定溶液来确定它的准确浓度，这个过程称为**标定**。因此，这种制备标准滴定溶液的方法又叫标定法。

（1）用基准试剂进行标定　常用下列两种方式：

① 称量法　准确称取 n 份基准试剂，分别溶于适量水中，用待标定溶液滴定。

② 移液管法　准确称取一份较大质量的基准试剂，在容量瓶中配成一定体积的溶液。先用移液管移取 n 份该基准溶液于锥形瓶中，分别用待标定的溶液滴定。

称量法和移液管法不仅适用于标定标准滴定溶液，同样适用于试样中待测组分的测定。

（2）用另一种已知准确浓度的标准滴定溶液标定　准确移取一定量的待标定溶液，用已知准确浓度的标准滴定溶液滴定；或准确移取一定量的标准滴定溶液，用待标定溶液滴定。根据达到滴定终点时两种溶液所消耗的体积和标准滴定溶液的浓度，即可计算出待标定溶液的浓度。

这种标定标准滴定溶液浓度的方法叫作"浓度比较"法，在标定过程中引入了两次滴定误差，分析结果准确度不如称量法高。

✎ 练习

1. 单选题

直接法配制标准滴定溶液必须使用（　　）。

A. 基准试剂　　B. 化学纯试剂　　C. 分析纯试剂　　D. 优级纯试剂

2. 填空题

在滴定分析中，制备标准滴定溶液的方法一般有两种，即_____法和_____法。

3. 简答题

浓盐酸能用作基准试剂直接配制标准溶液吗？说一说你的理由。

第五节　滴定分析的计算

滴定分析中计算的基础是等物质的量规则。根据滴定反应选取适当的基本单元，则滴定

到达化学计量点时，待测组分的物质的量（n_A）与所消耗标准滴定溶液的物质的量（n_B）相等。即

$$n_A = n_B \tag{5-10}$$

一、基本单元的概念

按照 SI 和国家标准的规定，基本单元可以是分子、原子、离子、电子等基本粒子，也可以是这些基本粒子的特定组合。在滴定分析中，通常以实际反应的最小单元为基本单元。对于质子转移的酸碱反应，通常以转移一个质子的特定组合作为反应物的基本单元。

例如，盐酸和碳酸钠的反应：

$$2HCl + Na_2CO_3 \longrightarrow 2NaCl + H_2O + CO_2 \uparrow$$

反应中盐酸给出一个质子，碳酸钠接受两个质子，因此分别选取 HCl 和 $1/2Na_2CO_3$ 作为基本单元。由于反应中盐酸给出的质子数必定等于碳酸钠接受的质子数，因此根据质子转移数选取基本单元后，反应到达化学计量点时：

$$n_{HCl} = n_{\frac{1}{2}Na_2CO_3} \quad \text{或} \quad c_{HCl}V_{HCl} = c_{\frac{1}{2}Na_2CO_3}V_{Na_2CO_3}$$

氧化还原反应是电子转移的反应，通常以转移一个电子的特定组合作为反应物的基本单元。例如，高锰酸钾标准滴定溶液滴定 Fe^{2+} 的反应：

$$MnO_4^- + 5Fe^{2+} + 8H^+ \Longleftrightarrow Mn^{2+} + 5Fe^{3+} + 4H_2O$$
$$MnO_4^- + 5e + 8H^+ \Longleftrightarrow Mn^{2+} + 4H_2O$$
$$Fe^{2+} - e \Longleftrightarrow Fe^{3+}$$

$KMnO_4$ 在反应中得到 5 个电子，Fe^{2+} 在反应中失去 1 个电子，因此应分别选取 $1/5KMnO_4$ 和 Fe^{2+} 作为其基本单元，则反应到达化学计量点时：

$$c_{\frac{1}{5}KMnO_4}V_{KMnO_4} = c_{Fe^{2+}}V_{Fe^{2+}}$$

关于基本单元，存在以下关系式：

① 摩尔质量　　$M_{\frac{1}{Z}B} = \frac{1}{Z}M_B$

② 物质的量　　$n_{\frac{1}{Z}B} = Zn_B$

③ 物质的量浓度　　$c_{\frac{1}{Z}B} = Zc_B$

如 $M_{H_2SO_4} = 98g/mol$，则 $M_{\frac{1}{2}H_2SO_4} = \frac{1}{2}M_{H_2SO_4} = 49g/mol$；

$c_{KMnO_4} = 0.1mol/L$，则 $c_{\frac{1}{5}KMnO_4} = 5c_{KMnO_4} = 0.5mol/L$

二、计算示例

1. 两种溶液之间的计算

在滴定分析中，若以 c_A 表示待测组分 A 的物质的量浓度，c_B 表示滴定剂 B 的物质的量浓度，V_A、V_B 分别代表 A、B 两种溶液的体积，则达到化学计量点时，应存在下列等式：

$$c_AV_B = c_BV_B \tag{5-11}$$

例 5：滴定 25.00mL NaOH 溶液消耗 $c_{\frac{1}{2}H_2SO_4} = 0.1000$mol/L 的 H_2SO_4 溶液 28.20mL，求该 NaOH 溶液的物质的量浓度。

解：

$$2NaOH + H_2SO_4 \Longleftrightarrow Na_2SO_4 + 2H_2O$$

$$c_{NaOH}V_{NaOH} = c_{\frac{1}{2}H_2SO_4}V_{H_2SO_4}$$

$$c_{NaOH} = \frac{c_{\frac{1}{2}H_2SO_4}V_{H_2SO_4}}{V_{NaOH}}$$

$$= \frac{0.1000 \times 28.20 \times 10^{-3}}{25.00 \times 10^{-3}}$$

$$= 0.1128 (mol/L)$$

2. 固体物质 A 与溶液 B 之间反应的计算

对于固体物质 A，当其质量为 m_A 时，有 $n_A = m_A/M_A$，对于溶液 B，其物质的量 $n_B = c_B V_B$，若固体物质 A 与溶液 B 完全反应达到化学计量点时，应存在如下等式：

$$\frac{m_A}{M_A} = c_B V_B \tag{5-12}$$

例 6：欲标定某盐酸溶液，准确称取基准物质无水 Na_2CO_3 1.4238g，溶解后配制成 250.00mL 溶液，移取 25.00mL 此 Na_2CO_3 溶液，用欲标定的盐酸溶液滴定至终点时，消耗盐酸溶液 24.46mL，计算该盐酸溶液的物质的量浓度。

解：

$$2HCl + Na_2CO_3 \longrightarrow 2NaCl + H_2O + CO_2\uparrow$$

$$n_{\frac{1}{2}Na_2CO_3} = n_{HCl}$$

$$\frac{m_{Na_2CO_3}}{M_{\frac{1}{2}Na_2CO_3}} \times \frac{25.00 \times 10^{-3}}{250.00 \times 10^{-3}} = c_{HCl}V_{HCl}$$

$$c_{HCl} = \frac{\dfrac{m_{Na_2CO_3}}{M_{\frac{1}{2}Na_2CO_3}} \times \dfrac{25.00 \times 10^{-3}}{250.00 \times 10^{-3}}}{V(HCl)}$$

$$= \frac{\dfrac{1.4238}{\frac{1}{2} \times 105.99} \times \dfrac{25.00 \times 10^{-3}}{250.00 \times 10^{-3}}}{24.46 \times 10^{-3}}$$

$$= 0.1098 (mol/L)$$

3. 求待测组分的质量分数

在滴定过程中，设试样质量为 m_S，试样中待测组分 A 的质量为 m_A，c_B 表示标准滴定溶液 B 的物质的量浓度，V_B 代表标准滴定溶液 B 的体积，则待测组分的质量分数为：

$$w_A = \frac{m_A}{m_S} = \frac{c_B V_B M_A}{m_S} \tag{5-13}$$

✏️ **练习**

计算题

移取 25.00mL 浓度约为 0.2mol/L 的盐酸溶液,若用无水碳酸钠作为基准试剂标定该盐酸溶液,则应称取无水碳酸钠多少克?

📝 **本章习题**

1. 填空题

(1) 准确度高低用_____衡量,精密度的高低用_____衡量。

(2) 标定是指_____。

(3) 通过_____方法可以有效地减小偶然误差。

(4) 对 NaOH 溶液的浓度进行了三次平行测定,结果分别为 0.1002mol/L、0.09998mol/L、0.1006mol/L,则其测定的平均值为_____;相对平均偏差为_____。

(5) 指出以下数字中有效数字的位数:

0.0802_____;0.08_____;40.20_____;1.505_____;pH=11.24_____;0.1000_____;25.98_____;25.0_____;0.002030_____;pH=4.25_____。

2. 单选题

(1) 下列数据中有效数字为四位的是 (   )。

A. 0.060   B. 0.6000   C. pH=6.009

(2) 用分析天平准确称取碳酸钠的质量,数据记录正确的是 (   )。

A. 0.2g   B. 0.20g   C. 0.2000g

(3) 滴定分析中,对化学反应的主要要求是 (   )。

A. 反应必须定量完成

B. 反应必须有颜色变化

C. 消耗的标准滴定溶液与被测物必须是 1:1 的计量关系

(4) 向容量瓶转移溶液时不慎从小烧杯中溅出一滴溶液,这会引起 (   ) 误差。

A. 系统误差   B. 偶然误差

(5) 以下算式的计算结果 x 应是 (   )。

$$x = \frac{0.1018 \times (25.00 - 23.60)}{1.0000}$$

A. 0.14252   B. 0.1425   C. 0.143

(6) 减小偶然误差的方法是 (   )。

A. 增加平行试验次数   B. 做空白试验   C. 校准仪器

(7) 为了保证滴定分析的准确度,要控制各操作步骤的相对误差小于 0.1%,则用万分之一的天平称取试样时,至少称取 (   )。

A. 0.2g   B. 2g   C. 0.1g

3. 计算题

(1) 称取 0.4235g 含水溶性氯化物的样品,用 0.1000mol/L $AgNO_3$ 标准滴定溶液滴定，达到滴定终点时消耗了 25.26mL $AgNO_3$ 溶液，求该样品中氯的质量分数。

（2）用邻苯二甲酸氢钾（KHP）作为基准试剂标定某 NaOH 溶液，第一次称取 KHP 0.5325g，消耗 NaOH 溶液 26.00mL，第二次称取 KHP 0.5442g，消耗 NaOH 溶液 26.49mL，第三次称取 KHP 0.5206g，消耗 NaOH 溶液 25.24mL。计算三次测定 NaOH 溶液浓度的平均值、平均偏差、相对平均偏差。

☀ 本章小结

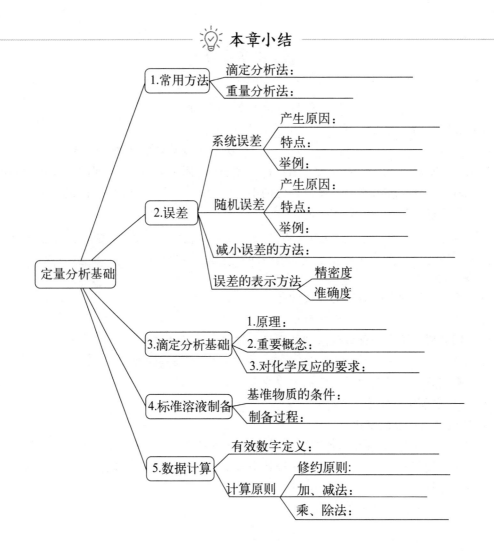

第六章

酸碱解离平衡与酸碱滴定

【知识目标】

　　1. 掌握电离理论、酸碱质子理论。

　　2. 掌握酸碱缓冲溶液的作用原理及应用。

　　3. 掌握酸碱滴定原理。

　　4. 理解酸碱指示剂的变色原理、指示剂的选择原则、常用指示剂的变色范围。

【能力目标】

　　1. 能认识酸碱，能熟练给出质子酸碱的共轭对象，并能区分酸碱性的强弱。

　　2. 能正确计算一元酸、碱溶液的 pH 值。

　　3. 会合理选择缓冲溶液。

　　4. 能熟练制备常用的酸碱标准滴定溶液。

　　5. 能用酸碱滴定法进行酸碱含量的测定。

【素质目标】

　　通过学习酸碱理论的发展，充分认识到化学在科技发展和社会进步中的重要作用。

情景导入

大自然的酸碱指示剂

　　通常实验室说的酸碱指示剂是检验溶液酸碱性的化学试剂，一旦反应环境的酸碱性改变，它可以立刻改变颜色，发出警示。自然界也存在一些这样的物质。鲜艳的紫罗兰，花瓣被碳酸钠溶液浸泡呈蓝色，被白醋浸泡呈红色；绣球花的汁液则相反，遇碱呈粉红色，遇酸则呈蓝色；蓝莓汁液遇碱呈蓝色，遇酸呈红色；炒紫甘蓝时加白醋菜变红色，加小苏打菜又变蓝色，两者都不加则是紫色。这些大自然的酸碱指示剂为什么会随环境变化呈现不同的颜色呢？它们含有什么特殊化合物呢？

　　酸、碱都是重要的化学物质，酸碱反应也是一类极为重要的化学反应，许多化学变化都可以归入酸碱反应的范畴。另外，还有许多化学反应也要求在适当的酸性或碱性环境下才能顺利进行。

　　本章主要介绍酸碱理论及以酸碱反应为基础建立起来的酸碱滴定法。

第一节　酸碱理论

日常生活中，有很多呈现酸性或碱性的物质，食醋呈酸性，苏打呈碱性；葡萄酒呈酸性，苏打水呈碱性；人体胃液呈强酸性，血液却呈弱碱性；我国东南丘陵的红土地呈酸性，海滨城市的盐碱地却呈碱性。那么，何为酸？何为碱呢？它们有什么区别呢？

关于酸、碱的概念自 17 世纪末至今经历了一次又一次的补充和修改，被广泛认可且具有重要意义的主要有酸碱电离理论、酸碱质子理论、路易斯酸碱理论三种，本节主要介绍酸碱电离理论和酸碱质子理论。

一、酸碱电离理论

阿仑尼乌斯（S. A. Arrhenius）于 1887 年提出了酸碱电离理论。由于大多数化学反应都在水溶液中进行，因此，该理论认为化学反应的反应物可划分为酸、碱、盐三类，而这三类物质之间的反应，实质上是离子间的反应。

1. 酸、碱的定义

酸碱电离理论指出：凡在水溶液中电离出的阳离子全部是 H^+ 的化合物叫作**酸**。例如：

$$HCl \longrightarrow H^+ + Cl^-$$

$$HNO_3 \longrightarrow H^+ + NO_3^-$$

在酸分子中，除去电离出的 H^+，余下的部分称为酸根离子，如 Cl^-、NO_3^- 都是酸根离子。

又根据在水溶液中能否完全电离将酸分为强酸和弱酸。如人们熟悉的盐酸、硫酸、硝酸的氢能够在水溶液中实现完全电离，它们是常用的三大强酸。而碳酸、醋酸中的氢不能实现完全电离，它们属于弱酸，用可逆符号表示弱酸的不完全电离。

$$H_2CO_3 \rightleftharpoons HCO_3^- + H^+$$

酸碱电离理论还指出：在水溶液中电离出的阴离子全部是 OH^- 的化合物叫作**碱**。例如：

$$NaOH \longrightarrow Na^+ + OH^-$$

$$Ba(OH)_2 \longrightarrow Ba^{2+} + 2OH^-$$

碱也有强弱之分。氢氧化钾（KOH）、氢氧化钡 $[Ba(OH)_2]$、氢氧化钙 $[Ca(OH)_2]$、氢氧化钠（$NaOH$，俗称烧碱、火碱、苛性钠）分子中的 OH^- 能够在水中完全电离出来，它们是常见的四大强碱。氨水在水中不完全电离，是一种弱碱。

> **思考**：依据酸碱电离理论，$NaHCO_3$ 属于酸还是碱呢？

2. 电离理论解释酸碱反应的本质

电离理论认为酸碱反应的本质是酸电离出的 H^+ 与碱电离出的 OH^- 结合生成水。例如：

$$H_2SO_4 + 2NaOH \longrightarrow Na_2SO_4 + 2H_2O$$

$$H^+ + OH^- \longrightarrow H_2O$$

3. 酸碱电离理论的贡献

① 首次从物质的化学组成上揭示了酸碱的本质，即 H^+ 是酸的特征，OH^- 是碱的特征，将电解质分为酸、碱、盐。

② 明确了水溶液中酸碱反应的实质：H^+ 和 OH^- 结合生成水。

③ 从平衡角度找到了水溶液中衡量酸、碱强度的定量标度，即 K_a、K_b。

4. 酸碱电离理论的缺陷

① 把酸和碱限制在以水为溶剂的体系中，对于非水体系和无溶剂体系都不适用。尤其无法解释在非水溶液中一些物质如乙醇、醋酸等并不会产生 H^+ 或 OH^-，但却表现出酸或碱的性质。

② 酸碱电离理论无法说明一些物质的水溶液呈现的酸碱性，如 NH_4Cl 水溶液呈酸性，Na_2CO_3 水溶液呈碱性。

③ 认为酸和碱是两种绝对不同的物质，忽略了酸碱在对立中的相互联系和统一。

> **思考：** Na_2CO_3 是工业上应用广泛的"三酸两碱"之一，依照酸碱电离理论，请你判断 Na_2CO_3 是酸还是碱？

二、酸碱质子理论

1. 酸、碱的定义

布朗斯特和劳莱 1923 年提出酸碱质子理论。该理论认为：凡能给出质子（H^+）的物质称为**酸**；凡能接受质子（H^+）的物质称为**碱**。如 H_3O^+、HAc、HCl、HCO_3^-、NH_4^+、H_2O 等都能给出质子，所以都是酸；OH^-、Ac^-、NH_3、HCO_3^-、H_2O、Cl^- 等都能接受质子，所以都是碱。

还有一类物质既能给出质子又能结合质子，如 HCO_3^-、H_2O 等为**两性物质**。

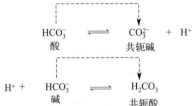

质子理论阐明了酸和碱的关系，指出两者并不是孤立的。当酸给出质子后生成碱，碱接受质子后则变为酸。酸、碱之间这种相互依存的关系称为**共轭关系**。酸失去一个质子形成的碱称为该酸的**共轭碱**，而碱获得一个质子后就成为该碱的**共轭酸**。这种由得失一个质子而发生共轭关系的一对质子酸碱，称为**共轭酸碱对**。

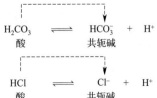

上式中 H_2CO_3 和 HCO_3^- 及 HCl 和 Cl^- 就是两对共轭酸碱对。酸越强，它的共轭碱越弱；酸越弱，它的共轭碱越强。盐酸酸性强于碳酸，所以 Cl^- 的碱性弱于 HCO_3^-。

酸碱的关系可以归纳为：**有酸必有碱，有碱必有酸，酸可变碱，碱可变酸。**

2. 质子理论解释酸碱反应的本质

酸碱反应的实质就是两个共轭酸碱对之间的质子传递反应。一方失去的质子必然由另一方接受，例如醋酸在水中解离：

$$HAc \rightleftharpoons Ac^- + H^+$$
$$酸1 \qquad 碱1$$

$$H^+ + H_2O \rightleftharpoons H_3O^+$$
$$碱2 \qquad 酸2$$

共轭酸碱对

$$HAc + H_2O \rightleftharpoons H_3O^+ + Ac^-$$

共轭酸碱对

质子（H^+）本身体积小、电荷密度大是不可能单独在溶液中存在的，常以水合质子（H_3O^+）的形式存在。但醋酸在水中的解离常简写为 $HAc \rightleftharpoons Ac^- + H^+$。

H_2O 在醋酸的电离过程中充当碱的角色，接受质子。H_2O 作为两性化合物也可以充当酸的角色，给出质子，例如氨水的解离：

$$H_2O \rightleftharpoons OH^- + H^+$$
$$酸1 \qquad 碱1$$

$$H^+ + NH_3 \rightleftharpoons NH_4^+$$
$$碱2 \qquad 酸2$$

共轭酸碱对

$$NH_3 + H_2O \rightleftharpoons OH^- + NH_4^+$$

共轭酸碱对

酸碱反应的通式总结如下：

共轭酸碱对

$$酸1 + 碱2 \rightleftharpoons 酸2 + 碱1$$

共轭酸碱对

酸碱反应时并不是由酸直接将质子传递给碱，而是借助于具有两性的水作质子的传递工具。

电离理论中的酸、碱、盐反应，在质子理论中均可归结为酸碱反应，其反应实质均为质子的转移，如：

NaAc 的水解反应

$$Ac^- + H_2O \rightleftharpoons OH^- + HAc$$

HAc 与 NaOH 的中和反应

$$HAc + OH^- \rightleftharpoons Ac^- + H_2O$$

3. 质子理论的优越性及缺陷

由上可见，酸碱反应的体系扩大了，在非水溶剂、无溶剂等条件下也可发生酸碱反应，只要质子能够从一种物质转移到另一种物质即可。如 HCl 和 NH_3 的反应，无论是在水溶液或苯溶液还是在气相中，都能发生 H^+ 的转移反应。

酸和碱的范围也扩大了，可以是中性分子，还可以是阳离子或阴离子，酸比碱要多出一个或几个质子。质子论中没有"盐"的概念，如 $(NH_4)_2SO_4$ 中，NH_4^+ 是酸、SO_4^{2-} 是碱；K_2CO_3 中，CO_3^{2-} 是碱，K^+ 是非酸非碱物质，它既不给出质子也不结合质子。

综上所述，酸碱质子理论扩大了酸碱的概念和应用范围，并把水溶液和非水溶液中各种情况下的酸碱反应统一起来了。但酸碱质子理论还是不能讨论不含质子的物质的酸碱性，也不能研究无质子转移的酸碱反应，这是它的不足之处。

> **思考**：$NaHCO_3$ 注射液是治疗胃酸过多的一种药物，也用于治疗代谢性酸中毒，新冠疫情期间，5% 碳酸氢钠注射液被列为急救药物清单。应用酸碱质子理论判断 $NaHCO_3$ 是酸还是碱？

知识加油站

Lewies 酸碱理论

1923 年，在质子理论提出的同年，美国化学家路易斯（Lewies，图 6-1）结合酸碱的电子结构，从电子对的配给和接受出发，提出了更广义的酸碱的电子理论。

Lewies 是共价键理论的创建者，所以他更愿意用结构上的性质来区别酸碱。电子理论的焦点是电子对的配给和接受，他认为：碱是具有孤对电子的物质，这对电子可以用来使别的原子形成稳定的电子层结构。酸则是能接受电子对的物质，它利用碱所具有的孤对电子使其本身的原子达到稳定的电子层结构。

Lewies 酸碱理论认为酸碱反应的实质是碱的未共用电子对通过配位键跃迁到酸的空轨道中，生成酸碱配合物的反应。这一理论解释了一些不能释放或接受质子的物质的酸碱性，使酸碱理论脱离了氢元素的束缚，进一步扩大了酸碱理论的范围。

图 6-1 路易斯

练习

1. 单选题

（1）下列物质中属于酸的是（　　）。

A. H_2CO_3　　　　　　　　B. Na_2CO_3　　　　　　　　C. P_2O_5

（2）下列物质的水溶液显碱性的是（　　）。

A. HAc　　　　　　　　　B. NH_4Cl　　　　　　　　C. Na_2CO_3

2. 填空题

（1）根据酸碱质子理论，OH^- 的共轭酸是_____，HAc 的共轭碱是_____。

（2）根据酸碱质子理论，H_2O 的共轭酸是_____，H_2O 的共轭碱是_____，所以水是一种两性化合物。

（3）请用方程式比较 CO_3^{2-} 和 NO_3^- 的碱性强弱关系，并说明原因。

第二节　水溶液中的酸碱反应及其平衡

一、水的质子自递作用

作为溶剂的纯水，具有"酸、碱"两性的特点，一个水分子可从另一个水分子中夺取 1 个质子而形成 H_3O^+ 和 OH^-：

$$H_2O + H_2O \rightleftharpoons H_3O^+ + OH^-$$
$$\text{酸1} \quad \text{碱2} \quad \text{酸2} \quad \text{碱1}$$

也可简化为
$$H_2O \rightleftharpoons H^+ + OH^-$$

水分子之间发生的质子转移反应，称为**水的质子自递反应**。相应的反应平衡常数，称为**水的质子自递常数**，用 K_w **表示**，其表达式为

$$K_w = [H_3O^+][OH^-]$$

常简写为
$$K_w = [H^+][OH^-] \tag{6-1}$$

K_w 也称为**水的离子积常数**，简称水的离子积。

K_w 的意义是：一定温度下，水溶液中 $[H^+]$ 和 $[OH^-]$ 之积为一常数。

K_w 也是化学反应平衡常数，与浓度、压力均无关，而与温度有关。当温度一定时 K_w 为常数，如 25℃ 时，$K_w = 1.0 \times 10^{-14}$。

二、弱酸（碱）在水中的解离平衡常数

1. 弱酸（碱）解离常数的定义

一元弱酸的解离，例如：
$$HAc + H_2O \rightleftharpoons H_3O^+ + Ac^-$$

常可简化为：
$$HAc \rightleftharpoons Ac^- + H^+$$

其平衡常数为：
$$K_a = \frac{[H^+][Ac^-]}{[HAc]}$$

一元弱碱的解离，例如：
$$Ac^- + H_2O \rightleftharpoons OH^- + HAc$$

其平衡常数为：
$$K_b = \frac{[OH^-][HAc]}{[Ac^-]}$$

K_a 和 K_b 分别称为**弱酸、弱碱的解离平衡常数**，简称解离常数。解离常数是酸碱的特征常数，也是平衡常数的一类，同样只与温度有关。

附录列出了 25℃时一些弱酸、弱碱在水溶液中的解离常数 K_a 和 K_b。

2. 弱酸（碱）解离常数的意义

解离常数表示弱酸（碱）在解离平衡时解离为离子的趋势。K_a（K_b）可作为弱酸（碱）的酸（碱）性相对强弱的标志，K_a（K_b）愈大，表示该弱酸（碱）的酸（碱）性愈强。例如：

HAc $\qquad K_a = 1.76 \times 10^{-5}$

HCN $\qquad K_a = 6.17 \times 10^{-10}$

HAc 的解离常数比 HCN 大，则 HAc 的酸性比 HCN 强。

一元弱酸 HAc 的 K_a 与其共轭碱 Ac^- 的 K_b 的关系可推导如下：

$$K_a K_b = \frac{[H^+][Ac^-]}{[HAc]} \times \frac{[OH^-][HAc]}{[Ac^-]} = [H^+][OH^-] = K_w$$

推广可得一元共轭酸碱对的 K_a 和 K_b 间具有以下定量关系：

$$K_a K_b = K_w \tag{6-2}$$

由此式可知：

① 酸的酸性越强（K_a 越大），则其对应共轭碱的碱性就越弱（K_b 越小）；碱的碱性越强（K_b 越大），则其对应共轭酸的酸性就越弱（K_a 越小）。

② 通过酸或碱的解离常数，可计算它的共轭碱或共轭酸的解离常数。

如 HCl、$HClO_4$ 在水溶液中能把质子强烈地转移给水分子，其 K_a 值远远大于 1（HCl 的 $K_a \approx 10^8$），所以是极强的酸。而它们的共轭碱 Cl^-、ClO_4^- 几乎没有能力从 H_2O 中夺取质子，其 K_b 值小到难以用普通实验方法测定，Cl^-、ClO_4^- 则是极弱的碱。

对于多元酸或多元碱溶液，其解离是分级进行的，每一级解离都有其解离常数，分别用 K_{a1}、$K_{a2} \cdots K_{an}$；K_{b1}、$K_{b2} \cdots K_{bn}$ 表示。通常，其值的大小关系为：$K_{a1} > K_{a2} > \cdots > K_{an}$；$K_{b1} > K_{b2} > \cdots > K_{bn}$。

例1：已知水溶液中，H_2CO_3 的 $K_{a1} = 4.30 \times 10^{-7}$、$K_{a2} = 5.61 \times 10^{-11}$，计算 Na_2CO_3 的 K_{b1}、K_{b2} 值。

解：水溶液中，H_2CO_3 与 CO_3^{2-} 为二元共轭酸碱

$$K_{b1} = \frac{K_w}{K_{a2}} = \frac{1.0 \times 10^{-14}}{5.61 \times 10^{-11}} = 1.78 \times 10^{-4}$$

$$K_{b2} = \frac{K_w}{K_{a1}} = \frac{1.0 \times 10^{-14}}{4.30 \times 10^{-7}} = 2.33 \times 10^{-8}$$

三、同离子效应

在醋酸（HAc）水溶液中，加入少量 NaAc 固体，因为 NaAc 是强电解质，在水中完全解离为 Na^+ 和 Ac^-，使溶液中 Ac^- 的浓度增大，按照平衡移动原理，可使下列反应的解离平衡向左移动。

$$HAc \rightleftharpoons Ac^- + H^+$$

结果就是，反应体系中 Ac^- 浓度的增大，致使 H^+ 的浓度减小，即 HAc 的解离程度降低。

同理，在氨水（$NH_3 \cdot H_2O$）溶液中加入少量 NH_4Cl 或 NaOH 固体，由于 NH_4^+ 或 OH^- 的存在，亦可使下列反应的解离平衡向左移动，使氨水的解离程度降低。

$$NH_3 + H_2O \Longrightarrow OH^- + NH_4^+$$

这种在已建立了酸碱平衡的弱酸或弱碱溶液中，加入含有同种离子的易溶强电解质，使酸碱平衡向着生成弱酸或弱碱的方向移动的现象，称为**同离子效应**。

✐ 练习 ——

填空题

（1）已知常温下，HAc 的 $K_a = 1.76 \times 10^{-5}$，HF 的 $K_a = 6.61 \times 10^{-4}$，则 _____ 的酸性强。$Ac^-$ 的 $K_b =$ _____，F^- 的 $K_b =$ _____。

（2）已知草酸（$H_2C_2O_4$）的 $K_{a1} = 5.90 \times 10^{-2}$、$K_{a2} = 6.40 \times 10^{-5}$，则 $Na_2C_2O_4$ 的 $K_{b1} =$ _____，$K_{b2} =$ _____。

（3）在氢氰酸水溶液中，加入少量 NaCN 固体，会使 HCN 的解离平衡向 _____ 移动，导致氢离子浓度 _____。

（4）在醋酸水溶液中，加入少量醋酸钠固体会使醋酸的解离平衡向 _____ 移动，导致氢离子浓度 _____。

——

第三节　酸碱水溶液 pH 的计算

一、溶液的酸度

酸的浓度和酸度是两个不同的概念。

提到某酸的浓度，通常是指溶液中某酸的总浓度，也称酸的分析浓度（简称浓度），常用物质的量浓度表示，符号为 c，单位为 mol/L。

酸度通常是指溶液中 H^+ 的浓度。一般 H^+ 的浓度大于 1mol/L 时多用物质的量浓度 $[H^+]$ 表示；而对于 H^+ 浓度较低的溶液，常用 pH 来表示溶液的酸度；碱度则用 pOH 表示。

$$pH = -lg[H^+] \tag{6-3}$$

$$pOH = -lg[OH^-] \tag{6-4}$$

因为　　　　　　　　　　　$[H^+][OH^-] = K_w = 1.0 \times 10^{-14}$

所以　　　　　　　　　　　$pH + pOH = pK_w = 14$

pH 适用范围在 pH=0~14 之间，即溶液中的 H^+ 浓度介于 $1 \sim 10^{-14}$ mol/L。

溶液的酸碱性与 pH 的关系如下：

酸性溶液：　　　　　　　$[H^+] > [OH^-]$　　　　pH < 7.00 < pOH

中性溶液：	$[H^+]=[OH^-]$	$pH=7.00=pOH$
碱性溶液：	$[H^+]<[OH^-]$	$pH>7.00>pOH$

例2：柠檬水溶液中 H^+ 的浓度为 $0.001mol/L$，计算该溶液的pH，并判断溶液的酸碱性。

解：$pH=-lg[H^+]=-lg0.001=-lg(1.0\times10^{-3})=3.00$

$pH=3.00<7.00$

所以溶液呈酸性。

例3：计算 $1.0\times10^{-5}mol/L$ 的 NaOH 溶液的pH，并判断溶液的酸碱性。

解：方法一　$[OH^-]=1.0\times10^{-5}mol/L$

$$[H^+]=\frac{K_w}{[OH^-]}=\frac{10^{-14}}{1.0\times10^{-5}}=1.0\times10^{-9}(mol/L)$$

$$pH=-lg[H^+]=-lg(1.0\times10^{-9})=9.00$$

方法二　$pOH=-lg[OH^-]=-lg(1.0\times10^{-5})=5.00$

$pH=14-pOH=14-5.00=9.00$

$pH=9.00>7.00$

所以溶液呈碱性。

例4：pH=3和pH=5的盐酸溶液等体积混合，计算混合溶液的pH值。

解：等体积混合后溶液中

$$[H^+]=\frac{10^{-3}\times V+10^{-5}\times V}{2V}=5.05\times10^{-4}(mol/L)$$

$$pH=-lg[H^+]=-lg(5.05\times10^{-4})=3.30$$

以上计算针对的是一元强酸（碱）溶液中酸度的计算，对于弱酸（碱）情况要复杂一些。

二、一元弱酸、弱碱水溶液 pH 的计算

1. 一元弱酸水溶液 pH 的计算

应用解离平衡关系，可以求得弱酸的 H^+ 浓度或弱碱的 OH^- 浓度。以起始浓度为 c_a（mol/L）的一元弱酸 HA 为例，溶液中的 H^+ 有两个来源：

$$HA \rightleftharpoons A^- + H^+$$
$$H_2O \rightleftharpoons OH^- + H^+$$

当酸解离出的 H^+ 浓度远大于 H_2O 解离出的 H^+ 浓度时，水的解离可以忽略。通常以 $c_aK_a\geq 20K_w$ 作为忽略水的解离的判别式。（本章所涉及的问题均可忽略水的解离）

设平衡时 H^+ 浓度为 x mol/L

$$HA \rightleftharpoons A^+ + H^+$$

起始浓度（mol/L）　　　　　c_a　　　0　　　　0

平衡浓度（mol/L）　　　　　　　$c_a - x$　x　　　　　x

$$K_a = \frac{[H^+][A^-]}{[HA]} = \frac{x^2}{c_a - x} \tag{6-5}$$

当弱酸解离出的 H^+ 浓度很小时，即 $c_a / K_a \geqslant 500$，可近似看作 $c_a - x \approx c_a$，则式(6-5)进一步简化为：

$$[H^+] = \sqrt{c_a K_a} \tag{6-6}$$

这是计算一元弱酸水溶液中 H^+ 浓度的最简公式，也是最常用的公式❶

> **例5**：计算 0.083mol/L HAc 溶液的 pH。
>
> **解**：查表得　　$K_a(\text{HAc}) = 1.76 \times 10^{-5}$
>
> $\dfrac{c_a}{K_a} = \dfrac{0.083}{1.76 \times 10^{-5}} = 4.7 \times 10^3 > 500$，因此可以使用最简式计算。
>
> 即 $[H^+] = \sqrt{c_a K_a} = \sqrt{0.083 \times 1.76 \times 10^{-5}} = 1.2 \times 10^{-3} (\text{mol/L})$
>
> $\text{pH} = -\lg(1.2 \times 10^{-3}) = 2.92$

2. 一元弱碱水溶液 pH 的计算

一元弱碱水溶液中 OH^- 浓度的计算，也可采用与上述一元弱酸类似的方法处理，只是将式(6-6)及其使用条件中的 $[H^+]$、c_a、K_a 相应的用 $[OH^-]$、c_b、K_b 代替即可。

计算一元弱碱水溶液中 OH^- 浓度的最简公式为：

$$[OH^-] = \sqrt{c_b K_b} \tag{6-7}$$

> **例6**：计算 0.10mol/L 氨水（$NH_3 \cdot H_2O$）溶液的 pH。
>
> **解**：已知 $c_{NH_3 \cdot H_2O} = 0.10 \text{mol/L}$；$K_b = 1.8 \times 10^{-5}$，$c_b K_b > 20 K_w$，且 $c_b / K_b > 500$
>
> 所以 $[OH^-] = \sqrt{c_b K_b} = \sqrt{0.10 \times 1.8 \times 10^{-5}} = 1.3 \times 10^{-3} (\text{mol/L})$
>
> $\text{pOH} = 2.89$　　　　$\text{pH} = 14 - 2.89 = 11.11$

✏️ 练习

1. 填空题

（1）经测定，草莓汁的 pH = 3.0，说明草莓呈_____（填"酸性"或"碱性"）。

（2）浓度为 0.15mol/L 的氨水（$NH_3 \cdot H_2O$）溶液的 pH 是_____。

（3）配制好的 0.2mol/L 的 HCN 溶液，其浓度为_____，酸度为_____。

2. 计算题

（1）计算 $c_{NH_4Cl} = 0.10 \text{mol/L}$ 溶液的 pH，并指出溶液的酸碱性。

（2）计算 0.20mol/L HAc 和 HCl 溶液的 pH，并比较它们酸性的强弱。

---

❶ 当 $c_a K_a \geqslant 20 K_w$，$c_a / K_a < 500$ 时，可用近似公式计算：$[H^+] = \dfrac{-K_a + \sqrt{K_a^2 + 4 c_a K_a}}{2}$。

第四节　酸碱缓冲溶液

　　思考：人体每天都要摄入酸性或者碱性食物，还要补充一定量水分，那么人体体液的 pH 值是否会因为食物的摄入而发生明显变化，导致出现新陈代谢紊乱或者生病呢？

　　1900 年两位生物化学家做了一个有趣的对比实验：①在 1L 纯水中加入 1mL 0.01mol/L HCl 后，其 pH 值由 7.0 变为 5.0；②在 pH 值为 7.0 的肉汁培养液中加入 1mL 0.01mol/L HCl 后，肉汁的 pH 值几乎没发生变化。说明肉汁能在一定范围内有效控制 pH 值不发生变化。

　　缓冲溶液是一种能对溶液的酸度起稳定（缓冲）作用的溶液。这种溶液能调节和控制溶液的酸度，当溶液中加入少量酸、碱或稍加稀释时，其 pH 值不发生明显变化。

　　缓冲溶液在工农业生产、科研工作和许多天然体系中有着广泛的应用。土壤的 pH 值需保持在 4～7.5 之间，才有利于植物生长；大多数液体药物都有自己稳定的 pH 值范围，配制时需加入缓冲溶液，如配制氯霉素眼药水时要加入硼砂缓冲溶液，使眼药水的 pH 值保持在 7.0 左右。

一、缓冲原理

　　缓冲溶液通常有如下三类：弱的共轭酸碱对组成的体系（如 HAc、NaAc）；弱酸弱碱盐体系；强酸或强碱溶液。下面重点讨论最常用的第一类缓冲溶液。

缓冲溶液作用原理

　　共轭酸碱对组成的缓冲溶液，就是由一组浓度都较高的弱酸及其共轭碱或弱碱及其共轭酸构成的缓冲体系。下面以弱酸 HAc 与其共轭碱 NaAc 组成的 HAc-NaAc 缓冲体系为例，说明其"抗酸抗碱"作用。

　　在 HAc 和 NaAc 的溶液中存在下列解离过程：

$$HAc \rightleftharpoons Ac^- + H^+$$
$$NaAc \rightleftharpoons Na^+ + Ac^-$$

　　由于 NaAc 完全解离，所以溶液中存在大量的 Ac^-。在此体系中产生的同离子效应，使 HAc 的解离度变小，因此，溶液中也存在着大量的 HAc 分子，同时还伴随 HAc 的解离平衡。

　　如果向该缓冲溶液中加入少量强酸，根据平衡移动原理，平衡向着减小 H^+ 浓度增加趋势的方向进行，HAc 的解离平衡向左移动，HAc 浓度增大。因此，达到新平衡时，H^+ 的浓度不会显著增加，保持了 pH 值的相对稳定。H^+ 因为和 Ac^- 结合导致 pH 值稳定，因此 Ac^- 是缓冲溶液的**抗酸成分**。

　　如果向该缓冲溶液中加入少量强碱，溶液中的 H^+ 和强碱解离出来的 OH^- 结合生成弱电解质 H_2O，导致 H^+ 浓度减小，促使 HAc 的解离平衡向右移动，以补充 H^+ 的减少，建立新平衡时，溶液中 H^+ 的浓度也几乎保持不变。HAc 解离出的 H^+ 保持了 pH 值的相对稳定，因此 HAc 是缓冲溶液的**抗碱成分**。

　　如果向该缓冲溶液中加入少量水，由于 HAc 和 Ac^- 浓度同时以相同倍数稀释，HAc 和

Ac^- 浓度均减小，同离子效应减弱，促使 HAc 解离度增加，产生的 H^+ 可维持溶液的 pH 值几乎不变。

以上是弱酸和它的共轭碱组成的缓冲溶液具有缓冲作用的原理。用同样的方法可说明弱碱及其共轭酸（如 NH_3-NH_4^+）组成的缓冲溶液的缓冲作用。

二、缓冲能力

思考：当胃酸多时，是不是可以放心大胆地长期服用大量的碳酸氢钠注射液或胃舒平（含氢氧化铝）呢？缓冲溶液的缓冲能力是有限的还是无限的呢？

缓冲溶液抵御少量酸碱的能力称为缓冲能力（或称缓冲容量）。

缓冲溶液的缓冲能力是有限度的。加入少量的强酸或强碱时，溶液的 pH 值基本保持不变，如果加入的强酸或强碱浓度较大时，溶液的缓冲能力明显减弱，当抗酸成分或抗碱成分消耗完时，溶液就不再表现出缓冲作用。

缓冲溶液的缓冲能力大小与缓冲溶液中的共轭酸碱的浓度有关，共轭酸碱的浓度大，缓冲能力也大。组成缓冲溶液的共轭酸碱浓度一定时，共轭酸碱对浓度的比值接近 1 时，缓冲能力最强。实验表明，通常此比值在 0.1～10 之间，其缓冲能力即可满足一般的实验要求。

三、缓冲范围

缓冲溶液的 pH 值主要取决于 pK_a，还与共轭酸碱对的浓度的比值有关。当共轭酸碱对的浓度的比值接近 1 时，缓冲溶液的 $pH = pK_a$；当共轭酸碱对浓度的比值在 0.1～10 之间改变时，则缓冲溶液的 pH 值在 $pK_a \pm 1$ 之间改变。由此可见，弱酸及其共轭碱缓冲体系的有效缓冲范围约在 pH 为 $pK_a \pm 1$ 的范围，即约有两个 pH 单位。

缓冲溶液的缓冲范围及应用

$pH = pK_a \pm 1$ 为缓冲溶液的有效缓冲范围，超出此范围则体系就不再具有缓冲作用。显然，由不同共轭酸碱对组成的缓冲体系，其缓冲范围取决于它们弱酸的 K_a 值。例如，HAc-NaAc 缓冲体系，$pK_a = 4.76$，其缓冲范围是 $pH = 4.76 \pm 1$。

四、缓冲溶液的选择

分析化学中用于控制溶液酸度的缓冲溶液很多，通常根据实际情况选用不同的缓冲溶液。缓冲溶液的选择原则如下：

① 缓冲溶液对测量过程应没有干扰。

② 所需控制的 pH 值应在缓冲溶液的缓冲范围之内。如果缓冲溶液是由弱酸及其共轭碱组成的，则所选的弱酸的 pK_a 值应尽可能接近所需的 pH 值。

③ 缓冲溶液应有足够的缓冲容量以满足实际工作需要。为此，在配制缓冲溶液时，应尽量控制弱酸与共轭碱的浓度比接近 1∶1，所用缓冲溶液的总浓度尽量大一些（一般可控制在 0.01～1mol/L 之间）。

④ 应使所选缓冲溶液的共轭酸碱对中酸的 pK_a 等于或接近所需控制的 pH 值。例如，某项分析检验的反应需在 $pH = 5.0$ 左右的缓冲体系中进行，则可选择 HAc-NaAc 缓冲溶液控制，因为 HAc 的 $pK_a = 4.74$。如果需要 $pH = 9.0$ 左右的缓冲体系，则可选择 $NH_3 \cdot H_2O$-NH_4Cl 缓冲溶液，因为 NH_4^+ 的 $pK_a = 9.26$。

一些常用的缓冲溶液列举在表 6-1 中。

表 6-1　常用的缓冲溶液

缓冲体系及其 pK_a		pH	配制方法
共轭酸	共轭碱		
NH_2CH_2COOH-HCl$(2.35,pK_{a1})$		2.3	取氨基乙酸 150.0g 溶于 500.0mL 水中后,加浓 HCl 80.0mL,用水稀释至 1L
$^+NH_3CH_2COOH$	$^+NH_3CH_2COO^-$		
$KHC_8H_4O_4$-HCl$(2.95,pK_{a1})$		2.9	取 $KHC_8H_4O_4$ 500.0g 溶于 500.0mL 水,加浓 HCl 80.0mL,用水稀释至 1L
$H_2C_8H_4O_4$	$HC_8H_4O_4{}^-$		
HAc-NaAc(4.74)		4.7	取无水 NaAc 83.0g 溶于水中后,加 HAc 60.0mL,用水稀释至 1L
HAc	Ac^-		
$(CH_2)_6N_4$-HCl(5.15)		5.4	取六亚甲基四胺 40.0g 溶于 200.0mL 水中后,加浓 HCl 10.0mL,稀释至 1L
$(CH_2)_6N_4H^+$	$(CH_2)_6N_4$		
NH_3-$NH_4Cl$$(9.25)$		9.5	取 NH_4Cl 54.0g 溶于水中后,加浓氨水 126.0mL,用水稀释至 1L
$NH_4{}^+$	NH_3		

📖 素质阅读

缓冲溶液在药物保存方面的应用

众所周知,药物都有一定的保质期,但即使在保质期内,一旦保存不当,还是会变质,吃了变质的药品对人体的伤害非常大。

在药厂中,药品一般存放在专用的药品保存箱中。但是,在家庭环境中,药物的保存却无法做到如此专业的程度。对于某些自身成分性质不太稳定、对环境要求比较高的药品来说密闭、低温、避光是远远不够的。在对抗环境中酸、碱、水蒸气等因素对药品的影响时,缓冲溶液就起到了不容小觑的作用。如某些注射剂经灭菌后 pH 值可能发生改变,常用盐酸、枸橼酸、酒石酸枸橼酸钠、磷酸二氢钠、磷酸氢二钠等物质的稀溶液调节 pH 值,使注射剂在加热灭菌过程中 pH 值保持相对稳定。在不同的注射液中常用不同的缓冲溶液,例如巯乙胺注射液用醋酸的缓冲溶液、葡萄糖酸钙注射液用乳酸的缓冲溶液、精蛋白胰岛素锌注射液用磷酸的缓冲溶液。

✏️ 练习

说明 $NaHCO_3$-Na_2CO_3、NH_3-NH_4Cl 体系的缓冲原理。

第五节　酸碱指示剂

酸碱滴定分析中,确定滴定终点的方法通常有仪器法和指示剂法两类。

① 仪器法　确定滴定终点主要是利用滴定体系或滴定产物的电化学性质的改变,用仪

器（如 pH 计）检测终点的到达。

② 指示剂法　借助加入的酸碱指示剂在化学计量点附近的颜色变化来指示滴定终点。相比较，指示剂法更加简单、方便，是确定滴定终点的基本方法，本节主要讨论这种方法。

一、酸碱指示剂的变色原理

酸碱指示剂是指在某一特定 pH 区间，随介质酸度条件的改变颜色发生明显变化的物质。

常用的酸碱指示剂一般是有机弱酸、弱碱或两性物质，它们的酸式体及其碱式体在不同酸度的溶液中具有不同的结构，且呈现不同的颜色。当被滴定的溶液的 pH 改变时，酸碱指示剂获得质子由碱式体变为酸式或失去质子由酸式体变为碱式，由于指示剂的酸式与碱式结构不同从而呈现不同的颜色。例如，酚酞是一种有机弱酸，它在水溶液中的解离平衡如下：

内酯式无色　　　　羟式无色　　　　无色　　　　紫红色　　　　无色

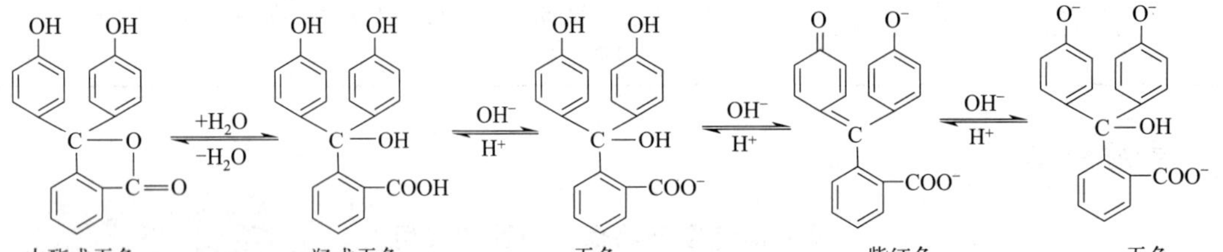

酚酞在酸性溶液中为内酯式结构，呈无色；当溶液的 pH 升高到一定数值时，酚酞转变为醌式结构而显红色；浓碱溶液中，则转变为羧酸盐式结构又呈无色。这种不同结构之间的转化过程是可逆的，所呈现的颜色变化也是可逆的。

又如，常用酸碱指示剂甲基橙本身为弱碱，它在水溶液中的解离平衡如下：

酸式红色　　　　　　　　　　　　　碱式黄色
pH<3.1　　　　　　　　　　　　　　pH>4.4

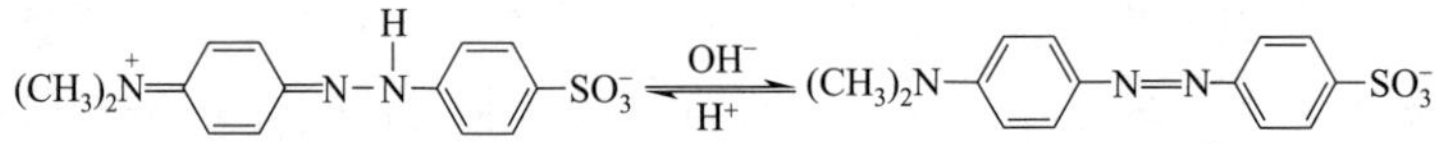

甲基橙的酸式色为红色；碱式色为黄色。两者之间的过渡颜色为橙色。

可见，酸碱指示剂的变色与溶液的酸度有关，且具有一定的 pH 范围。

二、酸碱指示剂的变色范围

1. 酸碱指示剂的变色范围

指示剂发生颜色变化的 pH 范围称为指示剂的**变色范围**。下面以 HIn 为例说明指示剂的变色范围。

现以 HIn 表示指示剂的酸式体、以 In$^-$ 表示指示剂的碱式体，两者在水溶液中存在如下酸碱平衡：

$$HIn \rightleftharpoons In^- + H^+$$

酸式　　碱式

$$K_{HIn} = \frac{[H^+][In^-]}{[HIn]}$$

即
$$\frac{[H^+]}{K_{HIn}}=\frac{[HIn]}{[In^-]}$$

或
$$pH=pK_{HIn}+lg\frac{[In^-]}{[HIn]} \tag{6-8}$$

$[In^-]/[HIn]$体现的是指示剂碱式与酸式的浓度关系。对于一定的指示剂，在指定条件下 K_{HIn} 为一常数，因此$[In^-]/[HIn]$值只取决于溶液中 H^+ 的浓度，当 $[H^+]$ 发生改变时，$[In^-]/[HIn]$也随之改变，从而使溶液呈现出不同的颜色。

由于人的眼睛对各种颜色的敏感程度不同且能力有限，一般来讲，只有当酸式体与碱式体两种型体的浓度相差 10 倍以上时，人的眼睛才能辨别出其中浓度大的型体的颜色，而浓度小的另一型体的颜色则辨别不出来。当两型体的浓度差别不是很大（一般在 10 倍以内）时，则人眼观察到的是这两种型体颜色的混合色。

即 $\frac{[In^-]}{[HIn]}\leqslant\frac{1}{10}$，看到的是 HIn 的颜色（即酸式色），此时

$$pH\leqslant pK_{HIn}+lg\frac{1}{10}=pK_{HIn}-1$$

当 $\frac{[In^-]}{[HIn]}\geqslant10$ 时，看到的是 In^- 的颜色（即碱式色），此时

$$pH\geqslant pK_{HIn}+lg10=pK_{HIn}+1$$

若 $\frac{[In^-]}{[HIn]}$ 在 0.1～10 之间，看到的是酸式色和碱式色复合后的颜色。

当溶液的 pH 由 $pK_{HIn}-1$ 向 $pK_{HIn}+1$ 逐渐改变时，理论上人眼可以看到指示剂由酸式色逐渐过渡到碱式色，这种理论上可以看到的引起指示剂颜色变化的 pH 间隔，称为指示剂的理论变色范围。

当指示剂中酸式体的浓度与碱式体的浓度相等时（即$[HIn]=[In^-]$），溶液便显示酸式色与碱式色的混合色，此时 $pH=pK_{HIn}$，此时溶液的酸度（或 pH）称为指示剂的理论变色点；指示剂的变色范围理论上应为 2 个 pH 单位，但实际上指示剂变色范围不是根据 pK_a 值计算出来的，而是依据人眼观察得来的。由于人眼对各种颜色的敏感程度不同，加上指示剂两种型体的颜色之间相互影响，因此实际观察得到的各种指示剂的变色范围（见表 6-2）并不都是 2 个 pH 单位。例如，甲基橙的 $pK_{HIn}=3.4$、理论变色点为 pH＝3.4，但变色范围为 pH＝3.1～4.4，这是由于人的肉眼辨别红色比黄色更敏感的缘故。

表 6-2　常见的酸碱指示剂

指示剂名称	变色范围 pH	变色点 pK_{HIn}	颜色		配制方法
			酸式色	碱式色	
甲基橙	3.1～4.4	3.4	红	黄	0.1g 溶于 100mL 水溶液中
溴酚蓝	3.1～4.6	4.1	黄	紫	0.1g 溶于含有 3mL 0.05mol/L NaOH 溶液的 100mL 水溶液中
溴甲酚绿	3.8～5.4	4.9	黄	蓝	0.1g 溶于含有 2.9mL 0.05mol/L NaOH 溶液的 100mL 水溶液中
甲基红	4.4～6.2	5.2	红	黄	0.1g 溶于 100mL 60%乙醇溶液中
中性红	6.8～8.0	7.4	红	黄橙	0.1g 溶于 100mL 60%乙醇溶液中
酚红	6.7～8.4	8.0	黄	红	0.1g 溶于 100mL 60%乙醇溶液中
百里酚蓝（二次变色）	8.0～9.6	8.9	黄	蓝	0.1g 溶于 100mL 20%乙醇溶液中

指示剂名称	变色范围 pH	变色点 pK_{HIn}	颜色		配制方法
			酸式色	碱式色	
酚酞	8.0～10.0	9.1	无	红	0.1g 溶于 100mL 90%乙醇溶液中
百里酚酞	9.4～10.6	10.0	无	蓝	0.1g 溶于 100mL 90%乙醇溶液中

2. 影响酸碱指示剂变色的主要因素

> **思考：** 酸碱滴定时，是不是加入的指示剂越多越好呢？

(1) 温度 酸碱指示剂的变色点、变色范围的决定因素是指示剂的 K_{HIn}，而 K_{HIn} 是随温度变化而变化的。例如 18℃时甲基橙的变色范围是 pH＝3.1～4.4，而 100℃时则为 pH＝2.5～3.7。

(2) 溶剂 指示剂在不同溶剂中其 K_{HIn} 是不同的。因此，指示剂在不同溶剂中具有不同的变色范围。例如，甲基橙在水溶液中 pK_{HIn}＝3.4，在甲醇溶液中 pK_{HIn}＝3.8。

(3) 指示剂的用量 指示剂本身也会消耗一些滴定剂，如果用量过多（或浓度过高），会造成较大误差。且指示剂的用量对单色指示剂的变色范围影响较大。如在 50mL 溶液中加入 2～3 滴 0.1%酚酞，在 pH≈9.0 时出现微红色；若加入 10～15 滴酚酞，则在 pH≈8.0 时就会出现微红色。

因此，在滴定中指示剂用量要适宜，应避免加入过多的指示剂。

(4) 滴定顺序 滴定顺序对选择指示剂也很重要。例如，酚酞由无色（酸式色）变为红色（碱式色），颜色变化敏锐；甲基橙由黄色变为红色比由红色变为黄色易于辨别。因此，**用强酸滴定强碱时应选用甲基橙（或甲基红）作指示剂，而强碱滴定强酸时则常选用酚酞作指示剂。**

三、混合指示剂

单一指示剂的变色范围一般都较宽，使用单一指示剂来确定滴定终点有时无法达到所需要的准确度，这时可采用混合指示剂。

混合指示剂主要是利用颜色互补的作用原理，使得酸碱滴定的终点变色敏锐，变色范围变窄，变色明显。它的配制方法一般有两种：一种是由两种或两种以上酸碱指示剂混合而成，如溴甲酚绿（pK_{HIn}＝4.9）和甲基红（pK_{HIn}＝5.2）指示剂按一定比例混合后变色情况如表 6-3 所示。

表 6-3 溴甲酚绿和甲基红指示剂的特性

指示剂 ＼ 溶液酸度	pH＜4.0（酸式）	pH＝5.1(变色点)	pH≥6.2（碱式）
溴甲酚绿	黄色	绿色	蓝色
甲基红	红色	橙红色	浅黄色
溴甲酚绿＋甲基红	橙色	浅灰色	绿色

另一种是在某种常用酸碱指示剂中加入一种惰性染料（其颜色不随溶液 pH 值的变化而变化），由于颜色互补使变色敏锐，但变色范围不变。如甲基橙在单独使用时，在 pH≤3.1 时为酸式型体呈红色，pH≥4.4 时为碱式型体呈黄色，其过渡色是橙色。当甲基橙与靛蓝二磺酸钠（本身为蓝色）一起组成混合指示剂后，由于颜色互补的作用，使其酸式型体颜色

变为紫色、碱式型体颜色变为黄绿色，中间过渡色为灰色（变色点时 pH＝4.1），使颜色变化明显，如图 6-2 所示。

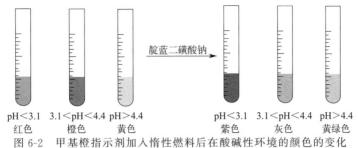

图 6-2　甲基橙指示剂加入惰性燃料后在酸碱性环境的颜色的变化

常用的混合指示剂如表 6-4 所示。

表 6-4　常用的混合指示剂

指示剂名称	变色点 pH	颜色		备注
		酸式色	碱式色	
一份 1.0g/L 甲基橙水溶液 一份 2.5g/L 靛蓝二磺酸钠水溶液	4.1	紫	黄绿	pH＝4.1 灰色
三份 1.0g/L 溴甲酚绿乙醇溶液 一份 2.0g/L 甲基红乙醇溶液	5.1	酒红	绿	pH＝5.1 灰色
一份 1.0g/L 中性红乙醇溶液 一份 1.0g/L 亚甲基蓝乙醇溶液	7.0	蓝紫	绿	pH＝7.0 蓝紫色
一份 1.0g/L 甲酚红钠盐水溶液 三份 1.0g/L 百里酚蓝钠盐水溶液	8.3	黄	紫	pH＝8.2 玫瑰色 pH＝8.4 紫色
一份 1.0g/L 酚酞乙醇溶液 一份 1.0g/L 百里酚酞乙醇溶液	9.9	无	紫	pH＝9.6 玫瑰色 pH＝10.0 紫色

实验室中使用的 pH 试纸，就是基于混合指示剂的原理制成的。

✎ 练习

1. 指示剂的用量是不是越多越好？说明理由。

2. 哪些类型的化合物适合作指示剂？举例说明其变色原理。

第六节　酸碱滴定曲线和指示剂的选择

思考：通过前面的学习已经了解到很多化合物都可以作酸碱指示剂，那在每一个具体的酸碱滴定实验中又该如何选择呢？

在酸碱滴定中，锥形瓶内被滴溶液的 pH 随标准滴定溶液的逐滴加入而变化，这种变化可用酸碱滴定曲线来表示。所谓酸碱滴定曲线，就是表示酸碱滴定过程中溶液 pH 变化情况的曲线。不同类型的酸碱滴定，其滴定曲线的形状不同。

为了减小酸碱滴定的终点误差，就必须设法使指示剂的变色点与酸碱反应的化学计量点尽量吻合。

下面以强酸强碱的滴定过程为例介绍酸碱滴定的滴定曲线和指示剂选择的关系。

一、滴定前溶液的 pH

这类滴定包括强碱滴定强酸和强酸滴定强碱两种情况。强酸、强碱在水溶液中几乎完全解离，滴定反应的实质为

$$OH^- + H^+ \Longrightarrow H_2O$$

强酸、强碱
反应原理

现以 $c(\text{NaOH}) = 0.1000\text{mol/L}$ 溶液滴定 20.00mL $c(\text{HCl}) = 0.1000\text{mol/L}$ 溶液为例，讨论强碱滴定强酸过程中溶液 pH 的变化情况、滴定曲线形状及指示剂的选择。

最初溶液的酸度由 HCl 的初始浓度决定。HCl 是强酸，所以 $[\text{H}^+] = c(\text{HCl}) = 0.1000\text{mol/L}$，所以，此时溶液 pH=1.00。

二、滴定开始至化学计量点前溶液的 pH

随 NaOH 溶液的不断滴入，H^+ 不断被中和生成 H_2O，H^+ 浓度逐渐减小，溶液的 pH 取决于剩余 HCl 的浓度：

$$[\text{H}^+] = \frac{c_{\text{HCl}}V_{\text{HCl}} - c_{\text{NaOH}}V_{\text{NaOH}}}{V_{\text{HCl}} + V_{\text{NaOH}}}$$

例如，当滴入 NaOH 的体积为 18.00mL 时，得：

$$[\text{H}^+] = \frac{0.1000 \times 20 - 0.1000 \times 18}{20 + 18} = 5.26 \times 10^{-3}(\text{mol/L})$$

即　　　pH=2.28

同理，当滴入 NaOH 的体积为 19.98mL 时（即相对误差为 -0.1% 时），得：pH=4.30

三、化学计量点及计量点之后溶液的 pH

HCl 与 NaOH 恰好完全反应，溶液呈中性，
即 $[\text{H}^+] = [\text{OH}^-] = 1.00 \times 10^{-7}\text{mol/L}$，pH=7.00
而化学计量点后溶液的酸碱性取决于过量的 NaOH 浓度：

$$[\text{OH}^-] = \frac{c_{\text{NaOH}}V_{\text{NaOH}} - c_{\text{HCl}}V_{\text{HCl}}}{V_{\text{HCl}} + V_{\text{NaOH}}}$$

例如，当滴入 NaOH 的体积为 20.02mL 时（即相对误差为 +0.1% 时），得：
$[\text{OH}^-] = 5.00 \times 10^{-5}\text{mol/L}$，即 $[\text{H}^+] = 2.00 \times 10^{-10}\text{mol/L}$
故　pH=9.70

如此多处取点计算，可得到表 6-5 的结果。

表 6-5　用 NaOH 滴定 HCl（浓度皆为 0.1000mol/L）有关参数及 pH

加入的 NaOH 体积 V_{NaOH}/mL	与 HCl 的体积比 $\frac{V_{\text{NaOH}}}{V_{\text{HCl}}}$/%	溶液的 H^+ 浓度 $[\text{H}^+]$/(mol/L)	溶液的酸度 pH
0.00	0.00	1.00×10^{-1}	1.00
18.00	90.00	5.26×10^{-3}	2.28

加入的 NaOH 体积 V_{NaOH}/mL	与 HCl 的体积比 $\dfrac{V_{NaOH}}{V_{HCl}}$/%	溶液的 H^+ 浓度$[H^+]$ /(mol/L)	溶液的酸度 pH	
19.00	95.00	2.56×10^{-3}	2.59	
19.80	99.00	5.03×10^{-4}	3.30	
19.96	99.80	1.00×10^{-4}	4.00	
19.98	99.90	5.00×10^{-5}	4.30	突
20.00	100.00	1.00×10^{-7}	7.00	跃
20.02	100.10	2.00×10^{-10}	9.70	范
20.04	100.20	1.00×10^{-10}	10.00	围
20.20	101.00	2.01×10^{-11}	10.70	
22.00	110.00	2.10×10^{-12}	11.68	
40.00	200.00	3.00×10^{-13}	12.52	

以滴加的 NaOH 溶液的体积（或滴定分数,%）为横坐标，以溶液的 pH 为纵坐标绘制关系曲线，即可得到如图 6-3 所示的酸碱滴定曲线（图中虚线部分为 HCl 滴定 NaOH 的曲线）。

从表 6-5 和图 6-3 中可以看出：从滴定开始到滴入 19.80mL NaOH 溶液时（相当于 HCl 被中和 99.0%），溶液的 pH 仅改变 2.30 个单位，曲线变化比较缓慢。再滴入 0.18mL（累加体积为 19.98mL）NaOH 溶液时（相当于 HCl 被中和 99.90%），溶液的 pH 又增加了 1 个单位左右。之后曲线加快攀升，当继续滴入 0.02mL（累加体积为 20.00mL）NaOH 溶液时（相当于 HCl 被中和 100.00%），恰好是酸碱滴定反应的化学计量点，此时溶液的 pH 迅速达到 7.00；再滴入 0.02mL（累加体积为 20.02mL）过量的 NaOH 溶液时（相当于 HCl 的 100.10%），溶液的 pH 迅速升到 9.70；此后继续滴入过量的 NaOH 溶液，所引起的溶液 pH 增长幅度越来越小。

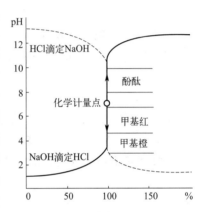

图 6-3　NaOH 滴定 20.00mL HCl （浓度皆为 0.1000mol/L）的滴定曲线

由此可见，当滴定处于化学计量点附近，前后总共不过滴加 0.04mL NaOH 溶液（约为 1 滴滴定剂），而溶液的 pH 却从 4.30 突变为 9.70，改变了 5.40 个 pH 单位，在滴定曲线上所表现的行为几乎呈一条垂直线段。这种在化学计量点前后（一般为 ±0.1% 相对误差范围内），**因滴定剂的微小改变而使溶液的 pH 发生剧烈变化的现象，称为滴定突跃，突跃所在的 pH 变化范围，称为滴定突跃范围，简称突跃范围。** 经过滴定"突跃"后，溶液由酸性转变成碱性，量的渐变最终孕育出质的改变。

滴定突跃范围为选择酸碱指示剂提供了重要依据，最理想的指示剂应恰好在化学计量点时变色。实际上，凡在滴定突跃范围内变色灵敏的指示剂，均可用来指示滴定的终点。因此，**选择指示剂的原则是：指示剂的变色范围应全部或部分处在滴定的突跃范围之内。**

在上例中，±0.10% 相对误差的滴定突跃范围为 pH＝4.30～9.70，可用酚酞、甲基红或甲基橙等作指示剂。但使用甲基橙时必须滴定至溶液由红色变为黄色，滴定终点不易观察。实验中用 NaOH 滴定 HCl 时一般使用酚酞作指示剂。

若用 $c_{HCl}=0.1000mol/L$ 溶液滴定 20.00mL $c_{NaOH}=0.1000mol/L$ 溶液，得到的滴定曲线如图 6-3 中的虚线所示（pH 变化方向为由大到小），滴定突跃范围为 pH＝9.70～4.30，

也不宜使用甲基橙作指示剂，否则，即使滴定至溶液由黄色变为橙色（过渡色），也有不小于 0.20% 的终点误差。另外，也不宜选用酚酞指示剂，因为其变色方向是由红色变为无色，滴定终点不易观察。此时，选用甲基红指示剂较为合适，滴定至溶液由黄色变为橙色（过渡色）即为终点。若选用中性红-亚甲基蓝（变色点为 pH＝7.0）混合指示剂，终点颜色由蓝紫色转变为绿色，误差将会更小。

由滴定突跃的计算可以看出，强酸强碱滴定突跃范围还与溶液酸碱浓度有关。如果强酸、强碱滴定溶液的浓度发生了改变，尽管滴定曲线的形状类同、化学计量点的 pH 仍然是 7.0，但滴定突跃范围却发生了变化。**酸碱的浓度越小，突跃范围越窄；酸碱的浓度越大，突跃范围越宽**，如图 6-4 所示。

如图 6-4 所示，若以 0.1000mol/L 的 HCl 和 NaOH 相互滴定的突跃范围（5.40 个 pH 单位）为基准：使用 0.01000mol/L 的 HCl 和 NaOH 相互滴定，其突跃范围减小了 2 个 pH 单位；使用 1.000mol/L 的 HCl 和 NaOH 相互滴定，其突跃范围扩大了 2 个 pH 单位。

对于强酸强碱相互滴定而言，尽管使用浓度较高的溶液能使滴定突跃范围变宽，但这并不意味着指示剂的选择余地增多了，因为其化学计量点的 pH 还是 7.0。况且，倘若滴定过程中所用的滴定剂浓度较高，在接近化学计量点时也容易过量滴入（即使是半滴），从而导致终点误差较大。因此，**酸碱滴定中的标准滴定溶液的浓度通常为 0.1～0.2mol/L。**

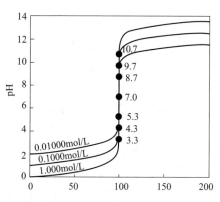

图 6-4 不同浓度 NaOH 滴定曲线

📖 阅读材料

酸碱滴定开始于氧化还原滴定和沉淀滴定之前，早在 1729 年，法国化学家日夫鲁瓦就第一次尝试用滴定分析的方法测定醋酸的浓度。他以碳酸钾为基准物，把待要确定浓度的醋酸逐滴加到碳酸钾中，根据气泡停止出现的实验现象来判断滴定终点，但显然这种方式判断滴定终点在准确度和适用性上都有缺陷。

直至 19 世纪 50 年代后，由于有机合成化学及其工业的迅速发展，特别是人工合成染料化学工业的兴起，人们制造出了一系列具有与天然植物色素指示剂性质相似但更为理想、更为适用的人工合成染料类指示剂。1877 年，第一个人工合成的变色指示剂——酚酞诞生了。此后几年中，许多人工合成有机化合物被推荐出来作为酸碱指示剂，一些合成指示剂颜色的转变较之植物色素要更加敏锐。这就突破了容量分析发展中的一大障碍。

✏️ 练习

1. 填空题

（1）酸碱滴定中的标准滴定溶液的浓度通常为 ＿＿＿＿ mol/L。

（2）突跃范围是指 ＿＿＿＿＿＿＿＿＿＿。

（3）选择指示剂的原则是_____。

（4）用 0.1000mol/L 的氢氧化钠溶液滴定 0.1000mol/L 的盐酸溶液时，可以选用_____作指示剂。

（5）用 0.1000mol/L 的盐酸溶液滴定 0.1000mol/L 的氢氧化钠溶液时，可以选用_____作指示剂。

第七节　酸碱滴定法的应用

酸碱滴定法是应用较为广泛的分析方法，凡是能与酸、碱直接或间接发生质子传递的物质，几乎都可以用酸碱滴定法测定。在我国国家标准（GB）中，许多试样如医药产品、食品添加剂等，在涉及酸度、碱度等检测时，大多采用酸碱滴定法。

一、酸碱标准滴定溶液的制备

酸碱滴定中最常用的标准滴定溶液是 HCl 溶液和 NaOH 溶液，其准确浓度需配制后再标定。

1. HCl 标准滴定溶液的制备

HCl 标准滴定溶液不能用直接法配制，应先配成接近所需浓度的溶液，然后用基准试剂或另一种物质的标准溶液来确定它的准确浓度，这个确定准确浓度的操作称为标定。

标定 0.1mol/L HCl 溶液的常用基准试剂有无水碳酸钠和硼砂。

（1）无水碳酸钠（Na_2CO_3）　易制得纯品、价格便宜，但吸湿性强。因此使用前必须进行加热干燥以除去水分，加热温度不能超过 300℃，否则将有部分 Na_2CO_3 分解为 Na_2O，使酸标准滴定溶液的标定结果偏低。用无水碳酸钠基准试剂标定 HCl 的化学反应如下：

$$CO_3^{2-} + 2H^+ \longrightarrow H_2O + CO_2 \uparrow$$

可选甲基橙作指示剂，也可用溴甲酚绿-甲基红混合指示剂。

（2）硼砂（$Na_2B_4O_7 \cdot 10H_2O$）　硼砂作为基准试剂的优点是分子量（381.4）较 Na_2CO_3 大，不易吸潮，性质更加稳定，称量时引入的相对误差更小。用硼砂标定 HCl 的化学反应如下：

$$B_4O_7^{2-} + 2H^+ + 5H_2O \longrightarrow 4H_3BO_3$$

可选甲基红作指示剂，亦可使用甲基红-溴甲酚绿混合指示剂。

2. NaOH 标准滴定溶液的制备

NaOH 具有很强的吸湿性，又易吸收空气中的 CO_2，因而市售 NaOH 试剂中常含有 Na_2CO_3。因此 NaOH 标准滴定溶液也不能用直接法配制，也要先配成接近所需浓度的溶液。

由于 Na_2CO_3 的存在，对指示剂的使用影响较大，故应制备不含 Na_2CO_3 的 NaOH 标准滴定溶液。通常的方法是：将 NaOH 先配制成饱和溶液，在此浓碱中 Na_2CO_3 几乎不溶解而慢慢沉降下来，密闭静置至溶液澄清后，取上层清液，用新制蒸馏水稀释至所需体积。

邻苯二甲酸氢钾（$KHC_8H_4O_4$），不含结晶水，在空气中不吸水，易于保存且分子量较大（204.2），是标定0.1mol/L NaOH 溶液常用的基准试剂。用 $KHC_8H_4O_4$ 基准试剂标定 NaOH 的化学反应如下：

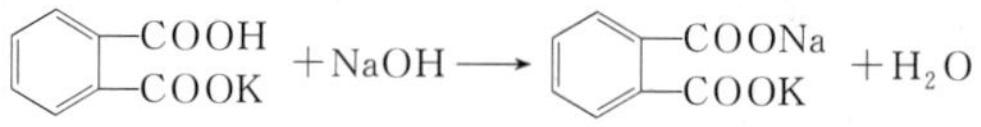

可选酚酞作指示剂。

请注意，配制好的 NaOH 标准滴定溶液应保存在装有虹吸管及碱石灰管的瓶中，以防吸收空气中的 CO_2。放置过久的 NaOH 标准滴定溶液的浓度会发生变化，使用时应重新标定。

知识加油站

酸碱滴定中 CO_2 的影响

在酸碱滴定分析中，许多环节会引入 CO_2，如稀释水中溶解的 CO_2、碱溶液配制与标定或储存过程中吸收的 CO_2、滴定操作过程中自身生成或从空气中混入的 CO_2 等。由于 CO_2 在水溶液中的存在型体随溶液 pH 不同而变化，所以 CO_2 的存在对酸碱滴定结果会产生一定影响。因此，在酸碱滴定中务必要考虑 CO_2 的影响，合理处理。

为了消除酸碱滴定中 CO_2 的影响，在蒸馏水（去离子水）使用、标准滴定溶液配制与标定（或相互标定）以及酸碱滴定过程中，应将溶入的 CO_2 煮沸除去，并防止试剂（或标准滴定溶液）在储存过程中吸收 CO_2。

二、应用示例

1. 阿司匹林（乙酰水杨酸）的测定

乙酰水杨酸在过量加热回流的 NaOH 碱性溶液中，可分解为水杨酸盐和乙酸钠，其化学反应如下：

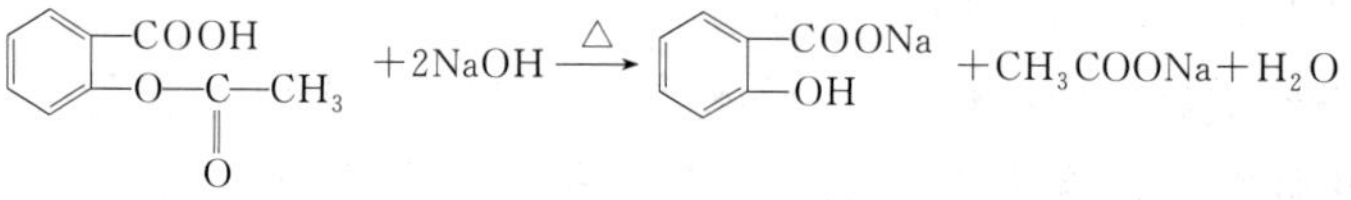

在反应过程中，1mol 乙酰水杨酸会消耗 2mol NaOH，剩余的碱以酚酞或百里酚酞作指示剂，用酸标准滴定溶液返滴定。

酯类物质在过量的 NaOH 溶液作用下，也可用类似的预处理方法进行测定，只要分解出来的酸能与 NaOH 发生定量反应，即可用 HCl 标准滴定溶液返滴定剩余的碱，其化学反应为：

$$RCOOR' + NaOH \longrightarrow RCOONa + R'OH$$

2. 醛、酮的测定

醛、酮与过量的盐酸羟胺（$NH_2OH \cdot HCl$）能生成肟和酸，其化学反应如下：

$$R-\underset{\underset{O}{\|}}{C}-H(R') + NH_2OH \cdot HCl \longrightarrow R-\underset{\underset{N-OH}{\|}}{C}-H(R') + HCl + H_2O$$

生成的强酸（HCl）可用 NaOH 标准滴定溶液滴定，以溴酚蓝作指示剂，剩余的 $NH_2OH \cdot HCl$ 虽具有弱酸性，但不影响滴定。

✏️ 练习

1. 为什么配制 NaOH 标准滴定溶液时要用新制的蒸馏水稀释饱和 NaOH 溶液？
2. 说一说选用邻苯二甲酸氢钾作标定 0.1mol/L NaOH 溶液基准试剂的原因。

📝 本章习题

1. 填空题

（1）根据酸碱质子理论，下列分子或离子 CO_3^{2-}、$H_2PO_4^-$、H_2S、HCl、Ac^-、OH^-、H_2O 中属于酸的是_____，属于碱的是_____，既是酸又是碱的是_____。

（2）在缓冲溶液中加入少量的_____、少量的_____或少量的_____稀释时，溶液能保持 pH 值的相对稳定。

（3）已知：$K_a(HAc) = 1.76 \times 10^{-5}$，$K_a(HCN) = 6.2 \times 10^{-10}$，$K_b(NH_3) = 1.79 \times 10^{-5}$。当三种溶液的浓度均为 0.1mol/L 时，其溶液 pH 值按由大到小的顺序排列为_____。

（4）共轭酸碱对的 K_a 和 K_b 的关系是_____。

2. 单选题

（1）下列各组酸碱对中，不属于共轭酸碱对的是（   ）。

A. $HAc-Ac^-$ B. $NH_3-NH_4^+$ C. $H_2SO_4-SO_4^{2-}$

（2）酸碱恰好完全中和时，一定相等的是（   ）。

A. 酸和碱的质量   B. 酸和碱的物质的量

C. H^+ 和 OH^- 的物质的量

（3）用盐酸作标准滴定溶液滴定待测浓度的碱溶液，若用甲基橙作指示剂，当滴定达终点时，溶液颜色的变化是（   ）。

A. 由红色变橙色   B. 由橙色变黄色   C. 由黄色变橙色

（4）用氢氧化钠作标准滴定溶液滴定待测浓度的酸溶液，若用酚酞作指示剂，当滴定达终点时，溶液颜色的变化是（   ）。

A. 由粉红色变无色   B. 由无色变粉红色   C. 由黄色变橙色

（5）按质子理论，在水溶液中既可作酸又可作碱的是（   ）。

A. HCO_3^- B. Ac^- C. HCl   D. OH^-

（6）土壤的酸碱度会影响植物的生长，如表 6-6 所示。

表 6-6　不同植物的最适宜 pH

植物	茶	油菜	西瓜	甜菜
最适宜 pH	4.5～5.5	5.8～6.7	6.0～7.0	7.0～7.5

某地区土壤呈酸性，从酸碱性考虑，这里最不适宜种（   ）。

A. 甜菜   B. 油菜   C. 西瓜

（7）用 HCl 溶液滴定未知浓度的 NaOH 溶液时，酸式滴定管尖端气泡未排出，可能会使测定的氢氧化钠样品含量（　　）。

A. 偏高　　　　　　B. 偏低　　　　　　C. 不影响

（8）用 NaOH 溶液滴定未知浓度的 HCl 溶液时，锥形瓶内 HCl 溶液溅出，测定结果（　　）。

A. 偏高　　　　　　B. 偏低　　　　　　C. 不影响

3. 计算题

（1）pH＝3 和 pH＝3.5 的盐酸溶液等体积混合，计算混合溶液的 pH 值。

（2）pH＝8 和 pH＝7.5 的氢氧化钠溶液等体积混合，计算混合溶液的 pH 值。

（3）计算 0.15mol/L 氨水（$NH_3 \cdot H_2O$）溶液的 pH。

（4）计算 0.20mol/L 氨水和 NaOH 溶液的 pH，并比较它们碱性的强弱。

本章小结

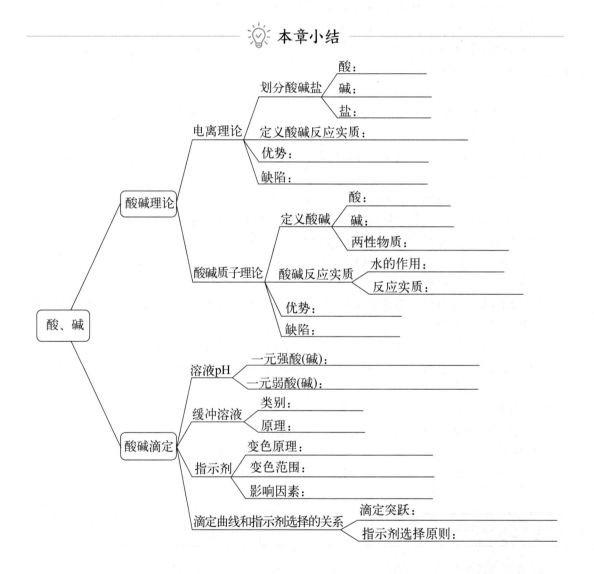

第二模块
有机化学

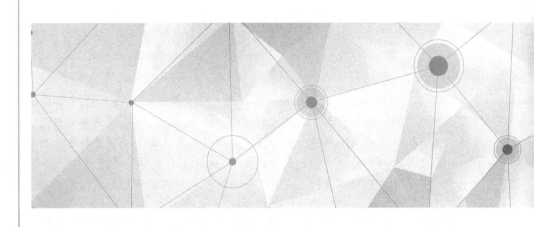

第七章
有机化学基础

【知识目标】

　　1. 掌握有机化合物的结构特点、性质特点。

　　2. 掌握有机物的同分异构现象。

　　3. 了解有机化合物、有机化学的含义及其与生产、生活的密切关系。

走入有机化学

【能力目标】

　　1. 能根据有机物官能团判定有机物类别。

　　2. 能熟练书写有机物结构式。

【素质目标】

　　培养从专业角度对与化学相关的社会和生活问题做出合理判断的能力。

📋 情景导入

　　2022 年的冬奥会中，速滑竞赛服制作时，在大腿的部位选择一种比普通纤维弹性强数十倍的橡胶材料，这种设计可以最大程度减少体力消耗；而在右胯部的位置，则是选用一种合成纤维，能够有效减小摩擦力；为了降低空气阻力，速滑竞赛服的手、脚处还使用了蜂窝样式的聚氨酯材料，可谓"从头武装到脚"。速滑竞赛服中使用的这些神奇材料都是有机化合物，你是不是特别想知道什么是有机化合物呢？现在，开始有机化学旅程。

　　有机化学是一门专门研究有机化合物的自然科学，它的发展史也是有机化合物的发现史，想要学好有机化学，首先要明确什么是有机化合物。

第一节　有机化合物及有机化学

有机化学
第一面

　　有机化合物，一般简称"有机物"，起初是人们从一些动、植物体中得到一类性质十分特殊的物质，由于这类新发现的物质都是从有"生机"的动、植物体中获得，故命名为"有机化合物"，以此区别于无机化合物。

　　随着科学的发展，很多原本认为只能从生物体中取得的有机物，都可以用人工的方法来合成，并不需借助生命体，"有机"二字也失去了原本的意义，但这个名称仍被沿用下来。

现在，判定是否为有机物的标准主要是化合物的结构而不再是来源。有机物在结构上的共同点是，它们都含有碳原子，因此有机化合物也被称为"碳化合物"。有机化学即是研究碳化合物的化学。但有机物中，除了碳，绝大多数还含有氢，且许多有机物分子中还常含有氧、氮、硫、卤素等其他元素。因此，确切地说**有机化合物是碳氢化合物及其衍生物，有机化学是研究碳氢化合物及其衍生物的化学**。

有机化合物 { 烃(只含有碳、氢两种元素)

烃的衍生物

$CH_4 \longrightarrow CH_3CH_2OH$
$CH_4 \longrightarrow CH_3Cl$
CH_3COOH

烃　　　烃的衍生物

如今由化学家们发现及设计合成的数百万种有机物，已渗透到了人类生活的各个领域。在 2022 年举行的冬奥会中各种与有机物相关的高科技产品纷纷亮相，如图 7-1 所示，北京冬奥会场馆的清废团队使用的工作服套装全部采用 rPET 材质（也就是饮料瓶再生材质），具有良好的防水防污效果，兼具了环保和实用性。医药行业蓬勃发展的背后也离不开有机化学的重要成果，维生素、抗生素、甾体和萜类化合物、生物碱、碳水化合物、肽等有机物的发现、结构测定和合成，为医药卫生事业提供了有效的武器。

图 7-1　清废团队使用
的工作服

第二节　有机物的分子结构特点

有机物和无机物在化学性质上有很大的区别，造成这种差异的原因就是有机物的特殊分子结构。

一、有机物的分子结构

1. 碳原子的价态

有机物中都含有碳元素，它位于元素周期表的第二周期，第ⅣA族，价电子层共有四个电子，既不容易得电子，也不容易失电子，所以碳原子是以共价键的形式与其他原子形成分子。

碳原子的价电子层杂化后可以形成四个共价键，因此在有机物中碳原子是四价的（杂化轨道理论的相关解释见第二章）。

2. 碳原子的成键方式

碳原子可以与其他原子成键，也可以和碳原子成键。两个碳原子成键时共用一对电子，形成的键称为单键，以此类推，共用两对电子形成的键称为双键，共用三对电子形成的键称为三键。其中双键、三键统称为不饱和键。

単键　　　　　双键　　　　　三键

碳原子可以说是支撑有机分子的"骨骼"。**一般地,把有机分子中的其他原子剔除,只留下碳原子,得到的结构就称为碳架。碳架既可以是链状,也可以是环状。**

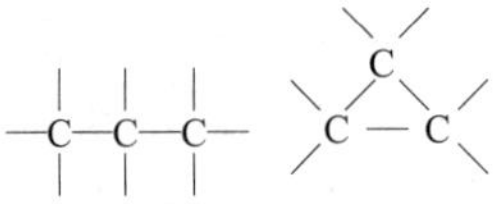

链状　　　环状

二、有机物分子结构的表示方式

有机物分子中的原子都是按一定的顺序和方式连接起来的。**分子中原子的连接方式和排列顺序称为分子的构造,而表示分子构造的化学式就叫作构造式。**

有机物的
表达方式

1. 有机物构造式的表示方式

常用的构造式有蛛网式、缩简式、键线式。其中,蛛网式是最完整、最基础的表示方法,式中短线代表共价键,"—""＝""≡"分别代表单键、双键和三键。蛛网式书写虽然完整,但是也烦琐,因此常用缩简式、键线式替代。缩简式的书写原则是在不引起理解错误的情况下,省略一些代表碳原子间及碳氢原子间单键的短线,同时将同一碳原子上相同的原子合并,并用阿拉伯数字注明相同原子的数目。键线式更加简洁,只表示出碳架及杂原子,将碳原子和氢原子都省略,如表 7-1 所示。

表 7-1　有机物构造式示例

有机物	蛛网式	缩简式	键线式
丁烷	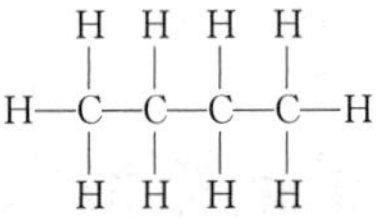 H—C—C—C—C—H (with H above and below each C)	$CH_3CH_2CH_2CH_3$	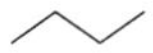 (zigzag line)
环丙烷	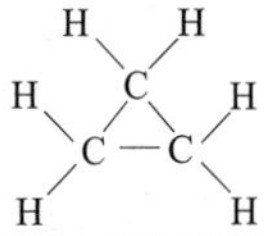 (triangle spider structure)	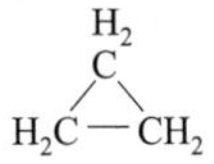 $H_2C{-}CH_2$ with C	△

可以看出,在书写链状结构时采用缩简式更为方便,书写环状结构则采用键线式更为简洁、清楚。

2. 有机物立体结构表示方式

可以看出,用构造式可以非常清楚地表示有机物中原子的连接方式,但无法表示有机物的空间立体结构。可用楔形式展示有机物的立体结构,例如(S)-(＋)-乳酸的立体结构,如图 7-2 所示。

这是楔线式,结构式中短实线表示键在纸面上,楔形虚线表示键伸向纸面内,楔形实线表示键伸向纸面外(有机物的其他立体结构表示方法见本书第十二章)。

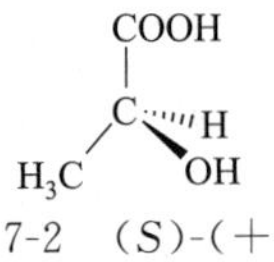

图 7-2　(S)-(＋)-乳酸的立体结构

三、有机物中的同分异构现象

使用构造式来表示有机物分子结构,而不是无机物常用的分子式,就是因为有机物中存在大量同分异构现象。例如,分子式 NaCl 只代表氯化钠,而分子式 C_2H_6O 却可以代表以下两种化合物:

$$CH_3CH_2\!-\!OH \qquad\qquad CH_3\!-\!O\!-\!CH_3$$
乙醇   二甲醚

这种分子式相同而构造式不同的化合物称为**同分异构体**，这种现象称为**同分异构现象**。其中，像乙醇、二甲醚这样由于分子中各原子的连接方式和次序不同造成的异构叫作**构造异构**。

有机化学中同一分子式，有的可以书写出多个有机物结构。

第三节　有机物的分类

有机物数量庞大，在研究时需要将其进行分类整理，关于有机物的分类方法也有很多，较常用的有以下两种：按碳架结构分类；按官能团类别分类。

一、按碳架结构分类

碳架体现的是有机物分子中碳原子的连接方式，据此将有机物分为以下几类：

1. 开链化合物

开链化合物又称为脂肪族化合物，如表 7-2 所示。

表 7-2　脂肪族有机物结构式及对应碳架

	2-戊烯	异戊烷	2-丁炔

构造式	$CH_3CH\!=\!CHCH_2CH_3$	$CH_3CHCH_2CH_3$
		      $\vert$
		     CH_3
			$CH_3C\!\equiv\!CCH_3$

碳架	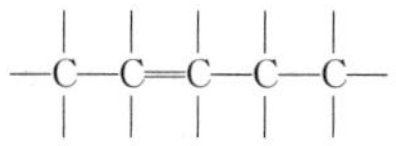	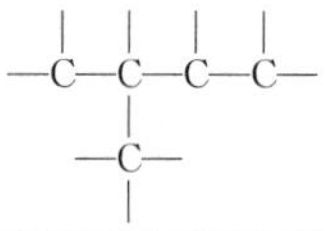	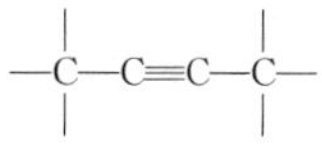

2. 脂环族化合物

脂环族化合物结构特征鲜明，碳原子连接成环，环内也可有双键、三键。例如：

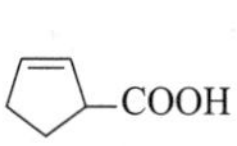

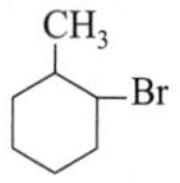

3. 芳香族化合物

大多数芳香族化合物分子结构中含有一个或多个苯环，表现出的性质与脂环族化合物有明显区别，并不是按照字面意思依靠气味判断，例如：

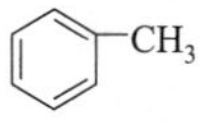

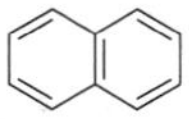

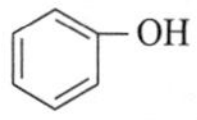

4. 杂环化合物

杂环化合物是指成环原子中含有氧、硫、氮等杂原子，例如：

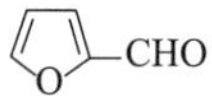

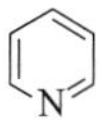

二、按官能团类别分类

决定有机物化学性质的特殊原子或基团称为官能团。有机化学主要研究有机物的性质及变化规律，因此，需要熟练掌握官能团分类方法。

烷烃中都是碳碳单键和碳氢单键，一般认为其不具有官能团，其他含有官能团的化合物可以看作烷烃中的氢原子被官能团取代而衍生出来的。另外，苯环虽含有大 π 键，但性质稳定，也不看作官能团。需要注意的是，在芳香烃中，苯环具有官能团的性质。

常见官能团列举在表 7-3 中。

表 7-3 有机物官能团名称及分类名

官能团	名称	分类名
C＝C	双键	烯烃
—C≡C—	三键	炔烃
—X(F,Cl,Br,I)	卤素	卤代物
—OH	羟基	醇(脂肪族)或酚(芳香族)
—O—	醚键	醚
—CHO	醛基	醛
C＝O	酮基	酮
—COOH	羧基	羧酸
—SO₃H	磺基	磺酸
—NO₂	硝基	硝基化合物
—NH₂	氨基	胺
—CN	氰基	腈

今日人物

瑞典化学家贝采里乌斯（Berzelius）对有机化学这门学科的发展起了至关重要的作用，不仅在于他的科研成就，更在于他在教学上追求创新的精神。

1807 年，Berzelius 被任命为斯德哥尔摩学院的化学和药学教授并负责教授化学课。当时的化学课还停留在口头讲述的阶段，很少做实验演示，这种教学方法不仅教师讲授起来十分困难，对学生而言，这样抽象的化学课也是十分晦涩难懂的。Berzelius 力图改变这种局面，他在讲课时大大增加了实验次数，把直观的化学实验引入课堂。不久，他上化学课的教室就逐渐挤满了听课的学生。渐渐地，他的这种化学教学法也被其他许多大学所采用，开创了化学教学的新局面。而此时，他只有 28 岁。

Berzelius 对化学的巨大贡献还在于他首先明确了"有机化学""无机化学"的概念。早在 1806 年他就提出了"有机化学"这个名称，并首次以"有机物"指代从生物体内提取的分子化合物，而以"无机物"指代来源于非生物体的化合物。这种理论现在看来是具有局限性的，但在当时确实是一个伟大的创新。不久后他又发现了"同分异构"现象为有机化学的发展开创了新的局面。Berzelius 的卓著成果，使他成为 19 世纪化学界最有权威的科学家之一。

本章习题

1. 说说你生活中熟悉的有机物、无机物，以及它们的用途。
2. 谈谈有机化合物在结构上和性质上分别有什么特点。

3. 分别用缩简式和键线式表示下列化合物。

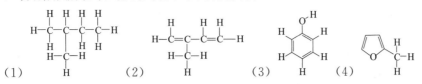

(1)　　　　　　　(2)　　　　　　　(3)　　　　　　(4)

4. 将下列化合物按碳架和官能团两种方法进行分类。

(1) $CH_3CH_2CH_2OH$　　　(2) $CH_3CH{=\!=}CH_2$　　　(3) $CH_3CH_2OCH_2CH_3$

(4) CH_3CH_2CHO　　　　(5) CH_3CH_2COOH　　　(6) CH_3CH_2Cl

(7) 　　　　　(8)

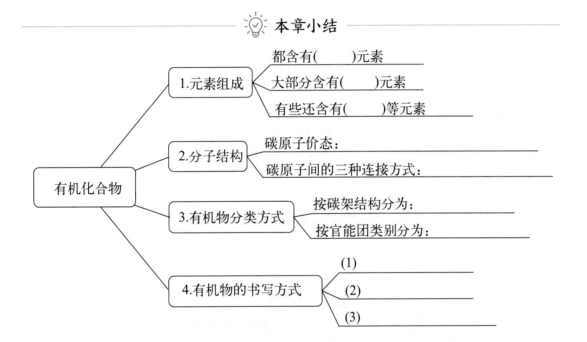

- 💡 本章小结

有机化合物

1.元素组成
- 都含有(　　)元素
- 大部分含有(　　)元素
- 有些还含有(　　)等元素

2.分子结构
- 碳原子价态：
- 碳原子间的三种连接方式：

3.有机物分类方式
- 按碳架结构分为：
- 按官能团类别分为：

4.有机物的书写方式
- (1)
- (2)
- (3)

第八章

烷烃

【知识目标】

  1. 掌握烷烃的通式、结构特点。
  2. 掌握同系列、同系物的概念。
  3. 掌握烷烃发生自由基取代反应、氧化反应的反应特点。
  4. 了解构象异构现象。

【能力目标】

  1. 能熟练命名烷烃并根据其名称正确书写出对应构造式。
  2. 能准确书写烷烃发生卤代反应的方程式。
  3. 能根据烷烃分子式推断出其存在的各个同分异构体。

【素质目标】

通过学习对烷烃结构的分析，培养严谨认真的科学态度和主动探究的学习精神。

案例导入

遇火即燃的"冰"

一块"冰"，遇火即燃，这是为什么？其实这并不是普通的冰，而是另一种物质——可燃冰。可燃冰，只是外观像冰，组成上与冰南辕北辙，它是天然气与水在高压低温条件下形成的类冰状结晶物质，也叫天然气水合物。

我国的可燃冰分布较为广泛，青海省天峻县祁连山南麓的永久冻土带中和南海海域中都有一定储量的可燃冰。根据天然气水合物资源类型及赋存状态，结合地质条件，初步预测我国海域天然气水合物资源量约800亿吨油当量。

2017年我国就完成了在南海北部神狐海域的天然气水合物试采实验，成功从水深1266m海底以下的天然气水合物矿藏中开采出天然气。实现连续稳定产气60天，累计产气量30.9万立方米，获得了647万组科学实验数据，取得了多项重大突破性成果，创造了产气时长和总量的世界纪录。由于可燃冰矿藏的开采难度大、成本高，虽然几年来我国又陆续进行了一些试探性开采，但离规模性开发利用还有一定距离。

思考：可燃冰、天然气都是绿色能源，与石油相比它们的优势在哪里呢？这三种物质都可作能源，在化学组成上有何相似之处呢？

第一节　烷烃的结构及构象

分子中的碳原子间均以单键相互连接，其余价键均与氢原子结合的链烃叫作烷烃，又叫饱和烃。由于烷烃都是链状的，所以烷烃属于脂肪族烃类。

一、烷烃的结构

1. 甲烷的结构

甲烷是结构最简单的烷烃，碳的价电子层轨道杂化形成四个新的 sp^3 杂化轨道，分别指向正四面体的四个顶角，如图 8-1(a) 所示，4 个氢原子沿杂化轨道伸展方向靠近碳原子，形成 4 个 C—Hσ 键。分子中 4 个氢原子的状态完全相同，4 个碳氢键也完全相同，键长为 0.110nm，彼此间的键角为 109.5°，如图 8-1(b) 所示。甲烷为非极性分子，立体构型为正四面体，如图 8-1(c) 所示。

甲烷的结构

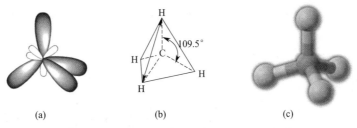

(a)　　　　　　　(b)　　　　　　　(c)

图 8-1　甲烷中碳的 sp^3 杂化轨道和分子结构模型

2. 其他烷烃的结构

其他烷烃分子中的碳原子也均为 sp^3 杂化，除 C—Hσ 键外，碳原子之间还以 sp^3 杂化轨道形成 C—C σ键，彼此间基本保持 109.5°的键角，只是由于每个碳原子相连的四个原子或基团并不完全相同，形成的四个共价键也略有不同，所以不再是一个正四面体了。烷烃分子的碳架并不是呈直线形排列的，而是曲折地排布在空间，一般呈锯齿形排列，如图 8-2 所示。

图 8-2　己烷的结构模型及其键线式

二、烷烃的通式及同分异构现象

1. 烷烃的通式、系差和同系列

在烷烃分子中，随碳原子数依次递增，氢原子数也随之增加，如表 8-1 所示。可以看出，碳、氢原子之间是有一定数量关系的。从甲烷开始，每增加一个碳原子，就相应增加两个氢原子，若烷烃分子中含有 n 个碳原子，则含有 $2n+2$ 个氢原子，因此，烷烃的通式为 C_nH_{2n+2}。

表 8-1 烷烃的分子式、构造式

名称	分子式	蛛网式	缩简式
甲烷	CH_4	H—C—H (H上下)	CH_4
乙烷	C_2H_6	H—C—C—H	CH_3CH_3
丙烷	C_3H_8	H—C—C—C—H	$CH_3CH_2CH_3$

2. 烷烃的构造异构

有机物中普遍存在同分异构现象，其中一种就是构造异构，是由分子中各原子的连接方式和次序不同造成的。例如，分子式为 C_4H_{10} 的烷烃，存在以下两种构造：

$$CH_3—CH_2—CH_2—CH_3 \qquad CH_3—CH—CH_3$$
$$| \atop CH_3$$

前者称为正丁烷，后者称为异丁烷，两者互为同分异构体。烷烃分子中，随着碳原子数的增加，构造异构体的数目也迅速增加。例如，C_5H_{12} 有 3 种异构体，C_6H_{14} 有 5 种异构体，而 $C_{20}H_{42}$ 则有 36 万多种异构体。

三、构象异构现象

构象异构现象也属于同分异构现象中的一类。与之前提到的构造异构不同的是，不同构象异构体中原子的连接方式和连接次序相同，仅仅是空间伸展方向不同（关于立体异构的分类见第十二章）。

乙烷的结构
及构象

以乙烷为例，分子中含有 1 个 C—Cσ 键和 6 个 C—Hσ 键。两个碳原子围绕着 C—C 键相对旋转时，一个碳原子上的 3 个氢原子与另一个碳原子上的 3 个氢原子之间可以相互处于不同的位置。**这种由于围绕 C—C 单键旋转而产生的分子中原子或基团在空间的不同排列形式叫作构象。构造相同，而具有不同构象的化合物互称为构象异构体。** 常用来表示构象的方式有两种：透视式和纽曼（Newman）投影式。

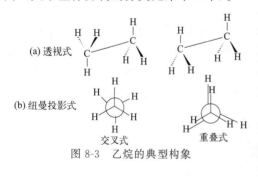

(a) 透视式

(b) 纽曼投影式

交叉式　　　　重叠式

图 8-3　乙烷的典型构象

如图 8-3 所示，透视式是从乙烷 C—C 键侧面观察的，能直接反映出碳、氢原子和它们的空间排列；纽曼投影式则是沿着碳碳键观察得出的，式中 ⅄ 代表离观察点较近（前面）的碳原子，⊥ 代表后面的碳原子，每个碳原子上的 3 个 C—H 键呈 120° 角。

由于乙烷的 C—C 键可自由旋转，乙烷的构象异构体就有无限多种，但典型的构象只有两种（见图 8-3），即交叉式构象和重叠式构象，其余构象均介于两者之间。如沿 C—C 键轴旋转，乙烷的构象就会由交叉式转变为重叠式，反之亦然。

在交叉式构象中，两个碳原子上的氢原子的距离最远，相互间的排斥力最小，因而能量最低，是最稳定的构象，也叫**优势构象**。

在重叠式构象中，两个碳原子上的氢原子两两相对，距离最近，相互的排斥力最大，因而能量最高，最不稳定。

重叠式构象能量约比交叉式构象能量大 12.6kJ/mol。这个能量差较小，室温下的热能就足以使这两种构象之间以极快的速度互相转变，因此，可以把乙烷看作交叉式构象与重叠式构象以及介于二者之间的无限个构象异构体的平衡混合物。在室温下，无法分离出某个构象异构体。一般情况下，乙烷的主要存在形式是能量较低的交叉式。

四、烷烃中碳、氢原子的种类

在烷烃分子中，除甲烷外，每个碳原子连接的碳原子数目并不完全相同，由此将碳原子分为 4 类，以伯、仲、叔、季命名。

伯碳原子：只与 1 个碳原子直接相连的碳原子，又称为一级碳原子，常用 1°表示。

仲碳原子：与两个碳原子直接相连的碳原子，又称为二级碳原子，常用 2°表示。

叔碳原子：与 3 个碳原子直接相连的碳原子，又称为三级碳原子，常用 3°表示。

季碳原子：与 4 个碳原子直接相连的碳原子，又称为四级碳原子，常用 4°表示。

例如：
$$CH_3 \overset{1°}{\underset{\underset{1°}{CH_3}}{\overset{\overset{1°}{CH_3}}{-\overset{4°}{C}}}}-\overset{2°}{CH_2}-\overset{3°}{\underset{\underset{1°}{CH_3}}{CH}}-\overset{1°}{CH_3}$$

上例中含有 5 个 1°碳原子，1 个 2°碳原子，1 个 3°碳原子，1 个 4°碳原子，可见伯碳原子总位于碳链的端点。对应地，与伯、仲、叔碳原子直接相连的氢原子分别叫作伯、仲、叔氢原子（常用 1°H、2°H、3°H 表示）。由于季碳原子已经与四个碳原子相连，达到饱和，因此也就不存在与季碳原子相连的氢原子了。

烷烃在发生化学反应时不同类型的氢原子有不同的表现，需要认真识别。

✎ 练习 _____

1. 填空题

（1）甲烷的立体构型为_____，分子中均为_____键。

（2）乙烷有_____种构象异构体，其中_____式是稳定的优势构象。

（3）丙烷中有_____个 C—Cσ 键，_____个 C—Hσ 键。丙烷有_____种构象异构体。其中，_____为其优势构象。

（4）构象异构产生的原因是_____。

2. 推测分子式为 C_5H_{12} 的烷烃分子存在的同分异构体有哪些，说说每种异构体中存在几类碳原子、几类氢原子。

第二节　烷烃的命名

一、习惯命名法

习惯命名法是根据整个烷烃分子中碳原子的数目及碳架结构用"正、异、新"将烷烃命名为"正（异、新）某烷"。其中"某"字代表分子中的碳原子总数，含碳原子数目为 $C_1 \sim C_{10}$ 的分别用甲、乙、丙、丁、戊、己、庚、辛、壬、癸来表示；含 10 个以上碳原子时，用中文数字"十一、十二、……"来表示。"正、异、新"则代表特定的碳架结构。命名原则如下：

① 当碳架为一直链时，命名为"正某烷"。

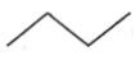

正丁烷 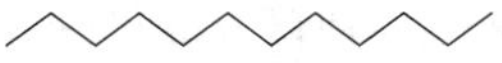　　　　　　　　正十二烷

② 当结构为" $CH_3-CH(CH_2)nCH_3$ "（ $n=0,1,2,\cdots\cdots$ ）时，命名为"异某烷"。

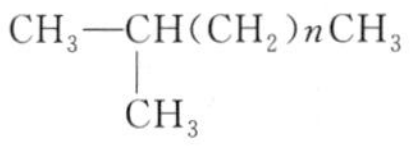

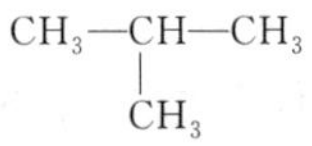

异丁烷 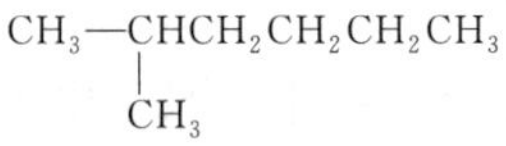　　　　　　　　异庚烷

③ 当结构为" $CH_3-C(CH_2)_nCH_3$ "（ $n=0,1,2,\cdots\cdots$ ）时，命名为"新某烷"。

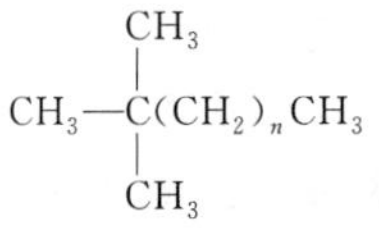

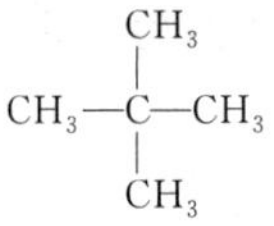

新戊烷 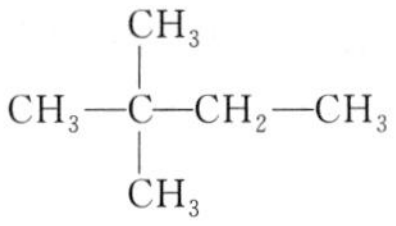　　　　　　　　新己烷

　　显而易见，这种命名方法很简便，但是适用范围有限，仅局限于具有以上三种结构碳架的烷烃，对于结构比较复杂的烷烃，还需要一套更为系统的命名方法。

二、烷基

　　烷烃分子中去掉一个氢原子后剩余的部分叫作烷基，通式为 $-C_nH_{2n+1}$ ，常用 R—表示。烷基是根据相应烷烃的习惯名称以及去掉的氢原子的类型而命名的。

　　例如：

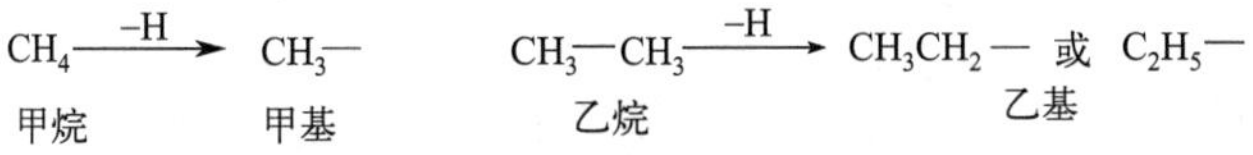

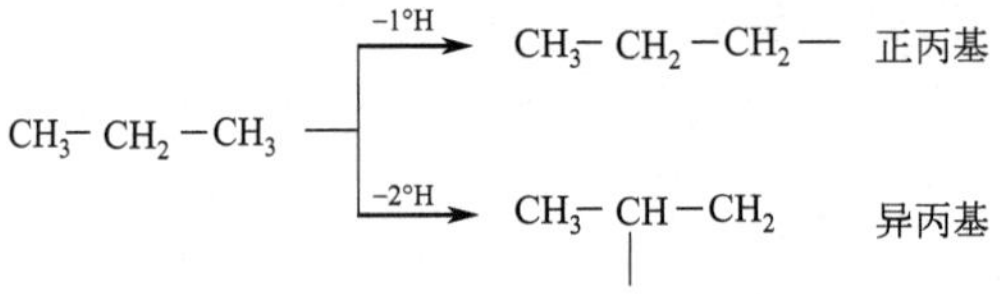

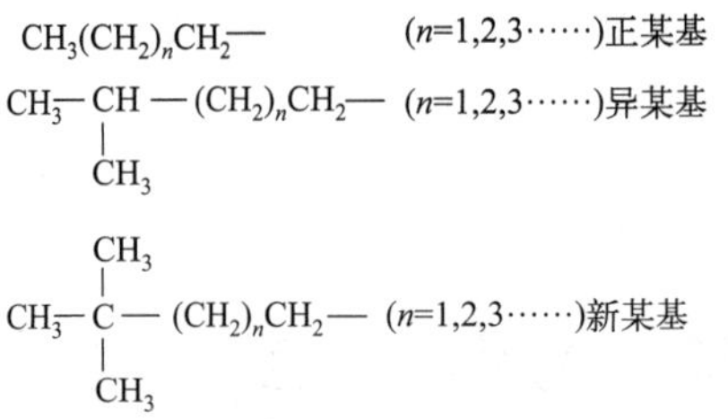

　　需要提醒的是，烷基是为了方便描述有机分子结构人为定义的，并不是实际存在的。

三、系统命名法（CCS 法）

　　系统命名法是在国际纯粹与应用化学联合会（IUPAC）推行的命名法基础上，结合我国文字特点制定出来的命名方法，由此命名出的化合物名称和结构一一对应，更加严谨。

1. 直链烷烃的命名

直链烷烃的系统命名法与习惯命名法基本一致，把"正"字去掉即可。例如：

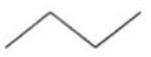

$$\bigwedge$$

习惯命名法：正丁烷　　　　系统命名法：丁烷

2. 支链烷烃的命名

命名含支链的烷烃时更能体现系统命名法的优越性。将分子中的直链作为母体，支链作为取代基，将其看作直链烷烃的烷基衍生物，按如下原则命名：

(1) 选主链　选择分子中最长的、支链最多的碳链作为主链，根据主链中所含碳原子数目将母体称为"某烷"。

例1：

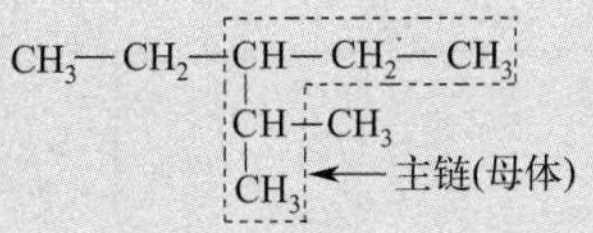

母体名称为"戊烷"

(2) 为主链碳原子编号　为说明支链在主链中的位置，需将主链上的碳原子依次编号（用阿拉伯数字1、2、3……），编号过程遵循"最低系列"原则。

① 以不同方向编号，得到两种不同编号的系列时，则顺次逐项比较各系列的不同位次，最先遇到取代基的位次最小者定为"最低系列"。

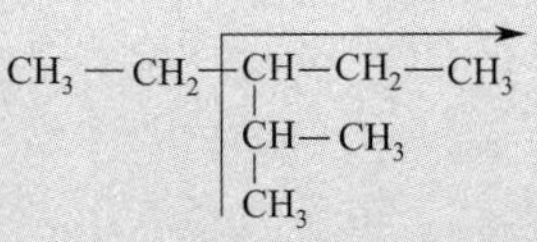

从上至下：取代基在③、④号位

从下至上：取代基在②、③号位

可以看出，从下至上编号，先遇到的取代基位次为②，符合"最低系列"原则。

② 若两个方向编号相同时，要求较小基团（非较优基团）占较小位号。基团大小由"次序规则"确定（关于"次序规则"的相关解释见第九章）。

例2：

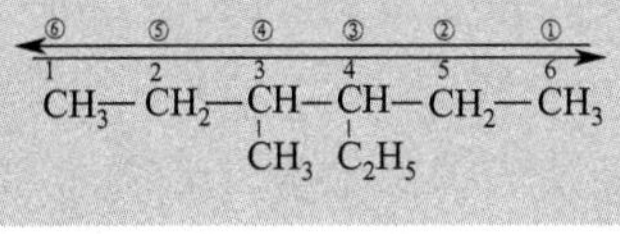

可以看出，例2中甲基为较小基团，应占据小位号，选择由左至右编号。

(3) 写出全名称　按照取代基的位次（用阿拉伯数字表示）、相同取代基的数目（用中文数字"二、三……"表示）、取代基的名称、母体名称的顺序写出全名称。例1命名为2-甲基-3-乙基戊烷，例2命名为3-甲基-4-乙基己烷。

注意： 阿拉伯数字之间用"，"隔开；阿拉伯数字与文字之间用"-"相连；不同取代基列出顺序应按"次序规则"，较优基团后列出的原则处理。

✎ 练习

下列化合物的名称是否符合系统命名原则，若不符合请改正，并说明理由。

(1) 1,1-二甲基丁烷　　(2) 3-乙基-4-甲基己烷　　(3) 2,3-三甲基丁烷

第三节 烷烃的物理性质及应用

研究化合物的物理性质通常关注物质的状态、颜色、气味、熔点、沸点、相对密度和溶解度等方面。纯物质的物理性质在一定条件下常有固定的数值，称为物质的物理常数。

有机物中同系列的化合物，随着碳原子数的增加，其物理性质呈规律性变化。一些常见低级直链烷烃的物理性质见表 8-2。

表 8-2 一些低级直链烷烃的物理常数

名称	沸点/℃	熔点/℃	相对密度(d_4^{20})
甲烷	−164	−182.5	0.466(−164℃)
乙烷	−88.6	−172	0.572(−100℃)
丙烷	−42.1	−189.7	0.5853(−45℃)
丁烷	−0.5	−138.4	0.5788
戊烷	36.1	−130	0.6262
己烷	69	−95	0.6603

一、物态

常温常压下，4 个碳原子以内的烷烃为气体；$C_5 \sim C_{17}$ 的烷烃为液体；高级烷烃为固体。

二、沸点

烃的沸点主要和分子间的范德华力有关，因此，同系列的烃分子量越大，范德华力就越强，沸点也随之越高。

碳原子数目相同的烷烃异构体中，直链烷烃的沸点较高，支链烷烃的沸点较低，支链越多，沸点越低。这主要是由于烷烃的支链产生了空间位阻作用，使得烷烃分子彼此间难以靠得很近，分子间引力大大减弱的缘故。例如，表 8-3 列出了戊烷的三种异构体的沸点，直链结构沸点最高，含两个直链的沸点最低。

烷烃的物理性质

表 8-3 戊烷异构体的沸点

化合物	键线式	沸点/℃
正戊烷		36.1
异戊烷		28
新戊烷		9.5

利用烷烃的不同沸点，可以将混合的烷烃分离开来。例如，加工原油采用精馏方法，就是利用烃的沸点随分子量增加而升高的原理，将其分成汽油、煤油、柴油、石蜡等不同的馏分。

三、熔点

C_3 以下烷烃化合物的熔点的变化不规则，自 C_4 开始基本上烷烃的熔点也是随分子中碳原子数目的增加而升高。但有机物的熔点不仅和分子量相关，还受分子结构对称性的影响。

对称性大的化合物分子排列更有序、紧密，若要使其熔化需克服较高的能量，所以对称性大的含偶数碳原子烷烃的熔点比相邻含奇数碳原子烷烃的熔点升高得多一些。这种变化趋势称为锯齿形上升，如图 8-4 所示。

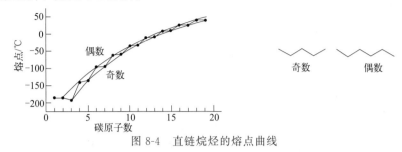

图 8-4 直链烷烃的熔点曲线

这是因为在晶体中，分子之间的引力不仅取决于分子的大小，还取决于它们在晶格中的排列情况。对称性大的化合物分子在晶体中的排列更有序、紧密，若要使其熔化需克服较高的能量，所以，对称性大的化合物熔点较高。含偶数碳原子的烷烃比含奇数碳原子烷烃的对称性大。当从奇数碳原子的烷烃增加一个 CH_2 到下一个偶数碳原子的烷烃时，由于分子量的增加，分子对称性的增大，熔点的增加就比较明显；而从偶数碳原子的烷烃增加一个 CH_2 到下一个奇数碳原子的烷烃时，虽然分子量的增加使熔点升高，但由于分子的对称性变小，因此，熔点的增加不明显。从而形成了偶数碳原子烷烃的熔点在上，奇数碳原子烷烃的熔点在下的两条熔点曲线。

四、其他

烷烃的相对密度都小于 1，比水轻。总的来说，烷烃密度随分子中碳原子数目增加而逐渐增大，支链烷烃的密度比直链烷烃略低些。

在溶解性方面，根据"相似相溶"的经验规则，烷烃分子没有极性或极性很弱，因此难溶于极性溶剂，比如水，易溶于有机溶剂。

✎ 练习

1. 将下列各组化合物的沸点由高到低排列。

正己烷　　　异己烷　　　新己烷　　　正庚烷　　　2,2,3-三甲基丁烷

2. 烷烃分子的对称性越大，熔点越高。据此推测一下，正戊烷、异戊烷和新戊烷这三个构造异构体中，哪一个熔点最高？哪一个熔点最低？

第四节　烷烃的化学性质及应用

一、烷烃的稳定性

烷烃键性均一，化学性质比较稳定，一般与强碱、强酸、强氧化剂、强还原剂和活泼金

属都不发生化学反应。因此，常用烷烃作反应溶剂或储存介质等。例如，石油醚常用作化学反应溶剂，固体石蜡可作为药物基质，煤油和液体石蜡则可用来保存活泼金属钠，如图 8-5 所示。

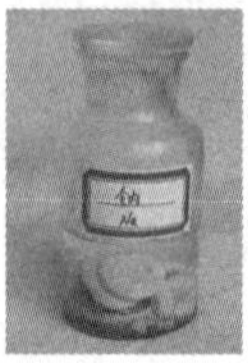

图 8-5　煤油中的钠

二、氧化反应

在有机化学中，通常把加氧或脱氢的反应都称为氧化反应。烷烃一般不发生氧化反应，但在强烈条件下可以发生剧烈的氧化反应——燃烧。若能完全燃烧，则称之为完全氧化。烷烃在空气中完全燃烧时，生成二氧化碳和水，同时放出大量的热。例如甲烷燃烧：

$$CH_4 + 2O_2 \xrightarrow{\text{点燃}} CO_2 + 2H_2O + 889.9\,kJ/mol$$

2008 年北京奥运会使用的火炬"祥云"使用的燃料就是丙烷，如图 8-6 所示。

烷烃的稳定性和氧化性

三、卤代反应

1. 甲烷的卤代反应

有机物分子中的氢原子被卤素原子取代的反应称为卤代反应，卤代反应属于取代反应。

烷烃的卤代反应

烷烃可以和卤素在高温或光照条件下发生卤代反应，由于氟代反应太剧烈，难以控制，而碘代反应又太慢，实际应用意义较小，因此，在研究烷烃的卤代反应时一般主要考察氯代反应和溴代反应。

图 8-6　火炬"祥云"

$$CH_4 + Cl_2 \xrightarrow[\text{或 } h\nu, 25℃]{400℃} CH_3Cl + HCl$$

$$CH_4 + Br_2 \xrightarrow[h\nu]{125℃} CH_3Br + HBr$$

烷烃的卤代反应是按照自由基机理进行的，一般难以停留在一取代阶段，比如甲烷，通常会得到各卤代甲烷的混合物。

$$CH_4 + Cl_2 \xrightarrow[\text{或 } h\nu, 25℃]{400℃} CH_3Cl \quad + \quad CH_2Cl_2 \quad + \quad CHCl_3 \quad + \quad CCl_4$$

一氯甲烷　　二氯甲烷　　三氯甲烷　　四氯化碳

卤代反应生成的氯甲烷可用作制冷剂和医药上的麻醉剂，也是很好的溶剂和甲基化剂。溴甲烷是农业上常用的杀虫蒸熏剂，也可作冷冻剂。

一般地，甲烷卤代后得到的是混合物，若要得到其中的某一产物，可通过控制甲烷和氯的配料比来实现。如当反应在 $400 \sim 450℃$，$CH_4 : Cl_2 = 10 : 1$ 时，主要产物为 CH_3Cl；而当 $CH_4 : Cl_2 = 0.263 : 1$ 时，主要产物为 CCl_4。

2. 其他烷烃的卤代反应

很多烷烃中都有两种或两种以上类型的氢原子，这些氢原子被卤素取代时也是有差异的。

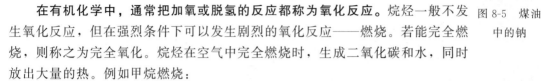

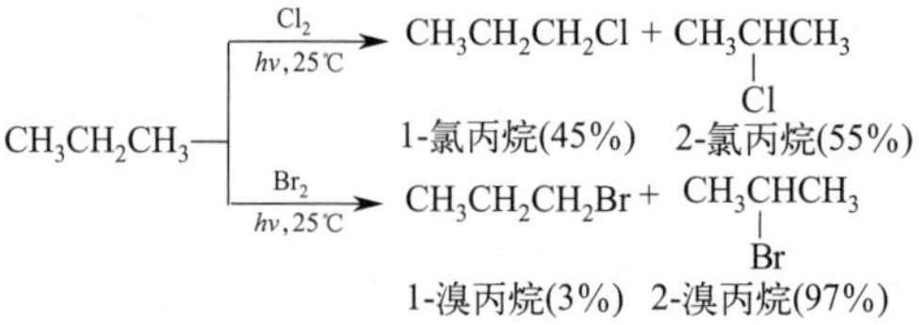

例如，丙烷分子中伯氢数目是仲氢的三倍，可发生氯代后两种一元取代产物的比例接近1：1，说明仲氢的活性更强、更容易被取代，这个现象在丙烷发生溴代反应时更为明显，只有很少量的伯氢溴代产物生成。

实验证明，烷烃中各类氢原子发生卤代反应的活泼性应按以下次序减弱。

$$3°H>2°H>1°H>H_3C—H$$

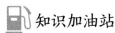 **知识加油站**

自由基取代反应

烷烃的卤代反应均属于一类特殊的反应类型——自由基取代反应。我国的有机化学家刘有成院士在自由基化学领域做出了杰出贡献。

$$A—B \xrightarrow{均裂} A·+B·$$
$$A—B \xrightarrow{异裂} A^++B^-$$

共价键断裂方式主要有两种。当共价键异裂时，两原子间的共用电子对完全转移到其中的一个原子上，其结果是形成了带正电和带负电的离子。而当化合物的分子在光照或强热条件下，共价键发生均裂，成键的原子或基团各自得到一个电子，成为反应活性很强的自由基。

甲烷分子均裂发生氯代反应的过程如下：

链引发　　$Cl:Cl \xrightarrow{hv} 2Cl·$
　　　　　　　　　　氯原子(氯自由基)

链增长　　$Cl· + H:CH_3 \longrightarrow HCl + ·CH_3$
　　　　　　　　　　　　　甲基自由基

　　　　　$·CH_3 + Cl:Cl \longrightarrow CH_3Cl + Cl·$

　　　　　$Cl· + H:CH_2Cl \longrightarrow HCl + ·CH_2Cl$
　　　　　　　　　　　　　　一氯甲基自由基

　　　　　$·CH_2Cl + Cl:Cl \longrightarrow CH_2Cl_2 + Cl·$

　　　　　$Cl· + H:CHCl_2 \longrightarrow HCl + ·CHCl_2$
　　　　　　　　　　　　　　　二氯甲基自由基

　　　　　$·CHCl_2 + Cl:Cl \longrightarrow CHCl_3 + Cl·$

　　　　　$Cl· + H:CCl_3 \longrightarrow HCl + ·CCl_3$
　　　　　　　　　　　　　　三氯甲基自由基

　　　　　$·CCl_3 + Cl:Cl \longrightarrow CCl_4 + Cl·$

链终止　　$Cl· + Cl· \longrightarrow Cl_2$

　　　　　$·CH_3 + ·CH_3 \longrightarrow CH_3CH_3$

　　　　　$Cl· + ·CH_3 \longrightarrow CH_3Cl$

引发阶段：甲烷的氯代反应首先是氯分子吸收能量均裂为氯自由基，从而引发反应。

链增长阶段：由于大量甲烷存在，氯自由基主要与甲烷分子碰撞生成甲基自由基，而氯自由基自相结合的概率很小；同样因大量氯存在，生成的甲基自由基自相作用的概率也很小，甲基自由基主要与氯分子作用生成一氯甲烷。当一氯甲烷达到一定浓度时，氯自由基也可以和生成的一氯甲烷作用生成一氯甲基自由基，它又可与氯分子作用，逐步生成二氯甲烷、三氯甲烷和四氯甲烷。

反应终止阶段：当甲烷和氯的量减少时，各自由基相遇的概率也随之增加，它们相互作用的结果最终使反应链终止。

自由基反应不仅在化学领域，在生物化学和其他各种化学学科中都扮演着很重要的角色。人体内的氧自由基具有一定的功能，如免疫和信号传导。但当人体受到阳光辐射、空气污染、吸烟、农药等的影响就会在体内产生更多活性氧自由基，导致人体正常细胞和组织的损坏，从而引起多种疾病。

阅读材料

"黑色黄金"的发现史

千百万年前，古代海洋中生活着难以计数的浮游植物和浮游动物，它们死亡后沉到海底，与淤泥和粉砂混合在一起，逐渐形成了富含有机质的沉积层。日积月累，沉积层已厚达数千米，它被压成了岩石，温度也不断升高。在这种条件下，岩石层内的原始有机质发生了转变，最终，数千万年后，石油形成了。

石油出现在人类的生活中的时间远早于你的想象。公元前 10 世纪，古埃及、古巴比伦已经有采集天然沥青用于建筑的记录。中国作为一个文明古国，也是世界上最早发现和利用石油的国家之一。宋朝的沈括在《汉书》中读到"高奴县有洧水，可燃"这句话，觉得很奇怪，"水"怎么可能燃烧呢？他决定进行实地考察。考察中，沈括发现了一种褐色液体，当地人叫它"石漆""石脂"，用它烧火做饭，点灯和取暖。沈括弄清楚这种液体的性质和用途，给它取了一个新名字，叫石油，在其著作《梦溪笔谈》中还指出"石油至多，生于地中无穷"，并动员老百姓推广使用，从而减少砍伐树木。

现在，人们已经意识到石油是一种重要的不可再生资源，并不是"至多""无穷"，也更加注重石油资源的保护和合理利用，正是由于它的珍贵，人们才形象地称之为"黑色黄金"。

练习

1. 填空题

(1) 烷烃的性质较为稳定，一般不和_____、_____、_____反应，但燃烧后可以生成_____。

(2) 烷烃和氯气发生卤代反应的条件一般有两种，即_____或_____，得到的产物一般为_____（混合物/纯净物）。

(3) 当烷烃分子内存在多种类型的 H 时，发生卤代反应的活性次序为_____。

本章习题

1. 填空题

(1) 结构最简单的烷烃是_____，其立体构型为_____。

(2) 在有机化学中，把结构相似、具有同一通式、组成上相差_____的一系列化合物称为_____。_____互称为同系物。烷烃的通式是_____。

(3) 沼气的主要成分是_____；天然气的主要成分是_____；液化石油气的主要成分是_____；可燃冰的主要成分是_____。

2. 单选题

(1) 下列有机物中，不属于烷烃的是（ ）。

A. C_3H_8 B. CH_4 C. C_9H_{18}

（2）下列化合物沸点最高的是（　　）。

A. 3,3-二甲基戊烷　　　　　　B. 正己烷　　　　　　C. 2-甲基己烷

（3）正己烷的碳架是（　　）。

A. 直线形　　　　　　　　　　B. 有支链的直线形　　C. 锯齿形

（4）下列各组化合物中，表示同一种物质的是（　　）；互为同系物的是（　　）；互为同分异构体的是（　　）。

A.

B. CH_4、C_4H_{10}

C. 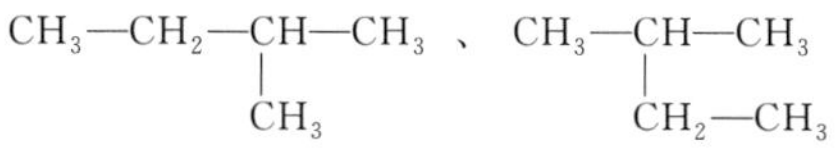 $CH_3-CH_2-CH-CH_3$ 、 $CH_3-CH-CH_3$
　　　　　　　　$|$　　　　　　　　　　$|$
　　　　　　　CH_3　　　　　　　　CH_2-CH_3

3. 写出下列烷烃或烷基的构造式。

（1）3-甲基戊烷　　　　　　（2）异戊烷　　　　　　（3）新己烷

（4）2,7,8-三甲基癸烷　　　　（5）乙基　　　　　　　（6）异丙基

4. 给下列烷烃命名，用 1°、2°、3°、4°标出下列烷烃分子中的伯、仲、叔、季碳原子。

（1） 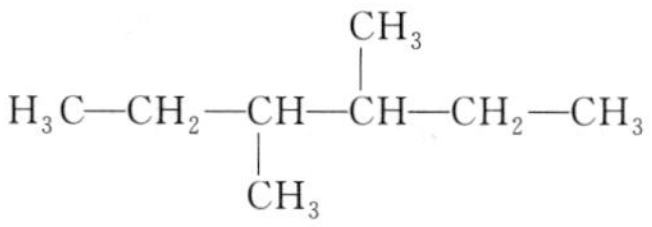　　　　　　　CH_3
　　$H_3C-CH_2-CH-CH-CH_2-CH_3$
　　　　　　　　　$|$
　　　　　　　　　CH_3

（2）　　　$CH_3\ CH_3$
　　　　　　$|$　　$|$
　　$CH_3-CH-C-CH_3$
　　　　　　　　$|$
　　　　　　　CH_3

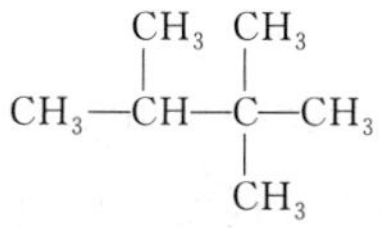

5. 写出符合下列条件的 C_5H_{12} 烷烃的构造式，并用系统命名法命名。

（1）分子中只有伯氢原子　　　（2）分子中有一个叔氢原子

（3）分子中有伯氢原子和仲氢原子，无叔氢原子

6. 写出分子量为 86，并符合下列条件的烷烃的构造式。

（1）有两种一氯代产物　　　　　　　　　（2）有三种一氯代产物

（3）有四种一氯代产物　　　　　　　　　（4）有五种一氯代产物

☼ 本章小结

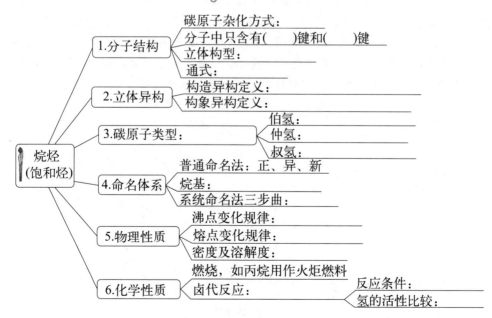

第九章

烯烃、炔烃及环烷烃

【知识目标】

1. 掌握烯烃、炔烃、环烷烃的通式、构造异构。
2. 掌握不饱和烃发生加成反应、氧化反应的特点。

【能力目标】

1. 能熟练命名不饱和烃及环烷烃并能根据化合物的名称正确书写其对应的构造式。
2. 能采用化学方法鉴别饱和烃和不饱和烃。
3. 能根据烃的分子式判定烃的类别并书写出各个同分异构体的构造式。

【素质目标】

通过对聚合物的学习，培养爱护环境的环保意识，并渗透到日常生活中。

情景导入

吃进去的"不饱和键"

"民以食为天"，食物是维持人类生命活动的基础物质。食物中的一些化学物质充当着为机体供给营养成分、供给能量、调节生理机能等重要角色。如海洋动物油脂中含有 EPA（二十碳五烯酸）、DHA（二十二碳六烯酸），能预防心血管疾病、保护视力、健脑；蔬菜中富含的类胡萝卜素具有抗氧化、免疫调节、抗癌、延缓衰老等功效，同时，还是人体内维生素 A 的主要来源。它们结构中都含有双键，都可以发生本章将要讨论的化学变化。

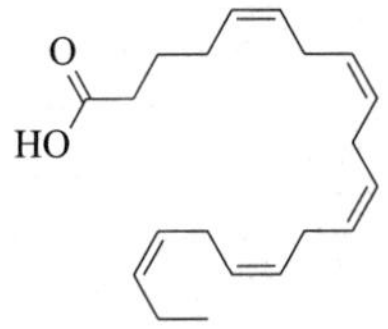

EPA

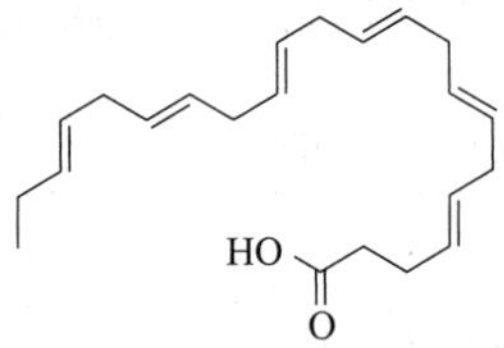

DHA

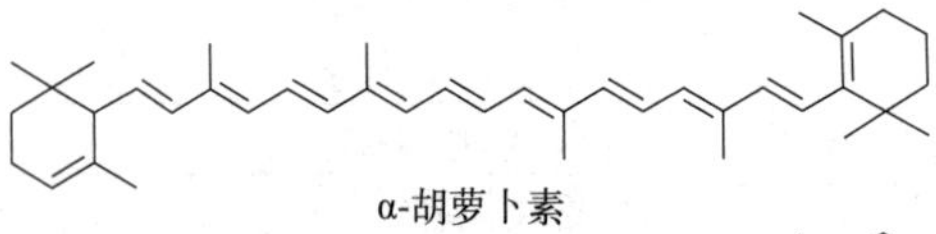

α-胡萝卜素

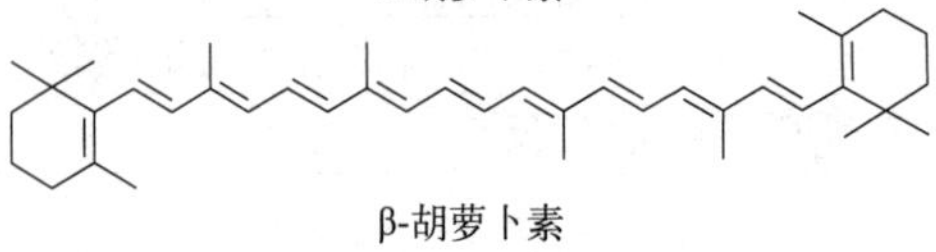

β-胡萝卜素

石油中含有大量烃类化合物，主要是烷烃，但也含有烯烃和炔烃，按分子结构特点将烯烃、炔烃统称为不饱和烃，低级环烷烃由于化学性质类似于烯烃，所以也在本章介绍。

$$烃\begin{cases} 饱和烃\begin{cases} 烷烃 \\ 环烷烃 \end{cases} \\ 不饱和烃\begin{cases} 烯烃 \\ 炔烃 \end{cases} \end{cases}$$

第一节　烯烃、炔烃及环烷烃的结构

分子中含有碳碳双键的烃叫作**烯烃**，双键是烯烃的官能团；含有碳碳三键的烃叫作**炔烃**，三键是炔烃的官能团。由于双键、三键的存在使得烯烃、炔烃比同碳数的烷烃中含有的氢原子数目都要少，故将双键和三键称为**不饱和键**，具有不饱和键的烃类都属于**不饱和烃**。

一般地，根据分子中双键或三键的数目，可将烯（或炔）烃分为单烯（或炔）烃、二烯（或炔）烃、多烯（或炔）烃。单烯烃通式为 C_nH_{2n}，单炔烃通式为 C_nH_{2n-2}。分子中每增加一个 π 键，则对应减少两个氢原子。

分子中只有单键的脂环烃叫作**环烷烃**。单环环烷烃的通式为 C_nH_{2n}，和烯烃的通式相同，碳原子数相同的环烷烃和烯烃是同分异构体。分子中每增加一个碳环，则对应减少两个氢原子。

一、烯烃、炔烃的结构

1. 烯烃的结构

乙烯是结构最简单的烯烃，分子式为 C_2H_4，构造式为 $CH_2{=}CH_2$。

双键碳原子均以 sp^2 杂化方式各自形成三个杂化轨道。两个双键碳原子各以一个 sp^2 杂化轨道重叠形成一个 C—C σ 键，剩余的两个 sp^2 杂化轨道分别与两个氢原子形成 4 个等同的 C—H σ 键，这 5 个 σ 键都在同一平面内。两个双键碳原子剩余的 p 轨道则侧面重叠形成一个 π 键，如图 9-1 所示。用物理方法测得乙烯分子为平面构型，分子中的两个碳原子和 4 个氢原子分布在同一平面上，如图 9-2 所示。

乙烯分子结构

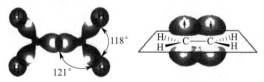

图 9-1　乙烯分子中的 σ 键和 π 键

图 9-2　乙烯分子结构模型

其他烯烃分子，双键碳原子也是采取 sp^2 杂化方式，双键碳原子及与双键碳原子直接相连的原子也都在同一平面上。

碳碳双键中总是一个 σ 键、一个 π 键。

2. 炔烃的结构

乙炔分子结构

乙炔是最简单的炔烃，分子式为 C_2H_2，构造式为 CH≡CH。

实验表明，乙炔分子中的 C≡C 的键能为 $837kJ/mol$，既不是 C—C 单键键能的 3 倍，也不是 C—C 单键和 C=C 双键键能之和。

分子中的两个不饱和碳原子以 sp 杂化方式各自形成两个
杂化轨道。两个碳原子各用一个 sp 杂化轨道沿键轴方向重叠
形成一个 C—Cσ 键，剩余的 sp 杂化轨道分别与氢原子形成 2
个 C—Hσ 键，这 3 个 σ 键的对称轴在同一条直线上，因此，

图 9-3　乙炔分子结构模型

乙炔为直线构型，如图 9-3 所示。两个碳原子中未参与杂化的两个 2p 轨道相互重叠形成两个 π
键。乙炔中的 C≡C 键长约为 0.120nm，C—H 键长约为 0.106nm，而且键角为 180°。

碳碳三键中总是一个 σ 键、两个 π 键。

其他炔烃分子中两个不饱和碳原子和与其直接相连的原子也都同处于一直线上。

3. 二烯烃的结构

分子中含有两个双键的烯烃叫作二烯烃。

两个双键连在同一个碳原子上的二烯烃叫作累积二烯烃；两个双键被一个单键隔开的二
烯烃叫作共轭二烯烃；两个双键被两个或多个单键隔开的二烯烃叫作孤立二烯烃。

$$CH_2=C=CH_2 \qquad CH_2=CH-CH=CH_2 \qquad CH_2=CH-CH_2-CH=CH_2$$

丙二烯（累积二烯烃）　　1,3-丁二烯（共轭二烯烃）　　1,4-戊二烯（孤立二烯烃）

其中，共轭二烯烃结构特殊，需要重点了解。以 1,3-丁二烯为例介绍共轭二烯烃的特
殊结构。

1,3-丁二烯是最简单的共轭二烯烃。用物理方法测得，丁二烯分子中的 4 个碳原子和 6
个氢原子均处于同一平面上，其键长和键角的数据如图 9-4 所示。

丁二烯的
分子结构

由图中所示的数据可以看出，丁二烯分子中碳碳双键的
键长比一般烯烃的双键（0.133nm）稍长，碳碳单键的键长
比一般烷烃的单键（0.154nm）短，碳碳双键和单键的键长
有平均化的趋势。

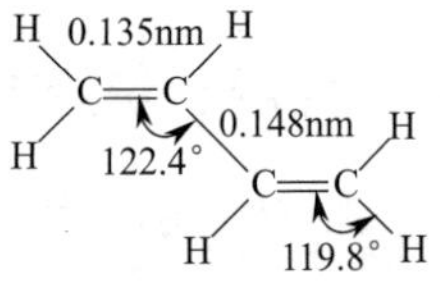

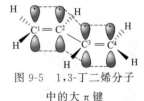

图 9-4　1,3-丁二烯的
键长和键角

这是因为丁二烯分子中的 4 个碳原子都是 sp² 杂化的。它们各以
一个 sp² 杂化轨道沿键轴方向相互重叠形成 3 个 C—Cσ 键，其余的
sp² 杂化轨道分别与氢原子的 1s 轨道沿键轴方向相互重叠形成 6 个 C—Hσ 键，这 9 个 σ 键
都在同一平面上，它们之间的夹角都接近 120°。

此外，每个碳原子上还剩下一个未参加杂化的 p 轨道，这 4 个
p 轨道的对称轴都与 σ 键所在的平面相垂直，彼此平行，并从侧面
重叠，形成 π 键。这样 p 轨道就不仅是在 C¹ 与 C²、C³ 与 C⁴ 之间
平行重叠，而且在 C² 与 C³ 之间也有一定程度的重叠，从而造成 4
个 p 电子的运动范围扩展到 4 个原子的周围，这种现象叫作 π 电子
的离域。形成的 π 键包括了 4 个碳原子，这种包括多个（至少 3
个）原子的 π 键叫作大 π 键，也叫作离域 π 键或共轭 π 键。

1,3-丁二烯分子中的大 π 键如图 9-5 所示。

图 9-5　1,3-丁二烯分子
中的大 π 键

知识加油站

共轭体系

具有共轭 π 键的体系，要求至少连续 3 个相连原子的 p 轨道处于平行取向且
相互重叠，这样的体系叫作**共轭体系**。电子不再局限于某个原子或化学键，而是

有机世界的
共轭现象

在多个原子或轨道之间共享。共轭体系可以是整个分子，也可以是分子的一部分。主要包括以下几类：

1. π-π 共轭体系

凡双键和单键交替排列的结构是由 π 键和 π 键形成的共轭体系，叫作 π-π 共轭体系。1,3-丁二烯以及其他共轭二烯烃都属于 π-π 共轭体系。

2. p-π 共轭体系

具有 p 轨道且与双键碳原子直接相连的原子，其 p 轨道与双键 π 轨道平行并侧面重叠形成共轭，这种共轭体系叫作 p-π 共轭体系。例如氯乙烯的 p-π 共轭体系如图 9-6 所示。

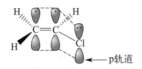

图 9-6　氯乙烯的 p-π 共轭体系

3. 超共轭体系

碳氢 σ 轨道与相邻 π 轨道（或 p 轨道）之间发生的一定程度的重叠，叫作 σ-π（或 σ-p）超共轭。在这种体系中，由于 σ 轨道与 π 或 p 轨道并不平行，轨道之间重叠程度较小，所以称为超共轭体系。

分子中存在共轭体系的化合物会出现共轭效应。共轭效应具有如下特点：

（1）键长趋于平均化　由于发生了电子的离域，共轭体系的电子云密度趋于平均化，从而使体系中双键和单键的键长趋于平均化。

（2）体系能量低，比较稳定　电子的离域导致共轭体系内能降低，体系比较稳定。

一般电子云密度平均化程度愈大，说明共轭程度愈大，体系更加稳定。

（3）极性交替现象沿共轭链传递　当共轭体系受到外界试剂进攻或分子中其他基团的影响时，形成共轭键的原子上的电荷会发生正负极性交替现象，这种现象可沿共轭链传递而不减弱。例如，1,3-丁二烯分子受到试剂（如 H^+）进攻时，发生极化：

$$\overset{\delta^+}{C}H_2=\overset{\delta^-}{C}H-\overset{\delta^+}{C}H=\overset{\delta^-}{C}H_2 \leftarrow H^+$$

二、环烷烃的结构

环丙烷是最简单的环烷烃，三个碳原子均为 sp^3 杂化方式。由于空间结构限制，环丙烷形成的 C—C 键与链烃中的 C—C 键不同，它是弯曲的，形似"香蕉"，称为"弯曲键"或"香蕉键"，如图 9-7 所示。

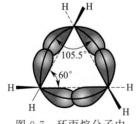

图 9-7　环丙烷分子中弯曲键的形成

弯曲键比正常的 C—C 键重叠小，形成的键角也小于 $109.5°$。这种键具有向外扩张、恢复正常键角的趋势，这种作用力叫作角张力。此外，环中相邻两碳原子上的原子或基团由于空间位阻原因有时也会使碳碳键扭转受阻而产生扭转张力。这两种力越大，分子的稳定性就越差。

环丙烷分子结构

在环烷烃中，除环丙烷的碳原子为平面结构外，其余的成环碳原子都不在同一平面上，这样也是为了克服环的部分扭转张力，从而形成较为稳定的结构。

表 9-1　环的稳定性分析

化合物	结构	环张力		稳定性
		角张力	扭转张力	
环丙烷	平面型	大 (109.8°>60°)	大	很不稳定
环丁烷	折叠式	较大 (109.8°>90°)	较小	不稳定
环戊烷	信封式	较小 (109.8°≈108°)	较小	较稳定
环己烷	椅式	无 (正常 σ 键)	无	稳定

由表 9-1 中的数据得出，环烷烃中三元环、四元环较不稳定；五元环、六元环由于 C—C 键间的键角趋于正常范围，且环的扭转张力较小，所以结构较为稳定。

三、环烷烃中的构象异构现象

构象异构现象不仅存在于直连烷烃中，在环烷烃中这种现象也很普遍。以环己烷为例介绍环烷烃中构象异构现象。

环己烷分子中 6 个碳原子之间都是 C—Cσ 键，其余均为 C—Hσ 键。环己烷有两种典型的空间排列形式：一种像椅子故叫**椅式**，一种像船故叫**船式**。无论船式或椅式，环中 C^2、C^3、C^5、C^6 都在一个平面上，船式中 C^1、C^4 在平面同侧，椅式中 C^1、C^4 在平面异侧，如图 9-8 所示。

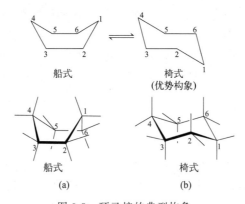

图 9-8　环己烷的典型构象

环己烷的椅式构象和船式构象，可通过碳碳键的扭动而相互翻转，两种构象在常温时处于相互翻转的动态平衡。

船式环己烷的能量比椅式环己烷的能量高 29.7kJ/mol，所以椅式环己烷是稳定的优势构象。为什么椅式环己烷比船式环己烷稳定呢？因为在椅式构象中，所有相邻碳原子上的氢原子都处于交叉式的位置，再加上环的两个对角，如图 9-8（b）中 1、4 位上的氢原子距离最大，既没有角张力，也没有扭转张力。这些因素共同导致椅式构象的高稳定性。在船式构象中 C^2 和 C^3 之间、C^5 和 C^6 之间的碳氢键则处于全重叠式的位置，存在扭转张力，如图

9-8（a）所示。另外，在船式构象中，船头和船尾的两个碳氢键是内向伸展的，两个氢原子距离较近，相互拥挤，因此能量较高。所以，环己烷及其衍生物在一般情况下都以椅式存在。

四、顺反异构现象

1. 基本概念

直链丁烯因双键位置不同，有两种构造异构体：1-丁烯和2-丁烯。

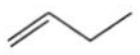

1-丁烯 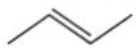　　　　2-丁烯

但事实上2-丁烯本身还有两种异构体，它们的分子式和构造式完全一样，但却是物理常数完全不同的两种化合物。2-丁烯的物理常数如表9-2所示。

表9-2　2-丁烯的物理常数

化合物	构造式	沸点/℃	熔点/℃	相对密度(d_4^{20})
反-2-丁烯	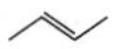	0.9	−105.5	0.6042
顺-2-丁烯		3.5	−139.3	0.6213

这两种异构体的结构差别究竟是什么呢？我们知道，两个形成双键的碳原子和它们所连的4个原子处于同一平面上，如果把2-丁烯的平面结构写在纸面上，就可以发现有两种不同的形状。如下：

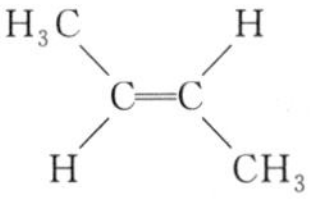

Ⅰ（反-2-丁烯） 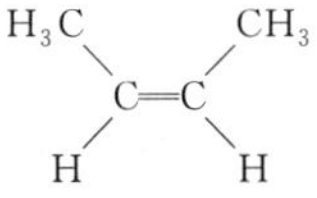　　　　　Ⅱ（顺-2-丁烯）

显然，两种2-丁烯的差别在于它们的分子几何形状不同，其中Ⅰ式的两个甲基（或氢原子）分别位于双键的两侧（异侧），称为反式；Ⅱ式的两个甲基（或氢原子）在双键的同侧，称为顺式。**这种由于原子或基团位于分子中双键的同侧或异侧而引起的异构现象叫作顺反异构现象。**

2. 产生的原因和条件

烯烃中双键碳原子及与其直接相连的四个原子都处于同一平面，导致双键不能自由旋转，就使得双键碳原子上所连接的原子或基团在空间出现不同的排列方式（构型）。

烯烃中顺反异构现象产生的原因及条件

需要指出的是，并非所有含碳碳双键的化合物都具有顺反异构体。能产生顺反异构体的必须是每个双键碳原子上连接的两个原子或基团均不相同。例如：

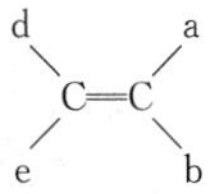

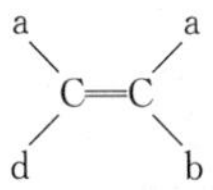

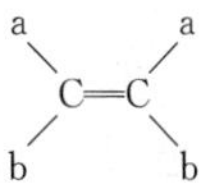

任何一个双键碳原子上所连接的两个基团相同时，就不存在顺反异构现象，例如：

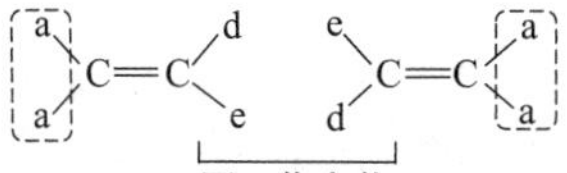

同一化合物　　　　（a≠b≠d≠e）

3. 环烷烃中的顺反异构现象

在脂环烃类化合物中，由于环的存在，也使环上C—C键的自由旋转受到阻碍。当环上两

个或两个以上的碳原子各自连有两个不相同的原子或基团时,也会出现顺反异构现象。

与烯烃相似,当两个(或两个以上)相同基团在环的同一侧时,称为顺式;当两个(或两个以上)相同基团在环的异侧时,称为反式。例如:

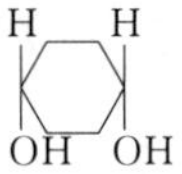

顺-1,4-环己二醇(熔点 161℃) 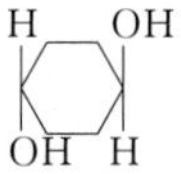　　　　　　反-1,4-环己二醇(熔点 300℃)

综上所述,形成顺反异构体必须具备以下两个条件:

① 分子中必须存在旋转受阻的结构因素 (如碳碳双键或环等)。

② 双键的两个碳原子或脂环上的两个或两个以上的碳原子上,各自连有两个不同的原子或基团。

顺反异构体的化学性质基本相同,但通过前面的介绍也发现其物理性质是有区别的,并表现出某些规律性。其中比较显著的是,顺式异构体的熔点、相对密度较反式异构体低,但在水中的溶解度较反式的大。

另外,在生物活性上顺反异构体也是有差别的。女性激素的合成代用品己烯雌酚,反式己烯雌酚的生理活性比顺式异构体高出 7~10 倍;维生素 A 的结构中存在多个双键,但都是反式结构;具有降血脂作用的花生四烯酸和亚油酸则都是顺式结构,如果任意改变其构型则会大大降低生物活性。

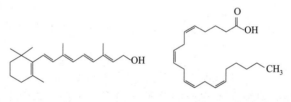

维生素A　　　　　　　　　　　花生四烯酸

✎ 练习

1. 选择题

(1) 乙烯中碳原子的杂化方式为 (　　　)。

A. sp^3　　　　　　　　　　B. sp^2　　　　　　　　　　C. sp

(2) 丙炔分子中处于同一直线的碳原子有 (　　　)。

A. 2 个　　　　　　　　　　B. 3 个　　　　　　　　　　C. 4 个

(3) 下列环烷烃中结构较为稳定的是 (　　　)。

A. 环丙烷　　　　　　　　　B. 环丁烷　　　　　　　　　C. 环戊烷

2. 填空题

(1) 烯烃、炔烃的官能团分别为_____、_____,属于_____ (不饱和键或饱和键),因此,烯烃、炔烃也称为_____(不饱和烃或饱和烃)。

(2) 有机物结构中存在顺反异构现象的条件是_____、_____。

3. 写出环烷烃 C_5H_{10} 存在的所有构造异构体。

第二节　烯烃、炔烃和环烷烃的命名

一、习惯命名法

结构简单的烯烃、炔烃可以采用习惯命名法。

$$CH_3CH_2CH=CH_2 \qquad\qquad CH_3-\overset{\underset{\displaystyle |}{C}}{\underset{\displaystyle CH_3}{C}}=CH_2$$

正丁烯　　　　　　　　　　异丁烯

二、系统命名法

1. 烯烃、炔烃的系统命名法

烯烃、炔烃
命名

采用系统命名法命名烯烃、炔烃时，命名原则和烷烃相近，但由于分子中存在官能团，在选择主链和排号时需要考虑官能团的位置。

（1）直链烯（炔）烃的命名　按分子中碳原子数目称为"某烯（炔）"，当分子内碳原子超过 10 个则称为"某碳烯（炔）"。分子中含有两个双键的烯烃，母体称为"某二烯"。

为主链编号时要从靠近碳碳双键（三键）一端开始，使得双键（三键）位号最小，并在母体名称之前用双键（三键）碳中较小的位次标出双键（三键）的位置。对于二烯烃，编号要使两个双键的位次符合"最低系列"，用"a,b-某二烯"表示。其中，a、b 各自代表两个双键的位次，并且 $a<b$。

$$\overset{12}{CH_3}\overset{\cdots\cdots}{(CH_2)_9}\overset{2}{CH}=\overset{1}{CH_2} \qquad \overset{5}{CH_3}\overset{4}{CH_2}\overset{3}{C}\equiv\overset{2\ 1}{CCH_3} \qquad \overset{5}{CH_3}\overset{4}{CH}=\overset{3}{CH}-\overset{2}{CH}=\overset{1}{CH_2}$$

1-十二碳烯　　　　　　　　　2-戊炔　　　　　　　　　1,3-戊二烯

（2）含支链烯（炔）烃的命名

① 选择含有碳碳双键（三键）在内的最长碳链作为主链。若有多条最长链可供选择，选择原则与烷烃相同。

② 从靠近碳碳双键（三键）一端编号，若双键（三键）居中，编号原则与烷烃相同，遵循"最低系列"原则。

③ 名称书写方法为：取代基位次-取代基名称-碳碳双键（三键）位次-母体名称。

$$CH_3-CH_2-\underset{\underset{\displaystyle CH_3}{|}}{CH}-CH_2-\underset{\underset{\displaystyle CH_3}{|}}{CH}-\overset{\overset{\displaystyle C_2H_5}{|}}{C}=CH_2$$

> 选择含有双键的最长碳链为主链
> 3,5-二甲基-2-乙基-1-庚烯

$$CH_3-\underset{\underset{\displaystyle CH_3}{|}}{CH}-C\equiv C-CH_2-CH_3$$

> 编号时使取代基位号最小
> 2-甲基-3-己炔

$$CH_3\underset{\underset{\displaystyle CH_3}{|}}{C}=CH-\underset{\underset{\displaystyle C_2H_5}{|}}{C}=CH-CH_3$$

> 编号时使双键符合"最低系列"
> 原则 2-甲基-4-乙基-2,4-己二烯

2. 脂环烃的命名

（1）环上取代基为简单烷基　以环为母体，根据成环碳原子数称为"环某烷（烯）"，环上的烷基作为取代基。对于环烷烃，若分子中含有多个取代基，则需将环上的碳原子编号，选择较小取代基作为第一号，编号顺序遵循"最低系列"原则。当含有不饱和键时，编号优先考虑不饱和键。例如：

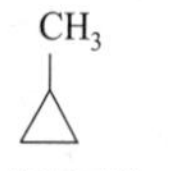

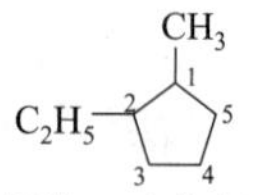

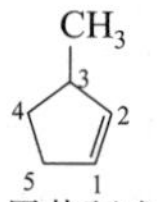

甲基环丙烷　　　1-甲基-2-乙基环戊烷　　　3-甲基环戊烯

（2）环上取代基为复杂基团　以环上的支链为母体，将环作为取代基，称为"环某基"，按支链烃的命名原则命名。

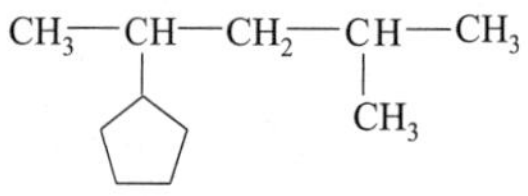

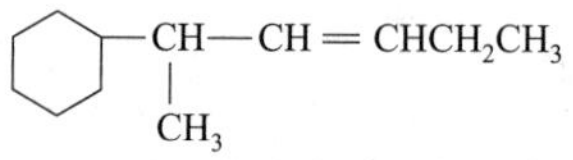

2-甲基-4-环戊基戊烷　　　　　　　　　　2-环己基-3-己烯

三、顺反异构体的命名方法

1. 习惯命名法

在烯烃（或环烷烃）的顺式异构体名称前加"顺"字，在烯烃（或环烃）的反式异构体名称前加"反"字。如：

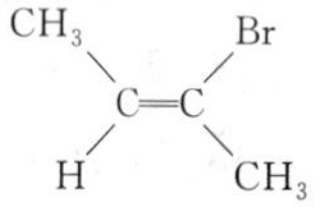

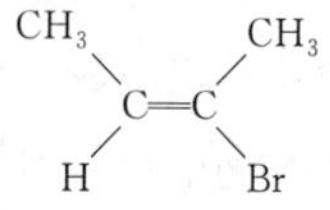

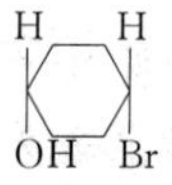

反-2-溴-2-丁烯　　　顺-2-溴-2-丁烯　　　顺-4-溴环己醇　　　反-4-溴环己醇

这种习惯命名法虽然简单但有局限性，例如，对于如下构型的烯烃就无法确定其顺、反。

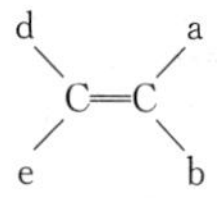

（其中 a≠b≠d≠e）

2. 系统命名法（Z/E 标记法）

系统命名法规定用 Z/E 来标记顺反异构体的构型。Z 为德语 Zusammen 的字头（是"在一起"的意思）；E 为德语 Entgegen 的字头（是"相反"的意思）。其命名方法是用取代基"次序规则"来确定 Z 和 E 构型。

（1）Z/E 标记法的原则

① 应用"次序规则"比较每个双键碳原子所连接的两个原子或基团的相对次序，从而确定"较优"基团。

② 如果两个"较优"基团在双键的同一侧，则称为 Z 型；反之，在异侧的则称为 E 型。

（2）取代基"次序规则"主要内容如下：

比较与双键碳原子直接相连的两个原子的原子序数，原子序数大的取代基排列在前（称为"较优"基团），原子序数小的取代基排列在后。

几种常见的原子按原子序数递减排列次序是 I＞Br＞Cl＞S＞P＞O＞N＞C＞D＞H（其中"＞"表示"优于"）。所以，排列在碳以前的元素都比烃基（R）优先。

注意：两套命名体系并无对应关系。例如，在上述示例中，反-2-溴-2-丁烯也叫作 *E*-2-溴-2-丁烯，顺-2-溴-2-丁烯也叫作 *Z*-2-溴-2-丁烯。

 练习

1. 用系统命名法命名为下列化合物

（1）$CH_3-CH-CH=CH_2$
$\quad\quad\quad | \quad\quad |$
$\quad\quad\quad CH_3 \quad C_2H_5$

（2）$CH_3-C=CH-CH_2-C=CH_2$
$\quad\quad\quad\quad | \quad\quad\quad\quad\quad\quad |$
$\quad\quad\quad\quad C_2H_5 \quad\quad\quad\quad C_2H_5$

（3）$HC\equiv CCH(CH_2)_8CH_3$
$\quad\quad\quad\quad |$
$\quad\quad\quad\quad C(CH_3)_3$

（4）$HC\equiv CCH_2CH-CH=CH_3$
$\quad\quad\quad\quad\quad\quad\quad |$
$\quad\quad\quad\quad\quad\quad\quad CH_3$

2. 指出下列化合物中哪些具有顺反异构体并为其命名。

（1）1-甲基-2-溴环己烷

（2）1-溴丙烯

（3）2-己炔

（4）1-甲基-2-氯环丁烷

第三节　烯烃、炔烃和环烷烃的物理性质及应用

烯烃、炔烃的物理性质与烷烃类似，也会随碳原子数的变化呈现一定规律。常温常压下，碳原子数在 $C_2 \sim C_4$ 的烯烃、炔烃和环烷烃为气体；$C_5 \sim C_{18}$ 的烯烃、炔烃为易挥发液体；C_{19} 以上的烯烃、炔烃则为固体。

同系列不饱和烃及环烷烃的熔点、沸点也都随碳原子数目增加而升高。同碳数的环烷烃比相应的烷烃的沸点高。同碳数的炔烃比相应的烯烃和烷烃的沸点高。戊烯、戊炔异构体的沸点如表 9-3 所示。

表 9-3　戊烯、戊炔异构体的沸点

化合物	沸点/℃	化合物	沸点/℃
1-戊烯	30	1-戊炔	40.2
顺-2-戊烯	36.9	2-戊炔	56
反-2-戊烯	36.4	3-甲基-1-丁炔	29.5

三者的相对密度均小于1，比水轻，且都难溶于水，易溶于乙醚、丙酮、苯和四氯碳化等有机溶剂。

一些不饱和烃及环烷烃的性质如表 9-4 所示。

表 9-4　一些直链烯烃、炔烃和环烷烃的物理常数

名称	沸点/℃	熔点/℃	相对密度(d_4^{20})
乙烯	−103.7	−169	0.566(−102℃)
丙烯	−47.4	−185.2	0.5193
1-丁烯	−6.3	−185.3	0.5951

名称	沸点/℃	熔点/℃	相对密度(d_4^{20})
1-戊烯	30	−138	0.6405
1-己烯	63.3	−139.8	0.6731
1-十八碳烯	179	17.5	0.791
乙炔	−84	−80.8	0.6208(−82℃)
丙炔	−23.2	−101.5	0.7062(−50℃)
1-丁炔	8.1	−125.7	0.6784(0℃)
1-戊炔	40.2	−90	0.6901
1-己炔	71.3	131.9	0.7155
1-十八碳炔	180(52kPa)	28	0.8025
环丙烷	−32.9	−127.6	0.720(−79℃)
环丁烷	12	−80	0.703(0℃)
环戊烷	49.2	−93	0.7457
环己烷	80.7	6.5	0.7785

 练习

比较下列化合物的沸点高低：2-戊炔、1-戊炔、1-戊烯、环丙烷、丙烷

第四节　烯烃、炔烃和环烷烃的化学性质及应用

在化学性质方面，不饱和键是烯烃、炔烃的官能团，由于不饱和键的不稳定性，容易断裂，不饱和烃可以进一步加成得到饱和烃，也可以被氧化剂氧化使不饱和键彻底断裂。

小环烷烃由于环上香蕉键的不稳定性也可以在某些条件下发生加成反应导致碳环断裂。

一、加成反应

烯烃、炔烃中都含有 π 键，由于 π 键键能较低，容易断裂，在两个不饱和碳的位置引入新的原子或基团，这种反应叫作加成反应。

$$
\underset{}{\diagup}C{=}C\underset{}{\diagdown} + X{-}Y \longrightarrow -\overset{|}{\underset{X}{C}}-\overset{|}{\underset{Y}{C}}-
$$

$$
-C{\equiv}C- \xrightarrow{X-Y} -\overset{|}{\underset{X}{C}}{=}\overset{|}{\underset{Y}{C}}- \xrightarrow{X-Y} -\overset{|}{\underset{X}{C}}-\overset{|}{\underset{Y}{C}}-
$$

能发生加成反应是不饱和烃的重要特征之一。

1. 催化加氢

催化加氢也叫催化氢化反应，在常温常压下，烯烃在催化剂铂（**Pt**）、钯（**Pd**）、镍（**Ni**）等金属存在下能与氢气加成生成相应的烷烃，这类反应称为催化氢化。通常将催化剂 Pt 和 Pd 吸附在活性炭上使用，写作 Pt/C、Pd/C，而镍则处理成海绵状金属镍，称为雷尼镍（Reney Ni）。

$$
H_2C{=}CH_2 + H_2 \xrightarrow[\text{或 Pt/C}]{\text{Reney Ni}} CH_3CH_3
$$

炔烃在金属催化剂作用下也可以与氢气发生加成反应。例如，乙炔在 Raney Ni 作用下

与氢气的加成，反应分两步进行，首先得到烯烃，然后再进一步加成得到烷烃。

$$HC\!\equiv\!CH + H_2 \xrightarrow{\text{Raney Ni}} H_2C\!=\!CH_2 + H_2 \xrightarrow{\text{Raney Ni}} CH_3CH_3$$

如果希望炔烃的加成反应可以停留在烯烃阶段，可以采用林德拉（Lindlar）催化剂（将金属钯沉结在碳酸钙上，再用醋酸铅处理制得），并且控制反应得到顺式烯烃。

$$CH_3\!-\!C\!\equiv\!C\!-\!CH_3 + H_2 \xrightarrow[\text{Pb(OOCCH}_3)_2]{\text{Pd/CaCO}_3}$$

顺-2-丁烯

汽油中含有少量不饱和烃，性能不稳定，通过此类反应可以使不饱和烃转化为烷烃，从而提高汽油的稳定性。

> **思考：** 催化加氢可以将不饱和烃转化为饱和烃，但由于需要用到氢气及金属催化剂，使用时并不方便。庚烷是聚丙烯生产中使用的溶剂，要求其不能含有烯烃。试设计一个简便、安全的方法检验购买的庚烷中是否含有烯烃？

2. 亲电加成

（1）单烯（炔）烃的亲电加成反应　双键、三键中的 π 键电子云流动性强，使其具有给电子性能，容易受到带正电荷（或带部分正电荷）的离子（或分子）的进攻而发生加成反应。**带正电荷或带部分正电荷的离子或分子具有亲电的性质，叫作亲电试剂。由亲电试剂首先进攻而引起的加成反应叫作亲电加成反应。**

炔烃分子中两个 π 键电子云呈圆筒状绕轴分布，离碳原子核较近，受到原子核的束缚较强，发生亲电加成反应的活性比烯烃弱，但加成规律与烯烃类似。

① 与卤素加成　同样由于卤素活性的原因，重点研究不饱和烃与 Br_2、Cl_2 发生的加成反应。

溴单质亲电活性较氯气强，常温常压下，不需催化剂就可以和烯烃迅速发生加成反应，生成 1,2-二溴代烷烃。例如，将乙烯通入溴的四氯化碳溶液（或溴水）中，溴的红棕色很快褪去，生成 1,2-二溴乙烷。

$$CH_2\!=\!CH_2 + Br_2 \xrightarrow{CCl_4} CH_2\!-\!CH_2$$

红棕色　　　1,2-二溴乙烷（无色）

炔烃和卤素的加成，同样也经过了烯烃的阶段，可以通过调整反应物的配比控制主产物的结构。

$$-C\!\equiv\!C- \xrightarrow{\text{1mol Br—Br}} -C\!=\!C- \xrightarrow{\text{1mol Br—Br}} -C\!-\!C-$$

烯烃、炔烃与溴的加成反应迅速，且前后有明显的颜色变化，因此可用来鉴别不饱和烃。工业上常用此法检验汽油、煤油中是否含有不饱和烃。

环丙烷、环丁烷及其同系物环张力较大，容易开环，也可以与卤素发生亲电加成反应。例如，环丙烷与溴在室温下就能反应，使溴的颜色褪去。

$$\triangle + Br_2 \xrightarrow[\text{室温}]{CCl_4} CH_2\!-\!CH_2\!-\!CH_2$$

1,3-二溴丙烷

环丁烷与溴的加成反应则需加热才能进行。

$$\square \ + \ Br_2 \xrightarrow[\triangle]{CCl_4} \ \underset{\underset{Br}{|}}{CH_2} - CH_2 - CH_2 - \underset{\underset{Br}{|}}{CH_2}$$

1,4-二溴丁烷

1,3-二溴丙烷和1,4-二溴丁烷都是重要的医药中间体。其中1,4-二溴丁烷在医药工业中用于制取氨茶碱、咳必清、驱蛲净等药物。

例1：设计一个简便的方法检验购买的庚烷试剂中是否含有烯烃。

【解析】检验实际上就是鉴别。要求应用的化学反应速度快，现象明显，易于操作，安全性强。

烯烃室温下能使溴的四氯化碳溶液褪色，纯的庚烷则不能。因此，可用溴的四氯化碳溶液进行鉴别。

做鉴别题和分离提纯题可分别采用下列简便格式：

$$\left. \begin{array}{l} 庚烷 \\ 庚烯 \end{array} \right| \underset{室温}{\overset{Br_2/CCl_4}{\longrightarrow}} \begin{array}{l} \times \\ 褪色 \end{array}$$

---

② 和卤化氢（HX）加成　烯烃、炔烃与卤化氢（活泼性：HI＞HBr＞HCl）发生加成反应的情况较卤素加成复杂。当不饱和烃结构不对称时，可以书写出两种产物结构，以丙烯为例：

$$CH_3 - CH \!\!\vdots\!\! CH_2 + \overset{\delta+}{H}\!\!\vdots\!\!\overset{\delta-}{X} \longrightarrow \begin{array}{l} CH_3 - CH_2 - CH_2X \quad 1\text{-卤丙烷} \\ \underset{\underset{X}{|}}{} \\ CH_3 - CH - CH_3 \quad 2\text{-卤丙烷} \end{array}$$

实验证明，主产物为2-卤丙烷，也就是说，亲电试剂卤化氢中的氢原子大部分加到了丙烯分子中双键外侧的碳原子上，而卤原子则加到内侧的双键碳原子上。这种情况普遍出现在不饱和烃亲电加成反应中，称为马尔科夫尼科夫规则，简称**马氏加成规则**，由俄国科学家马尔科夫尼科夫（Markovnikov）发现，即当不对称烯烃与 HX 等极性试剂加成时，得到两种加成产物，其中主要产物是氢原子或带部分正电荷的基团加到含氢较多的双键碳原子上。

含取代基的环丙烷、环丁烷与卤化氢发生加成反应时，含氢最多和含氢最少的 C—C 键发生断裂。得到的加成产物也符合马氏加成规则。

$$\underset{CH_3}{\overset{CH_3}{\triangle}}\!\!-\!\!CH_3 + HCl \longrightarrow CH_3 - \underset{\underset{Cl}{|}}{\overset{\overset{CH_3}{|}}{C}} - \overset{CH_3}{\underset{}{CH}} - CH_3$$

2,3-二甲基-2-氯丁烷

需要特别注意的是，在过氧化物存在下，不对称烯烃与溴化氢加成时，则主要产物为反马氏加成产物。过氧化物对反应结果的这种影响称为过氧化物效应，而其他卤化氢没有这种现象。

$$\text{（环己烯-CH}_3\text{）} + HBr \xrightarrow{R-O-O-R} \text{（1-甲基-2-溴环己烷）}$$

1-甲基-2-溴环己烷

$$\text{（环己烯-CH}_3\text{）} + HCl \xrightarrow{R-O-O-R} \text{（1-甲基-1-氯环己烷）}$$

1-甲基-1-氯环己烷

马氏加成规则的理论解释

1. 烯烃与 HX 的亲电加成反应过程

反应共分两步进行。

第一步：烯烃与 HX 相互极化影响，π 电子云偏移而极化，使一个双键碳原子上带有部分负电荷，更易于受极化分子 HX 带正电部分或 H^+ 的进攻，结果生成了带正电的中间体碳正离子（碳正离子是带有一个正电荷，并只带 6 个电子的碳原子）和卤素负离子（X^-）；

烯烃与卤化氢的加成反应

第二步：碳正离子迅速与 X^- 结合生成卤代烷。

$$\overset{\delta^+}{\underset{\delta^-}{>}}C=C\overset{\delta^-}{<} + \overset{\delta^+}{H}-\overset{\delta^-}{X} \xrightarrow{\text{慢}} >\overset{+}{C}-\underset{H}{C}< + X^-$$

$$>\overset{+}{C}-\underset{H}{C}< + X^- \xrightarrow{\text{快}} >\underset{X}{C}-\underset{H}{C}<$$

第一步反应是由亲电试剂的进攻而发生的，所以与 HX 的加成反应叫作亲电加成反应。第一步碳正离子的形成是反应过程中最慢的一步，因此，是决定整个反应关键的一步，也是决定反应速率的一步。

2. 马氏规则的理论解释

马氏加成的理论依据来自于对加成过程第一步的分析。

（1）从诱导效应角度解释

① 诱导效应　由于分子中成键原子或基团的电负性不同，引起整个分子中成键的电子云向一个方向偏移，使分子发生极化的效应，叫作诱导效应。用符号 I 表示。

诱导效应中电子云偏移的方向通常是以 C—H 键中的氢原子作为比较标准。由其他原子或基团取代 C—H 键中的氢原子后，键的电子云分布将发生一定程度的改变。

当取代基 Y 的电负性大于氢原子时，C—Y 键的电子云就会偏向 Y，与氢原子相比，Y 具有吸电性，则称 Y 为吸电子基，由它所引起的诱导效应叫作吸电子诱导效应，一般用 $-I$ 表示。

当取代基 Y 的电负性小于氢原子时，C—Y 键的电子云就会偏向碳原子，与氢原子相比，Y 具有给电性，则称 Y 为给电子基，由它所引起的诱导效应叫作给电子诱导效应，一般用 $+I$ 表示。

不同的诱导效应对烯烃中碳碳双键的影响表示如下：

$$\overset{\delta^+}{H_2C}=\overset{\delta^-}{CH}\longrightarrow Y \qquad -I$$

$$\overset{\delta^-}{H_2C}=\overset{\delta^+}{CH}\longleftarrow Y \qquad +I$$

常见取代基的吸电子或给电子能力的强弱顺序为：

吸电子基　$-NO_2 > -CN > -COOH > -F > -Cl > -Br > -I > -OR > -H$

给电子基　$(CH_3)_3C- > (CH_3)_2CH- > CH_3CH_2- > CH_3- > H-$

诱导效应是以静电诱导的形式沿着碳链朝一个方向由近到远依次传递，并且随着距离的增加，其效应迅速降低，一般经过 3 个碳原子后，诱导效应的影响极小，可以忽略不计。

②马氏规则解释　当不对称烯烃（如丙烯）与HX加成时，反应第一步应由H^+首先进攻而发生反应。在丙烯分子中，含氢较少的双键碳原子上连接着甲基，甲基是给电子基，其结果使双键上的π电子云向双键的另一个碳原子偏移，从而使含氢较多的双键碳原子上带部分负电荷。加成时，H^+首先加到含氢较多而带部分负电荷的双键碳原子上，生成碳正离子；然后X^-与碳正离子结合而加到含氢较少的双键碳原子上。

（2）从碳正离子稳定性角度解释　当丙烯与HX加成时，H^+首先和不同的双键碳原子加成形成两种碳正离子，然后碳正离子再和卤素结合，得到两种加成产物。

$$CH_3-CH=CH_2+H^+ \begin{cases} \text{I } CH_3-\overset{+}{C}H-CH_3 \xrightarrow{X^-} CH_3-\underset{\underset{X}{|}}{C}H-CH_3 \\ \text{II } CH_3-CH_2-\overset{+}{C}H_2 \xrightarrow{X^-} CH_3-CH_2-\underset{\underset{X}{|}}{C}H_2 \end{cases}$$

第一步生成的碳正离子越稳定，则第一步反应越容易发生，反应越快。

碳正离子的稳定性取决于所带正电荷的分散程度，正电荷越分散，体系能量越低，越稳定。甲基是给电子基，当甲基与碳正离子相连时，甲基的成键电子云向缺电子的碳正离子方向移动，使碳正离子的正电荷分散，稳定性提高。与碳正离子相连的甲基越多，碳正离子的电荷越分散，稳定性越高。

不同碳正离子的稳定性按如下次序减小：

$$R^1-\underset{\underset{R^2}{|}}{\overset{+}{C}}-R^3 > R^1-\overset{+}{C}H-R^2 > R^1-\overset{+}{C}H_2- > \overset{+}{C}H_3$$

3°碳正离子　　2°碳正离子　　1°碳正离子　　甲基碳正离子

在丙烯与HX的反应中，途径Ⅰ形成的是仲碳正离子，途径Ⅱ形成的是伯碳正离子。根据碳正离子稳定性次序，显然加成主要采取途径Ⅰ，得到符合马氏加成规则的加成产物。

---

③与H_2O的加成　水是典型的极性试剂，和结构不对称的烯烃、炔烃加成结果符合马氏规则。工业上生产乙醇、异丙醇就是用相应烯烃与水加成，反应需要在高压条件下进行，并且用酸性催化剂（一般使用附着在硅藻土上的磷酸）催化。

$$CH_2=CH_2+H-OH \xrightarrow[300℃, 7\sim8MPa]{\text{磷酸/硅藻土}} CH_3-CH_2-OH$$

$$CH_3-CH=CH_2+\overset{\delta^+}{H}-\overset{\delta^-}{O}H \xrightarrow[195℃, 2MPa]{\text{磷酸/硅藻土}} CH_3-\underset{\underset{OH}{|}}{C}H-CH_3$$

炔烃与水加成比较特殊，得到烯醇，烯醇不稳定经重排得到醛、酮，这也是工业上制备醛、酮的方法。

$$CH\equiv CH +H_2O \xrightarrow{Hg^+,\ H^+} CH_2=\underset{\underset{OH}{|}}{C}H \rightleftharpoons CH_3\overset{\overset{O}{\|}}{C}-H$$

乙烯醇　　　　　乙醛

炔烃和水的加成也符合马氏规则，因此除乙炔外，其他炔烃和水的加成产物都是酮。

2. 二烯烃的加成

（1）非共轭二烯烃　非共轭二烯烃含有两个双键，与亲电试剂的加成是分两个阶段进行的，反应可看作孤立双键的加成，每一个双键加成都符合马氏加成规则。例如：

$$CH_2=CHCH_2CH=CH_2 \xrightarrow{1mol\ HBr} CH_2=CHCH_2CH-CH_3$$

4-溴-1-戊烯

$$\xrightarrow{1mol\ HBr} CH_3-CHCH_2CH-CH_3$$

2,4-二溴戊烷

（2）共轭二烯烃 共轭二烯烃由于含有大 π 键，分子中存在极性交替现象（见本章第一节）。与 1mol 卤素或卤化氢进行亲电加成反应时，得到 1,2-和 1,4-两种加成产物。

$$\overset{\delta^+}{\underset{4}{CH_2}}=\overset{\delta^-}{\underset{3}{CH}}-\overset{\delta^+}{\underset{2}{CH}}=\overset{\delta^-}{\underset{1}{CH_2}} + Br_2 \xrightarrow{CCl_4}$$

1,2-加成 → $CH_2=CH-CH-CH_2$

3,4-二溴-1-丁烯

1,4-加成 → $CH_2-CH=CH-CH_2$

1,4-二溴-2-丁烯

控制反应条件，可调节两种产物的比例。一般在低温下或非极性溶剂中有利于 1,2-加成产物的生成，在高温下或极性溶剂中则有利于 1,4-加成产物的生成。例如：

$$CH_2=CH-CH=CH_2+HBr$$

−80℃ → $CH_2=CH-CH-CH_3 + CH_2-CH=CH-CH_3$

Br (80%)　　　Br　(20%)

40℃ → $CH_2-CH=CH-CH_3 + CH_2-CH=CH-CH_3$

Br　(80%)　　　　　　　　Br (20%)

1-溴-2-丁烯　　　　　3-溴-1-丁烯

3. 双烯合成

共轭二烯烃与含 C=C 或 C≡C 的不饱和化合物发生 1,4-加成，生成环状化合物的反应叫作双烯合成反应，也叫作狄尔斯-阿德尔（Diels-Alder）反应。**这种反应的特点是旧键断裂、新键形成同时进行，称为协同反应。**

在反应中，共轭二烯烃叫作双烯体，含 C=C 或 C≡C 的不饱和化合物叫作亲双烯体。当亲双烯体中含有−COOH、−CHO、−CN 等吸电子基时，有利于反应的进行。例如：

顺丁烯二酸酐　　　　（固体，100%）

与顺丁烯二酸酐的反应是定量进行的，且生成了白色固体，常用于鉴定共轭二烯烃。通过双烯合成反应可以将链状化合物转变为环状化合物，这是有机合成中合成环状化合物的重要方法。

二、氧化反应

由于 π 键的不稳定性，烯烃、炔烃还可以被氧化剂氧化，使不饱和键断裂，生成相应的氧化产物。常见的氧化剂有臭氧、高锰酸钾、重铬酸钾等，其氧化产物结构和氧化剂种类、不饱和键结构有关。

1. 催化氧化

一些脂烃在催化剂存在下，用空气氧化可以生成重要的化合物，在工业上有重要应用。例如：

$$CH_2\!=\!CH_2 + \frac{1}{2}O_2 \xrightarrow[250℃]{Ag} \underset{\text{环氧乙烷}}{H_2C\!-\!CH_2}$$

$$CH_2\!=\!CH\!-\!CH_3 + \frac{1}{2}O_2 \xrightarrow[90\sim120℃,1MPa]{PdCl_2\text{-}CuCl_2} \underset{\text{丙酮}}{CH_3\!-\!\overset{O}{\overset{\|}{C}}\!-\!CH_3}$$

这也是工业上制备环氧乙烷及丙酮的方法。环氧乙烷可用于制备洗涤剂、乳化剂和塑料等，是重要的有机合成中间体；丙酮是优良的溶剂，也是制备醋酸酐、环氧树脂、甲基丙烯酸甲酯等的重要原料。

2. 高锰酸钾氧化

(1) 弱氧化条件 在碱性或中性条件下，用稀、冷高锰酸钾溶液氧化，烯烃中仅 π 键发生断裂，生成邻二元醇产物。

实验:烯烃和氧化剂的反应

$$3RCH\!=\!CHR' + 2KMnO_4 + 4H_2O \longrightarrow 3\underset{\quad OH\ \ OH}{RCH\!-\!CHR'} + 2MnO_2\downarrow + 2KOH$$

(2) 强氧化条件 在酸性条件下，用浓、热高锰酸钾溶液或酸性高锰酸钾氧化，烯烃和炔烃中的不饱和键彻底断裂，生成不同的产物。

$$H_2C\!=\!CHCH_3 \xrightarrow[H^+]{KMnO_4} CO_2 + CH_3CHO$$

$$\underset{\quad\ CH_3}{CH_3\!-\!\overset{|}{C}\!=\!CHCH_3} \xrightarrow[H^+]{KMnO_4} CH_3\!-\!\overset{O}{\overset{\|}{C}}\!-\!CH_3 + CH_3COOH$$

$$HC\!\equiv\!CCH_2CH_3 \xrightarrow[H^+]{KMnO_4} CO_2 + CH_3COOH$$

$$CH_3C\!\equiv\!CCH_3 \xrightarrow[H^+]{KMnO_4} CH_3COOH$$

由于氧化产物的类型与不饱和烃结构有关，因此，实验室可以通过测定氧化产物的结构推测不饱和烃的结构。

$$CH_2\!=\!\longrightarrow CO_2 + H_2O$$
$$HC\!\equiv\!\longrightarrow CO_2$$

$$\underset{R}{\overset{R}{\underset{|}{CH\!=}}}\longrightarrow \overset{R}{\underset{|}{CH}}\!-\!COOH$$
$$R\!-\!C\!\equiv\!\longrightarrow R\!-\!COOH$$

$$R\!-\!\overset{R'}{\underset{|}{C}}\!=\!\longrightarrow R\!-\!\overset{R'}{\underset{|}{C}}\!=\!O$$

高锰酸钾溶液氧化不饱和烃后，溶液的紫色褪去，现象明显，且容易操作。低级环烷烃不被氧化剂氧化，实验室中也常用这种方法鉴别不饱和烃和环烷烃。

例2：化合物 A、B 分子式均为 C_4H_8。它们分别用高锰酸钾溶液氧化时，A 生成 CH_3CH_2COOH 和 CO_2；B 仅生成一种产物。试推测它们的构造式。

【解析】根据化合物 A、B 的分子组成符合烯烃、环烷烃通式，但只有烯烃可以被高锰酸钾溶液氧化，所以化合物 A、B 为烯烃。A 的氧化产物为 CH_3CH_2COOH 和 CO_2，说明氧化前，应具有 $CH_3CH_2CH\!=$ 和 $=CH_2$ 结构，把二者通过双键连接起来得到 $CH_3CH_2CH\!=\!CH_2$，即为 A 的构造式。

B是A的同分异构体,也是含4个碳原子的烯烃。用高锰酸钾溶液氧化时,仅生成一种产物,说明它具有对称结构,构造式为$CH_3CH\!=\!CHCH_3$。

A:$CH_3CH_2CH\!=\!CH_2 \xrightarrow{KMnO_4,H^+} CH_3CH_2COOH+CO_2$

B:$CH_3CH\!=\!CHCH_3 \xrightarrow{KMnO_4,H^+} CH_3COOH$

3. 炔氢的酸性

当炔烃的三键在分子的一端时,称为末端炔。与末端炔的三键碳原子直接相连的氢原子,通常称为炔氢原子。炔氢原子具有微弱酸性,能和金属钠反应,也能被某些金属离子取代生成金属炔化物。

实验:乙炔的
制备和性质
反应

(1)与金属钠反应 乙炔和其他末端炔烃可以与熔融的金属钠作用得到炔化物。

$$2CH\!\equiv\!CH+2Na \xrightarrow{110℃} 2CH\!\equiv\!CNa+H_2\uparrow$$
乙炔钠

$$CH\!\equiv\!CH+2Na \xrightarrow{190\sim220℃} NaC\!\equiv\!CNa+H_2\uparrow$$
乙炔二钠

$$R\!-\!C\!\equiv\!CH+NaNH_2 \xrightarrow{液氨} R\!-\!C\!\equiv\!CNa+NH_3\uparrow$$

炔化钠的性质活泼,可与卤代烷(RX)作用,在炔烃中引入烷基,这是有机合成中用作增长碳链的一个方法。

$$R\!-\!C\!\equiv\!CNa+R'X \longrightarrow R\!-\!C\!\equiv\!C\!-\!R'+NaX$$

(2)末端炔的取代反应 将末端炔加到硝酸银或氯化亚铜的氨溶液中,立即产生沉淀,生成金属炔化物。

$$CH\!\equiv\!CH
\begin{cases}
\xrightarrow{Ag(NH_3)_2NO_3} AgC\!\equiv\!CAg\downarrow \\
\text{乙炔银} \\
\xrightarrow{Cu(NH_3)_2Cl} CuC\!\equiv\!CCu\downarrow \\
\text{乙炔亚铜}
\end{cases}$$

$$R\!-\!C\!\equiv\!CH
\begin{cases}
\xrightarrow{Ag(NH_3)_2NO_3} R\!-\!C\!\equiv\!CAg\downarrow \\
\text{炔化银} \\
\xrightarrow{Cu(NH_3)_2Cl} R\!-\!C\!\equiv\!CCu\downarrow \\
\text{炔化亚铜}
\end{cases}$$

炔化银为灰白色沉淀,炔化亚铜为红棕色沉淀。此类反应非常灵敏,现象显著,可用于鉴别炔的结构。

注意:干燥的金属炔化物很不稳定,受热易发生爆炸,为避免危险,生成的炔化物应及时加稀酸将其分解。

$$R\!-\!C\!\equiv\!CAg+HNO_3 \longrightarrow R\!-\!C\!\equiv\!CH+AgNO_3$$

🛢️ **知识加油站**

外出佩戴口罩能够有效地预防病毒的传播,生活中最常用的就是一次性医用口罩。这类口罩一般分为三层,里层和外层为单层防粘层,中间层为单层或多层的熔喷层,而能阻止病毒传播的就是熔喷层。其实,这两种材料在化学组成上是相同的,都是聚丙烯材质(简称PP),由丙烯聚合而来。

化合物在催化剂作用下,不饱和键中的π键打开,按一定方式自身加成生成长链大分子的反应称为加成聚合反应。烯烃就可以发生加成聚合反应,多个丙烯分子在催化剂作用下聚合就可得到高聚物聚丙烯。

$$n\ HC{=}CH_2 \xrightarrow{\text{催化剂}} \left[\begin{array}{c} CH_3 \\ \mid \\ C{-}CH_2 \end{array}\right]_n$$

聚丙烯

虽然化学组成相同,但口罩中用到的两种材料的制作工艺不同。口罩的里外两层纤维直径较粗,能阻挡粉尘却起不到很好的阻隔飞沫的作用,而核心层也就是熔喷层纤维直径就小多了,是一种超细静电纤维布,能利用静电作用吸附粉尘、飞沫。但熔喷层的纤维也比较脆弱,容易损坏,有些朋友习惯将一次性口罩洗涤或喷洒酒精消毒液后重复使用,这样做就会破坏熔喷层的纤维,熔喷层也就失去保护能力了。

因此,请朋友们在生活中正确使用口罩,正确佩戴口罩,这样才能起到很好的保护作用。

练习

1. 选择题

(1)下列化合物中不能使溴水褪色的是(　　)。

A. 环丙烷　　　　　　　B.1-丁炔　　　　　　　C. 丁烷

(2)下列化合物中不能使高锰酸钾褪色的是(　　)。

A.2-丁烯　　　　　　　B.1-丁炔　　　　　　　C. 环丙烷

(3)下列催化剂可以使炔烃的催化加氢反应停留在烯烃阶段的是(　　)。

A.Pt/C 催化剂　　　　　B. Raney Ni　　　　　　C. Lindlar 催化剂

2. 填空题

(1)甲基环丙烷可以使溴水_____(褪色或不褪色),使高锰酸钾溶液_____(褪色或不褪色)。

(2)末端炔的炔氢原子具有一定_____(酸性或碱性),将末端炔加入硝酸银溶液中立刻_____,由于金属炔化物不稳定,实验完成后立刻加入_____将其分解。

(3)若想确定购买的环己烷试剂中是否含有少量环己烯,可采用_____进行检测。

3. 用化学方法鉴别下列化合物:丁烷、1-丁烯、1-丁炔、环丁烷。

本章习题

1. 完成下列化学反应式

(1)$CH_2{=}CH{-}C_2H_5 + HCl \longrightarrow$

(2)$CH_2{=}CH{-}C{\equiv}CH + H_2 \xrightarrow[Pd(OOCCH_3)_2]{Pd/CaCO_3}$

(3)$H_2C{=}CH{-}CH_2{-}C{\equiv}CH \xrightarrow[H^+]{KMnO_4}$

(4)$CH_3CH_2C{\equiv}CH + H_2 \xrightarrow{\text{Raney Ni}}$

(5)$H_2C{=}CH{-}\underset{\underset{CH_3}{\mid}}{CH}{-}C{\equiv}CH + H_2 \xrightarrow{\text{Raney Ni}}$

(6)

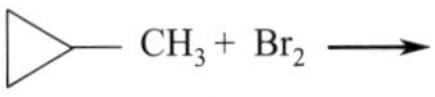

$$\triangleright\!\!\!-CH_3 + Br_2 \longrightarrow$$

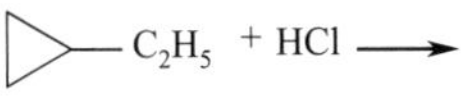

(7) $$\triangleright\!\!\!-C_2H_5 + HCl \longrightarrow$$

(8) $$\square\!\!-HC\!=\!CH_2 \xrightarrow[H^+]{KMnO_4}$$

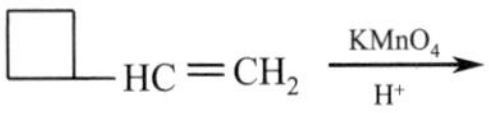

2．用简便的化学方法鉴别以下化合物

（1）乙烷、乙烯、环丙烷

（2）1-己炔和 2-己炔

（3）正丁烷、2-丁烯、丙炔

（4）$\bigcirc\!\!\!-C\!\equiv\!CH$ $\quad$ $\bigcirc\!\!\!-\triangle$ $\quad$ $\triangleright\!\!\!-CH\!=\!CH_2$ $\quad$ $\bigcirc\!\!\!-C_2H_5$

3．推断题

（1）化合物 A 的分子式为 C_4H_8，能使溴的四氯化碳溶液褪色，但不能使高锰酸钾溶液褪色。1mol A 与 1mol HCl 作用生成 B，B 也可以从 A 的同分异构体 C 与 HCl 作用得到。C 既能使溴的四氯化碳溶液褪色，又能使高锰酸钾溶液褪色。试写出 A、B、C 的构造式及各步反应式。

（2）开链化合物 A 和 B 的分子式为 C_6H_{10}，经催化加氢都可得到相同的产物正己烷。A 与氯化亚铜的氨溶液作用产生红棕色沉淀，B 则不能。B 经酸性高锰酸钾溶液氧化后只得到一种产物 CH_3CH_2COOH。试写出 A 和 B 的构造式及各步反应式。

（3）化合物 A、B、C 的分子式为 C_6H_{12}，它们都能在室温下使溴的四氯化碳溶液褪色。用高锰酸钾溶液氧化时，A 得到含有季碳原子的羧酸、CO_2 和 H_2O；B 得到 $CH_3COCH_2CH_3$ 和 CH_3COOH；C 则不能被氧化。C 经催化加氢可得到一种直链烷烃。试推测 A、B、C 的构造式。

4．尝试以乙炔为原料合成 3-己炔，无机试剂任选。

💡 本章小结

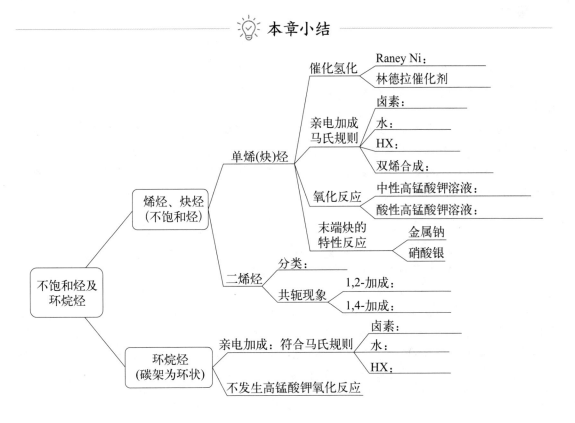

第十章

芳香烃

【知识目标】

1. 掌握芳香烃的类型及单环芳烃的同分异构现象。
2. 掌握苯的结构特征及苯环的稳定性。
3. 掌握单环芳烃的亲电取代反应。

【能力目标】

1. 能识别苯环上的定位基类型，并判断出二元取代反应发生的位置。
2. 能应用定位基规则选择合适的合成路线。

【素质目标】

通过学习有机化学在生产、生活的实际应用，培养安全意识、环保意识。

案例导入

变色发霉的大米、花生还能吃吗？

由于食入霉变食品引起的中毒叫作真菌性食物中毒，生活中最常见的就是黄曲霉毒素中毒。这种真菌毒素主要出现在发霉的花生、小麦、大米等食物中，会导致肝肾损害、黄疸、食欲下降等。

黄曲霉毒素最早发现于 20 世纪 60 年代。当时，英国一家农场的 10 万只火鸡相继在几个月内死亡，原因就是食用霉变的谷物饲料，专家们从饲料玉米粉中分离出一种前所未知的、由黄曲霉菌产生的毒素，于是命名为黄曲霉素。现在鉴定出的和黄曲霉毒素结构有关的毒素共 17 种，结构中都含有一个苯环。

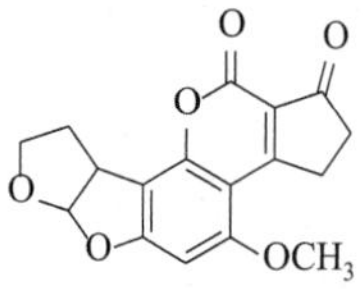

黄曲霉毒素B₁　　　　黄曲霉毒素B₂　　　　黄曲霉毒素B₂ₐ

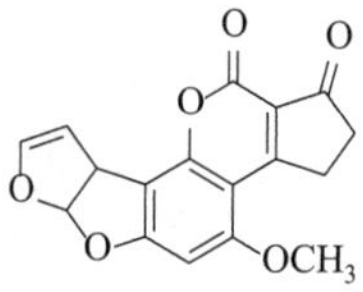

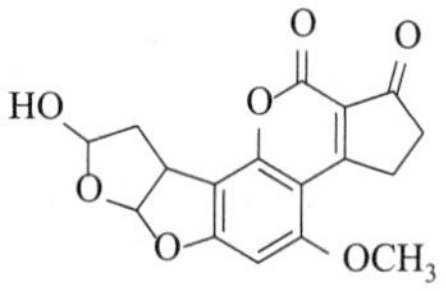

其中，黄曲霉毒素 B₁ 在食品中最为常见，毒性也最强。容易发生黄曲霉毒素中毒很重要的一个原因就是人们对这种毒素的误解，认为高温蒸、煮就安全了，可实际上这类毒素的结构稳定，温度高于 300℃ 才开始分解。因此，家庭中靠蒸、煮处理发霉的食物并不能解决问题。想远离黄曲霉毒素除了要科学保存食物之外，还要注意定期更换砧板、筷子。

人类最初从树脂、香精油中提取到了一些具有香味的物质，其不饱和度大，却又不同于烯烃、炔烃的性质，结构比较稳定，不容易分解，于是人们将这类物质归为一类，称为“芳香族化合物”。随着人们对化合物结构研究的深入，发现这类物质都具有苯环结构，因此把“苯环”和“芳香味”作为这类化合物的标志。但后来又陆续发现了一些物质，虽然结构中不含苯环却具有与“芳香族化合物”相似的化学性质，还有一些物质虽结构中含有苯环，但气味十分难闻。所以“芳香族化合物”也需要重新定义。

“芳香族化合物”可分为两部分，芳香烃及其衍生物。芳香烃是芳香族碳氢化合物的简称。本章重点讨论单环芳烃（也就是结构中只含有一个苯环的芳烃）的结构及相关性质。

- 芳香族化合物
  - 芳香烃
    - 苯系芳烃
      - 单环芳烃（苯： ）
      - 多环芳烃（联苯： ）
      - 稠环芳烃（萘： ）
    - 非苯系芳烃
  - 芳香烃衍生物

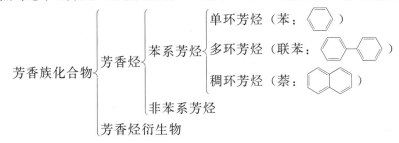

第一节　苯的结构

苯是芳香族化合物的母体，也是芳香烃中结构最简单最重要的物质，要掌握芳香烃的特性，首先要了解苯的结构。

根据元素分析和分子量的测定，确定苯的分子式为 C_6H_6，碳氢比和乙炔相同，为 1∶1，它应具有不饱和烃的相关性质，但是事实并非如此。苯极为稳定，既不易被氧化，也很难发生加成反应，但在催化剂的作用下容易发生一系列取代反应。苯的这些性质都表明其一定存在不同于烯烃、炔烃的特殊不饱和结构。

一、苯的凯库勒结构式

1865 年德国化学家凯库勒首先提出的碳环结构普遍被人们接受，认为苯是一个六元环状结构，6 个碳原子以单双交替键相连，每个碳原子上都结合 1 个氢原子。

苯的凯库勒结构式：　

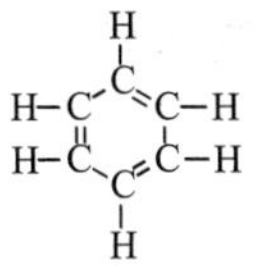

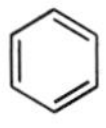

凯库勒提出的苯分子的六元环状结构是一个非常重要的假设，至今人们仍经常用凯库勒式来表示苯分子的结构。但它却无法解释苯的高度不饱和结构与异常稳定性之间的矛盾，也无法说明为什么苯是一个正六边形结构，不存在单、双键键长差异。

二、轨道杂化理论对苯结构的描述

苯的结构

近代物理方法测定苯是一个平面正六边形的构型（如图 10-1 所示），碳碳键长为 0.139nm，碳氢键长为 0.110nm，键角为 120°。

苯分子中的 6 个碳原子均为 sp^2 杂化，每个碳原子各以两个 sp^2 杂化轨道分别与另外两个碳原子形成 C—Cσ 键，这样 6 个碳原子就构成了一个平面正六边形。每个碳原子上的另一个 sp^2 杂化轨道与氢原子形成 C—Hσ 键，则所有氢原子和碳原子都处于同一平面上。另外，每个碳原子还有一个未参与杂化的 p 轨道，它的对称轴垂直于此平面，与相邻的两个碳原子上的 p 轨道分别从侧面平行重叠，形成一个闭合的共轭体系，如图 10-2 所示。

图 10-1　苯的球棍模型　　　　　　　　图 10-2　苯的闭合共轭体系

苯环中其实并没有一般的碳碳单键和碳碳双键，这也就很好地解释了为什么苯不具有烯烃、炔烃的一般性质。为了描述苯分子中完全平均化的大 π 键，也常用下式表示苯的结构，圆圈表示苯的闭合 π 轨道的特征结构。

✎ 练习
1. 苯是平面结构，乙烯也是平面结构，两者在结构上有什么相同之处？不同之处？
2. 写出分子式为 C_9H_{14} 的芳香烃的所有同分异构体。

第二节　单环芳烃的同分异构现象和命名

一、单环芳烃的同分异构现象

单环芳烃的异构主要是构造异构，它有以下两种情况：

1. 苯环上的侧链异构

当苯环上的侧链有 3 个以上碳原子时，可能出现碳架排列方式不同而产生构造异构现象。如：

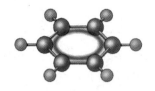

正丙苯　　　　　　　　异丙苯

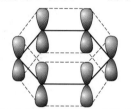

2. 侧链在环上的位置异构

当苯环上连有两个或两个以上侧链时，就会因侧链在环上的位置不同而产生异构现象。如：

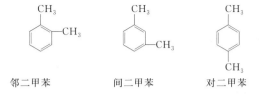

邻二甲苯   间二甲苯   对二甲苯

二、单环芳烃的命名

1. 单取代芳香族化合物的命名

(1) 苯环上只连一个简单的取代基 当苯环只连一个烷基、环烷基、卤素、硝基等简单取代基时，则以苯环为母体，侧链作为取代基，命名为**"某基苯"**，其中"基"字可酌情省略。

乙（基）苯   环丙基苯   氯苯   硝基苯

(2) 苯环上连一个复杂基团 当苯环只连一个$-COOH$（羧基）、$-SO_3H$（磺基）、$-OH$（羟基）、$-CHO$（醛基）或复杂烷基时，以结构复杂的基团作为母体，苯环作为取代基，命名为**"苯某某"**，例如：

苯甲酸   苯磺酸   苯甲醛   2-苯基丁烷

2. 多取代芳香族化合物的命名

(1) 苯环上连多个相同官能团 可用阿拉伯数字标明烷基的位置，也可用邻（o）、间（m）和对（p）或标明"连/邻""偏""均/间"标明取代基的相对位置。例如：

邻二溴苯   间二硝基苯

(2) 苯环上连多个不同官能团 首先需要按官能团的优先次序表选择母体（见表10-1），位次靠前的官能团作母体，将其命名为"某苯"或"苯某"，而其他官能团作为取代基。然后，对苯环进行编号，母体官能团作为第1位；最后写出名称。

表 10-1 主要官能团的优先次序表（按优先递降排列）

类别	官能团	类别	官能团	类别	官能团
羧酸	$-COOH$	醛	$-CHO$	炔烃	$-C\equiv C-$
磺酸	$-SO_3H$	酮	$C=O$	烯烃	$C=C$
羧酸酯	$-COOR$	醇	$-OH$	醚	$-OR$
酰氯	$-COCl$	酚	$-OH$	烷烃	$-R$
酰胺	$-CONH_2$	硫醇，硫酚	$-SH$	卤化物	$-X$
腈	$-CN$	胺	$-NH_2$	硝基化合物	$-NO_2$

邻溴苯甲酸   间硝基乙苯

3. 芳基

芳烃分子中的 1 个氢原子被去掉后余下的基团称为芳基，常用 Ar 表示。如：苯分子去掉 1 个氢原子后余下的基团叫作苯基（ ⬡— ），用 ph—表示；甲苯分子去掉甲基上的 1 个氢原子后余下的基团叫作苯甲基或苄基（ ⬡—CH_2— ）。

✏️ 练习

1. 写出分子式为 C_9H_{12} 的芳烃所有同分异构体并命名。

2. 命名下列化合物。

(1) ⬡(Cl, CH_3)　(2) ⬡($HC=CH_2$, CH_3)　(3) ⬡—CH_2CH_2COOH　(4) ⬡(CH_3, $C≡CH$)

第三节　单环芳烃的物理性质及应用

单环芳烃一般为无色液体，相对密度比水小，一般在 0.86～0.93 之间。沸点随分子量升高而升高，熔点除与分子量有关外，还与结构的对称性有关，通常结构对称性高的化合物的熔点较高，苯及其同系物的熔、沸点数据比较见表 10-2。

表 10-2　常见单环芳烃的物理常数

名称	熔点/℃	沸点/℃	相对密度(d_4^{20})
苯	5.5	80.1	0.8765
甲苯	−95.0	110.6	0.8669
邻二甲苯	−25.2	144.4	0.8802(10℃)
间二甲苯	−47.9	139.1	0.8642
对二甲苯	13.3	138.3	0.8611
乙苯	−95.0	136.2	0.8670
正丙苯	−99.5	159.2	0.8620
异丙苯	−96.0	152.4	0.8618

单环芳烃的闪点偏低，易燃易爆。极性小，不溶于水，易溶于有机溶剂，液态芳烷烃本身也是有机反应的良好溶剂。

注意：芳香烃一般都有毒性，尤其是苯的毒性较大，长期吸入它们的蒸气，会损害造血器官及神经系统。

第四节　单环芳烃的化学性质及应用

芳香烃最明显的特征就是"芳香性"，不容易发生不饱和键（双键、三键）的加成、氧化反应，但非常容易发生取代反应。

一、苯环上的取代反应

苯环中的 π 电子云分布在环平面的上、下两侧，受原子核的束缚小，易流动，电子云密度大，但又不同于烯烃中的 π 电子。苯环中的大 π 键使其能保持环的共轭结构，不能发生亲电加成反应而容易发生亲电取代反应。

1. 卤化反应

苯环上的卤化反应需要借助催化剂，常用铁或卤化铁，反应结果就是苯环上的氢原子被卤原子取代，得到对应的卤苯。

同样由于卤素活性问题，在单环芳烃的卤化反应中主要研究氯代反应和溴代反应。

反应体系中生成的氯苯和溴苯容易继续卤化生成二元取代物，且主要得到原卤原子的邻、对位取代产物。

邻二氯苯　　对二氯苯

2. 硝化反应

有机化合物分子中的氢被硝基（—NO$_2$）取代的反应称为硝化反应。

苯与浓硝酸和浓硫酸的混合物共热后，苯环上的氢原子被硝基取代，生成硝基苯。（由于体系中存在两种酸，故在书写反应条件时也常写作：混酸）

在此反应中，浓硫酸除了起催化作用外，还是脱水剂。

反应体系中生成的硝基苯不容易继续被硝化，但如果增加硝酸的浓度，并提高温度，可得间二硝基苯。

显然，当苯环上已经连有硝基时，再引入第二个硝基就比较困难；或者说，硝基苯进行硝化反应比苯要难。此外，新引入的硝基主要进入苯环上原有硝基的间位。

苯的一些衍生物，如甲苯，也可以发生硝化反应，并且反应条件比苯要温和，30℃条件下，不需要催化剂即可反应，主要生成邻硝基甲苯和对硝基甲苯。

3. 磺化反应

有机化合物分子中的氢被磺酸基（—SO₃H）取代的反应称为磺化反应。苯及其衍生物几乎都可以发生磺化反应。

苯与浓硫酸在 70～80℃ 条件下共热，苯环上的氢原子被磺酸基取代，生成苯磺酸。苯磺酸是有机强酸，易溶于水，其酸性可与无机强酸相比。

$$\text{苯} + HO-SO_3H \xrightarrow{\triangle} \text{苯}-SO_3H + H_2O$$

和苯的硝化反应类似，在更高的温度下，苯磺酸也可以继续被磺化，得到的主产物为间苯二磺酸。可见苯磺酸比苯发生磺化反应困难。

磺化反应的特殊之处在于，它是可逆反应，苯磺酸与水共热即可脱去磺酸基。这一性质常被用来在苯环的某些特定位置引入某些基团，即利用磺酸基占据苯环上的某一位置，待新的基团引入后，再将磺酸基水解脱除（具体应用见本节例 2）。

同样地，甲苯在发生磺化反应时比苯容易，低温下反应即可进行，磺酸基主要进入甲基的邻位和对位。

$$\text{甲苯} + HO-SO_3H \rightleftharpoons \text{邻位}-SO_3H + \text{对位}-SO_3H + H_2O$$

0℃	43%	53%
100℃	13%	79%

实验数据还表明，不同温度下，甲苯磺化产物的组成不同，低温时邻、对位产物的比例接近 1:1，而高温时对位产物的比例明显增大，原因在于对位产物中甲基和磺酸基距离较远空间位阻更小，体系能量更低，生成的邻位产物通过水解再磺化也可以转化为对位产物。

4. 傅-克（Friedel-Crafts）反应

1877 年法国化学家傅瑞德（C. Friedel）和美国化学家克拉夫茨（J. M. Crafts）发现了制备烷基苯和芳酮的反应，常简称为傅-克反应。实际上，傅-克反应包括烷基化反应、酰基化反应两种。

（1）烷基化反应　在路易斯酸（无水三氯化铝等）催化下，苯与卤代烷、烯烃和醇反应，苯环上的氢原子被烷基取代生成烷基苯的反应称为傅-克烷基化反应。例如：

$$\text{苯} + C_2H_5Br \xrightarrow{\text{无水 AlCl}_3} \text{苯}-C_2H_5 + HBr$$

$$\text{苯} + CH_2=CH_2 \xrightarrow{\text{无水 AlCl}_3} \text{苯}-C_2H_5$$

像卤代烷、烯烃和醇这样可以提供烷基的化合物叫作烷基化试剂。

当烷基化试剂中含有 3 个及以上直链碳原子时，以碳链异构化产物为主，其原因与碳正离子稳定性有关（详见第九章第四节）。

$$\text{苯} + CH_3CH_2CH_2Cl \xrightarrow{\text{无水 AlCl}_3} \text{苯}-\underset{CH_3}{CHCH_3} + HCl$$

烷基化反应中，当苯环上引入一个烷基后，反应仍可继续进行，得多烷基取代物，一般可以通过控制苯的用量来调整产物比例，例如使苯过量时主要得到一取代苯。但当苯环上已有硝基等吸电子基团时，则不再发生苯的烷基化反应。

实际生产中，重要的化工原料十二烷基苯磺酸钠就利用了苯的烷基化和磺化反应。

$$\text{苯} + C_{12}H_{25}Cl \xrightarrow{\text{无水 AlCl}_3} \text{苯-}C_{12}H_{25} \xrightarrow[40\sim50℃]{\text{发烟 H}_2\text{SO}_4} \underset{SO_3H}{\overset{C_{12}H_{25}}{\text{苯}}} \xrightarrow{\text{NaOH}} \underset{SO_3Na}{\overset{C_{12}H_{25}}{\text{苯}}}$$

传统的芳烃烷基化反应催化剂是无水三氯化铝，但由于使用时还需加入盐酸作助催化剂，对设备腐蚀性较大，也尝试用一些如分子筛、离子交换树脂等新型酸性催化剂作为替代。

（2）酰基化反应　在路易斯酸（无水三氯化铝等）催化下，苯与酰卤、酸酐等反应，苯环上的氢原子被酰基（ $R-\overset{O}{\overset{\|}{C}}$ ）取代生成芳酮的反应叫作傅-克酰基化反应。反应中提供酰基（ $R-\overset{O}{\overset{\|}{C}}$ ）的酰卤、酸酐等试剂叫作酰基化试剂。

$$\text{苯} + H_3C-\overset{O}{\overset{\|}{C}}-Cl \xrightarrow{\text{无水 AlCl}_3} \text{苯-}\overset{O}{\overset{\|}{C}}-CH_3 + HCl$$

$$H_3C-\text{苯} + \begin{matrix}H_3C-\overset{O}{\overset{\|}{C}}\\O\\H_3C-\overset{O}{\underset{\|}{C}}\end{matrix} \xrightarrow{\text{无水 AlCl}_3} H_3C-\text{苯-}\overset{O}{\overset{\|}{C}}-CH_3 + CH_3COOH$$

不同于烷基化反应，酰基化反应一般停留在一元取代阶段，也不发生异构化。另外，当苯环上已有硝基等吸电子基团时，就不会和酰基化试剂发生反应。所以，硝基苯是傅-克反应的很好的溶剂，既能很好地溶解反应物又不参与反应。

> **思考：** 1. 苯环上有多个氢原子可被取代时，为什么有的只能发生一次取代反应得到一元取代产物，有的却可以得到二元甚至多元取代产物？
>
> 2. 当一取代苯能够再次发生取代反应，新进基团会选择剩下哪一个位置的氢取代？

5. 单环芳烃发生亲电取代反应的规律

单环芳烃发生取代的难、易程度及二元取代反应发生的位置取决于苯环上原有取代基的性质。将苯环上原有的取代基叫作定位基。

定位规律

（1）邻、对位定位基　当苯的一个氢被甲基取代时，得到的甲基苯活性更强，可以在同样条件下继续发生二元取代反应，产物以邻二甲苯、对二甲苯为主。因此，甲基就是邻、对位定位基，也称为第一类定位基，烷基都属于第一类定位基。这类定位基大多属于致活基团（活化基团），能够和苯环产生共轭效应，增加苯环的电子云密度，使得其发生亲电反应更加容易，但卤素除外。

（2）间位定位基　当苯的一个氢被硝基或磺酸基取代时，得到的产物活性变弱，需要在更剧烈的条件下才能继续发生取代反应，甚至不能再发生取代反应，其二元取代产物以间位产物为主。因此，硝基或磺酸基就是间位定位基，也称为第二类定位基。这类定位基属于致钝基团（钝化基团），能够降低苯环的电子云密度，削弱苯环活性，酰基、醛基、羧基等都是钝化基团。

常见的定位基及定位规律见表 10-3。

表 10-3 常见定位基及定位规律

邻、对位定位基				间位定位基	
活化基团		钝化基团		钝化基团	
活化能力减弱↓ 二甲氨基	$-N(CH_3)_2$	卤原子	$-F$	钝化能力减弱↓ 硝基	$-NO_2$
氨基	$-NH_2$		$-Cl$	羧基	$-COOH$
羟基	$-OH$		$-Br$	磺酸基	$-SO_3H$
甲氧基	$-OCH_3$		$-I$	醛基	$-CHO$
烷基	$-R$			酰基	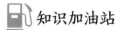

由表 10-3 可知，邻、对位定位基和活化基团，间位定位基和钝化基团这两组概念并不是完全对应，卤原子是邻、对位定位基，却能起到降低苯环的电子云密度，钝化苯环的作用。

仔细观察会发现，上述两类定位基的结构有明显特征。一般邻、对位定位基与苯环直接相连的原子都只有单键或带负电荷，而间位定位基与苯环直接相连的原子则带有不饱和键或正电荷。

知识加油站

二元取代苯的定位规则

当苯环上已有两个取代基，再进行亲电取代反应时，则第 3 个基团进入的位置取决于已有的两个定位基的性质、相对位置、空间位阻等条件，简单介绍以下两种情况。

1. 两定位基定位效应一致

这是比较简单的情况，当苯环上原有的两个定位基的定位效应一致时，则第 3 个基团进入两定位基一致指向的位置。如：

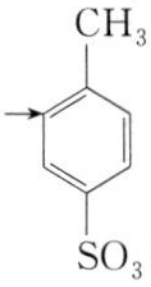

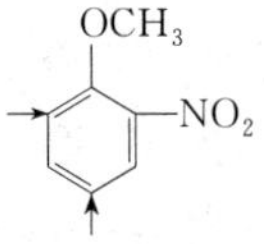

2. 两定位基定位效应不一致

若苯环上原有的两个定位基的定位效应不一致，需要分情况讨论。

（1）当两个定位基属于同一类，第 3 个基团进入苯环的位置取决于定位效应强的定位基。如：

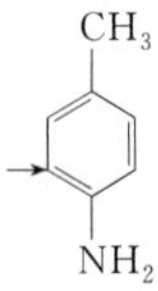

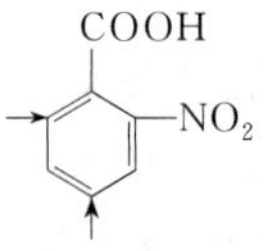

（2）当两个定位基属于不同类时，第 3 个基团进入苯环的位置主要取决于邻、对位定位基。如：

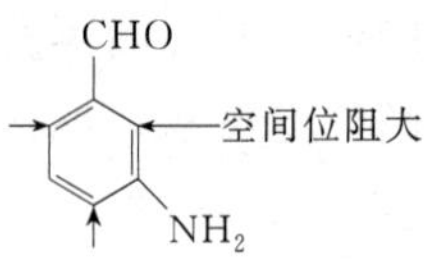

二、苯的氧化反应

苯即使在高温下与高锰酸钾、重铬酸钾同煮也不被氧化。但在高温条件下，使用催化剂五氧化二钒可以破坏苯环的结构，将其氧化为顺丁烯二酸酐。

$$\text{苯} + O_2 \xrightarrow[\text{400 C}]{V_2O_5} \text{顺丁烯二酸酐}$$

三、苯环侧链的反应

1. 侧链上的加成反应

如果苯环侧链的结构中含有双键等不饱和键，则侧链中的不饱和键仍然可以发生亲电加成反应。

$$\text{苯}-CH=CH_2 + Cl_2 \longrightarrow \text{苯}-\underset{Cl}{CH}-\underset{Cl}{CH_2}$$

2. 侧链 α-H 的反应

与官能团直接相连的碳称为 α-C，α-C 连接的氢原子就是 α-H。一般地，由于 α-C 和官能团的距离较近，就会导致 α-H 性质比较特殊。在芳香烃中，苯环不是官能团，但具有官能团的性质，因此，单环芳烃的 α-H 也具有一些特性反应。

$$\text{苯}-\underset{H(\alpha\text{-}H)}{C}$$

(1) 侧链 α-H 的卤化反应 在光照或高温加热条件下，侧链烷基上的 α-H 可以被卤素取代生成卤代芳烃。

$$\text{苯}-CH(CH_3)_2 + Cl_2 \xrightarrow{h\nu} \text{苯}-\underset{Cl}{C}(CH_3)_2 + HCl$$

(2) 侧链 α-H 的氧化反应 苯环一般较稳定，不易被氧化，但若侧链含有 α-H 原子，则在强氧化剂（高锰酸钾、重铬酸钾）作用下，侧链可以发生氧化反应，将烷基氧化为羧基。例如：

甲苯与酸性高锰酸钾的氧化实验

$$\underset{C(CH_3)_3}{\overset{CH_3}{\text{苯}}} \xrightarrow{KMnO_4, H^+} \underset{C(CH_3)_3}{\overset{COOH}{\text{苯}}}$$

反应结束高锰酸钾溶液颜色褪去，现象明显，利用单环芳烃侧链的 α-H 的氧化反应可以鉴别苯环侧链的结构。注意，此反应要求结构中必须含有 α-H 原子，如不含 α-H 则不发生侧链氧化反应。

> **思考：**如何用化学方法鉴别甲苯和异丙苯。

四、苯环定位基的应用实例

苯环上亲电取代反应的定位规律不仅可以预测取代反应的产物，还可以为有机物合成选择合适的反应路线。

例1: 试以甲苯为原料，设计合成具有广泛用途的医药原料间硝基苯甲酸。即

定位规律的应用

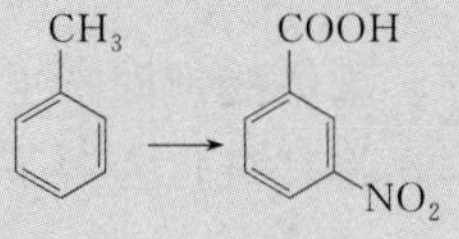

【解析】原料甲苯中的甲基含有 α-H，目标产物中的羧基可由甲基氧化而获得。羧基为间位定位基，目标产物中的羧基与硝基互为间位，因此可先将甲苯氧化后得苯甲酸，再硝化，得到间硝基苯甲酸。甲基是邻、对位定位基，若将甲苯先硝化则得到邻硝基甲苯和对硝基甲苯的混合物，氧化也无法得到目标产物。所以，设计具体合成路线如下：

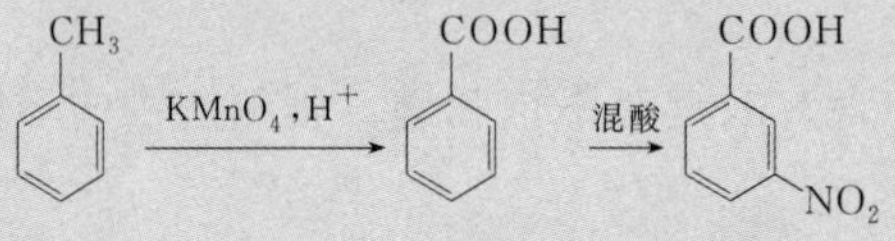

例2: 邻硝基乙苯是制备抗炎药依托吐酸的原料。试以苯为原料，设计由苯合成邻硝基乙苯的路线。

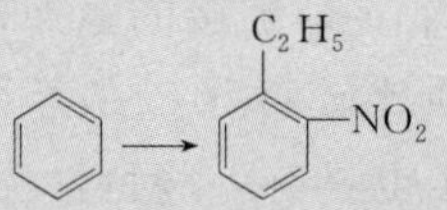

【解析】硝基是间位定位基，乙基是邻、对位定位基，目标物中的硝基和乙基互为邻位，因此合成邻硝基乙苯应先烷基化，再硝化。又因乙基是邻、对位定位基，为防止在硝化时，硝基进入乙基的对位，造成原料损失，可在硝化前先将乙苯磺化，磺酸基的空间位阻大，主要进入乙基的对位，得到对乙基苯磺酸，再硝化，最后水解脱去磺酸基，可得目标产物，此处磺酸基起占位的作用。具体合成路线如下：

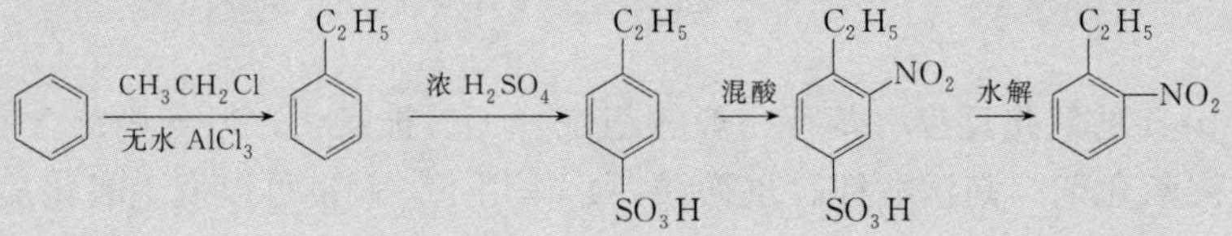

✎ **练习**

1. 选择题

(1) 以下原子或基团为邻、对位定位基的是（　　）。

A. —NO$_2$　　　　　　　　B. —SO$_3$H　　　　　　　　C. —Br

(2) 以下原子或基团为间位定位基的是（　　）。

A. —NH$_2$　　　　　　　　B. —SO$_3$H　　　　　　　　C. —C$_2$H$_5$

(3) 单环芳烃的几类取代反应中属于可逆反应的是（　　）。

A. 卤化反应　　　　　　　B. 硝化反应　　　　　　　C. 磺化反应

(4) 下列化合物可以作傅-克反应溶剂的是（　　）。

A. 硝基苯　　　　　　　　B. 甲苯　　　　　　　　　C. 苯酚

2. 写出下列物质发生硝化反应时的主要产物。

（1）（苯甲基CH₃）　（2）（苯-C₁₂H₂₅）　（3）（苯-Cl）　（4）（苯-COOH）

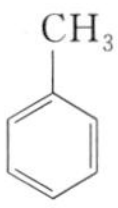

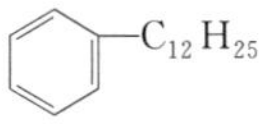

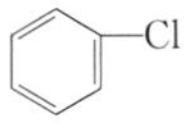

第五节　萘

萘属于稠环芳烃。**两个或两个以上的苯环以共用两个相邻碳原子的方式相互稠合而成的芳烃称为稠环芳烃。**稠环芳烃一般是固体，且大多为致癌物质。

一、萘的结构

萘的分子式为 $C_{10}H_8$，是最简单的稠环芳烃。通过 X 射线测定，萘分子为平面结构，两个苯环共用两个碳原子互相稠合在一起，其结构式如下：

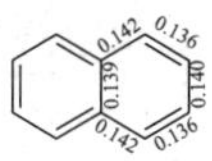

萘环上的每个碳原子均为 sp^2 杂化，碳原子间以及碳原子与氢原子间均以 σ 键相连，所有的碳原子、氢原子处于同一水平面上。

另外，每个碳原子剩余的 p 轨道平行，侧面重叠形成共轭大 π 键，垂直于萘环平面。与苯不同的是萘中各碳原子 p 轨道的重叠程度不同，导致萘的 π 电子云在 10 个碳原子间并不是均匀分布的。

萘环中碳碳键的键长既不同于典型的单键和双键，也不同于苯分子中等长的碳碳键，正是由于萘分子中键长平均化程度没有苯高，萘的稳定性比苯差，反应活性高于苯。

二、萘衍生物的命名

萘环上有固定的编号顺序，如下：

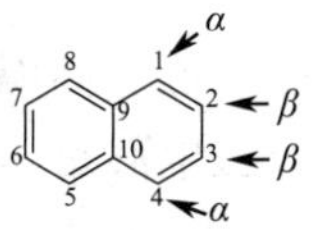

其中 1、4、5、8 位电子云密度最高，又称 α 位，2、3、6、7 位次之，又称 β 位。因此，萘的一元取代物有两种，即 α 取代物和 β 取代物。命名时可以用阿拉伯数字标明取代基的位次，也可用 α、β 字母标明取代基的位次。如：

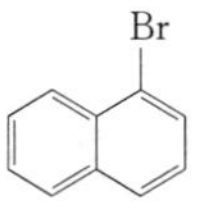

1-溴萘(α-溴萘) 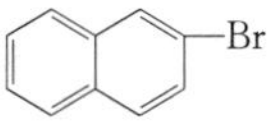　　2-溴萘(β-溴萘)

萘的二元取代物的异构体更多，两个取代基相同的二元取代物可有 10 种。萘的二元取代物的命名可以参照下例：

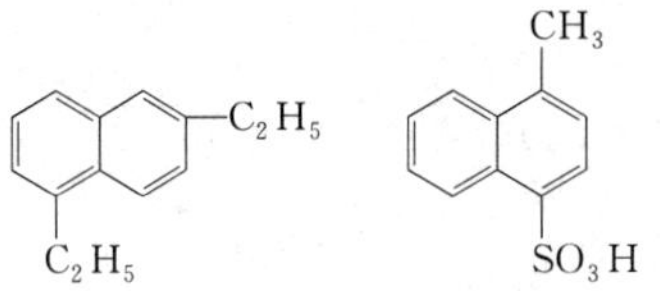

1,6-二乙基萘

4-甲基-1-萘磺酸

三、萘的重要性质及应用

萘是白色片状晶体，熔点为 80.5℃，沸点为 218℃，不溶于水，溶于有机溶剂，有特殊气味，易升华。

萘的化学性质比苯活泼，更容易发生亲电取代反应、氧化反应和还原反应。

1. 萘的取代反应

萘也可以发生卤化、硝化、磺化等亲电取代反应，由于萘分子的 α 位电子云密度比 β 位大，所以取代反应容易发生在 α 位。

(1) 卤化反应　萘的溴代反应不需催化剂就可以发生，氯代反应在弱催化剂作用下也可以顺利进行。

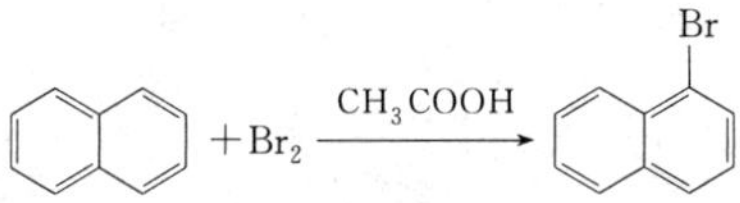

(2) 硝化反应　萘和混酸在室温下就可发生硝化反应，生成 α-硝基萘。

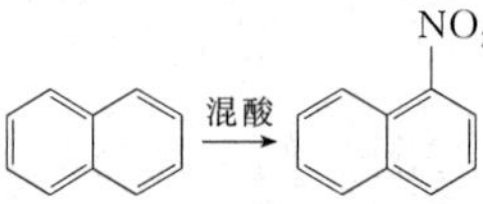

(3) 磺化反应　萘的磺化反应也算是可逆反应，并且磺化产物随温度的不同而改变，低温主要生成 α-萘磺酸，高温主要生成 β-萘磺酸。

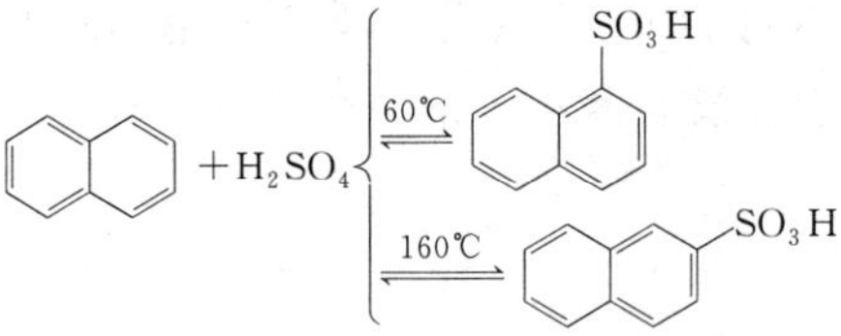

2. 氧化反应

萘也可以发生氧化反应，反应主要在 α 位。高温下，使用五氧化二钒作催化剂，萘可以被空气氧化生成重要的有机化工原料邻苯二甲酸酐。

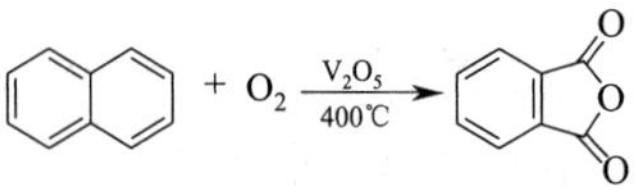

✎ 练习

1. 写出下列化合物的结构式。

(1) α-磺酸萘　　　　　(2) 1,6-二甲基萘　　　　　(3) 邻苯二甲酸酐

2. 写出萘和下列试剂反应的反应条件及产物。

(1) 混酸　　　　　　(2) 浓硫酸　　　　　　(3) 五氧化二钒

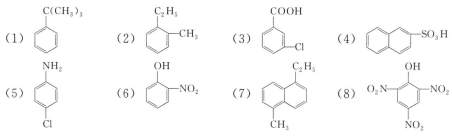

本章习题

1. 命名下列化合物。

(1) [结构式：苯环上 C(CH₃)₃]　(2) [结构式：苯环上 C₂H₅ 和 CH₃]　(3) [结构式：苯环上 COOH 和 Cl]　(4) [结构式：萘环上 SO₃H]

(5) [结构式：苯环上 NH₂ 和 Cl]　(6) [结构式：苯环上 OH 和 NO₂]　(7) [结构式：萘环上 C₂H₅ 和 CH₃]　(8) [结构式：苯环上 OH、O₂N、NO₂、NO₂]

2. 写出下列化合物的构造式。

(1) 对氯苯磺酸　　　　(2) 间甲基苄基氯　　　　(3) 间二乙烯苯

(4) 2,3-二溴苯甲醛　　(5) 4-氯-2,3-二硝基甲苯　　(6) 6-氯-1-萘磺酸

3. 用箭头表示下列化合物进行乙基化反应时，乙基进入苯环的主要位置。

(1) 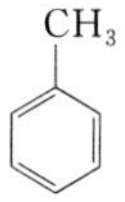 [结构式：苯环上 CH₃]　(2) 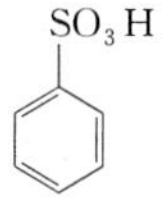 [结构式：苯环上 SO₃H]　(3) 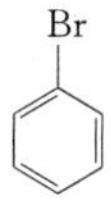 [结构式：苯环上 Br]　(4) 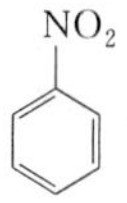 [结构式：苯环上 NO₂]

(5) 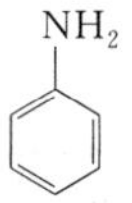 [结构式：苯环上 NH₂]　(6)  [结构式：苯环上 COOH]　(7) 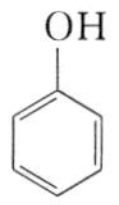 [结构式：苯环上 OH]　(8) 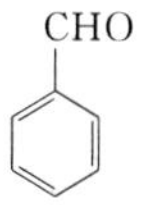 [结构式：苯环上 CHO]

4. 指出下列各组化合物进行硝化反应的活性强弱。

(1) 苯、乙苯、苯磺酸

(2) 硝基苯、乙苯、苯

(3) 对二甲苯、甲苯、苯磺酸

5. 完成下列化学反应。

(1) 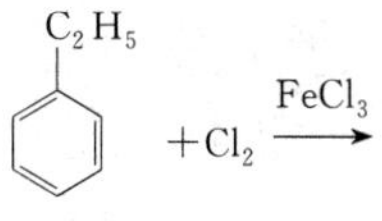 [结构式：苯环上 C₂H₅] + Cl₂ $\xrightarrow{FeCl_3}$

(2) 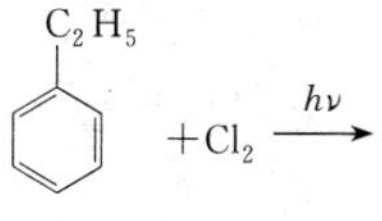 [结构式：苯环上 C₂H₅] + Cl₂ $\xrightarrow{h\nu}$

(3) [结构式：苯环上 CH(CH₃)₂] + H₃C—C(=O)—Cl $\xrightarrow{\text{无水 }AlCl_3}$

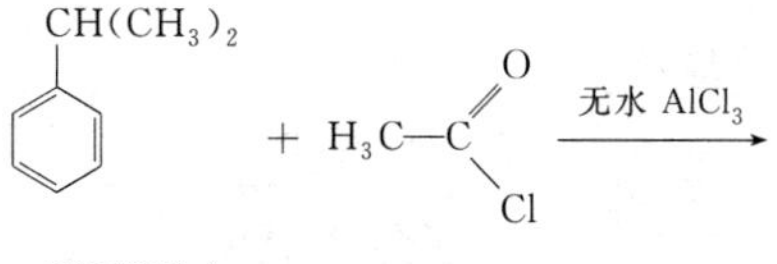

(4) 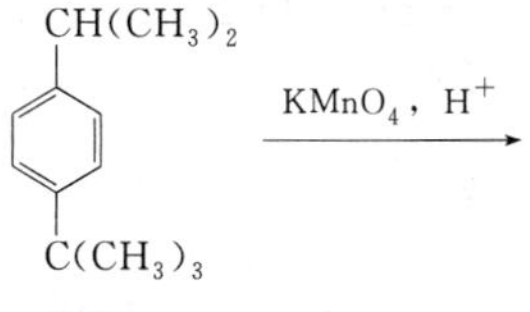 [结构式：苯环上 CH(CH₃)₂ 和 C(CH₃)₃] $\xrightarrow{KMnO_4,\ H^+}$

(5) 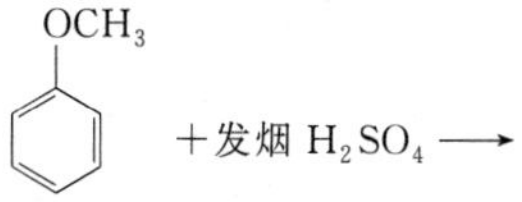 [结构式：苯环上 OCH₃] + 发烟 H₂SO₄ $\longrightarrow$

(6) 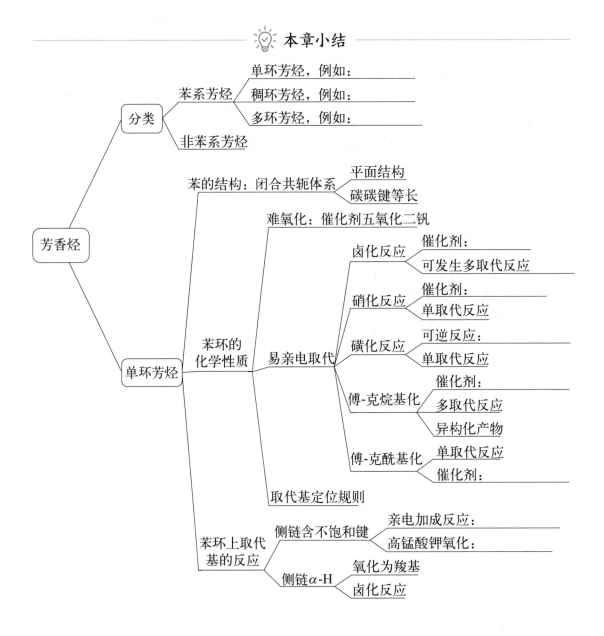 $+ HNO_3 \xrightarrow{\text{浓 } H_2SO_4}$? $\xrightarrow{Cl_2,\ FeCl_3}$

5. 以苯或甲苯及其他无机试剂为原料，设计合成邻氯甲苯的路线。

6. 分子式为 C_9H_{12} 的芳烃 A，用高锰酸钾氧化后得二元羧酸。将 A 硝化，得到两种一硝基产物。试推测该芳烃的构造式并写出各步反应式。

7. 某芳烃化合物 A 的分子式为 C_9H_{10}，它能使溴的四氯化碳溶液褪色。用高锰酸钾的硫酸溶液氧化 A，可得脂肪酸 B 和芳酸 C，C 发生烷基化反应时，只得一种主产物 D。试推测 A、B、C、D 的结构式并写出各步反应式。

☼ 本章小结

芳香烃
- 分类
  - 苯系芳烃
    - 单环芳烃，例如：
    - 稠环芳烃，例如：
    - 多环芳烃，例如：
  - 非苯系芳烃
- 单环芳烃
  - 苯的结构：闭合共轭体系
    - 平面结构
    - 碳碳键等长
  - 苯环的化学性质
    - 难氧化：催化剂五氧化二钒
    - 易亲电取代
      - 卤化反应
        - 催化剂：
        - 可发生多取代反应
      - 硝化反应
        - 催化剂：
        - 单取代反应
      - 磺化反应
        - 可逆反应：
        - 单取代反应
      - 傅-克烷基化
        - 催化剂：
        - 多取代反应
        - 异构化产物
      - 傅-克酰基化
        - 单取代反应
        - 催化剂：
    - 取代基定位规则
  - 苯环上取代基的反应
    - 侧链含不饱和键
      - 亲电加成反应：
      - 高锰酸钾氧化：
    - 侧链α-H
      - 氧化为羧基
      - 卤化反应

第十一章

卤代烃

【知识目标】

1. 掌握卤代烃的分类方法及不同类型卤代烃的反应活性。
2. 掌握卤代烃发生取代反应的规律。
3. 理解卤代烃的物理性质及其变化规律。

【能力目标】

能利用卤代烃的理化性质及其变化规律鉴别不同结构的卤代烃。

【素质目标】

通过了解氟利昂的发展变化，树立正确的价值观，切实认识到化学和环境之间的联系，培养环保意识。

情景导入

臭氧杀手——氟利昂

20 世纪 30 年代左右，人类合成了一种叫"氯氟烃"的化合物，并广泛用于制冷剂、发泡剂、清洗剂，商品名为氟利昂。直至 70 年代人们发现并意识到保护地球的臭氧层正在逐渐被破坏，甚至有的地方出现了臭氧空洞，而元凶之一就是"氟利昂"。研究人员发现，氟利昂排放到大气中会分解出氯原子，这些氯原子十分不稳定，能与臭氧分子发生反应，一个氯原子 2 年间就能消耗大约十万个臭氧分子。

鉴于氟利昂排放和臭氧层消失之间的密切关系，24 个国家于 1987 年签署了《关于消耗臭氧层的蒙特利尔议定书》（下文简称《议定书》），1991 年 6 月 14 日，我国加入修正后《议定书》。《议定书》中规定各国有共同努力保护臭氧层的义务，凡是对臭氧层有不良影响的活动，各国均应采取适当防治措施，及时制止相关的破坏臭氧的活动。在 2014～2017 年间，仅我国东部的氟利昂排量每年就减少了约 1 万吨。并于 2018 年、2019 年继续大力开展打击消耗臭氧层物质生产、排放的行动。数据显示在全球的氟利昂排放量统计中，中国东部地区的排放量大大减少，贡献占总降幅的 60% 之多。

我国作为最大的发展中国家为保护地球环境积极贡献出了自己的一份力量。

烃分子中一个或几个氢原子被卤原子取代后生成的一系列化合物称为卤代烃，如一氯甲烷、二氯甲烷等，用 **RX** 表示（烷基卤代烃）；氯苯、溴苯等用 **ArX** 表示（芳卤代烃）。其官能团为卤原子。

第一节　卤代烃的分类和命名

一、卤代烃的分类

根据卤代烃分子中所含卤原子数目的不同可将卤代烃分为：一卤代烃、二卤代烃和多卤代烃。根据卤代烃分子中所含卤原子种类不同还可将卤代烃分为碘代烃、溴代烃、氯代烃、氟代烃。例如：

C_6H_5Br	CH_2Cl_2	CHI_3
溴苯	二氯甲烷	三碘甲烷
（一卤代烃）	（二卤代烃）	（三卤代烃）

根据卤代烃分子中烃基结构的不同可将卤代烃分为：饱和卤代烃（卤代烷烃）、不饱和卤代烃、卤代芳香烃。例如：

CH_3CH_2Br	$CH_2{=}CHCl$	邻氯甲苯结构式
1-溴乙烷	氯乙烯	邻氯甲苯
（卤代烷烃）	（不饱和卤代烃）	（卤代芳香烃）

根据卤代烃分子中与卤原子直接相连的 α-C 的类型可将卤代烃分为：一级卤代烃，也叫伯卤代烃；二级卤代烃，也叫仲卤代烃；三级卤代烃，也叫叔卤代烃。例如：

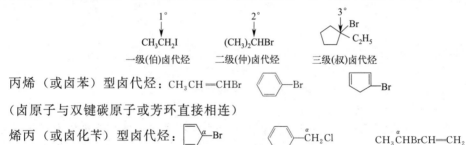

$1°$	$2°$	$3°$
CH_3CH_2I	$(CH_3)_2CHBr$	
一级(伯)卤代烃	二级(仲)卤代烃	三级(叔)卤代烃

丙烯（或卤苯）型卤代烃：$CH_3CH{=}CHBr$ 　　　　　　-Br　　　　-Br

（卤原子与双键碳原子或芳环直接相连）

烯丙（或卤化苄）型卤代烃：　　-Br　　　　$-CH_2Cl$　　　　$CH_3CHBrCH{=}CH_2$

（卤原子与双键或芳环的 α-碳原子直接相连）

一级卤代烃、二级卤代烃、三级卤代烃及烯丙型和丙烯型卤代烃在化学性质上有明显区别，需重点掌握此分类方法。

二、卤代烃的命名

1. 习惯命名法

结构简单的卤代烃，可以依据卤原子所连的烃基的名称将其命名为"某烃基卤"。

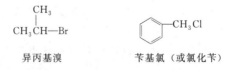

异丙基溴	苄基氯（或氯化苄）

2. 系统命名法

结构复杂的卤代烃还是要使用系统命名法命名。在官能团优先次序表中（详见第 10 章第一节）卤原子官能团的排位在烷基之后，因此，命名时把卤代烃看作烃的卤素衍生物，即以烃为母体，命名为"某烷""某烯""某炔"，卤原子只作为取代基。因此，其命名原则与相应烃的原则一致。

（1）饱和卤代烃（卤代烷烃）

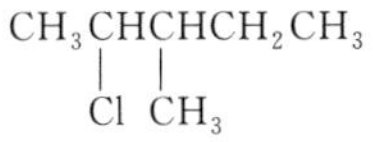

$$CH_3CHCHCH_2CH_3 \qquad CHClF_2$$
$$\quad\ \ |\ \ \ |$$
$$\quad\ \ Cl\ \ CH_3$$

3-甲基-2-氯戊烷　　　　二氟氯甲烷

（2）不饱和卤代烃

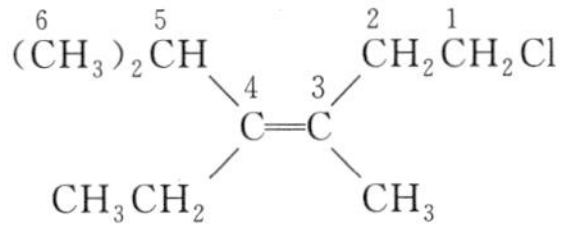

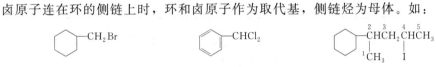

（Z）-3,5-二甲基-4-乙基-1-氯-3-己烯 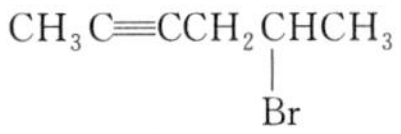　　　　5-溴-2-己炔

（3）卤代环烃　卤原子直接连在环上时，环为母体，卤原子为取代基。如：

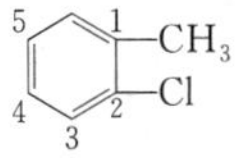

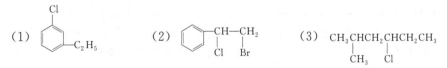

2-氯甲苯（或邻氯甲苯） 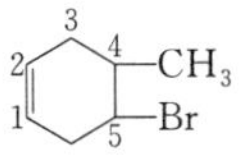　　　　4-甲基-5-溴环己烯

卤原子连在环的侧链上时，环和卤原子作为取代基，侧链烃为母体。如：

<table>
<tr><td>—CH₂Br</td><td>—CHCl₂</td><td>—CHCH₂CHCH₃
CH₃ I</td></tr>
<tr><td>环己基一溴甲烷</td><td>苯二氯甲烷</td><td>2-环己基-4-碘戊烷</td></tr>
</table>

✎ 练习

1. 写出下列化合物的构造式并指出下列卤代烃的类别（按照 α-C 类型分类）。

（1）1,4-二氯环己烷　　　（2）氯化苄　　（3）正丁基溴　　（4）2-甲基-3,4-二氯-戊烷

2. 用系统命名法为下列化合物命名。

（1） [结构式]

（2） [结构式]

（3）$CH_3CHCH_2CHCH_2CH_3$
　　　　CH_3　　Cl

第二节　卤代烃的物理性质及应用

　　多数卤代烃是无色的，但碘代烃因见光易产生游离的碘而常带红棕色，因此储存需用棕色瓶装并且要避光，使用前需要重新蒸馏。不少卤代烃带香味，但其蒸气有毒，特别是碘代烃应特别注意，防止吸入。

　　在常温常压下，除氯甲烷、溴甲烷、氯乙烷、氯乙烯为气体外，其余多为液体，高级或一些多元卤代烃为固体。

　　同系列卤代烃中，沸点随碳原子数目的增加而升高；烃基相同的卤代烃中，沸点的变化

规律是：$RI>RBr>RCl$。卤代烃沸点比分子量相近的烃略高。

卤代烃均不溶于水，易溶于醇、醚、烃等有机溶剂，常用作溶剂，比如氯仿、四氯化碳可作为萃取剂从水中提取有机物。一氟代烃、一氯代烃密度比水小，溴代烃、碘代烃密度则比水大，萃取时要注意有机层在上还是在下。

部分卤代烃的物理性质如表 11-1 所示。

表 11-1　常见卤代烃的物理常数

名称	结构式	熔点/℃	沸点/℃	相对密度(d_4^{20})
氯甲烷	CH_3Cl	-97	-24	0.920
溴甲烷	CH_3Br	-93	4	1.732
碘甲烷	CH_3I	-66	42	2.279
二氯甲烷	CH_2Cl_2	-96	40	1.326
三氯甲烷	$CHCl_3$	-64	62	1.489
四氯甲烷	CCl_4	-23	77	1.594
1-氯丙烷	$CH_3CH_2CH_2Cl$	-123	47	0.890
2-氯丙烷	$CH_3CHClCH_3$	-117	36	0.860
氯乙烯	$CH_2{=}CHCl$	-154	-14	0.911
溴乙烯	$CH_2{=}CHBr$	-138	16	1.517
氯苯	C_6H_5Cl	-45	132	1.107
氯化苄	$C_6H_5CH_2Cl$	-39	179	1.100

需要提醒的是，由于卤代烃多数毒性较大，目前工业生产中正逐步被绿色溶剂如超临界二氧化碳流体、碳酸二甲酯、2,5-二甲基己烷等替代。

此外，卤代烃可用于制作制冷剂——氟利昂（如 $CHClF_2$、CCl_2F_2）；灭火剂——CCl_4（电器类起火）；麻醉剂等。

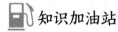 知识加油站

塑料之王——聚四氟乙烯

聚四氟乙烯（poly tetra fluoroethylene，PTFE），是由四氟乙烯聚合得到的一种高分子化合物（见图 11-1），具有非常优良的化学稳定性，是当今世界上耐腐蚀性能最佳的材料之一，就是在王水中煮沸也不起变化，因此，人们赋予其"塑料之王"的称号。

图 11-1　聚四氟乙烯的结构模型

鉴于 PTFE 的高度稳定性，它被广泛应用在医用材料上，如手术服、隔离服、消毒器械包裹材料及各种诊断装置，甚至人造器官等。采用 PTFE 制作的医用防护服具有很好的阻隔性，无论是对于病毒、血液还是化学药品，其阻隔效果都非常好。研究表明，这种材料能很好地将病毒载体（如飞沫、飞絮、粉尘）截留在防护服表面及内部，但其价格较为昂贵。另外，改性的 PTFE 还能用作血管替代品，实验表明这种材料具有与自然血管相似的功能。

> 思考：四氟乙烯是合成"塑料之王"的单体，它的结构与我们熟悉的乙烯有什么联系呢？它们在性质上又有什么差别呢？

第三节　卤代烃的化学性质及应用

本节主要介绍一元卤代烷烃的相关化学性质。

卤代烷中由于卤原子的电负性大于碳原子，所以 C—X 键为较强的极性共价键，电子云偏向卤原子，使得 α-C 带部分正电荷，容易受到带有孤电子对或负电荷的亲核试剂的进攻，C—X 键断裂，卤原子被其他原子或基团取代，如图 11-2 所示。各种卤代烷的化学反应活性顺序为：RI＞RBr＞RCl。

一、卤原子的取代反应

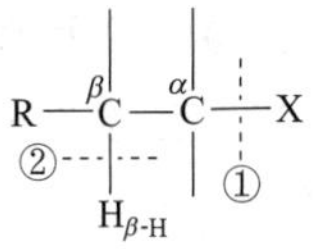

取代反应的位置发生在图 11-2 中的①处，即 C—X 键断裂，卤原子被其他原子或基团取代。

图 11-2　卤代烷结构分析

1. 水解反应

卤代烷和水反应，卤原子被羟基（—OH）取代得到醇。但由于卤代烷不溶于水，其水解反应属于两相反应，两者只在相界面接触，反应很慢，并且还是一个可逆反应，产率比较低。为了提高反应速率并使反应进行到底，通常在反应体系中加入少量强碱（NaOH、KOH），反应才能顺利进行。

$$R \overline{\; X + H \;} OH \xrightarrow[\triangle]{NaOH} R—OH + NaX$$

实际上，卤代烷在自然界中含量很少，因此价格较醇类也高，工业上很少用卤代烃水解合成醇。但也有例外，工业制备戊醇就是利用这个反应。

$$CH_3(CH_2)_3CH_2—Cl + H_2O \xrightarrow[\triangle]{NaOH} CH_3(CH_2)_3CH_2OH + NaCl$$

🔋 **知识加油站**

亲核反应过程

卤代烷的取代反应中有一个共性，卤素都是被带负电荷的离子（如 HO^-、CN^-、RO^-）或带有未共用电子对的分子（如 $\overset{..}{N}H_3$）所取代。这些负离子或带有未共用电子对的分子具有进攻正电荷或带部分正电荷原子的倾向，称为亲核试剂，常用 $Nu^{\ominus}$ 表示。

亲核反应过程

卤代烷的取代反应是由亲核试剂首先进攻分子中带部分正电荷的碳原子引起的，这种取代反应称为亲核取代反应，用字母组合"S_N"表示。以卤代烷的水解过程来说明亲核取代反应过程。

1. 单分子亲核取代反应

实验结果表明，2-溴-2-甲基丙烷在碱性溶液中的水解速率只与卤代烷的浓度成正比，而与亲核试剂（HO^-）的浓度无关。

$$CH_3-\overset{\overset{\displaystyle CH_3}{|}}{\underset{\underset{\displaystyle CH_3}{|}}{C}}-Br + HO^- \longrightarrow CH_3-\overset{\overset{\displaystyle CH_3}{|}}{\underset{\underset{\displaystyle CH_3}{|}}{C}}-OH + Br^-$$

具体反应过程分两步：

（1）第一步　2-溴-2-甲基丙烷解离为叔丁基碳正离子和溴负离子。这个过程需要能量，反应比较慢。

$$(CH_3)_3C-Br \xrightarrow{\text{慢}} (CH_3)_3C^+ + Br^-$$

（2）第二步　叔丁基碳正离子与体系中的亲核试剂（HO^-）结合生成产物，反应速率很快。

$$(CH_3)_3C^+ + OH^- \xrightarrow{\text{快}} CH_3-\overset{\overset{\displaystyle CH_3}{|}}{\underset{\underset{\displaystyle CH_3}{|}}{C}}-OH$$

在水解过程中，第一步解离过程慢，是决定反应速率的一步，其过程只有卤代烷参与，所以该反应速率只与卤代烷的浓度成正比，而与亲核试剂（HO^-）的浓度无关。这样的反应称为单分子亲核取代反应，常用 S_N1 表示。影响 S_N1 反应活性的主要因素是碳正离子的稳定性，碳正离子在溶液中越稳定反应越快。不同结构的卤代烷按 S_N1 反应时的活性顺序为：

叔卤代烷＞仲卤代烷＞伯卤代烷＞CH₃X

2. 双分子亲核取代反应

实验结果显示，溴甲烷的碱性水解速率，不仅与卤代烷的浓度成正比，也与碱的浓度成正比，说明其水解过程不是单分子取代过程。

溴甲烷的碱性水解反应是一步完成的，也就是说 C—X 键的断裂与 C—O 键的形成是同时进行的。由于反应速率取决于过渡态的形成，而过渡态的形成需要 RX 和 HO^- 两种反应物，所以此类反应称为双分子亲核取代反应，常用 S_N2 表示。用反应式表示其过程如下：

过渡态

受溴原子电子效应与空间效应的影响，带负电荷的 HO^- 从最有利的位置即溴的背面沿 C—Br 键的轴线进攻 α-碳原子，在逐渐接近的过程中，C—O 键开始部分地形成。与此同时，C—Br 键逐渐伸长并变弱。将这时新建尚未形成，旧键尚未完全断裂的状态（用虚线表示）称为过渡态，此刻体系能量最高。

随着 HO^- 与碳原子进一步接近，最终形成稳定的 C—O 键，C—Br 同时断裂，反应生成醇。从过渡态转化成产物时，甲基上的 3 个氢原子也同时翻转到溴原子这一边，就像伞被大风吹翻转一样。这种转化过程，称为瓦尔登（Walden）构型翻转。

不同结构的卤代烷按 S_N2 反应时的活性顺序为：

CH₃X＞伯卤代烷＞仲卤代烷＞叔卤代烷

3. 两种反应过程的关系

这两种反应过程是竞争关系，总是同时存在，只是在某一特定条件下哪个占优势的问题。一般 CH₃X、伯卤代烷主要按 S_N2 机理进行反应，叔卤代烷主要按 S_N1 机理进行反应，仲卤代烷则可按两种机理进行反应。另外，具体反应条件如催化剂种类、溶剂极性等因素也会影响卤代烃发生亲核取代的过程。

2. 氰解反应

卤代烷与氰化钠（或氰化钾）的醇溶液共热，卤原子被氰基（—CN）取代而生成腈。

$$R \boxed{-X + Na-} CN \xrightarrow[\triangle]{ROH} R—CN + NaX$$

在有机合成中可用烃为原料合成卤代烃，再氰解就可以得到比原料卤代烃多一个碳原子的碳链。但由于反应条件是强碱性（氰化钠、氰化钾具有较强的碱性），该方法只适用于卤代甲烷或伯卤代烃增长碳链，因为仲卤代烃、叔卤代烃在强碱环境中得到的主产物是消除产物——烯烃（详见本节消除反应）。

3. 氨解反应

卤代烷与氨在醇溶液中共热，卤原子被氨基（—NH_2）取代而生成胺，例如由 1-卤代丁烷制备正丁胺。

$$R \boxed{-X + H-} NH_2 \xrightarrow[\triangle]{ROH} R—NH_2 + HX$$

$$CH_3CH_2CH_2CH_2 \boxed{-X + H-} NH_2（过量）\xrightarrow[\triangle]{ROH} CH_3CH_2CH_2CH_2NH_2 + NH_4X$$

正丁胺可用于合成乳化剂、农药及治疗糖尿病的药物。另外，因产物仍具有亲核性，所以可继续进攻体系中剩余的卤代烷，生成各种取代胺以及季铵盐的混合物。因此，在实际应用中氨解反应多用于制备伯胺和季铵盐。季铵盐是常见的表面活性剂，常见于清洁剂中。

$$R—NH_2 \xrightarrow{R'-X} R—NH \xrightarrow{R'-X} R—N \xrightarrow{R'-X} RR'_3N^+X^-$$
$$\text{季铵盐}$$

上述各类取代反应，既可以看作卤代烃中的卤原子被取代的反应，也可以看作将烃基引入水、氰化钠、氨等的反应，卤代烃是很好的烷基化试剂。

> **思考**：应用威廉逊反应制备甲基叔丁醚时选用哪种原料比较合适呢？

4. 威廉逊（Williamson）反应

卤代烷的 Williamson 反应也称为醇解反应，和水解、氨解不同的是，醇解反应并不是卤代烷和醇的反应，而是卤代烷与醇钠反应，用相应的醇作溶剂，卤原子被烷氧基（RO—）取代而生成醚。

$$R \boxed{-X + Na-} OR' \xrightarrow{ROH} R—OR' + NaX$$

威廉逊反应是制备混醚和芳香醚最好的方法。和水解反应一样，使用时最好选用卤代甲烷或伯卤代烷，也是因为醇钠（醇钠的制备方法详见第十三章醇的化学性质）具有强碱性，与仲卤代烷、叔卤代烃反应，主要发生消除反应得到烯烃。

$$CH_3 \boxed{-X + Na-} O-C(CH_3)_2CH_3 \xrightarrow{\text{叔丁醇}} CH_3O-C(CH_3)_2CH_3 + NaX$$
$$\text{甲基叔丁醚}$$

甲基叔丁醚是一种新型的高辛烷值汽油调和剂，可以提高汽油的使用安全性和质量，因不含铅而减少环境污染。

5. 与 AgNO₃/C₂H₅OH 反应

卤代烷与硝酸银的乙醇溶液作用，卤原子被－ONO₂取代生成硝酸酯和卤化银沉淀。此反应可用于卤代烷的鉴别。

实验：卤代烃和硝酸银的取代反应

$$R\!-\!X + AgONO_2 \xrightarrow{\text{乙醇}} RONO_2 + AgX\downarrow$$

叔卤代烷室温下立刻与硝酸银作用生成卤化银沉淀；仲卤代烷反应稍慢；伯卤代烷需要加热后才反应。

实验表明，卤代烷和硝酸银反应的活性次序为：叔卤代烷＞仲卤代烷＞伯卤代烷。应用此性质可鉴别不同结构的卤代烷。

二、卤代烃的消除反应

卤代烃的消除反应

由于卤素的强吸电子作用，不仅 α-C 带有部分正电荷，β-C 上也会带有少量正电荷，从而使得 β-H 具有一定的离去趋势。

卤代烷在强碱的浓醇溶液中加热，脱去一分子 HX（即图 11-2 中的①、②处断裂），得到烯烃。**这种从有机物分子中相邻的两个碳上脱去 HX（或 X₂、H₂、NH₃、H₂O）等小分子，形成不饱和化合物的反应，称为消除反应。**伯卤代烷的消除反应如下：

$$R\!-\!\overset{\beta}{C}H_2\!-\!\overset{\alpha}{C}H_2 \atop \underset{H\ \ \ X}{} \xrightarrow[\triangle]{KOH\text{-}C_2H_5OH} R\!-\!CH\!=\!CH_2 + KX + H_2O$$

仲卤代烷、叔卤代烷在消除卤化氢时，反应可在不同的 β-碳原子上进行，生成不同产物。例如：

$$CH_3\overset{\beta'}{C}H\overset{\alpha}{C}H\overset{\beta}{C}H_2 \atop \underset{H\ Br\ H}{} \xrightarrow[\triangle]{KOH\text{-}C_2H_5OH} \begin{cases} CH_3CH_2CH\!=\!CH_2 & \text{1-丁烯} \quad 19\% \\ CH_3CH\!=\!CHCH_3 & \text{2-丁烯} \quad 81\% \end{cases}$$

实验证明，2-溴丁烷发生消除反应的主产物为 2-丁烯，也就是说消除反应脱去的是含氢较少的 β-碳原子上的氢原子。从产物结构看，也可以说，主要以生成双键碳原子上取代基较多的烯烃为主，这一经验规律称为查依采夫（Saytzeff）规律。

卤代烷发生消除反应的活性顺序为：叔卤代烃＞仲卤代烃＞伯卤代烃。

卤代烷的取代反应、消除反应都在碱性条件下进行。当卤代烷脱卤化氢时，不可避免地会有卤代烷水解的副产物生成；同理，在卤代烷水解时，也会有脱卤化氢的副反应发生，两者为竞争反应。究竟是取代产物占优势，还是消除产物占优势，一般取决于卤代烷的分子结构以及反应条件（如试剂的碱性、溶剂的极性、反应温度等）。

一般规律是：伯卤代烷、稀碱、强极性溶剂及较低温度有利于取代反应；叔卤代烷、浓的强碱、弱极性溶剂及高温有利于消除反应。所以，卤代烷的水解反应要在稀碱的水溶液中进行，而脱卤化氢的反应在浓强碱的醇溶液中进行更为有利。

> **思考**：制备格氏试剂为什么要在干醚中进行？查阅资料说说干醚是什么物质？

三、卤代烷与金属的反应

卤代烷在绝对乙醚（无水、无醇的乙醚，又称无水乙醚或干醚）中与金属镁

格式试剂的制备和应用

作用，生成有机镁化合物——烷基卤化镁，称为格利雅（Grignard）试剂，简称格氏试剂，用通式 RMgX 表示，根据烃基的名称命名为"某基卤化镁"，由法国化学家格林尼亚首次合成。

$$CH_3CH_2CH_2CH_2Br + Mg \xrightarrow{\text{无水乙醚}} CH_3CH_2CH_2CH_2MgBr$$
$$(94\%)$$

正丁基溴化镁

$$CH_3CH_2\underset{\underset{Br}{|}}{C}HCH_3 + Mg \xrightarrow{\text{无水乙醚}} CH_3CH_2\underset{\underset{CH_3}{|}}{C}HMgBr \quad (78\%)$$

仲丁基溴化镁

通过上式对比说明，一般伯卤代烷制备格氏试剂的产率较高，仲卤代烷次之。格氏试剂在有机合成中具有十分重要的地位，一般的卤代烷（RX）、醇（R—OH）等有机物中 α-C 多带部分正电荷，显正电性。格氏试剂中烷基的 α-C 与金属 Mg 相连，形成一个很强的极性键，电子云偏向碳原子，碳原子带有部分负电荷，可以作为亲核试剂进攻其他化合物带有正电荷的部分，例如：

$$CH_3CH_2Cl + CH_3CH_2CH_2Cl \xrightarrow{\quad} $$

$$CH_3CH_2Cl \xrightarrow{\text{Mg,干醚}} CH_3CH_2MgCl \xrightarrow{CH_3(CH_2)_2Cl} CH_3(CH_2)_3CH_3$$

在烷基卤化镁分子中，由于碳原子的电负性（2.5）比镁的电负性（1.2）大得多，C—Mg 键是很强的极性键，性质非常活泼，可与醛、酮、二氧化碳等多种试剂反应，制备烷烃、醇、醛、酮、羧酸等一系列重要化合物，在有机合成研究中有重要应用。格氏试剂与含活泼氢的化合物（如水、醇、氨等）作用生成相应烷烃的反应是定量的。例如：

$$RMgX \xrightarrow{\text{无水乙醚}} \begin{cases} H-OR \rightarrow RH + Mg(OR)X \\ H-OH \rightarrow RH + Mg(OH)X \\ H-OCOR \rightarrow RH + Mg(OCOR)X \\ H-NH_2 \rightarrow RH + Mg(NH_2)X \\ H-X \rightarrow RH + MgX_2 \end{cases}$$

由于格氏试剂遇到含活泼氢的化合物（如醇、H_2O、NH_3）会立即分解，所以制备格氏试剂时要在隔绝空气的条件下，使用无水、无醇的绝对乙醚作溶剂。

$$CH_3\overset{\delta^-}{C}H_2MgCl \xrightarrow{\overset{\delta^+}{H}-\overset{\delta^-}{O}H} CH_3CH_3$$

📖 阅读材料

人造血液

1966 年，美国辛辛那提大学（University of Cincinnati）的两位教授格拉克和高兰有一个重要发现，将一只小鼠完全浸没在一种氟碳化合物液体中，它仍能存活。继续研究发现，这种氟碳化合物溶解 O_2 和 CO_2 的能力分别是水的 20 倍和 3 倍，所以小鼠可以在这种液体中获得氧气，才没有窒息而亡。于是，科学家们有了一个大胆的想法：可以用这种液体来代替血液。因其颜色呈白色，又被形象地称为"白色血液"。1979 年，日本首次将一种新型的氟碳化合物乳剂作为血液应用于人体单肾脏移植手术，并取得成功。

我国对人造血的研究起步也不算晚。1980 年，中科院上海有机化学研究所和第三军医大学合作，历经 5 年研制成功了以氟碳化合物为主要成分的人造血液。但这类人造血液引起的副作用也比较明显，导致多项临床试验被终止。可我国在这方面的研究并未止步。2010 年，西安交通大学、第四军医大学和陕西师范大学的科研工作者开发了血红蛋白氧载体型人造血液。利用具有血液扩容性质的直链淀粉包裹血红蛋白，研制出能在体内保持稳定的纳米载体，有效避免动物休克模型的肺损伤，并起到血液扩容作用。另外，军事医学科学院野战输血研究所、全军干细胞与再生医学重点实验室的研究团队应用干细胞技术成功制备出"人工红细胞"，与正常红细胞的血红蛋白含量、携氧能力等指标基本一致，明显优于以往技术水平，使我国干细胞制备"人工血液"的研发水平跻身国际一流行列。

练习

1. 填空题

（1）卤代烃分子中的 C—X 键为_____共价键，α-C 原子带有部分_____电荷，容易受到亲核试剂进攻，可以发生_____反应，同时，由于 β-C 受官能团影响导致与其相连的 β-H 可以和卤原子一起脱去，发生_____反应。

（2）碱性条件下卤代烃的消除反应和取代反应是竞争关系，_____（伯、仲、叔）卤代烷更倾向于发生取代反应，而_____（伯、仲、叔）卤代烷更倾向于发生消除反应。

（3）不对称烯烃和极性试剂加成时遵循_____规则；卤代烃在消除时遵循_____规则，即消除含氢较_____β-C 上的氢原子。

（4）氟利昂可以破坏臭氧层，其主要成分为_____。

2. 写出氯乙烷与下列试剂发生的反应。

（1）NaOH、H_2O　　　（2）NaOH、C_2H_5OH　　　（3）金属 Mg、干醚

本章习题

1. 用系统命名法命名下列化合物。

（1）
$$\overset{F}{\underset{}{CH_2}}-\overset{Br}{\underset{}{CH_2}}$$

（2）
$$CH_3-\overset{Cl}{\underset{}{CH}}-\overset{Cl}{\underset{}{CH}}-CH(CH_3)_2$$

（3）C_2H_5MgCl

（4）
$$CH_3-\overset{Br}{\underset{CH_3}{\overset{|}{\underset{|}{C}}}}-CH_3$$

（5）
$$CH_3-CH=\overset{CH_3}{\underset{}{C}}-CHCH_2Cl$$

（6）
$$\text{苯环}-CH_2Br$$

2. 写出下列化合物的构造式。

（1）2-甲基-2-碘丁烷　　（2）1,2-二氯-3-溴丙烯　　（3）甲基溴化镁

（4）1-溴环己烷　　（5）氯仿　　（6）2-甲基-3-氯-1-己烯

3. 完成下列化学反应方程式。

（1）$CH_2=CH-C_2H_5 \xrightarrow{HI}$? $\xrightarrow{NaCN}$

(2) $CH_2 =CH-C_2H_5 \xrightarrow{HBr}$? $\xrightarrow{\dfrac{C_2H_5ONa}{C_2H_5OH}}$

(3) 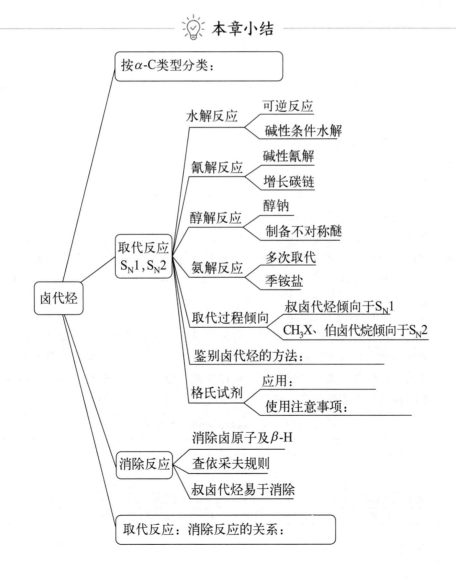$CH_3 + Cl_2 \xrightarrow{h\nu}$? $\xrightarrow{Mg}$

(4) $CH_3-CH =CH-CH_3 \xrightarrow{HCl}$? $\xrightarrow{NH_3}$

(5) ◁$-CH_3 \xrightarrow{HBr}$? $\xrightarrow{NaCN}$

4. 鉴别下列各组化合物。

(1) 氯乙烷、溴乙烷、碘乙烷

(2) 1-溴丁烷、2-溴丁烷、叔丁基溴

5. 试由乙烯为原料合成丁烷。

6. 某仲卤代烃 A，其分子式为 $C_5H_{11}Br$。A 与热的 $NaOH/H_2O$ 反应得到化合物 B，其分子式为 $C_5H_{12}O$。A 与热的 $NaOH/ROH$ 反应所得的主要产物再与 HBr 加成得到 2-甲基-2-溴丁烷，试推断 A、B、C 的构造式。

☀ 本章小结

卤代烃
- 按α-C类型分类：
- 取代反应 S_N1, S_N2
  - 水解反应
    - 可逆反应
    - 碱性条件水解
  - 氰解反应
    - 碱性氰解
    - 增长碳链
  - 醇解反应
    - 醇钠
    - 制备不对称醚
  - 氨解反应
    - 多次取代
    - 季铵盐
  - 取代过程倾向
    - 叔卤代烃倾向于S_N1
    - CH_3X、伯卤代烷倾向于S_N2
  - 鉴别卤代烃的方法：
  - 格氏试剂
    - 应用：
    - 使用注意事项：
- 消除反应
  - 消除卤原子及β-H
  - 查依采夫规则
  - 叔卤代烃易于消除
- 取代反应：消除反应的关系：

第十二章

对映异构

【知识目标】

1. 掌握对映异构产生的原因及条件。

2. 理解手性碳原子、手性分子、物质的旋光性、对映体等基本概念。

【能力目标】

1. 能识别化合物结构中的手性碳原子。

2. 能熟练判断出具有对映异构体的化合物。

【素质目标】

通过对对映异构体结构的剖析，培养严谨认真的科学态度，充分认识到物质结构的"失之毫厘"会导致结果"谬以千里"。

情景导入

药物"向左走"还是"向右转"

生活中你可能发现一些药物名称也有左、右之分，如左氧氟沙星滴眼液、左旋氨氯地平片、左乙拉西坦片、右佐匹克隆片等。这是什么意思呢？药物也有左右之分吗？

很多药物的结构还真的要分左右，而且还要分得很清楚。"左""右"体现的是部分特殊有机物结构上的区别，由于结构不同，其进入人体后的生理活性也有区别，很可能"向左走"能"治病"，"向右转"会"致病"。

同分异构现象在有机化学中极为普遍，这是有机化合物种类繁多、数量庞大的一个重要原因。同分异构现象主要分为构造异构和立体异构两大类。**由分子中原子相互连接的顺序和结合方式不同而产生的异构称为构造异构；构造相同，但分子中原子或基团在空间的排列方式不同而产生的异构称为立体异构**。常见的同分异构体的分类及实例见表 12-1。

表 12-1　同分异构体的分类与实例

分类		实例
构造异构	碳链异构	$CH_3CH_2CH_2CH_3$ 和 CH_3CHCH_3 　　　　　　　　　$\overset{|}{CH_3}$
	官能团位置异构	$CH_3CH=CHCH_3$ 和 $CH_3CH_2CH=CH_2$
	官能团异构	CH_3CH_2OH 和 CH_3OCH_3

分类		实例
立体异构	构型异构 顺反异构	(H₃C)(CH₃)C=C(H)(H) 和 (H₃C)(H)C=C(H)(CH₃) 顺反异构结构式
	对映异构	COOH、HO···C···H、CH₃ 和 COOH、H···C···CH₃、OH 对映异构结构式
	构象异构	CH₃、H、CH₃、H、H、H 和 CH₃、H、H、H、H、CH₃ 构象异构结构式

在前面的章节中我们学习了构造异构和立体异构中的顺反异构、构象异构现象，本章将重点介绍立体异构中较为重要也是发现较晚的对映异构现象。**对映异构是指空间构型非常相似却不能重合，相互间呈实物与镜像对映关系的异构现象，呈"镜像"和"实物"的两者互称为对映异构体。**

第一节　平面偏振光和旋光性

所有的对映异构体都能表现出一种特殊的物理性质，即能改变平面偏振光的振动方向，或者说它们都具有旋光性。

一、平面偏振光和旋光性

光是一种电磁波，其振动方向与传播方向互相垂直。普通光的光波在所有与其传播方向垂直的平面上振动。当普通光通过尼科尔（Nicol）棱镜时，只有在与棱镜晶轴平行的平面上振动的光能够通过。通过尼科尔棱镜得到的这种只在某一个平面上振动的光叫平面偏振光，简称偏振光，如图 12-1 所示。

当偏振光通过水、乙醇、丙酮、乙酸等物质时，其振动平面不发生改变，也就是说水、乙醇、丙酮、乙酸等物质对偏振光的振动平面没有影响。而当偏振光通过葡萄糖、乳酸、氯霉素等物质（液态或溶液）时，其振动平面就会发生一定角度的旋转，如图 12-2 所示。**物质的这种使偏振光的振动平面发生旋转的性质叫作旋光性，具有旋光性的物质叫作旋光性物质或光学活性物质。**

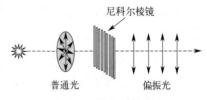

图 12-1　偏振光的产生

能使偏振光的振动平面向右（顺时针方向）旋转的物质叫作右旋物质，反之叫作左旋物质。通常用（＋）表示右旋，用（－）表示左旋。

二、旋光度与比旋光度

偏振光通过旋光性物质时，其振动平面旋转的角度叫作旋光度，用"α"表示，如图

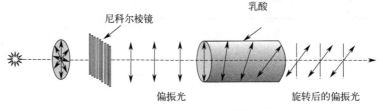

图 12-2　偏振光的旋转

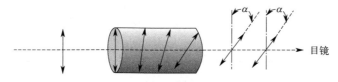

图 12-3　旋光度

12-3 所示。

　　旋光度及旋光方向可用旋光仪测定。旋光仪主要由光源、起偏镜、样品管、检偏镜等几部分组成，如图 12-4 所示。一般用单色光如钠光灯作光源，起偏镜用来产生偏振光，检偏镜带有刻度盘，用来检测物质的旋光度和旋光方向。

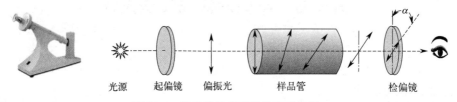

图 12-4　旋光仪的外形及构造示意图

　　由旋光仪测得的旋光度与样品管的长度、被测样品的浓度、所用溶剂及测定时的温度和光源的波长等众多因素都有关系。

　　为了方便比较不同物质的旋光性，通常把被测样品的浓度规定为 1g/mL，样品管的长度规定为 1dm，这时测得的旋光度叫比旋光度。它是旋光性物质的物理常数，一般用 $[\alpha]$ 表示，同时要注明所用溶剂（水为溶剂时可省略）、测定温度、光源波长。

　　例如，在 20℃时用钠光灯作光源，测得浓度为 1g/mL 的葡萄糖水溶液是右旋的，其比旋光度是 52.5°，则表示为 $[\alpha]_D^{20} = +52.5°$（字母 D 代表光源为钠光）。在同样条件下，测定浓度为 1g/mL 的酒石酸乙醇溶液，其比旋光度为 +3.79°，则表示为 $[\alpha]_D^{20} = +3.79°$（乙醇）。

　　但实际上，测定物质的旋光度时，不一定在上述规定的条件下进行，样品管可以是任意长度，被测样品的浓度也不是固定不变的，将测定结果按照下式换算即为比旋光度：

$$[\alpha]_\lambda^t = \frac{\alpha}{cL}$$

式中　α——用旋光仪所测的旋光度；

　　　　c——溶液的浓度，g/mL；若被测样品为纯液体，用密度 ρ 代替；

　　　　L——样品管的长度，dm；

　　　　λ——测定时光源的波长，用钠光灯作光源时，用 D 表示；

　　　　t——测定时的温度。

✎ **练习**

1. 测定比旋光度有什么意义？

2. 某一物质的水溶液浓度为 1g/mL，使用 10cm 长的样品管，以钠光灯为光源，20℃ 时测得其旋光度为＋2.62°，试计算该物质的比旋光度。若将其稀释成 0.5g/mL 的水溶液，计算它的旋光度是多少？

3. 使用钠光灯和 1dm 的样品管，在 20℃ 时测得乳酸水溶液的旋光度为＋7.6°，计算该溶液的浓度（$[\alpha]_D^{20}=+3.8°$）。

第二节 物质的旋光性与分子结构的关系

> **思考：** 实验表明，有的物质可以使偏振光发生偏转，如乳酸，具有旋光性，而有的物质，如水、乙醇等却没有此性质，这是什么原因呢，与化合物的官能团有关吗？

一、手性分子

大量事实表明，凡是具有旋光性的物质，其结构都具有手性。那么，什么是物质的手性呢？下面以乳酸为例进行说明。

手性

通常从肌肉中得到的乳酸可以使偏振光向右旋转，称为右旋乳酸，而从葡萄糖发酵中得到的乳酸可以使偏振光向左旋转，称为左旋乳酸，这两种乳酸分子的构型如图 12-5 所示。

观察乳酸分子的模型可知：这两种乳酸分子的关系，就好像人的左手和右手一样，虽然分子构造完全相同，但就是不能重叠，如果把其中一个分子看成实物（左手），则另一个分子恰好是它的镜像（右手）。**将这种与其镜像不能重叠的分子叫作手性分子，手性分子具有手性。**

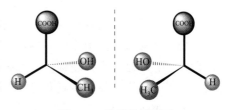

图 12-5 乳酸分子模型

凡是手性分子，必有互为镜像关系的两种构型，如左旋乳酸和右旋乳酸。**这种互为镜像关系的构型异构体叫作对映异构体。**可见，手性分子必然存在对映异构现象。或者说，分子的手性是产生对映异构的充分必要条件。

二、手性分子的判定条件

分子是否具有手性，与分子的对称性有关。关于分子对称性的研究比较复杂，接下来只介绍一类最简单的情况。

手性与
旋光性

在乳酸（$\underset{\underset{OH}{|}}{CH_3CHCOOH}$）分子中，有一个饱和碳原子连接了—H、—$CH_3$、—OH 和 —COOH 4 个不同的原子或基团。**这种连有 4 个不同的原子或基团的饱和碳原子叫作手性碳原子或不对称碳原子，通常用 C* 表示。**只含有一个手性碳原子的分子不具有对称性，一

定是手性分子。

三、对映异构体与外消旋体

1. 对映异构体的性质

乳酸是只含一个手性碳原子的化合物，它有两种不同的空间构型，这一对对映异构体使偏振光的振动平面旋转的角度相同，但方向相反，分别是左旋乳酸和右旋乳酸，分别用（＋）-乳酸和（－）-乳酸表示，其比旋光度为：右旋乳酸 $[\alpha]_D^{20} = +3.8°$，左旋乳酸 $[\alpha]_D^{20} = -3.8°$。

在非手性条件下，对映异构体的物理性质和化学性质是相同的。如右旋乳酸和左旋乳酸的熔点都是 53℃，25℃ 时的 pK_a 值都是 3.79。但当与手性试剂反应时，其反应活性就不同了。

另外，对映异构体的生理作用也有区别，甚至南辕北辙。生物体内存在许多手性物质，它们在生物体内形成手性环境，因此，不同的对映异构体在生物体内的生理功能并不相同。例如，由酶（手性分子）催化的反应，两种对映异构体可按不同的形式进行。又如微生物在生长过程中只能利用右旋丙氨酸；而只有左旋的谷氨酸才有调味作用。

2. 外消旋体的性质

由于左旋体和右旋体旋光度相同，而旋光方向相反，所以将左旋体和右旋体等量混合组成的体系，用旋光仪测得其无旋光性。这种由等量的左旋体和右旋体组成的无旋光性的体系叫作**外消旋体**，用（±）表示，例如，等量左旋乳酸和右旋乳酸混合后即无旋光性。

外消旋体不仅没有旋光性，而且物理性质与对映异构体也有差异，例如，用化学方法合成或从酸奶中分离出的乳酸都是外消旋体，其熔点低于对映异构体，为 16.8℃。外消旋体可以拆分为左旋体和右旋体两种有旋光活性的异构体。外消旋体的化学性质与对映异构体基本相同，但在生物体内，左旋体、右旋体各自保持并发挥自己的功效。例如，布洛芬是一种消炎镇痛的药物，其分子中就含有一个手性碳原子，其右旋体有明显的生物活性，而左旋体无抗炎作用，目前市场发售的均为外消旋体。氯霉素左旋体具有强杀菌药效，而右旋体几乎无效，但二者对人体的副作用（毒性）相同，所以其外消旋体——合霉素已被淘汰。

值得注意的是，有些左旋体、右旋体的作用是相反的，一对对映异构体中，一个是治病的药物，另一个则可能是致病的物质。例如，一种叫作沙利度胺的药物就是一个极端的例子，它的 R 构型分子具有一定的镇静疗效，可以缓解孕吐，而 S 型分子具有强烈致畸作用。所以，如何拆分外消旋体、如何制备单一的对映异构体已经成为药物合成一个重要的发展方向和热点。

四、构型的表示方法

对映异构体在结构上的区别在于原子或基团在空间的相对位置不同，而平面表达式无法表示原子或基团在空间的相对位置，所以一般会采用透视式和费歇尔投影式表示对映异构体在结构上的区别。

1. 透视式

透视式是将手性碳原子置于纸平面，与手性碳原子相连的 4 个键，有 3 种不同的表示法：用细实线表示键处于纸平面上，用楔形实线表示键伸向纸平面前方，用楔形虚线表示键伸向纸平面后方。例如，乳酸分子的一对对映异构体可表示如下：

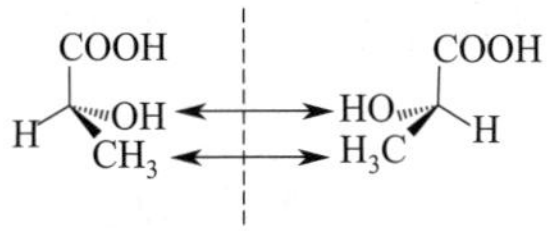

这种表示方法比较直观，但书写麻烦。

2. 费歇尔投影式

费歇尔投影式是利用分子模型在纸面上投影得到的表达式，其投影原则如下：

① 以手性碳原子为投影中心，画十字线，十字线的交叉点代表手性碳原子。

② 一般把分子中的碳链放在竖线上，且把氧化态较高的碳原子（或命名时编号最小的碳原子）放在上端，其他两个原子或基团放在横线上。

③ 竖线上的原子或基团表示指向纸平面的后方，横线上的原子或基团表示指向纸平面的前方。

乳酸分子的一对对映异构体的透视式和费歇尔投影式的对比如下：

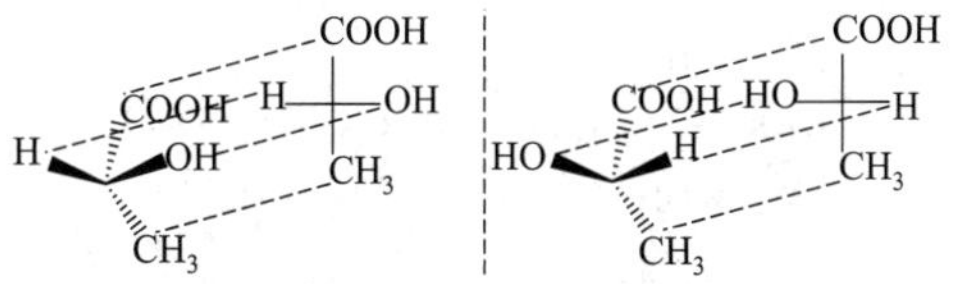

五、构型的标记法

构型的标记方法一般有两种，D/L 标记法和 R/S 标记法。

1. D/L 标记法

根据系统命名原则，在 $x \!-\!\!\overset{R}{\underset{R'}{|}}\!\!-\! H$ 型的构型异构体中，将其主链竖向排列，以氧化态较高的碳原子（或命名中编号最小的碳原子）放在上方，写出费歇尔投影式。取代基（X）在碳链左边的为 L 型，在右边的为 D 型。例如：

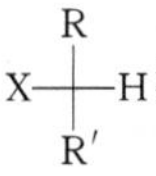

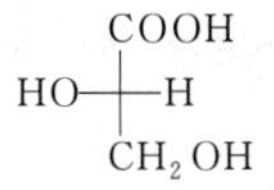

L-（+）-甘油酸 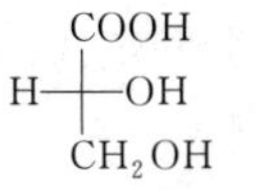　　　　D-（−）-甘油酸 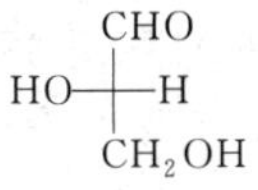　　　　L-（−）-甘油醛 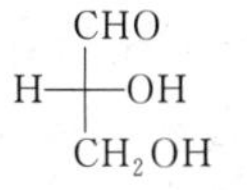　　　　D-（+）-甘油醛

需要注意的是，D、L 只表示构型，不表示旋光方向，旋光方向只能测定。

D/L 标记法应用已久，也较为方便，但是这种标记法只能表示分子中一个手性碳原子的构型。含有多个手性碳原子的化合物用这种标记法并不合适，有时甚至会产生名称上的混乱。目前，除氨基酸、糖类仍使用这种方法以外，其他化合物都采用 R/S 标记法。

2. R/S 标记法

R/S 标记法是根据手性碳原子所连 4 个原子或基团在空间的排列来标记的，其方法如下：

① 根据次序规则，将手性碳原子上所连的 4 个原子或基团（a、b、d、e）按优先次序排列，设为 a＞b＞e＞d。

② 将次序最小的原子或基团（d）放在距离观察者视线最远处，并令其（d）和手性碳

原子及眼睛在一条直线上，这时，其他 3 个原子或基团（a、b、e）则分布在距眼睛最近的同一平面上。

③ 按优先次序观察其他 3 个原子或基团的排列顺序，如果 a→b→e 按顺时针排列，该化合物的构型称为 R 型，如果 a→b→e 按逆时针排列，则称为 S 型，如图 12-6 所示。

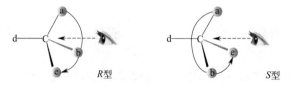

图 12-6　R/S 标记法

当化合物的构型以费歇尔投影式表示时，确定构型的方法是：当优先次序中最小原子或基团处于投影式的竖线上时，其他 3 个原子或基团按顺时针由大到小排列，则该化合物的构型是 R 型；如果按逆时针排列，则是 S 型。例如：

$$\text{HOOC}\underset{①}{\overset{H}{\underset{OH}{-C-}}}\text{CH}_2\text{OH} \qquad \text{HOH}_2\text{C}\underset{①}{\overset{H}{\underset{OH}{-C-}}}\text{COOH}$$

(R)-乳酸　　　　　　　(S)-乳酸

当优先次序中最小的原子或基团处于投影式的横线上时，如果其他 3 个原子或基团按顺时针由大到小排列，该化合物的构型是 S 型；如果按逆时针排列，则是 R 型。例如：

$$\text{HO}\underset{①}{\overset{CHO②}{\underset{CH_2OH}{-C-}}}\text{H} \qquad \text{H}\underset{}{\overset{CHO②}{\underset{CH_2OH}{-C-}}}\text{OH①}$$

(S)-甘油醛　　　　　　(R)-甘油醛

📖 阅读材料 _____

许多中药中的有效成分是对映异构体，如从中药麻黄（见图 12-7）中提取得到的麻黄碱（见图 12-8），其分子中含有两个手性碳。

图 12-7　中药麻黄　　　　图 12-8　麻黄碱　　　　图 12-9　肾上腺素

从结构式上可以看出，麻黄碱与肾上腺素（见图 12-9）结构十分相似。早在 20 世纪初陈克恢教授就从中药麻黄中分离出了麻黄碱，通过一系列动物实验陈克恢确定麻黄碱拥有和人体分泌的肾上腺素类似的作用。当时肾上腺素已用作治疗支气管等疾病的特效药，但却有不能经口服用、药效持续时间短的缺点。陈克恢教授关于麻黄碱药理作用的阐述为当时苦苦寻找肾上腺素代替药物的研究人员们送去了新的希望。自此，国际上掀起了一股对麻黄以及中药的研究热潮，中医药的魅力得以向世界展示，麻黄碱也很快从动物实验走向了临床实验。

✏️ **练习**

1. 什么叫手性碳原子？下列分子是否含有手性碳原子？若有用"＊"标出。

(1) $CH_3CHCHCH_2$ （带 CH_3 上、CH_3 下支链）

(2) $CH_2=CHCHCH_3$ （带 C_2H_5 支链）

(3) （环己烷，带 CH_3、OH、$CH(CH_3)_2$）

(4) $HOOCCH-CHCOOH$ （带 OH OH）

(5) CH_3CHCH_2COOH （带 Br）

2. 用 R/S 标记法命名下列化合物。

(1) $H_3C\text{—}C\text{—}C_2H_5$（上 H，下 OH）

(2) $H\text{—}C\text{—}CH_3$（上 Cl，下 $C\equiv CH$）

(3) （C_2H_5，$H-C-Cl$，CH_3）

(4) （Br，$H-C-OH$，C_2H_5）

📝 **本章习题**

1. 写出符合下列条件的化合物的构造式。

(1) 含有一个手性碳原子的分子式为 C_7H_{16} 的烷烃。

(2) 含有两个手性碳原子的二氯丁烷。

2. 用费歇尔投影式表示下列化合物的构型。

(1) （S）-乳酸   (2) （R）-2-氟-2-氯丁烷   (3) （S）-3-甲基己烷

3. 下列费歇尔投影式中哪些代表同一化合物？哪些是对映异构体？

(1) CHO / HO—H / CH_2OH

(2) CHO / H—OH / CH_2OH

(3) H / HO—CHO / CH_2OH

(4) H / OHC—OH / CH_2OH

4. 写出下列化合物的费歇尔投影式，并用 R/S 标记法命名。

(1) （Br，$H-C-F$，CH_2CH_3）

(2) （C_2H_5，$H-C-Cl$，$CH(CH_3)_2$）

5. 某烯烃 A（C_6H_{12}）具有旋光性，催化加氢后生成的烷烃 B（C_6H_{14}）没有旋光性，试写出 A 和 B 的结构式。

6. 化合物 A 和 B 的分子式均为 C_7H_{14}，它们均能和酸性高锰酸钾反应，其中 A 的氧化产物是 CO_2、H_2O 和具有旋光性的酮 C；B 的氧化产物是 CO_2、H_2O 和具有旋光性的酸 D。试写出 A、B、C 和 D 的可能结构式。

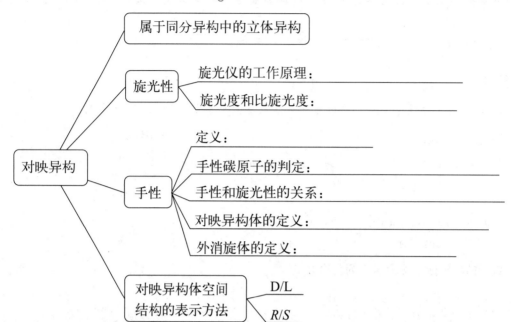

属于同分异构中的立体异构

旋光性
    旋光仪的工作原理：
    旋光度和比旋光度：

对映异构

手性
    定义：
    手性碳原子的判定：
    手性和旋光性的关系：
    对映异构体的定义：
    外消旋体的定义：

对映异构体空间
结构的表示方法
    D/L
    R/S

第十三章

醇、酚和醚

【知识目标】

1. 掌握醇、酚、醚类化合物的官能团、结构特征。
2. 掌握醇的取代反应、消除反应特征。
3. 掌握酚的取代反应及氧化性。

【能力目标】

1. 能运用化学方法鉴别不同类型的醇。
2. 能比较醇、酚、水的酸性强弱。

【素质目标】

通过学习硝化甘油在工业和医疗领域的不同作用，培养精益求精的探究精神和珍爱生命的人生态度。

情景导入

中国酒起源于商周，关于酒的发现有种说法，有一次，杜康把剩饭放在一棵树心朽空的桑树之中，日子久了，饭自然发酵，散发出芬芳的气味，并流出一种液体，杜康取而饮之，感觉其味甘美并受此启发，发明了酒。篆体"酒"字见图13-1。

中国早期的酒属于非蒸馏酒，有些酒的度数甚至只有3、4度。白酒也就是现在说的度数比较高的蒸馏酒，出现的年代说法还不统一，有一种说法是源于汉朝。明代李时珍的《本草纲目》简单地记载了当时蒸馏酒的生产方法"其法用浓酒和糟入甑蒸，令气上，用器承取滴露。"简言之，就是将黄酒发酵常用的一些原料，放在酒瓮中发酵7天，然后用甑蒸馏。现代我国酿酒技术更是有了长足发展，国内酒产品更加丰富，品质和生产效率也明显提高。

图 13-1 篆体 "酒"字

酒中精华乙醇也是较早被发现的有机物之一，有机化学中常见有机物醇、酚、醚、醛、酮、醌、羧酸均以"酒"中的"酉"作为偏旁，可见"酒"在早期有机化学发展中的重要性。

醇、酚、醚可看作烃分子（R—H）中的氢原子被羟基（—OH）、烷氧基（—OR）取代的衍生物。烃分子中的氢原子（芳环上的氢原子除外）被羟基取代则成为醇（R—OH）；芳环上的氢原子被羟基取代则成为酚（Ar—OH）；若烃分子中的氢原子被烷氧基取代，所得的衍生物就是醚（R—O—R′、Ar—O—Ar′、Ar—O—R）。

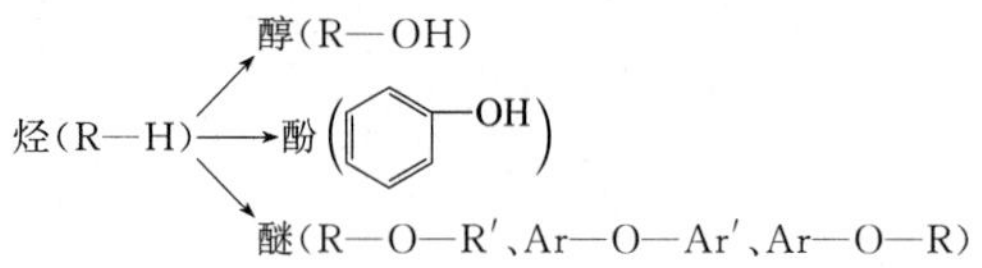

换一个角度，醇、酚、醚也可看作水分子中的一个或两个氢原子被烃基（或芳基）取代得到的衍生物。

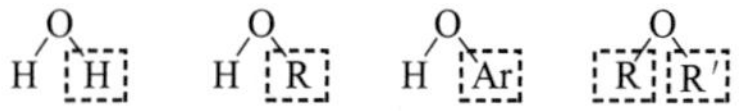

醇　　酚　　醚

结构相似则性质有相通之处，在学习醇、酚、醚的相关知识过程中可以以烃和水作为参照物。

第一节　醇

一、醇的分类及结构

1. 醇的分类

醇由烃基（R—）和羟基（—OH）两部分组成，据此可按烃基类型或羟基的数目进行分类。

① 按烃基碳架的类型分类，醇可分为脂肪醇、脂环醇和芳香醇。如：

$CH_3CH_2CH_2CH_2—OH$

正丁醇
(脂肪醇)

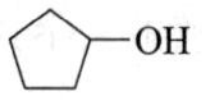

环戊醇
(脂环醇)

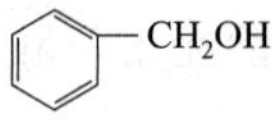

苄醇
(芳香醇)

② 按醇分子中所含羟基的数目可分为一元醇、二元醇和三元醇。二元醇以上统称为多元醇。如：

CH_3OH

甲醇
（一元醇）

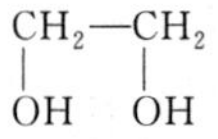

乙二醇
（二元醇）

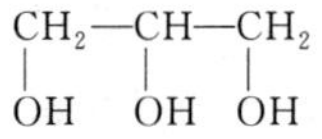

丙三醇
（三元醇）

③ 按醇分子中 α-C 的类型分类，可分为一级醇、二级醇、三级醇。羟基与一级碳原子相连接的称为一级醇（伯醇）；与二级碳原子相连接的称为二级醇（仲醇）；与三级碳原子相连接的称为三级醇（叔醇）。如：

RCH_2OH

一级醇（伯醇）

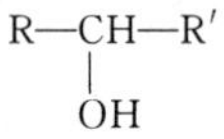

二级醇（仲醇）

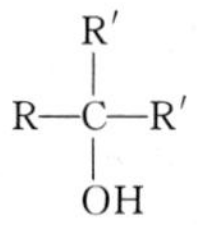

三级醇（叔醇）

与卤代烃类似，伯醇、仲醇、叔醇在活泼性上有明显区别，应牢固掌握此种分类方法。

2. 醇的结构

醇分子中，α-C 及羟基中的氧原子都是 sp^3 杂化。氧原子形成的 4 个 sp^3 杂化轨道，其中之一和氢原子相互重叠形成 O—H σ 键；第二个杂化轨道和碳原子的一个 sp^3 杂化轨道重叠形成 C—O σ 键；氧原子的两对未共用电子对则分别占据剩下的两个杂化轨道。

醇分子中的 C—O 键和 O—H 键均为极性共价键，结合醇分子结构得出，醇为极性分子。由于氧的电负性比碳和氢大，氧带部分负电荷，而 α-C 和羟基中的氢带部分正电荷，如图 13-2 所示。

图 13-2　乙醇分子的球棍模型

二、醇的命名

1. 习惯命名法

结构简单的醇可以采用习惯命名法，在相应烃基名称后加"醇"字，命名为"某醇"，"某"代表烃基的名称。

$$CH_3CH_2{-}OH$$

乙醇

$$H_3C{-}CH{-}CH_3$$
$$|$$
$$OH$$

异丙醇

$$CH_3{-}\underset{\underset{OH}{|}}{\overset{\overset{CH_3}{|}}{C}}{-}CH_3$$

叔丁醇

2. 醇的系统命名法

(1) 选主链　选择含有羟基的最长的碳链为母体。如果分子中存在不饱和键，则选择同时包含羟基和不饱和键在内的最长碳链为母体。根据母体所含的碳原子数命名为"某醇"。

(2) 编号　从靠近羟基的一端开始编号，若存在不饱和键则还要考虑使不饱和键编号尽量小，最后考虑其他取代基符合"最低系列"原则。

(3) 写全名称　将取代基的位次、名称及羟基位次依次写在"某醇"前。

$$CH_3CH_2\underset{\underset{Cl}{|}}{\overset{\overset{OH}{|}}{C}H}{-}\underset{\underset{C_2H_5}{|}}{C}HCH_2CH_3$$

3-乙基-5-氯-4-庚醇

$$CH_3CH{=}CHCH_2\underset{\underset{OH}{|}}{C}HCH_3$$

4-己烯-2-醇

另外，有些常见的醇类在生产和生活中也经常使用其俗名，例如甲醇最初是干馏木材得到的俗称木精，乙醇是从酒中发现的俗称酒精，丙三醇俗称甘油等。

> **思考：**现在中药提取时，多选用乙醇作提取剂，这是为什么呢？它有哪些优势呢？

三、醇的物理性质及应用

直链的饱和一元醇中，C_4 以下的醇是无色透明带酒味的挥发性液体，$C_5 \sim C_{11}$ 是具有不愉快气味的油状液体，高级醇则是无臭无味的蜡状固体，如表 13-1 所示。

表 13-1　常见醇的物理常数

名称	结构式	沸点/℃	熔点/℃	相对密度 (d_4^{20})	溶解度 /(g/100g 水)
甲醇	CH_3OH	64.7	−93.9	0.7914	∞
乙醇	CH_3CH_2OH	78.3	−117.3	0.7893	∞
1-丙醇	$CH_3CH_2CH_2OH$	97.4	−126.5	0.8035	∞
异丙醇	$(CH_3)_2CHOH$	82.4	−89.5	0.7855	∞
正丁醇	$CH_3CH_2CH_2CH_2OH$	117.2	−89.5	0.8098	7.9

名称	结构式	沸点/℃	熔点/℃	相对密度 (d_4^{20})	溶解度 /(g/100g 水)
仲丁醇	$CH_3CH_2CH(OH)CH_3$	99.5	-89	0.8080	9.5
1-戊醇	$CH_3(CH_2)_3CH_2OH$	137.3	-79	0.8144	2.7
1-己醇	$CH_3(CH_2)_4CH_2OH$	158	-46.7	0.8136	0.59
乙二醇	CH_2OHCH_2OH	198	-11.5	1.1088	∞
丙三醇	$\begin{array}{ccc} CH_2 & CH & CH_2 \\ \| & \| & \| \\ OH & OH & OH \end{array}$	290 (分解)	20	1.2613	∞

由表 13-1 可看出,直链饱和一元醇的沸点变化规律类似于烷烃,沸点随碳原子数的增加而升高,每增加一个 CH_2 系差,沸点约升高 18~20℃。且同碳数的醇,支链越多沸点越低。但相近分子量的醇和烷烃相比,醇的沸点要高出许多,例如乙醇和丙烷分子量相近但沸点相差近 120℃。

氢键的形成

	乙醇	丙烷
分子量	46	44
沸点	78.5℃	-42.2℃

这是由于醇结构中含有羟基,一分子醇羟基的氢可以和另一分子醇羟基中的氧形成一种新的静电引力,称为氢键,如图 13-3 所示。所以,使醇汽化时除了克服分子间的范德华力还要克服氢键的作用,导致醇的沸点异常高,而且分子中羟基越多沸点越高,甘油的沸点为 290℃。

低级醇(甲醇、乙醇和丙醇)可与水以任何比例相溶,但随烃基部分越大溶解度越低,如正丁醇,在水中溶解度只有 7.9g/100g 水,仅部分溶于水;多元醇则羟基越多,溶解度越大,见表 13-1。

另外,低级醇可与一些无机盐($CaCl_2$、$CuSO_4$)形成结晶状的结晶醇,如 $CaCl_2 \cdot 4C_2H_5OH$。它们可溶于水,但不溶于有机溶剂。利用这个性质可使醇与其他化合物分离,或从反应产物中除去少量醇。工业用的乙醚中常含有少量乙醇,可利用乙醇与氯化钙生成结晶醇的性质,除去乙醚中少量的乙醇。

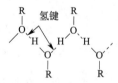
图 13-3 醇分子中氢键的示意图

四、醇的化学性质及应用

饱和一元醇的活性部位在其官能团羟基附近,如图 13-4 所示。H—O 键和 C—O 键都是极性键,容易断裂发生取代反应。

实验:醇和金属钠的反应

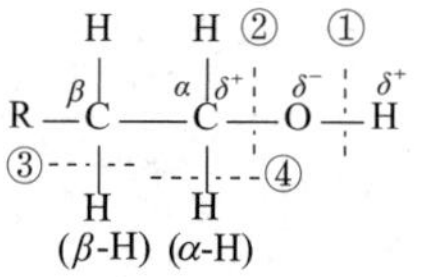

图 13-4 饱和一元醇的结构

另外,由于羟基的影响,α-H 和 β-H 也比较活泼。

1. 醇与活泼金属的反应

由于氢氧键的极性，醇解离出部分氢质子（图 13-4 中①处断裂），可以与活泼金属钠、钾作用，并放出氢气，这一点与水类似。

$$2H_2O + 2Na \longrightarrow 2NaOH + H_2\uparrow$$

$$2CH_3CH_2OH + 2Na \longrightarrow 2CH_3CH_2ONa + H_2\uparrow$$

醇与金属钠作用比水要缓和得多，说明醇羟基的氢原子不如水分子中的氢原子活泼。所以，醇的酸性比水弱，则生成的共轭碱醇钠的碱性比氢氧化钠强。醇钠遇水立刻水解成原来的醇和氢氧化钠。

$$RONa + H-OH \Longrightarrow ROH + NaOH$$

该反应为可逆反应，但平衡偏向右，所以醇钠在保存及使用时都要严格注意防水，避免遇水失效分解。

实验表明，各种不同结构的醇与金属钠反应的活性是：甲醇＞伯醇＞仲醇＞叔醇。

利用醇和活泼金属的反应，常用醇处理实验室剩余的少量金属钠。

2. 醇羟基的取代反应

由于 C—O 键具有极性，使得碳原子带部分正电荷，氧原子带部分负电荷，碳原子容易被其他带负电荷的基团进攻发生亲核取代反应（图 13-4 中②处断裂）。

(1) 醇与氢卤酸的取代反应　醇与 HX 反应，羟基被卤原子取代生成卤代烃，这是制备卤代烃的重要方法，也是一卤代烷水解反应的逆反应，如：

实验：醇和卢卡斯试剂的反应

$$\overset{\delta^+}{R}-\overset{\delta^-}{O}H + \overset{\delta^+}{H}-\overset{\delta^-}{X} \Longrightarrow R-X + H_2O$$

醇的结构及氢卤酸的类型会影响反应的速率。

用浓盐酸配制的无水氯化锌溶液叫作卢卡斯试剂（Lucas 试剂），又称盐酸-氯化锌试剂。Lucas 试剂与伯醇、仲醇、叔醇反应的实验现象如下：

$$CH_3-\overset{\overset{\displaystyle CH_3}{|}}{\underset{\underset{\displaystyle CH_3}{|}}{C}}-OH + HCl \xrightarrow[20℃]{ZnCl_2} CH_3-\overset{\overset{\displaystyle CH_3}{|}}{\underset{\underset{\displaystyle CH_3}{|}}{C}}-Cl + H_2O \quad 立刻浑浊，分层$$

$$CH_3\overset{\overset{\displaystyle OH}{|}}{CH}CH_2CH_3 + HCl \xrightarrow[20℃]{ZnCl_2} CH_3\overset{\overset{\displaystyle Cl}{|}}{CH}CH_2CH_3 + H_2O \quad 放置片刻后浑浊，分层$$

$$CH_3CH_2CH_2CH_2-OH + HCl \xrightarrow[20℃]{ZnCl_2} CH_3CH_2CH_2CH_2-Cl + H_2O \quad 加热后浑浊，分层$$

Lucas 试剂与不同的醇反应，生成的小分子卤烷不溶于水，会出现浑浊或分层现象。实验表明，不同类型醇的反应活性：叔醇＞仲醇＞伯醇＞甲醇。实验室中可以使用 Lucas 试剂鉴别小分子的伯醇、仲醇、叔醇。

注意，用这种方法无法鉴别 C_6 以上的醇类，因为这些醇本身不溶于 Lucas 试剂，很难判定其是否发生了取代反应。

(2) 醇与含氧无机酸的反应　醇与含氧无机酸（如硝酸、硫酸、磷酸等）作用，可脱去水分子生成无机酸酯（醇与有机羧酸的酯化反应在第十五章介绍）。

醇与硝酸生成的低级硝酸酯大多为具有香味的液体，多元醇的硝酸酯受热或震荡后容易爆炸，如三硝酸甘油酯就是一种烈性炸药。

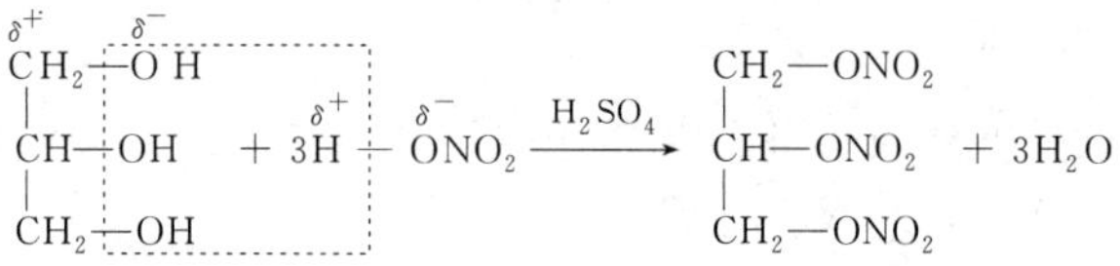

$$\begin{array}{c}\overset{\delta^+}{CH_2}\!-\!\overset{\delta^-}{OH} \\ | \\ CH\!-\!OH \\ | \\ CH_2\!-\!OH\end{array} + 3H\!-\!ONO_2 \xrightarrow{H_2SO_4} \begin{array}{c}CH_2\!-\!ONO_2 \\ | \\ CH\!-\!ONO_2 \\ | \\ CH_2\!-\!ONO_2\end{array} + 3H_2O$$

甘油   三硝酸甘油酯

三硝酸甘油酯是一种无色或黄色的澄清油状液体，还具有扩张血管的作用，是心绞痛的急救药。

> **思考：** 硝酸甘油片是许多老年人家中的必备急救药，结合所学知识，说一说这种药品在储存时有哪些注意事项，并及时向家人普及。

高级一元醇（含 8～18 个碳原子）的酸性硫酸酯盐（$ROSO_2ONa$）具有去垢能力，可作洗涤剂，如常用的表面活性剂十二烷基硫酸钠（月桂醇硫酸钠）就是以此方法制得的。

$$C_{12}H_{25}\!-\!OH + H\!-\!OSO_2OH \longrightarrow C_{12}H_{25}\!-\!OSO_2OH + H_2O$$

$$C_{12}H_{25}OSO_2O\!-\!H + NaOH \longrightarrow C_{12}H_{25}OSO_2ONa + H_2O$$

3. 脱水反应

醇在酸性条件下发生脱水反应，可以在分子内进行也可以在分子间进行。若在分子间进行则属于取代反应，若在分子内进行则属于消除反应。

(1) 分子间脱水 酸催化、低温条件下，醇加热发生分子间脱水生成醚，这样的醚两端的烃基结构相同（单醚）。常用的脱水剂有硫酸、氧化铝等。例如：

$$CH_3CH_2\!-\!OH + H\!-\!OCH_2CH_3 \xrightarrow[\text{或 } Al_2O_3,240℃]{\text{浓 } H_2SO_4,140℃} CH_3CH_2OCH_2CH_3 + H_2O$$

(2) 分子内脱水 此反应类似于卤代烃的消除反应，图 13-4 中的②、③处共价键断裂。醇分子内脱水生成烯烃，实验表明，当存在两种 β-C-H 时，消除产物符合查依采夫规则。

$$CH_3CH_2CH_2CH_2CH_2OH \xrightarrow[140℃]{75\% \ H_2SO_4} CH_3CH_2CH_2CH\!=\!CH_2 + H_2O$$

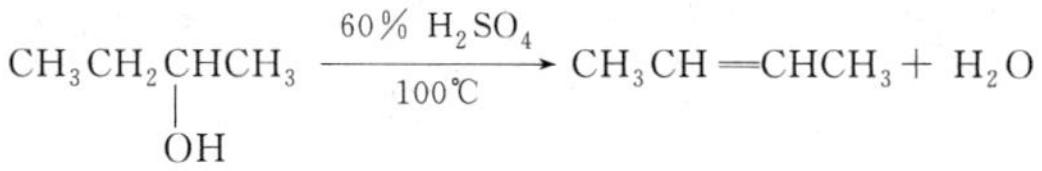

$$\underset{\quad\quad\;|\;\;}{\underset{\quad\quad OH}{CH_3CH_2CHCH_3}} \xrightarrow[100℃]{60\% \ H_2SO_4} CH_3CH\!=\!CHCH_3 + H_2O$$

醇类发生消除反应的速率快慢为：叔醇＞仲醇＞伯醇。

实验：醇的
氧化反应

4. 氧化反应

含 α-H 的醇容易发生氧化反应，其氧化的一般规律如下：

① **伯醇** 伯醇有两个 α-H，一个 α-H 被氧化为羟基后失水得到醛，由于醛当中还有一个 α-H，还可以继续被氧化为羟基，所以，如果不能及时将醛分离出体系，会很快被氧化为羧酸。

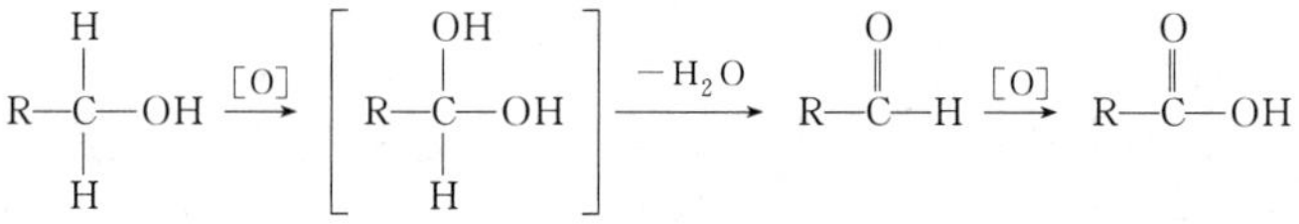

$$\underset{\quad\;|\;}{\underset{\quad H}{\overset{H}{\overset{|}{R\!-\!C\!-\!OH}}}} \xrightarrow{[O]} \left[\underset{\quad\;|\;}{\underset{\quad H}{\overset{OH}{\overset{|}{R\!-\!C\!-\!OH}}}}\right] \xrightarrow{-H_2O} \overset{O}{\overset{\|}{R\!-\!C\!-\!H}} \xrightarrow{[O]} \overset{O}{\overset{\|}{R\!-\!C\!-\!OH}}$$

在葡萄酒酿造过程中，醋酸菌（主要利用乙醇脱氢酶、乙醛脱氢酶）就可将乙醇氧化为乙酸，乙酸对葡萄酒的风味影响是负面的，其含量是衡量酒品质的重要指标之一。

$$C_2H_5OH \xrightarrow{\text{乙醇脱氢酶}} CH_3CHO \xrightarrow{\text{乙醛脱氢酶}} CH_3COOH$$

② **仲醇** 仲醇只有一个 α-H，被氧化为羟基后脱水，得到含有相同数目碳原子的酮。

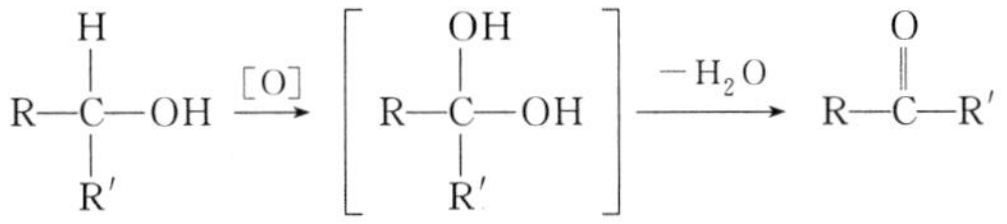

叔醇分子中没有 α-H，在通常情况下不被氧化，如果氧化条件剧烈则碳链发生断裂，氧化产物非常复杂，没有研究意义。

常用的氧化能力较强的氧化剂有 $KMnO_4$、$K_2Cr_2O_7$。醇被重铬酸钾、硫酸混合物氧化时，六价铬被还原为三价铬，溶液由橙红色转变为绿色，可用于鉴别醇。老式的检查司机酒后驾车的"呼吸分析仪"就是据此原理设计的。

$$3C_2H_5OH + 2K_2Cr_2O_7 + 8H_2SO_4 \longrightarrow 3CH_3COOH + 2Cr_2(SO_4)_3 + 2K_2SO_4 + 11H_2O$$
橙红色　　　　　　　　　　　　　　　　　　　　绿色

✎ 练习

1. 写出下列化合物的结构式或为其命名。

（1）木精　　　　　　　　（2）丙三醇　　　　　　　　（3）硝化甘油

（4） 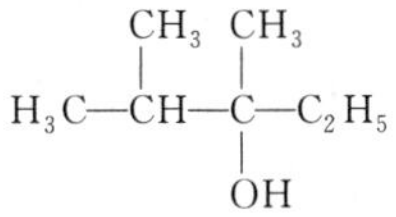 　　　（5） 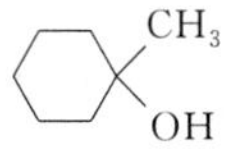 　　　（6）

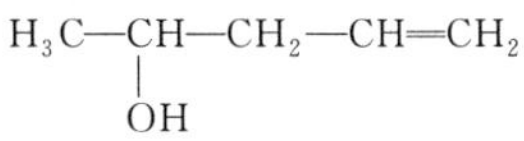

2. 将下列化合物的沸点按其变化规律由高到低排列。

（1）正丁醇　　　　　异丁醇　　　　　叔丁醇

（2）正丁醇　　　　　正己醇　　　　　正戊醇

3. 写出异丙醇与下列试剂作用的产物。

（1）氢溴酸　　　（2）高锰酸钾溶液　　　（3）浓硫酸（180℃，140℃）　　　（4）钠

4. 比较 1-丁醇、2-丁醇、叔丁醇与卢卡斯试剂反应的快慢，并描述实验现象。

5. 用化学方法鉴别丁烷、1-丁醇、1-丁烯、1-丁炔。

第二节　酚

思考：为什么很多化妆品、保健品都要宣传含有多酚呢？这是一种什么化学物质？具体有哪些作用？

羟基直接与苯环相连的化合物叫作酚，学习时请注意区分酚与芳香醇。

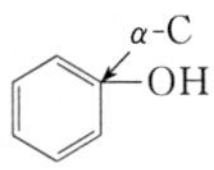

苯酚 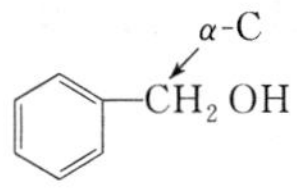　　　　　　　　　　　　　　　　苯甲醇

一、酚的分类及结构

1. 酚的分类

根据苯环相连羟基的数目，可将酚分为一元酚、二元酚、三元酚等，含两个以上酚羟基

的统称为多元酚。

本节主要学习一元酚的结构及相关性质。

2. 酚的结构

酚的通式为 Ar—OH，酚当中的羟基也称为酚羟基。酚羟基中氧原子为 sp^2 杂化，其中两个杂化轨道分别和苯环上的碳原子、氢原子重合形成两个 σ 键，氧上剩余两对孤对电子，一对占据一个 sp^2 杂化轨道，另一对占据未杂化的 p 轨道，并与苯环的大 π 键形成 p-π 共轭，如图 13-5 所示。

一方面，酚分子中的 p-π 共轭，使氧的 p 电子云向苯环移动，苯环电子云密度增加，受到活化而更易发生取代反应；另一方面，p 电子云向苯环的转移导致氢氧之间的电子云进一步向氧原子转移，使氢更易离去，表现出一定酸性。

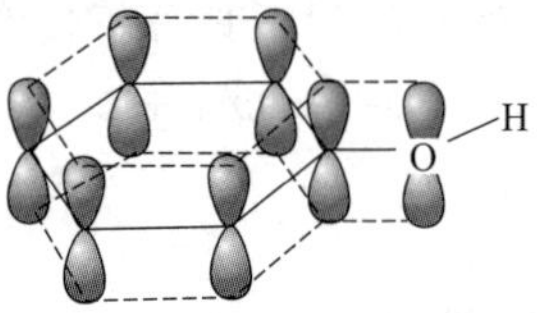

图 13-5 苯酚分子中的 p-π 共轭体系

二、酚的命名

若苯环上没有比—OH 优先的基团（官能团优先次序见第九章第二节），则—OH 与苯环一起为母体，环上其他基团为取代基，按位次和名称写在前面，称为"某酚"。如：

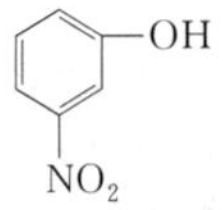

3-硝基苯酚（间硝基苯酚）

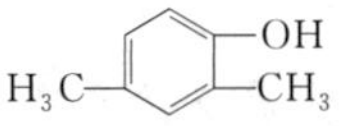

2,4-二甲基苯酚

若苯环上有比—OH 优先的基团，则—OH 只能作取代基。如：

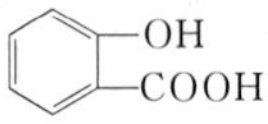

邻羟基苯甲酸

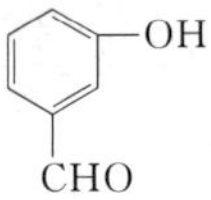

间羟基苯甲醛

三、酚的物理性质及应用

酚多为结晶性固体。除硝基酚外，多数酚是无色的，但由于易被氧化往往呈红色至褐色。

酚分子间也能形成氢键，所以酚类化合物的沸点较相近分子量的烃类高。另外，除苯酚室温下微溶于水，其余一元酚不溶于水，能溶于乙醇、乙醚等有机溶剂。酚具有杀菌和防腐作用，杀菌能力随羟基数目的增多而增大。例如，苯酚配成一定浓度的水溶液后，可用于治疗中耳炎，起到杀菌作用。

一些酚的物理性质见表 13-2。

表 13-2　常见酚的物理常数

名称	熔点/℃	沸点/℃	溶解度/(g/100g 水)	pK_a(20℃)
苯酚	40.8	181.8	8	9.98
邻甲苯酚	30.5	191	2.5	10.29
间甲苯酚	11.9	202.2	2.6	10.09

名称	熔点/℃	沸点/℃	溶解度/(g/100g 水)	pK_a(20℃)
对甲苯酚	34.5	201.8	2.3	10.26
邻硝基苯酚	44.5	214.5	0.2	7.21
间硝基苯酚	96	194(70mm)	1.4	8.39
对硝基苯酚	114	295	1.7	7.15
α-萘酚	96	279	难溶	9.34
β-萘酚	123	286	0.1	9.01

四、酚的化学性质及应用

酚的化学性质与苯和醇有相似之处，但由于苯环和羟基的相互影响，使得苯酚的性质并不只是苯和醇性质的简单加和。

取代反应 ⟶ ⬡—O—H
酸性

实验：苯酚
的弱酸性

1. 羟基氢的取代反应

(1) 酚的弱酸性 苯酚羟基中的氢可以以 H^+ 的形式离去，所以酚显弱酸性，生成的酚钠盐与水互溶。所以苯酚在冷水中溶解度有限，但却可以溶解在碱液中。

⬡—OH + NaOH ⟶ ⬡—ONa + H_2O

由上式可知苯酚的酸性比水强。如果向酚钠水溶液中通入二氧化碳，酚即从碱液中游离出来，因此苯酚是比碳酸（$pK_a = 6.38$）还弱的弱酸，俗称石炭酸（$pK_a = 9.98$），不能使石蕊试纸变色。

⬡—ONa + CO_2 + H_2O ⟶ ⬡—OH + $NaHCO_3$

酚的弱酸性可用于苯酚的鉴别、分离提纯。工业上利用此性质来回收和处理含酚污水，用稀的氢氧化钠溶液处理含酚污水，使酚成钠盐溶于水，分离后再向水层通入二氧化碳，酚即析出。

(2) 酯化反应 醇可以与羧酸生成酯，但酚却不易与羧酸直接生成酯，需用活泼性更强的酸酐或酰氯为原料，酸酐和酰氯起到酰基化试剂的作用。

酚的酸性

水杨酸 + 乙酸酐 $(CH_3CO)_2O$ $\xrightarrow{H_2SO_4}$ 阿司匹林 + CH_3COOH

阿司匹林即乙酰水杨酸，是白色针状晶体，是常见的解热镇痛药，也用于防治心脑血管病。

2. 苯环上的亲电取代反应

羟基是活化基团，所以使得酚的芳环上亲电取代反应比苯更易进行，同样可以发生卤化、磺化等反应。

在室温下苯酚与溴水立即反应，生成 2,4,6-三溴苯酚白色沉淀。这个反应非常灵敏，只要酚羟基的邻、对位上还有氢，就可以发生，可用于鉴别苯酚。

$$\underset{\text{(苯酚)}}{\text{C}_6\text{H}_5\text{OH}} + 3\text{Br}_2 \longrightarrow \underset{\text{(三溴苯酚)}}{\text{Br-C}_6\text{H}_2(\text{OH})\text{-Br}_3} \downarrow + 3\text{HBr}$$

苯酚在室温下就可被稀硝酸硝化，生成邻硝基苯酚和对硝基苯酚的混合物。

$$\text{C}_6\text{H}_5\text{OH} \xrightarrow[25℃]{20\% \ \text{HNO}_3} \text{邻-NO}_2\text{C}_6\text{H}_4\text{OH} + \text{对-NO}_2\text{C}_6\text{H}_4\text{OH}$$

邻硝基苯酚可形成分子内氢键，而对硝基苯酚形成的是分子间的氢键，所以对硝基苯酚的沸点更高，不易挥发，用水蒸气蒸馏法可以将两种异构体分开。

3. 与三氯化铁的显色反应

实验：苯酚的显色反应

酚与三氯化铁溶液发生显色反应，不同的酚类化合物呈现不同的特征颜色（见表13-3），大多数酚类化合物能与三氯化铁溶液反应生成配合物。

$$6\text{C}_6\text{H}_5\text{OH} + \text{FeCl}_3 \longrightarrow [\text{Fe}(\text{OC}_6\text{H}_5)_6]^{3-} + 3\text{HCl} + 3\text{H}^+$$

根据反应后溶液颜色的变化可以鉴别酚。

表 13-3　酚类化合物与三氯化铁的显色

化合物	显色	化合物	显色
苯酚	蓝紫	邻苯二酚	绿
邻甲苯酚	红	间苯二酚	蓝～紫
对甲苯酚	紫	对苯二酚	暗绿
邻硝基苯酚	红～棕	α-萘酚	紫
对硝基苯酚	棕	β-萘酚	黄～绿

4. 氧化反应

酚比醇容易氧化，例如苯酚在空气中就可以发生氧化反应，颜色逐渐变深，久置的苯酚为红褐色，其氧化产物比较复杂，是混合物。因此，在石油、橡胶和塑料等工业中，常利用酚的这一性质，加入少量酚作抗氧化剂。例如，3-叔丁基-4-羟基茴香醚和 2,6-二叔丁基对甲苯酚都是食品加工中常用的抗氧化剂。

3-叔丁基-4-羟基茴香醚　　　　　2,6-二叔丁基对甲苯酚

📖 阅读材料

抗氧化多酚

氧化损伤是导致许多慢性病，如心血管病、癌症和衰老的重要原因，多酚的抗氧化功能可以有效预防这些慢性病。

多酚是一类广泛存在于植物体内的具有多元酚结构的次生代谢物，存在于一些常见的植物性食物当中，如可可豆、爆米花、茶、大豆、红酒、蔬菜和水果。绝大多数多酚类化合物为水溶性物质，存在于植物细胞的液泡中，天然存在的形式多与糖相结合形成糖苷。

现代研究表明，多酚类物质可以阻止和抑制癌症的发病。多酚对一些细菌、真菌还有明显的抑制作用，并且对动物体内和其他环境中多种微生物的生长都产生明显的抑制作用。

葡萄酒中就含有多种多酚成分，如表 13-4 所示，其中多酚的含量是重要的质量因素。

表 13-4　葡萄酒中的酚类

黄酮	堪非醇、槲皮酮、杨梅黄酮
花色素	青醇、水芹醇、飞燕草醇、锦葵醇、矮牵牛醇
酚酸	五倍子酸、儿茶酸、香子兰酸、水杨酸、苯丙烯酸类(肉桂酸)、香豆酸、咖啡酸、阿魏酸
聚合多酚	儿茶素、原花色素
单宁	儿茶素、表儿茶素、棓酸表儿茶素、表棓儿茶素水解丹宁;棓酸丹宁或焦棓酸丹宁等

练习

1. 选择题

(1) 关于酚的酸性描述错误的是（　　　）。

A. 苯酚的酸性比水强　　　　　B. 苯酚的酸性比碳酸弱　　　　C. 苯酚的酸性比醇弱

(2) 苯酚不可以和以下哪种试剂发生反应（　　　）。

A. 稀硝酸　　　　　　　　　　B. 三氯化铁溶液　　　　　　　C. 碳酸氢钠

2. 写出苯酚和以下试剂发生化学反应的方程式。

(1) Br_2　　　　　　　　　　(2) NaOH　　　　　　　　　　(3) 浓硫酸

3. 分别用化学、物理方法鉴别下列化合物：甲苯、苯酚。

第三节　醚

一、醚的分类、结构和命名

1. 醚的分类、结构

醚（R—O—R'）可以看作水分子中的两个氢原子均被取代的化合物，氧原子连接的两个烃基可以相同也可以不同。

按照烃基中碳架的结构是否含有不饱和键可将醚分为饱和醚、不饱和醚、芳醚；按照两个烃基的结构是否相同可将醚分为单醚和混醚。

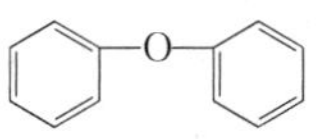

二苯醚（单醚） 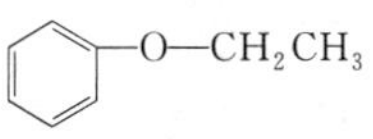　　　　　　　　　　苯基乙基醚（混醚）

此外，还有些醚类的碳链与氧原子合围成环状，称为环醚。如：

环氧乙烷 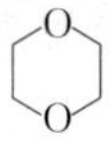   1,4-二氧六环

2. 醚的命名

简单的单醚命名为"二某醚","某"代表烃基的名称，分子较小的简单脂肪醚中，"二"字也常省略。如：

$$C_2H_5—O—C_2H_5$$
二乙醚（乙醚）

混醚在命名时，将较小的烃基放在前面；若烃基中有一个是芳香基，将芳香基放在前面。如：

$$CH_3—O—CH(CH_3)_2$$
甲基异丙基醚

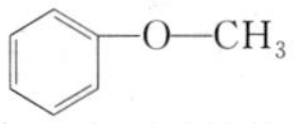

苯甲醚

环醚一般称为"环氧某烷"，或按杂环化合物命名。如：

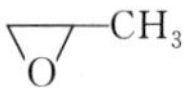

$$CH_3$$
1,2-环氧丙烷

烃基结构复杂的醚，按系统命名法命名。以复杂烃基为母体，烷氧基作取代基。如：

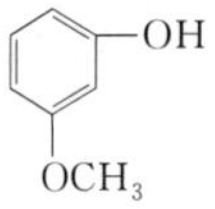

3-甲氧基苯酚

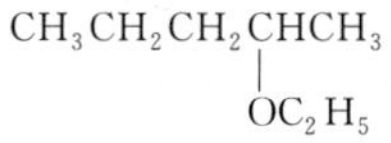

$$CH_3CH_2CH_2CHCH_3$$
$$OC_2H_5$$
2-乙氧基戊烷

二、醚的物理性质及应用

在常温下除甲醚和甲乙醚为气体外，大多数醚为易燃的无色液体并常用作溶剂，有特殊气味。

醚的沸点与分子量相当的烷烃接近，但由于醚分子之间不存在氢键，所以低级醚的熔、沸点比分子量相近的醇低得多，例如：

	戊烷	乙醚	正丁醇
分子量	72	74	73
沸点	36.1℃	34.5℃	117.2℃

醚有弱极性，低级醚在水中有一定溶解度，大多数醚类不溶于水，但能溶于许多有机溶剂中。

在外科手术中，纯净的乙醚是一种吸入性全身麻醉剂。

醚的一些物理性质见表 13-5。

表 13-5　常见醚的物理常数

名称	熔点/℃	沸点/℃	相对密度(d_4^{20})	水中溶解度
甲醚	−140	−24	0.661	1 体积水溶解 37 体积气体
乙醚	−116	−34.5	0.713	8g/100g 水
正丙醚	−12.2	91	0.736	微溶
正丁醚	−95	142	0.773	微溶

名称	熔点/℃	沸点/℃	相对密度(d_4^{20})	水中溶解度
正戊醚	−69	188	0.774	不溶
乙烯醚	−30	28.4	0.773	溶于水
苯甲醚	−37.3	155.5	0.996	不溶
二苯醚	28	259	1.075	不溶

三、醚的化学性质及应用

链状醚中的 C—O—C 键是很稳定的，醚与碱、氧化剂、还原剂均不发生反应，所以在许多反应中，用醚作溶剂。由于醚中没有羟基氢，所以常温下醚也不与金属钠作用，可用金属钠干燥醚类化合物。但稳定是相对的，在一定条件下，醚也可发生其特有的反应。

1. 鎓盐的生成

醚中的氧原子上有孤电子对，能接受质子，但接受质子的能力较弱，只有与浓强酸（如浓硫酸和浓盐酸）中的质子才能形成一种不稳定的盐，称为鎓盐。

$$R\overset{\cdot\cdot}{\underset{\cdot\cdot}{O}}R' + \overset{\delta^+}{H}-\overset{\delta^-}{Cl} \longrightarrow \left[R\overset{\overset{H}{|}}{\underset{\cdot\cdot}{O^+}}R' \right] Cl^-$$
鎓盐

由于鎓盐不稳定，只能低温下储存在浓酸中，遇水又可分解为原来的醚，从酸液中分离出来而出现分层现象，利用这一性质，可从烷烃、卤代烃中鉴别和分离醚。

$$\left[R\overset{\overset{H}{|}}{\underset{\cdot\cdot}{O^+}}R' \right] Cl^- + H-OH \longrightarrow ROR' + H_3O^+ + Cl^-$$

2. 醚键的断裂

醚在浓酸中生成鎓盐后，使得 C—O 键变弱，高温下醚键变得容易断裂。常用的断裂醚键的浓酸为氢卤酸，其中，氢碘酸效果最好，反应的产物是醇和碘代烷。

$$\overset{\delta^+}{CH_3}\overset{\delta^-}{-O}-CH_2CH_3 + \overset{\delta^+}{H}-\overset{\delta^-}{I} \overset{\triangle}{\longrightarrow} CH_3CH_2OH + CH_3I$$
$$\triangle \downarrow HI$$
$$CH_3CH_2I$$

反应中若氢碘酸过量，则生成的醇可进一步转化为碘代烃。

芳香醚和氢碘酸作用生成酚，则无法继续转化。

$$\text{C}_6\text{H}_5\overset{\delta^-}{-O}\overset{\delta^+}{-CH_3} + \overset{\delta^+}{H}-\overset{\delta^-}{I} \overset{\triangle}{\longrightarrow} \text{C}_6\text{H}_5-OH + CH_3I$$

醚键断裂规律：脂肪醚中的醚键在断裂时，通常是含碳原子较少的烷基和氧原子之间的共价键断裂，形成碘代烷；芳香醚则总是烷氧键断裂，生成酚和碘代烷。

3. 醚的自动氧化反应

醚的 α-C 原子上连有氢时，长期存放易被空气氧化产生过氧化物，过氧化物不稳定，受热易分解爆炸。久置的醚在蒸馏前要检验是否有过氧化醚，若有应除去，以免发生爆炸事故。

$$CH_3CH_2OCH_2CH_3 \overset{O_2}{\longrightarrow} CH_3\underset{\underset{OOH}{|}}{CH}OCH_2CH_3$$
过氧化氢醚

醚的安全使用：醚类化合物应存放在深色玻璃瓶中，并加入少量活泼金属（如 Na、Zn

等）防止过氧醚的生成。在蒸馏前必须检验是否有过氧化物存在。检验的方法是用淀粉碘化钾试纸（或硫氰亚铁溶液），若试纸变蓝（或溶液变血红色），说明有过氧化物存在，应加入硫酸亚铁、亚硫酸钠等还原性物质处理后再使用。

✏ 练习

1. 填空题

(1) 醚的沸点比分子量相近的醇低是因为醚分子中没有羟基，醚分子间不能形成_____。

(2) 检验醚中是否有过氧化物存在的常用方法是_____试纸（或_____试液）检验，若试纸（或试液）出现_____色（或_____色），则说明过氧化物存在；除去过氧化物可用_____、_____等还原性物质。储存乙醚时，常加入少量的_____或_____以避免过氧化物的生成。

2. 鉴别下列各组化合物。

(1) 正丁醚、1-丁烯、正丁烷

(2) 正丁醚、1-丁醇、正丁烷

(3) 乙醚、2-氯丁烷、正丁烷

✍ 本章习题

1. 命名下列化合物。

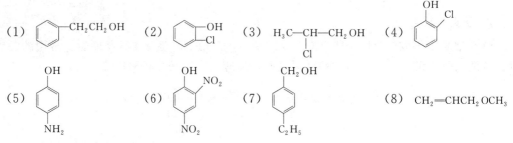

2. 写出下列化合物的构造式。

(1) 2-甲基-1-己醇　　　　　(2) 2,2-二甲基-3-戊烯-1-醇　　　　　(3) 苯基苄基醚

(4) 甲基异丙基醚　　　　　(5) 2,3-二甲基-2,3-丁二醇　　　　　(6) 2,4,6-三硝基苯酚

3. 完成下列化学反应式。

(1) $CH_2{=}CH_2 + H_2O$ $\xrightarrow[\text{7MPa}]{\text{磷酸硅藻土}}$? $\xrightarrow[\text{140℃}]{\text{浓 }H_2SO_4}$

(2) $CH_3\underset{\underset{OH}{|}}{C}HCH_2CH_3$ $\xrightarrow{HBr}$? $\xrightarrow[C_2H_5OH]{NaOH}$

(3) 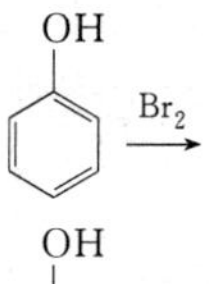 〔苯酚〕 $\xrightarrow{Br_2}$

(4) 〔间硝基苯酚〕 $\xrightarrow{NaOH}$? $\xrightarrow{CO_2+H_2O}$

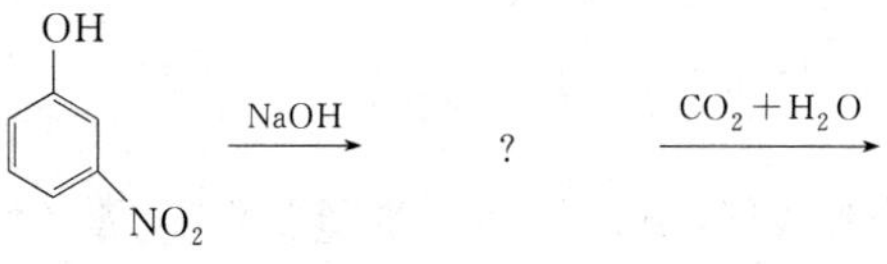

(5) 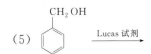 $\xrightarrow{\text{Lucas 试剂}}$

4．用化学方法鉴别下列各组化合物。

（1）甲醇、1-己烯、3-甲基戊烷

（2）正丁醇、正丁醚、正丁烷、1-丁烯

（3）1-戊醇、2-戊醇、2-甲基-2-丁醇

5．用简便的化学方法判断分子式为 $C_4H_{10}O$ 的物质是醇还是醚？若为醇，是伯醇、仲醇、还是叔醇？

6．某化合物 A 和 B 的分子式均为 C_7H_8O。A 可溶于氢氧化钠生成 C，A 与溴水作用立即得化合物 D，B 不溶于氢氧化钠，但可溶于浓硫酸。试写出 A、B、C、D 的构造式和各步反应式。

7．化合物 A 的分子式为 $C_5H_{12}O$，它既不与金属钠作用，也不与高锰酸钾溶液作用，但可与氢碘酸共热生成 B 和 C，B 脱水得 D，D 可进一步被氧化成 E、二氧化碳和水。试写出 A、B、C、D、E 的构造式和各步反应式。

💡 本章小结

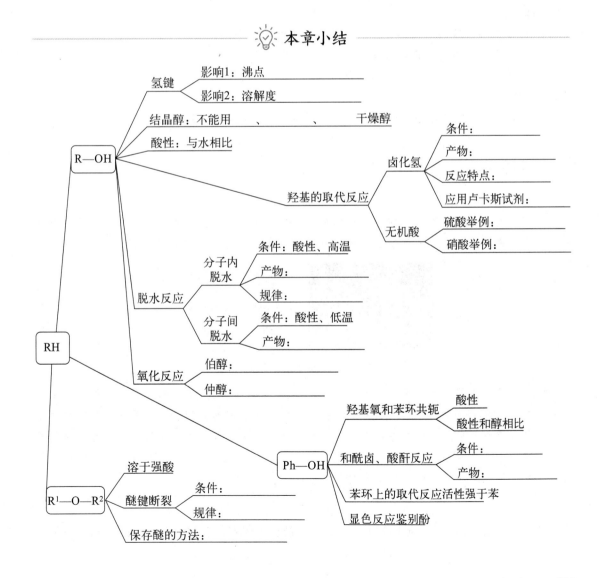

第十四章

醛和酮

【知识目标】
1. 掌握醛、酮的结构特征。
2. 掌握醛、酮发生亲核加成反应的规律。
3. 掌握醛、酮 α-H 的卤仿反应特点。

【能力目标】
1. 能根据醛、酮的结构特征分析其可能发生的化学变化。
2. 能采用化学方法鉴别羰基化合物。
3. 能采用化学方法鉴别醛、酮类化合物。

【素质目标】
通过学习不同种类醛在生活生产中的应用实例，建立学以致用的思维。

情景导入

冰淇淋里有香草吗?

香草味的冰淇淋里真的有香草吗? 你吃到的香草味冰淇淋里大多是加入了食品级的添加剂——香兰素，也叫香草醛，化学名称 3-甲氧基-4-羟基苯甲醛，见图 14-1。

图 14-1　冰淇淋中的香草醛结构

香兰素具有香荚兰豆香气及浓郁的奶香，1874 年由德国的 M·哈尔曼博士与 G·泰曼博士首次人工合成，是人类合成的第一种香料。普遍受人们喜爱的奶油、香草味的食品中或多或少都含有香兰素。目前，香兰素也是世界上产量最大的合成香料品种之一。除了提供感官上的享受，香兰素还有许多其他用途，它具有一定的抑菌、抗氧化的作用，在饲料、制药、日化方面也有应用，是一种重要的化工中间体。

醛、酮结构中都含有官能团羰基（ $\overset{O}{\underset{C}{\parallel}}$ ），统称为羰基化合物。其中醛的羰基碳原子上还连有一个氢原子，醛的官能团（—CHO）也叫作醛基；酮的羰基则连接的都是烃基，酮羰基也叫作酮基。

$$\underset{\text{醛基}}{\overset{\displaystyle O}{HC-}} \qquad \underset{\text{酮基}}{\overset{\displaystyle O}{R-C-R'}}$$

第一节　醛、酮的结构、分类和命名

一、醛和酮的结构

在羰基中，羰基碳原子为 sp^2 杂化，碳和氧以双键相连。与碳碳双键类似，碳氧双键也是由一个 σ 键和一个 π 键组成，而且羰基也具有平面三角形结构，如图 14-2 所示。

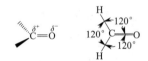

图 14-2　羰基和甲醛的结构

但羰基中碳氧双键不同于碳碳双键。由于氧原子电负性较大，吸引电子能力较强，从而导致 π 电子云分布不均匀，使得氧原子周围电子云密度较高，带有部分负电荷；同时，碳原子附近的电子云密度降低，带有部分正电荷。故羰基有极性，羰基化合物是极性分子。羰基的这种极性结构对于醛和酮的性质有显著的影响。

二、醛和酮的分类

醛和酮根据分子中烃基碳架结构不同可分为脂肪醛（酮）、脂环醛（酮）和芳香醛（酮）；又可根据烃基是否饱和分为饱和醛（酮）和不饱和醛（酮）；还可根据分子中所含的羰基数目分为一元醛（酮）、二元醛（酮）和多元醛（酮）。另外，酮当中两个羰基相同的称为单酮，不同的则称为混酮。

脂肪醛（酮）：　　　CH_3CHO　　　　　$CH_2=CHCHO$　　　　　$OHCCH_2CHO$
　　　　　　　　　　乙醛（一元醛）　　　丙烯醛（一元醛）　　　丙二醛（二元醛）
　　　　　　　　　　（饱和醛）　　　　　（不饱和醛）　　　　　（饱和醛）

$$\underset{\text{丁酮（一元酮）}}{CH_3-\overset{\displaystyle O}{\overset{\|}{C}}-CH_2CH_3} \qquad \underset{\text{3-丁烯酮（一元酮）}}{CH_2=CH-\overset{\displaystyle O}{\overset{\|}{C}}-CH_3} \qquad \underset{\text{丁二酮（二元酮）}}{CH_3-\overset{\displaystyle O}{\overset{\|}{C}}-\overset{\displaystyle O}{\overset{\|}{C}}-CH_3}$$
（饱和酮）　　　　　　　　　（不饱和酮）　　　　　　　　（饱和酮）

脂环醛（酮）：

环己基甲醛（一元醛）　　　环己酮（一元酮）

芳香醛（酮）：

苯甲醛（一元醛）　　　苯乙酮（一元酮）

天然食品着色剂中的姜黄素就是从草本植物姜黄根茎中提取的一种黄色色素，属于二酮类化合物。

姜黄素

分子式相同的醛、酮互为官能团异构体。

三、醛和酮的命名

简单的醛和酮可以采用习惯命名法，复杂的醛和酮则需要采用系统命名法。

1. 习惯命名法

(1) 醛的习惯命名 可以参考伯醇的命名方式，只需把"醇"字改为"醛"字即可。例如：

$CH_3CH_2CH_2CH_2OH$ $(CH_3)_2CHCH_2OH$

正丁醇   异丁醇   苯甲醇

$CH_3CH_2CH_2CHO$ $(CH_3)_2CHCHO$

正丁醛   异丁醛   苯甲醛

还有一些醛的名称，是由相应羧酸的名称得来。例如：

HCHO

蚁醛
（由蚁酸而来）

肉桂醛
（由肉桂酸而来）

水杨醛
（由水杨酸而来）

(2) 酮的习惯命名 在羰基所连接的两个烃基名称后加上"甲酮"两个字，"甲"字习惯上可以省略。脂肪混酮命名时，要把"次序规则"中较优先烃基写在后面。例如：

二甲基（甲）酮（简称为二甲酮）   甲基乙基（甲）酮（简称为甲乙酮）

芳基和脂肪烃基的混酮，要把芳基写在前面，这种命名习惯和醚相似。

苯基乙烯基（甲）酮

醛酮的系统命名法

2. 系统命名法

(1) 选主链（母体） 选择含有羰基的最长碳链作为主链，如结构中含有不饱和键则主链须包含不饱和键。

(2) 编号 首先从靠近羰基的一端开始给主链编号，使羰基位号最小，其次考虑使不饱和键位号最小。主链碳原子位次除用阿拉伯数字表示外，也常用希腊字母表示，依次为 α、β、γ……。

(3) 写名称 将取代基的位次、数目、名称及羰基的位次依次写在醛、酮母体名称之前

（因为醛基总在碳链的一端，所以不用标注位次）。若含有不饱和键则还要注明不饱和键的位次。

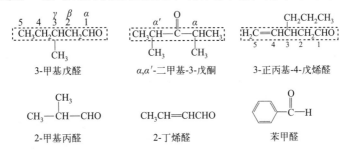

$$\underset{5}{CH_3}\underset{4}{CH_2}\underset{3}{CH}\underset{2}{CH_2}\underset{1}{CHO}$$
$$|$$
$$CH_3$$

3-甲基戊醛

$$\underset{\alpha'}{CH_3}CH-\overset{O}{\underset{\|}{C}}-\underset{\alpha}{CH}CH_3$$
$$| \qquad |$$
$$CH_3 \qquad CH_3$$

α,α'-二甲基-3-戊酮

$$CH_2CH_2CH_3$$
$$|$$
$$\underset{5}{H_2C}=\underset{4}{CH}\underset{3}{CH}\underset{2}{CH_2}\underset{1}{CHO}$$

3-正丙基-4-戊烯醛

$$CH_3$$
$$|$$
$$CH_3-CH-CHO$$

2-甲基丙醛

$$CH_3CH=CHCHO$$

2-丁烯醛

苯甲醛

✎ 练习

1. 选择题

（1）脂肪醛的通式为（   ）。

A. ROH   B. R^1OR^2 C. RCHO

（2）下列物质中属于芳香醛的是（   ）。

A.   B.   C.

（3）以下结构属于饱和类醛、酮的是（   ）。

A.   B.   C.

2. 写出下列化合物的构造式。

（1）异戊醛   （2）二苯甲酮   （3）β-苯丙烯醛

（4）水杨醛   （5）蚁醛   （6）苯基苄基酮

3. 命名下列化合物。

（1） CH_3CHCH_2CHCHO （2） $(CH_3)_2C=CHCH_2CH_3$ （3） ——$CH_2COCH_2CH_3$
　　　　$|$　　　$|$　　　　　　　　　　　　　　　　$\|$
　　　　C_2H_5　CH_3　　　　　　　　　　　　　　O

第二节　醛、酮的物理性质及应用

常温下，除甲醛是气体外，C_{12} 以下的醛、酮都是液体，高级醛和酮是固体。低级醛具有强烈刺激气味，但 $C_8 \sim C_{13}$ 的中级脂肪醛和一些芳醛、芳酮有花果香味，常用于香精香料、食品添加剂、医药及饲料等行业中。

思考：新装修好的房间，总有种刺鼻的气味，是甲醛的味道吗？

由于羰基极性较大，分子间作用力强，故醛和酮的沸点高于相应的烃和醚；又因为醛和酮分子间不能形成氢键，没有缔合现象，因此沸点低于相应的醇。

	甲醇	甲醛	乙烷
分子量	32	30	30
沸点	65℃	−21℃	−88.6℃

但随着碳原子数的增加，醛、酮与醇或烃沸点的差别逐渐变小。这是因为随着分子中碳原子数的增加，醇分子间形成氢键的难度加大，羰基在醛和酮分子中所占的比例也越来越小，使得它们的沸点越来越接近。

低级醛和酮在水中溶解度较大，37%的甲醛水溶液也称为"福尔马林"。但随着分子中碳原子数的增加，与水形成氢键的难度加大，醛和酮在水中的溶解度也逐渐减小，直至不溶。醛、酮易溶于苯、醚、四氯化碳等有机溶剂。除此之外，丙酮、丁酮能溶解很多有机化合物，所以醛和酮也是良好的有机溶剂。

一元脂肪醛（酮）的相对密度小于1，比水轻；多元脂肪醛（酮）和芳香醛（酮）的相对密度大于1，比水重。

醛、酮的相关物理性质见表14-1。

表 14-1　常见醛和酮的物理性质

名称	结构式	熔点/℃	沸点/℃	相对密度(d_4^{20})	溶解度/(g/100g 水)
甲醛	HCHO	−92	−21	0.815	55
乙醛	CH_3CHO	−123	21	0.781	溶(∞)
丙醛	CH_3CH_2CHO	−81	49	0.807	20
丁醛	$CH_3(CH_2)_2CHO$	−97	75	0.817	7
戊醛	$CH_3(CH_2)_3CHO$	−91	103	0.819	微溶
乙二醛	OHCCHO	15	50	1.140	溶(∞)
丙烯醛	$CH_2{=}CHCHO$	−88	53	0.841	溶
苯甲醛	⬡—CHO	−26	179	1.046	0.33
丙酮	CH_3COCH_3	−95	56	0.792	溶(∞)
丁酮	$CH_3COCH_2CH_3$	−86	80	0.805	35
2-戊酮	$CH_3COCH_2CH_2CH_3$	−78	102	0.812	6.3
3-戊酮	$CH_3CH_2COCH_2CH_3$	−41	101	0.813	5
环己酮	⬡=O	−16	156	0.943	微溶
丁二酮	$CH_3COCOCH_3$	−2	88	0.98	25
苯乙酮	⬡—CO—CH_3	21	202	1.026	微溶

第三节　醛、酮的化学性质及应用

思考：麝香是一种名贵的中药，其有效成分是麝香酮，它具有扩张冠状动脉、增加冠状动脉血流量的作用，请查阅资料写出麝香酮的构造式。根据官能团结构分析它可能会发生哪些化学反应。

醛和酮分子中都含有活泼的羰基，由于结构上的共同特点，使它们具有许多相似的化学性质。但醛和酮结构又不完全相同，因此化学性质也就表现出一些差异。醛和酮的反应主要集中在羰基和 α-C 附近，如图 14-3 所示。

一般地，反应时醛比酮更活泼，酮类中以甲基酮最为活泼。本节主要介绍一元醛、酮的相关性质。

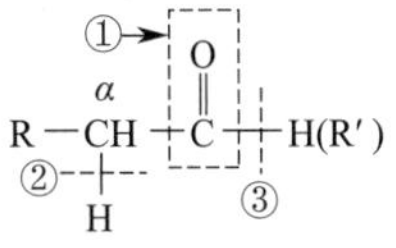

图 14-3　醛、酮的结构分析

一、羰基上的加成反应

由于碳氧双键具有极性，羰基碳带部分正电荷，导致其容易受到亲核试剂的进攻，π 键断裂，在图 14-3 中①处发生加成反应。

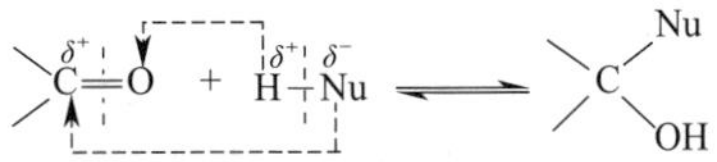

$$
\underset{}{>}C{=}O + H{-}Nu \rightleftharpoons \underset{OH}{\overset{Nu}{>}}C{<}
$$

注意：羰基的加成反应和不饱和烃的加成反应有本质区别，不饱和键电子云密度较高引起亲电试剂的进攻，而羰基加成则是因为羰基碳带部分正电荷引起了亲核试剂的进攻。

1. 与氢氰酸加成

醛、酮能与氢氰酸发生加成反应，生成 α-羟基腈（即氰醇）。反应需要在碱性条件下进行，因为氢氰酸是一个弱酸，解离出的氰根有限，不利于反应进行，加入少量碱，有利于氢氰酸的解离。

醛、酮与氢氰酸的加成反应

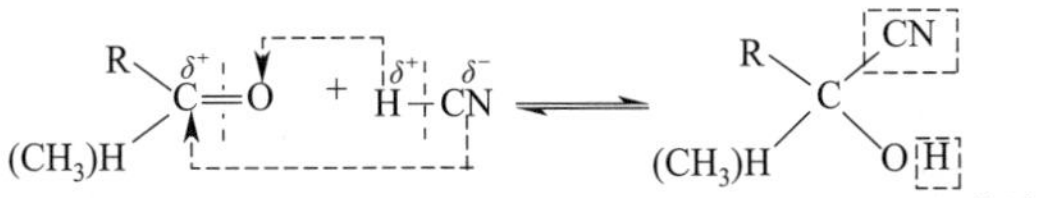

$$
\underset{(CH_3)H}{\overset{R}{>}}C{=}O + H{-}CN \rightleftharpoons \underset{(CH_3)H}{\overset{R}{>}}C\underset{OH}{\overset{CN}{<}}
$$

α-羟基腈

产物 α-羟基腈比原来的醛或酮增加了一个碳原子，这是使碳链增长的一种方法。将羟基腈在酸性水溶液中水解，即可得到羟基酸。

$$
CH_3{-}\overset{O}{\overset{\|}{C}}{-}H + HCN \longrightarrow CH_3\overset{OH}{\overset{|}{C}}HCN \xrightarrow{H_2O,\ H^+} CH_3\overset{OH}{\overset{|}{C}}HCOOH + NH_3
$$

α-羟基丙腈　　　　　　　α-羟基丙酸（乳酸）

另外，由于空间位阻的原因，一般只有醛和酮当中的甲基酮能顺利和氢氰酸发生加成反应。

🔋 知识加油站

亲核加成过程

羰基碳氧双键中带正电的碳原子要比带负电的氧原子活泼得多，更容易被带有负电荷或带有未共用电子对的基团或分子（即亲核试剂）所进攻。这种由亲核试剂进攻而发生的加成反应叫作亲核加成反应。

以羰基和 HCN 的反应为例介绍亲核加成反应过程：

反应体系中的亲核试剂 CN^- 首先进攻带有部分正电荷的羰基碳原子，形成氧负离子中间体。这一步反应较慢，决定了整个加成反应的速率。中间体形成后很快与试剂的亲电部分（通常为 H^+）结合生成产物。

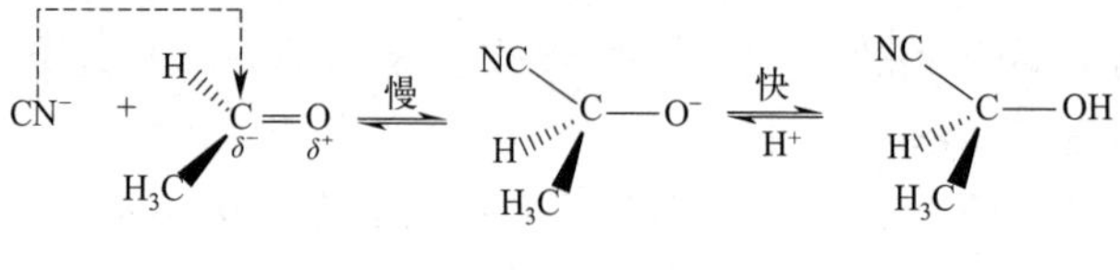

$$\left[CN^- \;+\; \underset{\underset{H_3C}{\overset{H}{\big|}}}{\overset{\delta^-}{C}}\!\!=\!\!\overset{\delta^+}{O} \right] \;\xrightarrow[\text{慢}]{} \; \underset{\underset{H_3C}{\overset{H}{\big|}}}{\overset{NC}{\underset{}{C}}}\!\!-\!\!O^- \;\xrightarrow[H^+]{\text{快}} \; \underset{\underset{H_3C}{\overset{H}{\big|}}}{\overset{NC}{\underset{}{C}}}\!\!-\!\!OH$$

氧负离子中间体

反应体系中的碱起催化作用。氢氰酸属于弱酸，溶液中亲核试剂（CN^-）浓度很低，形成氧负离子中间体的速率慢，导致整个加成过程进行缓慢。但当加入催化量 NaOH 溶液后，能有效促使氢氰酸解离，从而大大增加 CN^- 的浓度，反应就能很快完成。

$$HCN + OH^- \rightleftharpoons H_2O + CN^-$$

亲核加成的难易不仅与试剂的亲核性有关，也与羰基化合物的结构有关。对于同一种亲核试剂，亲核加成的难易取决于羰基碳原子所带正电荷的强弱及位阻效应的大小，通常从以下两个方面考虑：

(1) 羰基碳的正电性　羰基碳的正电性越强则越容易被亲核试剂进攻。烷基是供电子基，羰基上连接的烷基越多则羰基碳原子正电性越小，越不利于亲核试剂的进攻，使得加成反应速率减慢。

(2) 空间位阻作用　羰基上连接的烃基越大，从空间角度考虑，亲核试剂要接近需要跨越的障碍就越大，反应也越不容易进行，这就是空间位阻的作用。所以，在羰基亲核加成反应中需要特别强调羰基化合物的类型。实验表明，加成时酮一般不如醛活泼，酮类中又以甲基酮比较活泼。

> **思考**：氢氰酸是具有挥发性的剧毒物质，使用起来非常不方便，如果想要增长碳链得到羟基酸，有没有其他方法可以避免使用氢氰酸呢？

2. 与亚硫酸氢钠加成

醛、酮能与亚硫酸氢钠饱和溶液（40%）发生加成反应，生成 α-羟基磺酸钠。

实验：醛、酮与亚硫酸氢钠的加成反应

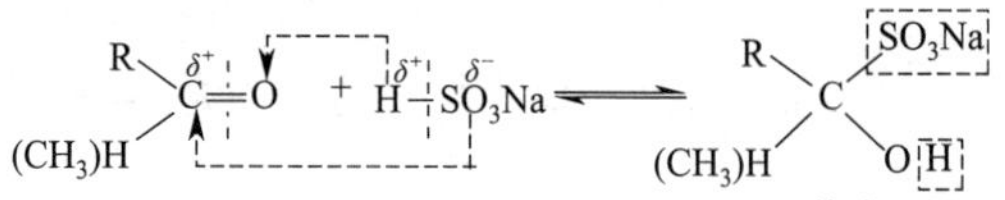

$$\underset{(CH_3)H}{\overset{R}{\big|}}\overset{\delta^+}{C}\!\!=\!\!\overset{\delta^-}{O} \;+\; \overset{\delta^+}{H}\!-\!\overset{\delta^-}{SO_3Na} \;\rightleftharpoons\; \underset{(CH_3)H}{\overset{R}{\big|}}\underset{OH}{\overset{SO_3Na}{\underset{\big|}{\overset{\big|}{C}}}}$$

α-羟基磺酸钠

α-羟基磺酸钠盐为无色结晶，易溶于水，但不溶于饱和的亚硫酸氢钠溶液，以结晶形式析出。所以，这个反应可用来鉴别醛、脂肪族甲基酮和 C_8 以下的环酮。生成的 α-羟基磺酸钠遇稀酸或稀碱都可以分解为原来的醛或酮，利用这个水解反应可以分离和提纯醛和酮。

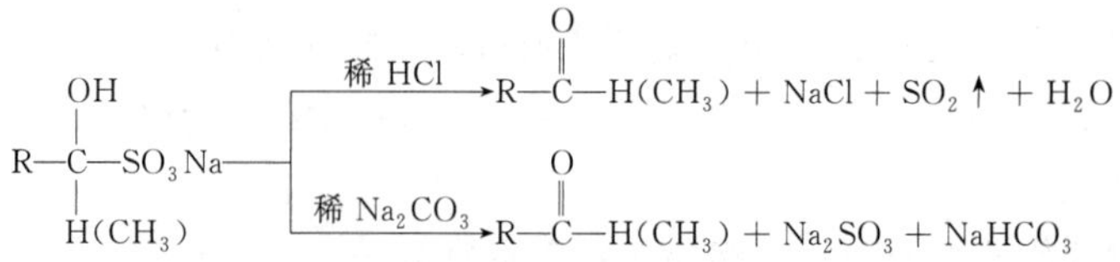

$$\underset{H(CH_3)}{\overset{OH}{\underset{\big|}{\overset{\big|}{\underset{}{R\!-\!C\!-\!SO_3Na}}}}} \quad \begin{array}{c} \xrightarrow{\text{稀 HCl}} \; R\!-\!\overset{\overset{\textstyle O}{\|}}{C}\!-\!H(CH_3) + NaCl + SO_2\uparrow + H_2O \\[2em] \xrightarrow{\text{稀 } Na_2CO_3} \; R\!-\!\overset{\overset{\textstyle O}{\|}}{C}\!-\!H(CH_3) + Na_2SO_3 + NaHCO_3 \end{array}$$

另外，α-羟基磺酸钠盐与氰化钠或氰化钾水溶液反应，就可生成 α-羟基腈，氰化钠或氰化钾配制成溶液使用在操作上比使用易挥发的氢氰酸要更加安全、方便。例如：

$$CH_3-\overset{\overset{\displaystyle O}{\|}}{C}-H + NaHSO_3 \xrightarrow{\text{稀 } OH^-} CH_3\overset{\overset{\displaystyle OH}{|}}{C}HSO_3Na \xrightarrow{NaCN} CH_3\overset{\overset{\displaystyle OH}{|}}{C}HCN + Na_2SO_3$$

3. 与醇的加成反应

醛、酮与醇
的加成反应

醛与醇加成，得到缩醛。反应只在无水条件下进行，需要干燥氯化氢气体或其他强酸催化。该反应为可逆反应，分两步进行。

$$\underset{(CH_3)H}{R}\overset{\delta^+}{C}\overset{\delta^-}{=\!=\!=}O + \overset{\delta^+}{H}\overset{\delta^-}{O}R \xrightarrow[\text{干HCl}]{} \underset{(CH_3)H}{R}\overset{\overset{\displaystyle OH}{|}}{C}OR \xrightarrow[\text{干HCl}]{R'OH} \underset{(CH_3)H}{R}\overset{\overset{\displaystyle OR'}{|}}{\underset{\displaystyle OR}{C}} + H_2O$$

半缩醛 缩醛

第一步：羰基中的 π 键断裂，与一分子醇发生加成反应生成半缩醛。

第二步：半缩醛不稳定，与另一分子醇进一步发生脱水反应生成缩醛。

缩醛可以看作一个同碳二元醚，性质与醚相似，碱性条件下稳定，对还原剂及氧化剂也很稳定。但与醚不同的是，醚键需要强酸条件断裂，而缩醛在稀酸溶液中就很容易水解成原来的醛和醇，不如醚键稳定。例如：

$$CH_3CH_2C\overset{\overset{\displaystyle OCH_3}{|}}{\underset{\displaystyle OCH_3}{}}H \xrightarrow[H^+]{H_2O} CH_3CH_2CHO + CH_3OH$$

因为醛基比较活泼，在有机合成中常常利用缩醛的生成和水解来保护醛基。

例1： $CH_2=\!=CHCH_2CHO \longrightarrow CH_3CH_2CH_2CHO$

【解析】 采用催化加氢的办法可以将分子中的双键还原，但是由于醛基活泼性很强，在还原条件下也会发生反应，结构改变（详见本节中醛、酮的氧化还原反应），因此，采用羰基和醇的缩合反应对其进行保护后再还原，之后在酸性条件下将缩醛水解回醛基。

$$CH_2=\!=CHCH_2CHO + 2C_2H_5OH \xrightarrow{\text{干 HCl}} CH_2=\!=CHCH_2C\overset{\overset{\displaystyle OC_2H_5}{|}}{\underset{\displaystyle OC_2H_5}{}}H \xrightarrow{Raney\ Ni}$$

$$CH_3CH_2CH_2C\overset{\overset{\displaystyle OC_2H_5}{|}}{\underset{\displaystyle OC_2H_5}{}}H \xrightarrow{H_2O} CH_3CH_2CH_2CHO$$

与醛相比，酮和一元醇形成半缩酮或缩酮要困难些，但酮可以和某些二元醇（如乙二醇）反应，生成环状二酮。例如：

$$\underset{CH_3}{\overset{CH_3}{C}}=\!=O + \overset{H-OCH_2}{\underset{H-OCH_2}{|}} \xrightarrow{H^+} \underset{CH_3}{\overset{CH_3}{C}}\overset{\overset{\displaystyle O-CH_2}{|}}{\underset{\displaystyle O-CH_2}{}} + H_2O$$

丙酮缩乙二醇

需要提醒的是，并不是所有的半缩醛都不稳定，如葡萄糖在水溶液中的存在形式主要就是半缩醛（见第十七章第一节）。

4. 与格氏试剂加成

由于格氏试剂十分活泼，所以醛和酮都能与格氏试剂（RMgX）发生加成反应，加成产物水解则生成不同种类的醇，这是实验室制备醇常用的方法。

$$\overset{\delta^+}{C}\overset{\delta^-}{=\!=\!=}O + \overset{\delta^-}{R}\overset{\delta^+}{MgX} \xrightarrow{\text{干醚}} \overset{\overset{\displaystyle OMg}{|}}{\underset{\displaystyle R}{C}} \xrightarrow{H^+} \overset{\overset{\displaystyle OH}{|}}{\underset{\displaystyle R}{C}}$$

甲醛与格氏试剂加成之后水解生成伯醇，其他醛生成仲醇，而酮则得到叔醇。例如：

$$HC\overset{O}{=}H + \bigcirc\!\!-MgCl \xrightarrow{干醚} H\overset{OMgCl}{\underset{H}{\underset{|}{\overset{|}{C}}}}\bigcirc \xrightarrow{H_3O^+} \bigcirc\!\!-CH_2OH$$

苯甲醇（90%）
（伯醇）

$$CH_3\overset{O}{C}\!-\!H + CH_3CHCH_3\overset{MgBr}{|} \xrightarrow{干醚} CH_3CHCH(CH_3)_2\overset{OMgBr}{|} \xrightarrow{H_3O^+} CH_3CHCH(CH_3)_2\overset{OH}{|}$$

3-甲基-2-丁醇（53%～54%）
（仲醇）

5. 羰基的鉴别反应

醛、酮与羰基试剂的反应

实验：醛酮与羰基试剂的反应

羰基化合物可以和氨的衍生物（如苯肼、2，4-二硝基苯肼等）发生缩合反应（加成再消除的过程），得到含有碳氮双键的化合物，分子结构中只要存在羰基，这个反应即可发生，不受空间位阻限制。这类反应可用下列通式表示：

$$\overset{|}{\underset{|}{C}}=O + H-\overset{H}{\underset{|}{N}}-Y \rightleftharpoons \left[\overset{OH}{\underset{|}{\overset{|}{C}}}\overset{H}{\underset{|}{N}}-Y\right] \xrightarrow{-H_2O} \overset{|}{\underset{|}{C}}=N-Y$$

不稳定

$$-Y: \quad -OH \quad -NH_2 \quad -NH-\bigcirc \quad -NH-\bigcirc\!\!\!\underset{NO_2}{\overset{NO_2}{}}$$

上式也可直接简写成：

$$\overset{|}{\underset{|}{C}}=O + H_2N-Y \rightleftharpoons \overset{|}{\underset{|}{C}}=N-Y + H_2O$$

其中，羰基化合物与2,4-二硝基苯肼作用会生成黄色的2,4-二硝基苯腙晶体，现象明显，便于观察，所以在实验室中常用2,4-二硝基苯肼检测羰基的存在，是常用的羰基试剂。例如，丙酮和2,4-二硝基苯肼反应生成丙酮-2,4-二硝基苯腙。

$$\overset{H_3C}{\underset{H_3C}{}}\overset{\delta^+}{C}=O + H_2N-NH-\bigcirc\!\!\!\underset{NO_2}{\overset{O_2N}{}}\longrightarrow \overset{H_3C}{\underset{H_3C}{}}C=N-NH-\bigcirc\!\!\!\underset{NO_2}{\overset{O_2N}{}} + H_2O$$

2,4-二硝基苯肼　　　　　　丙酮-2,4-二硝基苯腙

此外，反应产物在稀酸作用下可分解成原来的醛和酮。因此，此类反应又可用于醛、酮的分离和提纯。其他氨的衍生物及其与羰基加成的产物见表14-2。

表 14-2　不同氨基衍生物及其与羰基加成的产物

名称	结构式	加成产物名称	加成产物结构式
羟胺	NH_2—OH	肟	$\overset{R}{\underset{(\prime R)H}{}}C=N-OH$

名称	结构式	加成产物名称	加成产物结构式
肼	NH₂—NH₂	腙	$\begin{array}{c}R\\('R)H\end{array}C{=}N{-}NH_2$
苯肼	⬡—NH₂	苯腙	$\begin{array}{c}R\\('R)H\end{array}C{=}N{-}NH{-}⬡$

二、α-氢原子的取代反应

醛和酮 α-C 上的氢原子因受官能团影响具有较大的活性，有成为质子离去的趋势，图 14-3 中②处断裂，即具有酸性。因此，醛和酮的 α-氢原子容易被其他原子或基团取代，例如和卤素发生卤代反应。

1. 酸催化的卤代反应

在酸催化下，醛和酮的 α-氢原子被卤素取代，生成 α-卤代醛、酮，反应可以控制在一元取代阶段，例如醋酸催化丙酮的溴代反应。

$$CH_3{-}\overset{O}{\overset{\|}{C}}{-}CH_3 + Br_2 \xrightarrow[65\,℃]{CH_3COOH} CH_3{-}\overset{O}{\overset{\|}{C}}{-}CH_2Br + HBr$$

α-溴丙酮

2. 碱催化的卤代反应

在碱催化下，卤代反应速率很快，尤其是乙醛、甲基酮类，含有三个 α-H，一般不易控制在生成一卤代物或二卤代物阶段，而是生成同碳三卤代物 " $X_3C{-}\overset{O}{\overset{\|}{C}}$ "，而且这种三卤代物在碱性溶液中还极不稳定，立即分解，生成三卤甲烷（卤仿）和羧酸盐。例如：

实验：碘仿反应

$$\begin{array}{l}(H)R{-}\overset{O}{\overset{\|}{C}}{-}CH_3 + 3NaOX \longrightarrow (H)R{-}\overset{O}{\overset{\|}{C}}{-}CX_3 + 3NaOH\\ \qquad (X_2 + NaOH) \qquad\qquad\qquad \mid NaOH\\ \qquad\qquad\qquad\qquad\qquad\qquad \longrightarrow (H)RCOONa + CHX_3\end{array}$$

上式也可直接写成：

$$CH_3{-}\overset{O}{\overset{\|}{C}}{-}H(R) + 3NaOX \longrightarrow H(R)COONa + CHX_3 + 2NaOH$$

因为反应最终产物有卤仿，所以称为卤仿反应。

结构中含有 " $CH_3\overset{OH}{\overset{|}{C}}H{-}$ " 的也可以发生卤仿反应，这是因为卤素溶于碱液生成的次卤酸盐（NaOX）是一种氧化剂，可将醇氧化成相应的醛或酮。因此，凡含有 " $CH_3\overset{OH}{\overset{|}{C}}H{-}$ " 结构的醇会先被氧化成乙醛或甲基酮再进行卤仿反应。例如：

$$CH_3CH_2OH \xrightarrow{NaOI} CH_3CHO \xrightarrow{NaOI} HCOONa + CHI_3 \downarrow$$

碘仿（黄色）

碘仿为黄色晶体，难溶于水，并有特殊气味，容易识别，因此可利用碘仿反应来鉴别乙醛、甲基酮以及含有"$CH_3\overset{OH}{\underset{|}{CH}}-$"构造的醇。

> **思考：** 请用化学方法鉴别丙酮、2-丁醇、2-甲基-2-丁醇。

三、羟醛缩合反应

羟醛缩合反应涉及羰基化合物中两个活性部位，如图14-3中的①②两处。

在稀碱溶液中，含有 α-氢原子的醛相互作用，一分子醛的 α-氢原子加到另一分子醛的羰基氧原子上，剩余部分加到羰基碳原子上，生成 β-羟基醛。因此这个反应称为羟醛缩合。β-羟基醛在加热条件下易脱水生成 α，β-不饱和醛。例如：

$$H_3C-\overset{O}{\overset{\|}{C}}-H + CH_2CHO \xrightarrow[5℃]{10\% \text{ NaOH}} CH_3CH-CHCHO \xrightarrow[\triangle]{-H_2O} CH_3CH=CHCHO$$

β-羟基丁醛   2-丁烯醛

α，β-不饱和醛进一步催化加氢，则得到饱和醇。

$$CH_3CH=CHCHO \xrightarrow{H_2}{Ni} CH_3CH_2CH_2CH_2OH$$

通过羟醛缩合可以合成比原来醛的碳原子数多一倍的醛或醇，这在有机合成中具有广泛的应用。含有 α-氢原子的酮也能发生类似反应，但反应比醛困难，产率很低。

四、氧化-还原反应

1. 还原反应

醛或酮性质活泼，都很容易被还原，羰基的 π 键断裂。选择不同的还原剂会得到不同的还原产物。

（1）还原为醇 在镍、钯、铂等催化剂存在下，醛和酮可与氢气催化加成生成醇，同时分子中的其他不饱和基团（如双键、三键、羧基）也将同时被还原。

醛、酮的还原反应

$$\underset{(R')H}{\overset{R}{>}}C=O \xrightarrow{[H]} \underset{(R')H}{\overset{R}{>}}CH-OH$$

$$CH_3CH=CHCHO \xrightarrow{H_2}{Ni} CH_3CH_2CH_2CH_2OH$$

如果选用金属氢化物［如硼氢化钠（$NaBH_4$）、氢化铝锂（$LiAlH_4$）］作还原剂，选择性较高，则不会影响碳碳双键和碳碳三键。

$$CH_3CH=CHCHO \xrightarrow{NaBH_4} CH_3CH=CHCH_2OH$$

（2）还原为烃 醛、酮可以被还原成烃，羰基被还原为亚甲基（$-CH_2-$），常用的还原方法有以下两种：

① 克莱门森（Clemmensen）还原 醛或酮与锌汞齐和浓盐酸共热，羰基可直接被还原成亚甲基，例如：

$$\bigcirc + CH_3(CH_2)_{16}COCl \xrightarrow{AlCl_3} \bigcirc-CO(CH_2)_{16}CH_3 \xrightarrow[\triangle]{Zn-Hg,浓\ HCl} \bigcirc-(CH_2)_{17}CH_3$$

（不发生重排）   十八烷基苯（77%）

② 沃尔夫-凯惜纳-黄鸣龙（Wolff-Kishner-Huangminglong）还原 醛或酮与水合肼在

高沸点溶剂（如二甘醇、三甘醇等）中与碱共热，羰基被还原成亚甲基。这一反应最初由俄国人沃尔夫和德国人凯惜纳共同发现，后经我国化学家黄鸣龙改进了反应条件，所以称为沃尔夫-凯惜纳-黄鸣龙还原法。例如：

$$CH_3CONH- \!\!\!\!\bigcirc\!\!\!\! -\overset{O}{\overset{\|}{C}}CH_2CH_2COOH \xrightarrow[\text{二甘醇,140~160℃}]{H_2NNH_2,KOH} CH_3CONH- \!\!\!\!\bigcirc\!\!\!\! -(CH_2)_3COOH$$

4-对乙酰氨苯基丁酸

以上两种反应都能把羰基还原成亚甲基，但请注意，克莱门森反应是在强酸条件下进行的，不适用于对酸敏感的化合物；而沃尔夫-凯惜纳-黄鸣龙反应是在强碱条件下进行的，不适用于对碱敏感的化合物。这两种还原法，可以互补，选择使用。

📖 素质阅读

中国甾族激素药物工业奠基人——黄鸣龙

黄鸣龙，1898 年出生于江苏省扬州市，后在德国柏林大学求学并获得博士学位。回国后在浙江省立医药专科学校工作，之后数年在德国、英国、美国任访问教授。1945 年在美国，黄鸣龙在研究 Wolff-Kishner 还原法时取得突破性成果。国际上用他的名字命名黄鸣龙还原法。黄鸣龙还原法也是数千个有机化学人名反应中唯一一个以中国人命名的反应！

1952 年，黄鸣龙携妻女及一些重要仪器几经周折离开美国回到祖国怀抱。回国后的他立刻投入到建设新中国的工作中。1958 年，在他领导下，以国产薯蓣皂苷元为原料合成可的松的先进方法获得成功，并很快投入了生产，使这项国家原来安排在第三个五年计划中进行的项目提前数年实现了。中国的甾体激素药物也从进口转为出口。

> **思考**：醛、酮性质如此相似，之前学过的反应似乎都没办法鉴别两者，再细心观察二者的官能团结构，你还有新的思路吗？

2. 氧化反应

醛、酮性质相似，两者性质上的差别主要体现在氧化反应上。

醛的羰基碳原子上的氢原子很活泼，易被氧化，即使弱的氧化剂也可以将醛氧化成同碳原子数的羧酸，反应发生在图 14-3 的③处。而酮羰基不再连有氢，所以不与弱氧化剂反应，因此，可以利用弱氧化剂鉴别醛和酮。常用的弱氧化剂有托伦试剂、费林试剂。

（1）与托伦（Tollen）试剂反应

醛、酮与托伦试剂的反应

实验：醛、酮与托伦试剂的反应

托伦试剂的配制

托伦试剂是硝酸银的氨溶液，氧化性较弱，它与醛共热时，醛被氧化为羧酸，同时 Ag^+ 被还原成金属 Ag 析出。如果反应器壁非常洁净，会在容器壁上形成光亮的银镜，因此这一反应又称为银镜反应。

$$RCHO + 2[Ag(NH_3)_2]OH \longrightarrow RCOONH_4 + 2Ag\downarrow + 3NH_3\uparrow + H_2O$$

同时，托伦试剂氧化性弱，选择性较好，不会氧化碳碳双键和碳碳三键。

$$CH_3CH=CHCHO \xrightarrow{[Ag(NH_3)_2]OH} CH_3CH=CHCOOH$$

（2）与费林（Fehling）试剂反应

醛、酮与费林试剂的反应　　　实验：醛、酮与费林试剂的反应　　　费林试剂的配制

费林试剂是由硫酸铜与酒石酸钾钠的碱溶液等体积混合而成的蓝色溶液。其中起氧化作用的是二价铜离子。

$$RCHO + 2Cu^{2+} + NaOH + H_2O \xrightarrow{\triangle} RCOONa + Cu_2O\downarrow + 4H^+$$
　　　　　　　蓝色　　　　　　　　　　　　　　　　砖红色

需要注意的是，费林试剂能将脂肪醛氧化成脂肪酸，但费林试剂不能氧化芳香醛，因此，还可以用费林反应来区别脂肪醛和芳香醛。

甲醛的还原性强，与费林试剂反应可生成铜镜，此性质可将甲醛和其他醛区分开。

$$HCHO + Cu^{2+} + NaOH \xrightarrow{\triangle} HCOONa + Cu\downarrow + 2H^+$$

注意，托伦试剂和费林试剂都不稳定，需要现用现配。

3. 坎尼扎罗（Cannizzaro）反应

在浓碱溶液作用下，不含 α-氢的醛可以发生自身氧化还原反应。一分子醛被还原成醇，另一分子醛被氧化成羧酸，此反应叫作坎尼扎罗反应，又叫作歧化反应。

$$2\,\bigcirc\!\!-CHO \xrightarrow[②\,H^+]{①\,浓\,NaOH} \bigcirc\!\!-COOH + \bigcirc\!\!-CH_2OH$$
　　　　　　　　　　　　　　　　苯甲酸　　　　　苯甲醇

反应体系中只有一种含 α-氢的醛时，会得到该醛的氧化结构羧酸及还原结构醇；当反应体系中有两种不含 α-氢的醛时，发生歧化反应（交叉歧化反应）后产物相当复杂，不具备制备意义。

但如果两种醛之一为甲醛，由于甲醛的还原性较强，则反应结果总是另一种无 α-氢的醛被还原成相应的醇，而甲醛被氧化成甲酸（盐）。该反应在有机合成中具有重要的意义。例如：工业上用甲醛和乙醛为原料制取季戊四醇。

$$3HCHO + CH_3CHO \xrightarrow[15\sim16℃]{25\%\ Ca(OH)_2} HOCH_2-\overset{\overset{\displaystyle CH_2OH}{|}}{\underset{\underset{\displaystyle CH_2OH}{|}}{C}}-CHO$$

（交叉羟醛缩合反应）

$$HOCH_2-\overset{\overset{\displaystyle CH_2OH}{|}}{\underset{\underset{\displaystyle CH_2OH}{|}}{C}}-CHO + HCHO \xrightarrow[55\sim60℃]{Ca(OH_2)} HOCH_2-\overset{\overset{\displaystyle CH_2OH}{|}}{\underset{\underset{\displaystyle CH_2OH}{|}}{C}}-CH_2OH + HCOO^-$$

（交叉歧化反应）　　　　　　　　　　　　　　　　　季戊四醇

季戊四醇是白色或淡黄色的粉末状固体，它的硝酸酯（即季戊四醇硝酸酯）是一种心血管扩张药物。

1. 选择题

(1) 下列化合物能和氢氰酸反应的是（　　）。

A. 2-丁醇　　　B. 丁醛　　　C. 二乙酮

(2) 下列醛、酮中含 α-氢的是（　　）。

A. 甲醛　　　B. 苯甲醛　　　C. 二乙酮

(3) 下列试剂属于羰基试剂，可以鉴别羰基的是（　　）。

A. 氢氰酸　　　B. 乙醇　　　C. 2,4-二硝基苯肼

(4) 下列试剂可以用来保护羰基的是（　　）。

A. 氢氰酸　　　B. 醇　　　C. 格氏试剂

2. 下列化合物哪些能和 HCN 发生加成反应？并写出其反应产物。

(1) CH_2＝$CHCH_2CHO$　　　(2) $CH_3COCH_2CH_3$　　　(3) HCHO

(4) $CH_3CH_2COCH_2CH_3$　　　(5) ⟨苯环⟩—CHO　　　(6) ⟨苯环⟩—C(=O)—CH_3

3. 乙醛与下列哪种试剂能发生反应？并写出反应方程式。

(1) HCN　　　(2) H_2NNH_2　　　(3) CH_3OH，干燥 HCl　　　(4) NaOI

4. 用化学方法鉴别下列各组化合物。

(1) 乙醇、正丙醇、丙酮　　　　　　　(2) 丙醛、丁酮、3-戊烯-2-酮

5. 鱼腥草中的主要有效成分为鱼腥草素，查阅资料了解其结构，指出其官能团，并推测它具有哪些化学性质。

✍ 本章习题

1. 命名下列化合物。

(1) $(CH_3)_2CHCH_2CHO$　　　(2) CCl_3CHO　　　(3) $(CH_3)_3CCOCH_3$

(4) ⟨苯环⟩—CH(CH$_3$)CH＝CHCHO　　　(5) ⟨萘环⟩—CHO　　　(6) ⟨环己烷⟩ H_3C—… —CH—H(=O)

2. 写出下列化合物的构造式。

(1) 碘仿　　　(2) 2-丁烯醛　　　(3) β-溴丙醛

(4) α,α-二甲基丁醛　　　(5) 4-甲基-2-戊酮　　　(6) 苯基苄基酮

3. 完成下列化学反应式。

(1) ⟨苯环⟩—CHO + CH_3OH $\xrightarrow{\text{干 HCl}}$? $\xrightarrow{\text{干 HCl}}$?

(2) ⟨环己酮⟩＝O $\xrightarrow{H_2NNH_2,\ KOH}$?

(3) ⟨环戊基⟩—OH $\xrightarrow{H_2Cr_2O_7,\ H^+}$? $\xrightarrow{HCN}$?

(4) ⟨苯环⟩—C(=O)CH_2CH＝CH_2 $\xrightarrow{LiAlH_4}$?

（5） $HC\equiv CH \xrightarrow{\quad ? \quad} CH_3CHO \xrightarrow{\quad ? \quad} CHI_3$

（6） $HCHO + (CH_3)_2CHMgBr \xrightarrow{\text{干醚}} \quad ? \quad \xrightarrow[\text{H}^+]{\text{H}_2\text{O}}$

4. 用化学方法鉴别下列各组化合物。

（1）甲醛、乙醛、丙醛、丙酮　　　　　（2）苯乙酮、苯甲醛、正戊醛

5. 某化合物 A 的分子式是 $C_6H_{14}O$，能发生碘仿反应，被氧化后的产物能与 HCN 反应，A 用浓硫酸加热脱水得到 B。B 经高锰酸钾氧化后生成两种产物：一种产物能发生碘仿反应；另一种产物为乙酸。写出 A、B 的构造式，并写出各步反应式。

6. 某化合物 A 的分子式是 $C_6H_8O_3$，能使溴水褪色，能发生碘仿反应，但不能发生酯化反应，和托伦试剂也不发生反应。A 和氢氧化钠溶液共热后，水解生成 B 和 C，B 能和托伦试剂发生银镜反应，且 B 和 C 都能发生碘仿反应。试写出 A、B 和 C 的构造式。

7. 某化合物 A 的分子式是 $C_8H_8O_2$，溶于 NaOH 溶液，能与肼反应，和托伦试剂不发生反应。经 $LiAlH_4$ 还原则生成化合物 B，B 的分子式是 $C_8H_{10}O_2$。A 和 B 均能发生卤仿反应。A 用 Zn-Hg 齐在浓盐酸中还原生成化合物 C，C 的分子式是 $C_8H_{10}O$，将 C 与 NaOH 反应，得化合物 D，D 的分子式是 $C_8H_{10}ONa$。C 被高锰酸钾酸性溶液氧化得到对羟基苯甲酸。写出 A、B、C、D 的构造式，并写出各步反应式。

8. 以正丙醇为原料合成 3-己醇，无机试剂任选。

💡 本章小结

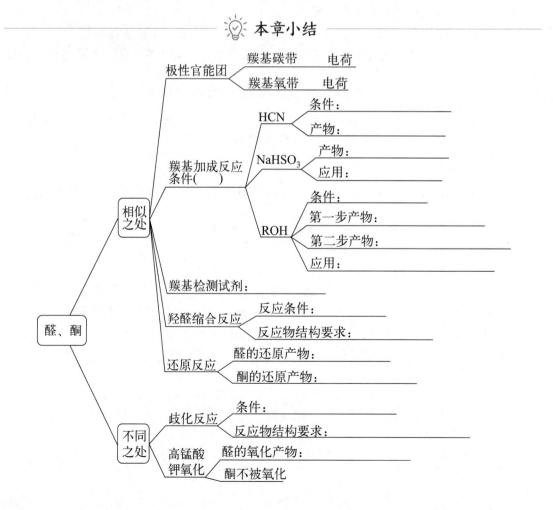

第十五章
羧酸及其衍生物

【知识目标】

1. 掌握羧酸羟基的取代反应特征。
2. 掌握羧酸及其衍生物的结构转化规律。
3. 掌握羧酸脱羧反应规律。

【能力目标】

1. 能熟练命名羧酸及羧酸的四类衍生物。
2. 能比较不同类型化合物如醇、酚、水、羧酸的酸性强弱。
3. 能比较不同类羧酸衍生物的活性。

【素质目标】

通过羧酸和其衍生物的转化规律，帮助学生认识到物质变化过程中的依存制约关系，培养学生的基本化学素养。

情景导入

青霉素（penicillin），音译名称盘尼西林，相信你在很多抗战片中都听过这个名字，那时它的价格堪比黄金。青霉素是世界上第一种抗生素，1928 年由英国细菌学家弗莱明首次发现。

但直到 1945 年，英国化学家霍奇金（D. C. Hodgkin）用 X 射线衍射法才确定了其分子结构。我国自行生产的青霉素诞生于 1944 年 9 月 5 日，揭开了我国生产抗生素的历史。现在，我国的青霉素年产量已经跃居世界首位。

生活中，你会发现青霉素经常制成粉剂（见图 15-1），用时再溶解，而很少直接制成注射液，这是什么原因呢？你能从青霉素的结构中找到线索吗？

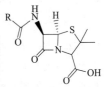

图 15-1　青霉素粉剂及青霉素分子结构

分子中含有羧基（ HO—C— ）的化合物叫作羧酸，用 RCOOH 表示。

羧基中的羟基被其他的原子或基团取代后的化合物称为羧酸衍生物，主要指酰卤

（ $R-\overset{O}{\overset{\|}{C}}-X$ ）、酸酐（ $R-\overset{O}{\overset{\|}{C}}-O-\overset{O}{\overset{\|}{C}}-R'$ ）、酯（ $R-\overset{O}{\overset{\|}{C}}-OR'$ ）、酰胺（ $R-\overset{O}{\overset{\|}{C}}-NH_2$ ）四类化合物，很多药物中就含有羧酸及其衍生物的成分。

$(CH_3)_2CHCH_2$——$\overset{CH_3}{\underset{CHCOOH}{|}}$ 布洛芬

阿司匹林

第一节　羧　酸

羧基（ $HO-\overset{O}{\overset{\|}{C}}-$ ）是羧酸的官能团，除甲酸（HCOOH）外，都可以看成烃分子中的氢被羧基取代后的衍生物。

$$R\underset{\vdots}{H} \longrightarrow R\underset{\vdots}{COOH}$$

一、羧酸的结构及分类

1. 羧酸的结构

羧基中碳原子为 sp^2 杂化，形成的 3 个 sp^2 杂化轨道分别与羟基的氧原子、羰基的氧原子和烃基的碳原子（甲酸是氢原子）形成 3 个 σ 键，且处在同一平面上。

羧基碳原子未参与杂化的 p 轨道则与羰基氧原子的 p 轨道平行，相互重叠形成一个 π 键。而且羟基氧原子上的未共用电子对与羰基上的 π 键形成 p-π 共轭，共轭体系使得羟基氧上的电子云向羰基碳移动，羰基碳原子上的电子云密度增高，如图 15-2 所示。

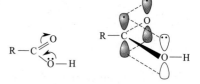

图 15-2　羧基的结构

表面上看羧基似乎是羟基和羰基的组合，但实际上由于羧基中 p-π 共轭体系的存在，羧酸的性质并不是羰基、羟基性质的简单加和，而是表现出不同于醛、酮和醇的一些特有性质。

2. 羧酸的分类

羧酸根据分子中含羧基的个数分为一元羧酸、二元羧酸和多元羧酸；又可按照羧基所连烃基碳架的结构分为脂肪族羧酸、脂环族羧酸和芳香族羧酸；还可按烃基是否饱和，分为饱和羧酸和不饱和羧酸。例如：

脂肪族羧酸　　$CH_3CH_2CH_2COOH$ 　　　$H_2C=CHCOOH$ 　　　$HOOC-COOH$
　　　　　　　丁酸（一元酸）　　丙烯酸（一元酸）　乙二酸（二元酸）
　　　　　　　（饱和羧酸）　　　（不饱和羧酸）　　（饱和羧酸）

脂环族羧酸　　☐—COOH 　　　　　　⬠—COOH
　　　　　　　环丁基甲酸（一元酸）　　环戊基甲酸（一元酸）

芳香族羧酸　　◯—COOH 　　　　◯◯—CH₂COOH
　　　　　　　苯甲酸（一元酸）　　β-萘乙酸（一元酸）

二、羧酸的命名

1. 系统命名法

羧酸的系统命名可参照醛。选择含有羧基的最长碳链为主链，若分子中含有不饱和键，则主链中还必须包含不饱和键，根据主链上碳原子的数目将主链命名为"某酸"（若含双键则命名为"某烯酸"）；从羧基中的碳原子开始为主链编号，符合"最低系列"原则；最后将取代基的位次、名称、双键的位号依次写在主链名称前即可。

$$CH_3-CH-CH-COOH$$
$$\qquad\ \ \ |\qquad |$$
$$\qquad\ \ \ CH_3\ \ CH_3$$
2,3-二甲基丁酸

$$CH_3CH=CHCOOH$$
2-丁烯酸

羧酸的系统命名法

芳香族、脂环族羧酸，可把芳环和脂环作为取代基来命名。若芳环上还连有取代基，则从羧基所连的碳原子开始编号，并使取代基的位次最小。

CH=CHCOOH
（苯环）
3-苯基丙烯酸（肉桂酸）

COOH
OH
（苯环）
邻羟基苯甲酸（水杨酸）

（环己烷）-CH$_2$CH$_2$COOH
3-环己基丙酸

二元羧酸命名时，选择包含两个羧基的最长碳链为主链，根据主链碳原子的数目称为"某二酸"。

$HOOC(CH_2)_4COOH$
己二酸

COOH
COOH
（苯环）
邻苯二甲酸

COOH
COOH
（环己烷）
1,3-环己基二甲酸

2. 俗名

羧酸在自然界中常见，也常根据它们的来源命名。如甲酸，因最初从一种蚂蚁中得到，又称为蚁酸；乙酸从食醋中发现，又叫醋酸；乙二酸大量存在于绿色植物中，又叫草酸；邻羟基苯甲酸存在于杨树皮中，也叫水杨酸等。还有葡萄酒中存在的酒石酸、苹果酸和柠檬酸等。

HO-CH-COOH
HO-CH-COOH
酒石酸

CH$_2$-COOH
HO-CH-COOH
苹果酸

CH$_2$-COOH
HO-C-COOH
CH$_2$-COOH
柠檬酸

生产中经常使用羧酸的俗名，因此需要牢固掌握常见羧酸的俗名，见表 15-1。

三、羧酸的物理性质及应用

低级的饱和羧酸是液体，一般都有不愉快的气味，如草酸、醋酸就有刺鼻的酸味；中级脂肪酸也是液体，有难闻的气味；高级脂肪酸是蜡状固体，无味；芳香酸是结晶固体。

由于羧酸分子间以氢键彼此发生缔合，比醇分子之间的氢键还强，分子量较小的羧酸如甲酸、乙酸即使在气态时也以二缔合体形式存在。因此，分子量相近的不同类物质沸点高低顺序为：羧酸＞醇＞醛（酮）＞醚＞烷烃。

二缔合体

	乙酸	丙醇	氯乙烷	丁烷
分子量	60	60	64	60
沸点	118℃	97℃	12℃	-0.5℃

羧酸分子中羧基是亲水基，可与水形成氢键。所以 $C_1 \sim C_4$ 的羧酸与水以任意比例互溶；随着分子量增大，分子中非极性的烃基愈来愈大，羧酸的溶解度逐渐减小，C_{10} 以上的羧酸已不溶于水，但都易溶于有机溶剂。芳香族羧酸一般难溶于水。常见羧酸的物理常数见表 15-1。

表 15-1　常见羧酸的名称和物理常数

结构式	名称		熔点/℃	沸点/℃	相对密度(d_4^{20})
	系统名	俗名			
HCOOH	甲酸	蚁酸	8.6	100.5	1.220
CH_3COOH	乙酸	醋酸	16.7	118.0	1.049
CH_3CH_2COOH	丙酸	初油酸	-20.8	140.7	0.993
$CH_3(CH_2)_2COOH$	丁酸	酪酸	-7.9	163.5	0.959
$CH_3(CH_2)_3COOH$	戊酸	缬草酸	-34.0	185.4	0.939
$CH_3(CH_2)_4COOH$	己酸	羊油酸	-3.0	205.0	0.929
$CH_3(CH_2)_5COOH$	庚酸	葡萄花酸	-11	233.0	0.920
$CH_3(CH_2)_6COOH$	辛酸	亚羊脂酸	16.0	237.5	0.911
HOOC—COOH	乙二酸	草酸	189.5	157(升华)	1.90
$HOOCCH_2COOH$	丙二酸	胡萝卜酸	135.6	140(升华)	1.63
C_6H_5COOH	苯甲酸	安息香酸	122.0	249	1.266
邻苯二甲酸 COOH COOH	邻苯二甲酸	酞酸	231		1.593

很多羧酸还用作食品防腐剂，如山梨酸、苯甲酸及其盐类都是对人体较为安全的防腐剂，其中山梨酸在世界各国都被允许使用。

四、羧酸的化学性质及应用

由于羟基中氧原子和羰基的 p-π 共轭关系，使得 O—H 键的电子云更靠近氧，因此，羟基氢的离去趋势较普通醇更强烈。羰基上的碳具有一定的正电性，但也由于 p-π 共轭关系的存在，正电性不如醛、酮中羰基碳强，因此不能发生醛、酮中羰基的特性反应，例如羧酸并不与羰基试剂作用。羧酸的一般反应如图 15-3 所示。

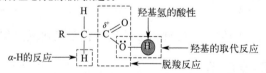

图 15-3　羧基的反应活性部位分析

思考：醇中的羟基氢具有一定酸性，可以用来处理实验室剩余的少量金属钠。羧酸也具有酸性，可以用来处理金属钠吗？

1. 酸性

羧酸在水溶液中能够解离出氢离子而呈现一定酸性。一般羧酸的 pK_a 值在 3~5 之间，比碳酸（$pK_a = 6.38$）的酸性强，可以使蓝色石蕊试纸变红。羧酸可与 NaOH、Na_2CO_3、$NaHCO_3$ 作用生成羧酸盐。

羧酸的酸性

$$RCOOH + NaOH \longrightarrow RCOONa + H_2O$$
$$RCOOH + NaHCO_3 \longrightarrow RCOONa + H_2O + CO_2\uparrow$$

长期放置的葡萄酒底部出现的少量沉淀的主要成分就是酒石酸形成的酒石酸氢钾和酒石酸钙盐。

实验：苯甲酸的中和反应

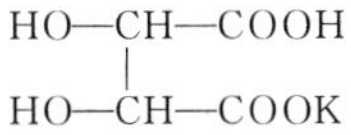

HO—CH—COOH
|
HO—CH—COOK

酒石酸氢钾

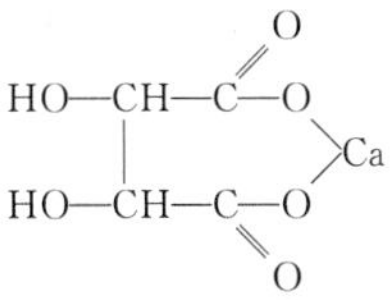

酒石酸钙

羧酸盐与无机强酸作用，又会转化为羧酸，利用这个过程可以分离、回收和提纯羧酸。

$$RCOONa + HCl \longrightarrow RCOOH + NaCl$$

羧酸的酸性受羧基所连取代基的影响。如果羧基上连有吸电子基团，酸性增强，连有给电子基团，酸性减弱。

实验：羧酸酸性的比较

在制药领域常常将难溶的羧酸制成其钠盐、钾盐以便配制成注射液使用，如青霉素就是制成钠盐。醋酸钾可作脱水剂、青霉素培养基和其他药用；醋酸锌用于收敛剂、消毒剂、防腐剂；醋酸铅在医药、农药、染料等行业中有大量的应用。

例 1： 用化学方法分离异丁醇和 1-己醇。

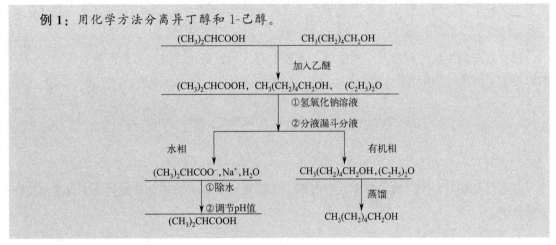

2. α-H 的取代反应

羧基的吸电子作用使得 α-氢原子比分子中其他碳原子上的氢原子都要活泼，可以被氯或溴取代，生成 α-卤代酸。

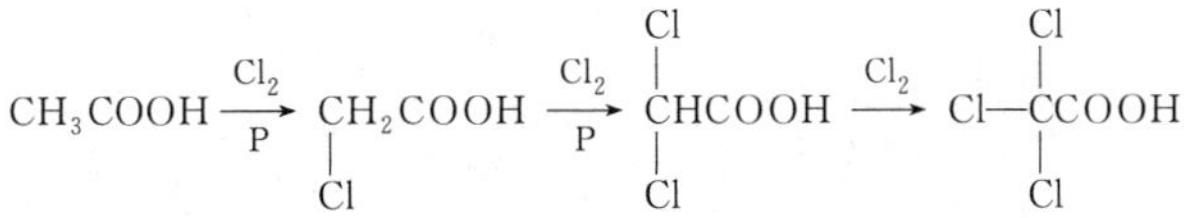

$$CH_3COOH \xrightarrow[P]{Cl_2} \underset{Cl}{CH_2COOH} \xrightarrow[P]{Cl_2} \underset{Cl}{CHCOOH} \xrightarrow{Cl_2} \underset{Cl}{Cl-CCOOH}$$

一氯乙酸　　　二氯乙酸　　　三氯乙酸

反应需要在红磷催化条件下进行。控制反应条件和卤素的用量，可以得到产率较高的一氯乙酸，也可以继续反应得到多元卤代酸。

一氯乙酸是染料、医药、农药及其他有机合成的重要中间体，可用于制备乐果、植物生长激素和增产灵。三氯乙酸主要用作生化药品的提取剂，如三磷酸腺苷（ATP）、细胞色素丙和胎盘脂多糖等高效生化药品的提取。

3. 羧基中羟基的取代反应

羧基上的羟基被其他原子或基团取代后的产物称为羧酸衍生物（关于羧酸衍生物的详细介绍见本章第二节）。

（1）酰卤的生成　羧酸（甲酸除外）与三氯化磷、五氯化磷、亚硫酰氯（$SOCl_2$）等作用时，分子中的羟基被卤原子取代，生成酰卤。例如：

$$3R—\overset{O}{\underset{|}{C}}—OH + PCl_3 \longrightarrow 3R—\overset{O}{\underset{|}{C}}—Cl + H_3PO_3$$

$$R—\overset{O}{\underset{|}{C}}—OH + PCl_5 \longrightarrow R—\overset{O}{\underset{|}{C}}—Cl + POCl_3 + HCl$$

$$R—\overset{O}{\underset{|}{C}}—OH + SOCl_2 \longrightarrow R—\overset{O}{\underset{|}{C}}—Cl + SO_2\uparrow + HCl\uparrow$$

反应生成的酰氯性质活泼，易水解，所以反应需要在无水条件下进行，否则生成的酰氯就会水解。实验室制备酰氯，常用羧酸与亚硫酰氯反应，产率高达90%以上，而且该反应的副产物都是气体，便于从反应体系中移出。注意，反应生成的二氧化硫和氯化氢需要做吸收处理，避免对环境造成污染。

芳香族酰卤一般由五氯化磷或亚硫酰氯与芳香酸作用得到。芳香族酰氯的稳定性较脂肪族酰氯好，水解反应缓慢。苯甲酰氯是常用的苯甲酰化试剂。

$$\text{⬡}—COOH + SOCl_2 \longrightarrow \text{⬡}—COCl + SO_2 + HCl$$

（2）酸酐的生成　羧酸（甲酸除外）在脱水剂（如五氧化二磷、乙酸酐等）作用下分子间脱水生成酸酐。例如：

$$RCOO\overset{:}{─}H + HO\overset{:}{─}\overset{O}{\underset{||}{C}}—R \xrightarrow{P_2O_5} RCOO—\overset{O}{\underset{||}{C}}—R + H_2O$$

$$CH_3—\overset{O}{\underset{||}{C}}—O\overset{:}{─}H + HO\overset{:}{─}\overset{O}{\underset{||}{C}}—CH_3 \xrightarrow[\triangle]{P_2O_5} CH_3—\overset{O}{\underset{||}{C}}—O—\overset{O}{\underset{||}{C}}—CH_3 + H_2O$$

某些二元酸（如丁二酸、邻苯二甲酸等）不需要脱水剂，加热就可发生分子内脱水反应生成酸酐。

$$\begin{matrix} CH_2—COOH \\ | \\ CH_2—COOH \end{matrix} \xrightarrow{300℃} \begin{matrix} CH_2—C \\ | \quad\quad\backslash \\ \quad\quad\quad O \\ | \quad\quad/ \\ CH_2—C \end{matrix} + H_2O$$

丁二酸酐

$$\text{⬡}\begin{matrix}COOH \\ COOH\end{matrix} \xrightarrow{196\sim199℃} \text{⬡}\begin{matrix}C\\C\end{matrix}O + H_2O$$

邻苯二甲酸酐

（3）酯的生成　羧酸与醇在酸的催化作用下生成酯的反应，称为**酯化反应**。

$$R-\overset{\overset{\displaystyle O}{\|}}{C}-OH + HO-R' \underset{}{\overset{H^+}{\rightleftharpoons}} R-\overset{\overset{\displaystyle O}{\|}}{C}-OR' + H_2O$$

实验：乙酸
乙酯的制备

酯化反应是可逆反应，为了提高产率，一种方法是加入过量的反应物，通常加入过量的酸，因它与碱成盐溶于水更容易分离。除此之外，实验室常采用分水器装置，将反应生成的水移走，使平衡向右移动。

知识加油站

　　血液中的胆固醇含量和心血管疾病之间有密切联系，这些胆固醇绝大多数都和脂肪酸结合，仅有10%不到的胆固醇是以游离态存在的。饱和脂肪酸与胆固醇形成的酯熔点高，不容易乳化也不易在血管中流动，会形成沉淀物沉积在血管壁上，久而久之，就可能发展为硬化症状。而不饱和脂肪酸和胆固醇形成的酯熔点低，容易乳化、代谢和输送，对人体健康负面影响要小一些。因此，在日常生活中可以多用不饱和脂肪酸含量较高的植物油替代饱和脂肪酸含量高的动物油，比如用橄榄油替代猪油（见图15-4）。

(a) 猪油　　　　　　　　　　　　　(b) 橄榄油

图 15-4　猪油和橄榄油

（4）酰胺的生成　羧酸与氨或胺反应，首先生成铵盐，羧酸铵在脱水剂存在下受热脱水生成酰胺。

$$R-\overset{\overset{\displaystyle O}{\|}}{C}-OH + NH_3 \longrightarrow R-\overset{\overset{\displaystyle O}{\|}}{C}-ONH_4 \xrightarrow[\triangle]{P_2O_5} R-\overset{\overset{\displaystyle O}{\|}}{C}-NH_2 + H_2O$$

$$CH_3-\overset{\overset{\displaystyle O}{\|}}{C}-OH \xrightarrow[\text{②}\triangle]{\text{①}NH_3} CH_3-\overset{\overset{\displaystyle O}{\|}}{C}-NH_2$$

4. 脱羧反应

羧酸分子脱去羧基放出二氧化碳的反应叫作脱羧反应。饱和一元酸一般比较稳定，难以脱羧，但羧酸的碱金属盐与碱石灰共热，则可以发生脱羧反应。

$$CH_3COONa + NaOH \xrightarrow[\triangle]{CaO} CH_4\uparrow + Na_2CO_3$$

此反应在实验室中用于少量甲烷的制备。

但当羧酸分子中的 α-碳原子上连有吸电子基时，受热容易脱羧。例如：

$$Cl_3\overset{\alpha}{C}COOH \xrightarrow{\triangle} CHCl_3 + CO_2$$

$$CH_3COCH_2COOH \xrightarrow[\triangle]{} CH_3COCH_3 + CO_2$$

β-丁酮酸

$$HOOCCH_2COOH \xrightarrow[\triangle]{} CH_3COOH + CO_2$$

5. 特殊羧酸的不稳定性

一般饱和脂肪族羧酸的性质很稳定，不能被高锰酸钾氧化，但甲酸、草酸除外。甲酸分子结构比较特殊，羧基和氢原子直接相连，它不但有羧基结构，同时也含有醛基的结构，是一个具有双官能团的化合物，如图 15-5 所示。因此，甲酸

既有羧酸的一般通性，也有醛类的某些性质。例如甲酸有还原性，甲酸可以被弱氧化剂如托伦试剂氧化而发生银镜反应，这也是甲酸的鉴定反应。

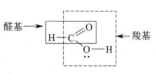

图 15-5　甲酸的结构

草酸分子中两个羧基直接相连，由于羧基是吸电子基使得 C—C 键稳定性降低，易被氧化而断键生成二氧化碳和水。

练习

1. 选择题

（1）下列化合物不能和羰基试剂反应的是（　　　）。

A. CH_3COOH　　　　　B. CH_3COCH_3　　　　　C.

（2）下列化合物可以溶于 NaOH 溶液，也可以溶于 $NaHCO_3$ 溶液的是（　　　）。

A. CH_3COCH_3　　　　　B. CH_3COOH　　　　　C.

（3）下列化合物能发生分子内脱水得到内酐的是（　　　）。

A. 丁二酸　　　　　B. 苯甲酸　　　　　C. 丙酸

（4）分子量相近的下列各类物质，其中沸点最高的是（　　　）。

A. 羧酸　　　　　B. 芳香烃　　　　　C. 醇

2. 写出丙酸与下列试剂作用的主要产物。

（1）$SOCl_2$　　　　　（2）PBr_3　　　　　（3）$(CH_3CO)_2O$，$\triangle$

（4）$CH_3CH_2NH_2$，$\triangle$　　（5）$CH_3CHCH_2CH_2OH$　　（6）$NaHCO_3$
$\qquad\qquad\qquad\qquad\qquad\qquad\quad |$
$\qquad\qquad\qquad\qquad\qquad\qquad\ CH_3$

3. 完成下列化学反应式。

（1）$CH_3CH_2COOH \xrightarrow{Br_2}{P}$

（2）$\xrightarrow[H^+,\ \triangle]{KMnO_4} ? \xrightarrow[\triangle]{P_2O_5}$

（3）$CH_3CH_2COOH + \bigcirc\!-OH \xrightarrow[\triangle]{H^+}$

（4）
$$\begin{array}{c} CH_3 \\ \diagdown \\ CH\!-\!COOH \\ \diagup \\ CH_3 \end{array} \begin{cases} \xrightarrow{PBr_3} \\ \\ \xrightarrow{SOCl_2} \end{cases}$$

第二节　羧酸衍生物

羧酸中的羟基被其他原子或基团取代后生成的化合物称为羧酸衍生物。重要的羧酸衍生物有酰卤、酸酐、酯和酰胺。

一、羧酸衍生物的结构和命名

羧酸分子中去掉羟基后剩余的基团称为酰基。例如：

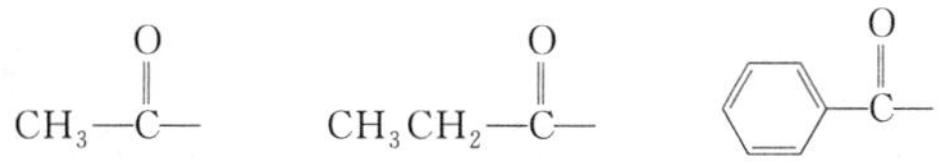

乙酰基　　　　丙酰基　　　　苯甲酰基

酰基结合卤原子后叫作酰卤；酰基结合酰氧基后叫作酸酐；酰基结合烷氧基后叫作酯；酰基结合氨基后则叫作酰胺。

1. 酰卤

酰卤的通式为：

（X＝F、Cl、Br、I）。

酰卤的名称是通过相应的酰基的名称结合对应卤素得来的，称为"某酰卤"。例如：

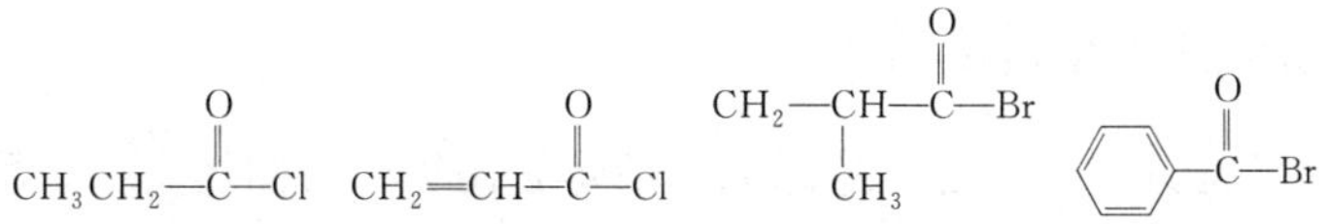

丙酰氯　　　丙烯酰氯　　　2-甲基丙酰溴　　　苯甲酰溴

2. 酸酐

酸酐的通式为：

酸酐的命名由相应的羧酸加"酐"字组成。若 R 和 R′ 相同，称为单酐；若 R 和 R′ 不同，称为混酐；二元羧酸分子内失水形成的环状酐称为环酐或内酐。混酐命名时将两个烃基中较小的写在前，较大的写在后。

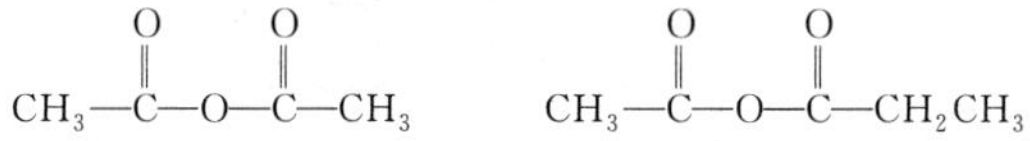

乙酸酐（单酐）　　　　　　乙丙酐（混酐）

顺丁烯二酸酐（内酐）　　邻苯二甲酸酐（内酐）

3. 酯

酯是由酰基和烷氧基（RO—）组成的，其通式为：R—C(=O)—OR′ 。

酯的名称由相应的羧酸和烃基名称组合而成，称为"某酸某酯"。例如：

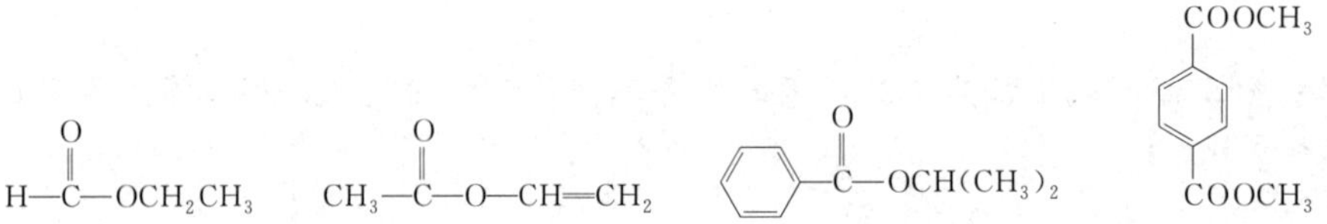

H—C(=O)—OCH₂CH₃ 　甲酸乙酯　　　CH₃—C(=O)—O—CH=CH₂ 乙酸乙烯酯　　　C₆H₅—C(=O)—OCH(CH₃)₂ 苯甲酸异丙酯　　　对苯二甲酸二甲酯（COOCH₃ 两端）

4. 酰胺

酰胺的通式为：R—C(=O)—NH₂ 。

酰胺的命名类似于酰卤，根据酰基的名称，称为"某酰胺"。例如：

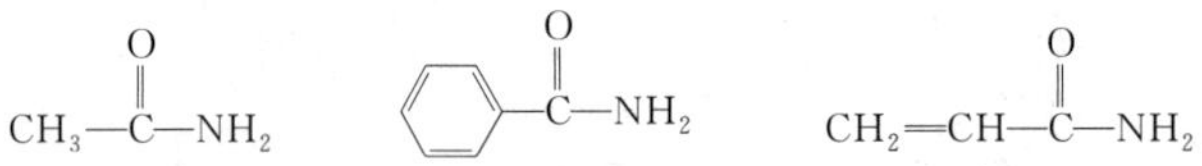

CH₃—C(=O)—NH₂ 乙酰胺　　　C₆H₅—C(=O)—NH₂ 苯甲酰胺　　　CH₂=CH—C(=O)—NH₂ 丙烯酰胺

若酰胺分子中含有取代氨基，命名时，把氮原子上所连的烃基作为取代基，写名称时用"N"表示其位次。例如：

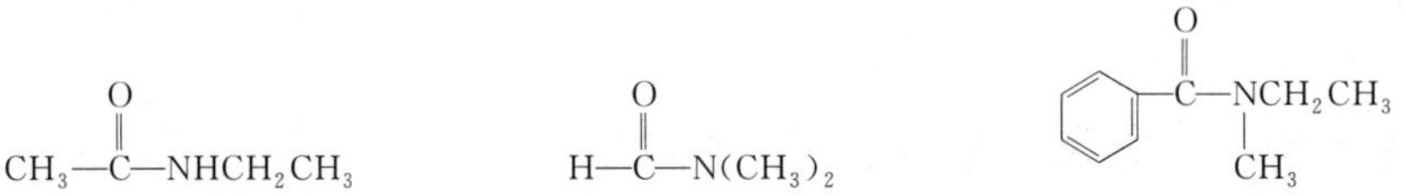

CH₃—C(=O)—NHCH₂CH₃ 　N-乙基乙酰胺　　　H—C(=O)—N(CH₃)₂ 　N,N-二甲基甲酰胺（简称 DMF）　　　C₆H₅—C(=O)—N(CH₂CH₃)(CH₃) 　N-甲基-N-乙基苯甲酰胺

二、羧酸衍生物的物理性质及应用

低级酰氯和酸酐是具有刺激性气味的无色液体，高级的为固体。低级酯是具有水果香味的无色液体，广泛存在于水果和花草中，酒中就含有很多低级酯，比如乙酸乙酯、乙酸异戊酯等。酰胺除甲酰胺外都是固体。

酰氯、酸酐和酯不存在分子间的缔合作用，所以它们的沸点低于相近分子量的羧酸。而酰胺由于分子间的缔合作用较强，沸点比分子量相近的羧酸、醇都高。一些常见羧酸衍生物的物理常数见表 15-2。

表 15-2　一些羧酸衍生物的物理常数

名称	熔点/℃	沸点/℃	名称	熔点/℃	沸点/℃
乙酰氯	−112	51	甲酸甲酯	−100	32
丙酰氯	−94	80	甲酸乙酯	−80	54
正丁酰氯	−89	102	乙酸乙酯	−83	77
苯甲酰氯	−1	197.2	乙酸异戊酯	−78	142
乙酸酐	−73	140	苯甲酸乙酯	−32.7	213
丙酸酐	−45	169	甲酰胺	2.5	200（分解）
丁二酸酐	119.6	261	乙酰胺	82	221
苯甲酸酐	42	360	N,N-二甲基甲酰胺	−61	153

酰氯、酸酐本身不溶于水，低级的遇水易分解；酯在水中的溶解度很小；低级的酰胺可以溶于水，其中，N,N-二甲基甲酰胺（简称 DMF）是很好的非质子性溶剂，与水以任意比例互溶。这几类衍生物都可以溶于有机试剂。

三、羧酸衍生物的化学性质及应用

羧酸衍生物分子结构中都含有酰基，具有相似的化学性质，但因酰基所连接的原子或基团不同，所以它们的反应活性存在差异。反应活性强弱顺序是：

$$
\underset{R-\overset{O}{\overset{\|}{C}}-Cl}{} > \underset{R-\overset{O}{\overset{\|}{C}}-O-\overset{O}{\overset{\|}{C}}-R'}{} > \underset{R-\overset{O}{\overset{\|}{C}}-OR'}{} > \underset{R-\overset{O}{\overset{\|}{C}}-NH_2}{}
$$

1. 水解

羧酸衍生物都能发生水解反应生成羧酸，由反应条件也能看出，从酰氯到酰胺水解的反应活性依次降低。

羧酸衍生物
的水解
反应

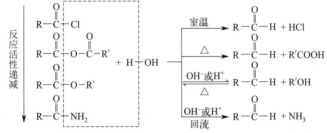

其中，酰氯最容易水解。例如，乙酰氯暴露在空气中即吸湿分解，放出的氯化氢气体立即形成白雾，所以酰氯必须密封贮存。

2. 醇解

实验：酸酐
水解反应

酰卤、酸酐和酯与醇作用生成酯的反应，称为醇解，酰胺则不能醇解。

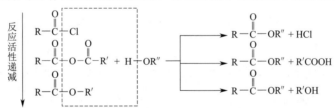

酰氯和酸酐容易与醇反应生成相应的酯，工业上常用此方法制取一些用羧酸直接酯化难以得到的酯。例如：

$$
CH_3-\overset{O}{\overset{\|}{C}}-Cl + HO-\underset{}{\bigcirc} \xrightarrow{NaOH} CH_3-\overset{O}{\overset{\|}{C}}-O-\underset{}{\bigcirc} + NaCl + H_2O
$$

乙酸苯酯

酯与醇反应，生成另一种酯和另一种醇，称为酯交换反应。酯交换反应广泛应用于有机合成中，例如工业上合成涤纶树脂的单体——对苯二甲酸二乙二醇酯。

$$
\underset{\text{对苯二甲酸二甲酯}}{\overset{COOCH_3}{\underset{COOCH_3}{\bigcirc}}} + 2HOCH_2CH_2OH \xrightarrow[200℃]{ZnAc_2} \underset{\text{对苯二甲酸二乙二醇酯}}{\overset{COOCH_2CH_2OH}{\underset{COOCH_2CH_2OH}{\bigcirc}}} + 2CH_3OH
$$

对苯二甲酸二甲酯　　乙二醇　　　　对苯二甲酸二乙二醇酯

在食品加工方面，利用酯交换反应可以改变油脂的黏度、结晶性能等，使其低温下仍能够保持清亮的颜色。例如，猪油的结晶颗粒大，口感粗糙，但经过酯交换处理后，改性的猪油结晶颗粒更细小，稠度、黏度都有改善，更利于在食品加工中使用。

3. 氨解

酰卤、酸酐和酯与氨或胺作用生成酰胺的反应，称为氨解。

$$
\begin{array}{l}
\text{反应活性递减} \downarrow
\left\{
\begin{array}{l}
R-\overset{\overset{O}{\|}}{C}-Cl \\
R-\overset{\overset{O}{\|}}{C}-O-\overset{\overset{O}{\|}}{C}-R' \\
R-\overset{\overset{O}{\|}}{C}-O-R'
\end{array}
\right\} + H-NH_2
\longrightarrow
\begin{array}{l}
R-\overset{\overset{O}{\|}}{C}-NH_2 + NH_4Cl \\
R-\overset{\overset{O}{\|}}{C}-NH_2 + R'COONH_4 \\
R-\overset{\overset{O}{\|}}{C}-NH_2 + R'OH
\end{array}
\end{array}
$$

羧酸衍生物的水解、醇解和氨解反应相当于在水、醇、氨分子中引入酰基，但活性有差异，酰氯、酸酐活性较强，是常用的酰基化试剂。在药物合成中常常用酰基化反应来保护氨基，防止其被氧化，有时也会在药物分子中引入酰基增加药物的稳定性，或降低毒性。例如：

$$
HO-\!\!\!\!\!\langle\bigcirc\rangle\!\!\!\!\!-NH_2 + (CH_3CO)_2O \longrightarrow HO-\!\!\!\!\!\langle\bigcirc\rangle\!\!\!\!\!-NHCOCH_3 + CH_3COOH
$$

对氨基酚,毒性较大　　　　　　　　　　　扑热息痛,毒性较小、稳定

4. 还原反应

羧酸的四类衍生物都比羧酸容易还原，尤其是酯。四类衍生物都可以被 $LiAlH_4$ 还原，除酰胺生成胺以外，其他衍生物的还原产物都是醇。

$$
R-\overset{\overset{O}{\|}}{C}-NH_2 \xrightarrow{LiAlH_4} R-CH_2NH_2
$$

$$
R-\overset{\overset{O}{\|}}{C}-OR' \xrightarrow{LiAlH_4} R-CH_2OH
$$

酯能被氢化铝锂或金属钠的醇溶液还原而不影响分子中孤立的 $C=\!\!=\!C$ 键，因而在有机合成中常被采用。例如：

$$
CH_3(CH_2)_{10}COOCH_3 \xrightarrow[C_2H_5OH]{Na} CH_3(CH_2)_{10}CH_2OH + CH_3OH
$$

月桂酸甲酯　　　　　　　　　　　　　月桂醇(十二醇)

$$
CH_3(CH_2)_7CH=\!\!=\!CH(CH_2)_7COOC_4H_9 \xrightarrow[C_2H_5OH]{Na} CH_3(CH_2)_7CH=\!\!=\!CH(CH_2)_7CH_2OH + C_4H_9OH
$$

油酸丁酯　　　　　　　　　　　　　　油醇

5. 酰胺的特性

酰胺除具有羧酸衍生物的通性外，还具有一些特殊性质。

（1）酸、碱性　在酰胺分子中，由于氮原子上的孤对电子与羰基形成 p-π 共轭，氮原子上的电子云密度降低，氮原子与质子结合能力下降，所以碱性比氨弱，只有在强酸作用下才显示弱碱性。例如：

$$
H_3C-\overset{\overset{O}{\|}}{C}-NH_2 + HCl \xrightarrow{乙醚} H_3C-\overset{\overset{O}{\|}}{C}-NH_2 \cdot HCl
$$

这种盐并不稳定，遇水即分解为乙酰胺。

氨分子中两个氢原子都被酰基取代的产物叫作酰亚胺化合物，显弱酸性，可与强碱成

盐。例如：

$$\text{邻苯二甲酰亚胺} + KOH \longrightarrow \text{邻苯二甲酰亚胺钾} + H_2O$$

邻苯二甲酰亚胺　　　　　邻苯二甲酰亚胺钾

（2）脱水反应　酰胺在脱水剂〔如 P_2O_5、PCl_5、$SOCl_2$、$(CH_3CO)_2O$〕作用下，发生分子内脱水生成腈。例如：

$$(CH_3)_2CH-\overset{O}{\underset{\parallel}{C}}-NH_2 \xrightarrow[200℃]{P_2O_5} (CH_3)_2CH-C\equiv N + H_2O$$

（3）霍夫曼降级反应　酰胺与次氯酸钠或次溴酸钠作用，失去羰基生成比原来少一个碳原子的伯胺，这个反应叫霍夫曼（Hofmann）降级反应。

$$R-\overset{O}{\underset{\parallel}{C}}-NH_2 \xrightarrow{NaOH,Br_2} R-NH_2$$

$$\underset{\text{2-甲基-3-苯基丙酰胺}}{\bigcirc-CH_2-\underset{CH_3}{\overset{|}{CH}}-\overset{O}{\underset{\parallel}{C}}-NH_2} \xrightarrow{NaOH,Br_2} \underset{\text{苯异丙胺}}{\bigcirc-CH_2-\underset{CH_3}{\overset{|}{CH}}-NH_2}$$

苯异丙胺又名苯齐巨林或安非他明。它的硫酸盐为白色粉末，味微苦随后有麻感。由于对中枢神经有兴奋作用，它可用于治疗发作性睡眠、中枢抑制药中毒和精神抑郁症。

✎ 练习

1. 选择题

（1）下列药物容易潮解的是（　　　）。

A. （邻位 OH 的苯甲酸，水杨酸）　　B. （邻位 OCOCH₃ 的苯甲酸，阿司匹林）　　C. （邻位 NO₂ 的苯甲醛）

（2）分子量相近的下列各类化合物中沸点最高的是（　　　）。

A. 羧酸　　　　　　　　B. 酰胺　　　　　　　　C. 醇

（3）下列化合物发生水解反应最快的是（　　　）。

A. 乙酰氯　　　　　　　B. 乙酸乙酯　　　　　　C. 乙酰胺

（4）下列各物质中酸性最强的是（　　　）。

A. 羧酸　　　　　　　　B. 酰胺　　　　　　　　C. 酰亚胺

2. 正确命名下列化合物或写出其构造式。

（1）　　（2）　　（3）$CH_3CH_2\underset{OH}{\overset{|}{C}}HCOOH$

（4）醋酸　　　　（5）DMF　　　　（6）硬脂酸钠

3. 写出苯甲酸甲酯与下列试剂反应的反应式。

（1）H_2O，H^+　　　　（2）C_2H_5OH　　　　（3）NH_3CH_3　　　　（4）$LiAlH_4$

第三节　油　脂

天然的油脂可以分为动物油脂和植物油脂两大类，是三大营养物质之一，广泛储存在动植物体内，是维持生命活动必不可少的物质。油脂完全氧化可产生很高的热量，是高能食品主要成分之一，也是维生素等许多活性物质的良好溶剂。另外，油脂还可以用来制备肥皂、护肤品和润滑剂等。

> 思考：日常食用的油脂，有的从植物中提炼得来，有的从动物体内提炼得来，查阅资料，说一说两者结构有何相同之处，哪一种对人体健康影响更大？

一、油脂的组成和结构

油脂包括油和脂肪。习惯上将常温下为液态的称为油，常温下为固态或半固态的称为脂肪。油脂不论状态、来源都属于直链高级脂肪酸甘油酯。其构造式可表示为：

$$
\begin{array}{l}
CH_2-O-\overset{\displaystyle O}{\overset{\|}{C}}-R \\
CH-O-\overset{\displaystyle O}{\overset{\|}{C}}-R' \\
CH_2-O-\overset{\displaystyle O}{\overset{\|}{C}}-R''
\end{array}
$$

其中，如果 R、R′ 和 R″ 都相同，称为单纯甘油酯，不同的称为混合甘油酯。自然界中存在的油脂大多数是混合甘油酯。

油脂中高级脂肪酸的种类很多，有饱和脂肪酸，也有不饱和脂肪酸。从动物所得的大部分是饱和脂肪酸甘油酯，而从植物所得的大部分是不饱和脂肪酸甘油酯。

二、油脂的性质及应用

纯净的油脂是无色、无味、无臭的，而天然提取的油脂略带黄绿色，是由于溶解了脂溶性色素，如叶绿素、类胡萝卜素。天然油脂的气味则主要来自于挥发性脂类，如芝麻油的气味来源于乙酰吡嗪。

大多数油脂相对密度小于 1，一般在 0.86～0.95 之间，比水轻。油脂都具有一定黏度，这与其组成有关。油脂中脂肪酸的碳链越长，黏度越大；脂肪酸的不饱和度越大，黏度越小。

油脂难溶于水，易溶于有机溶剂。由于天然油脂是混合物，所以没有固定的熔点和沸点。

1. 水解反应

油脂在酸性或碱性条件下均可发生水解反应。

$$
\begin{array}{l}
CH_2-O-\overset{\displaystyle O}{\overset{\|}{C}}-R \\
CH-O-\overset{\displaystyle O}{\overset{\|}{C}}-R' \\
CH_2-O-\overset{\displaystyle O}{\overset{\|}{C}}-R''
\end{array}
\; + 3H_2O \underset{}{\overset{H^+}{\rightleftharpoons}}
\begin{array}{l}
CH_2-OH \\
CH-OH \\
CH_2-OH
\end{array}
\; + RCOOH + R'COOH + R''COOH
$$

$$\begin{array}{c} \text{CH}_2\text{—O—C—R} \\ | \quad\quad \| \\ \quad\quad O \\ \text{CH—O—C—R'} \\ | \quad\quad \| \\ \quad\quad O \\ \text{CH}_2\text{—O—C—R''} \\ \quad\quad \| \\ \quad\quad O \end{array} + 3\text{NaOH} \Longrightarrow \begin{array}{c} \text{CH}_2\text{—OH} \\ | \\ \text{CH—OH} \\ | \\ \text{CH}_2\text{—OH} \end{array} + \text{RCOONa} + \text{R'COONa} + \text{R''COONa}$$

在酸性条件下油脂水解得到脂肪酸。油脂在碱性条件下（氢氧化钠或氢氧化钾）发生水解反应则生成高级脂肪酸盐，此盐就是日常所用的肥皂的有效成分。因此，油脂在碱性溶液中的水解称为皂化。

工业上把 1g 油脂皂化所需氢氧化钾的毫克数称为皂化值。根据皂化值的大小，可估算油脂的分子量。皂化值越大，油脂的分子量越小。

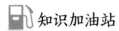 **知识加油站**

油炸食品的油脂为什么不建议反复使用

食品在油炸过程中，食物中的水分进入油脂中，油脂发生水解就会释放出游离的脂肪酸，导致发烟点降低，并且随着油脂的反复使用，脂肪酸含量越来越高，发烟点一再降低。所以，经常发现炸过几次食物的油脂加热后很快就会冒烟，品质变差，并且脂肪酸也会使油脂的风味变差。

从健康角度分析，反复使用的油脂不仅其中的营养成分，如维生素等，在高温下破坏殆尽，而且不断增加的不饱和脂肪酸还会发生一种加成反应——聚合反应，生成大分子量的聚合物，这类物质既不能被人体吸收，又存在致癌风险。

2. 加成反应

油脂中含不饱和脂肪酸，其分子中的碳碳双键，可以和氢气、卤素发生加成反应。

（1）催化加氢 不饱和油脂经催化加氢，可转化为饱和脂肪酸的油脂。加氢后油脂由液态转变为固态或半固态，这一过程称为油脂的硬化。催化氢化后的油脂叫氢化油或硬化油。油脂硬化后，不仅提高了油脂的熔点，而且不易被空气氧化变质，便于贮存和运输。

（2）加碘 油脂与碘的加成反应，常用于测定油脂的不饱和程度。100g 油脂所能吸收碘的克数叫作碘值。碘值越大，表示油脂的不饱和程度越大。

某些油脂在医药上可以作为软膏和擦剂的基质，有些可作为皮下注射剂的溶剂，还有些则是药物。如蓖麻油可作缓泻剂，鱼肝油用作滋补剂等。药典对药用油脂的皂化值和碘值有一定的要求。例如：

蓖麻油：　碘值　80～90　　皂化值　176～186
花生油：　碘值　84～100　　皂化值　185～195

3. 酸败

油脂放置过久，受空气中的氧气或微生物的作用，经一系列变化，部分生成分子量较小的脂肪酸、醛、酮等，产生难闻的气味，这种现象称为酸败。油脂分子中含有碳碳双键时，更容易发生酸败。湿气、热和光对酸败有促进作用，所以油脂应在干燥、避光、密封的条件下保存。酸败的油脂不宜食用。

4. 干性

有些油脂暴露在空气中，其表面能形成有韧性的固态薄膜，油的这种结膜特性叫作干性。

干性的化学反应是很复杂的，主要是由于一系列氧化聚合的结果。实践证明，油的干性强弱（即干结成膜的快慢）和分子中所含双键的数目及双键的相对位置有关。含双键数目多，结膜快；数目少，结膜慢。

油的干性可以用碘值大小来衡量。一般碘值大于 130 的是干性油；碘值在 100～130 之间的为半干性油；碘值小于 100 的为不干性油。

油能结膜的特性，使油成为油漆工业中的一种重要原料。干性油、半干性油可作为油漆原料。桐油是最好的干性油，它的特性与桐酸的共轭双键体系有关。用桐油制成的油漆不仅成膜快，而且漆膜坚韧、耐光、耐冷热变化、耐腐蚀。桐油是我国的特产，我国桐油的产量占世界总产量的 90% 以上。

本章习题

1. 正确命名下列化合物。

(1) $CH_3CH_2-\overset{\overset{O}{\|}}{C}-Cl$ (2) $H-\overset{\overset{O}{\|}}{C}-OC_2H_5$ (3) $(CH_3)_2CH-\overset{\overset{O}{\|}}{C}-NH_2$

(4) $CH_3CH_2-\overset{\overset{O}{\|}}{C}-NH-CH_3$ (5) $\langle\ \rangle-COOH$

2. 写出苯甲酸甲酯与下列试剂反应的反应式。

(1) 草酸   (2) 己二酸   (3) 乙酰水杨酸   (4) 苯酐   (5) 邻苯二甲酸酐

3. 完成下列反应式。

(1) $\langle\ \rangle\overset{CH_3}{\underset{CH_3}{}}\xrightarrow{KMnO_4,\ H^+}?\xrightarrow[\triangle]{P_2O_5}$

(2) $CH_3CH_2COOH\xrightarrow{SOCl_2}$

(3) $\langle\ \rangle-COOH\xrightarrow{LiAlH_4}$

(4) $\langle\ \rangle-COCH_3\xrightarrow[②H^+]{①I_2,\ NaOH}?\xrightarrow{SOCl_2}$

4. 用化学方法鉴别下列各组化合物。

(1) 乙酰氯、乙酰胺、乙酸乙酯
(2) 甲酸、乙酸、乙醛、丙酮
(3) 正丁醇、正丁醚、正丁醛、正丁酸
(4) 苯甲酸、水杨酸、水杨醇、水杨醛

5. 以乙烯为原料合成乙酸乙酯（无机试剂任选）。

6. 化合物 A、B、C 的分子式都是 $C_3H_6O_2$，A 能与碳酸钠作用放出二氧化碳，B 和 C 在氢氧化钠溶液中水解，B 的水解产物之一能发生碘仿反应。推测 A、B、C 的构造式。

7. 化合物 A 和 B 的分子式均为 $C_8H_8O_3$。A 可溶于氢氧化钠和碳酸氢钠溶液，B 则仅溶于氢氧化钠溶液。A 用氢碘酸处理得邻羟基苯甲酸，B 与稀酸溶液共热也得邻羟基苯甲酸。推测 A 和 B 的结构式。

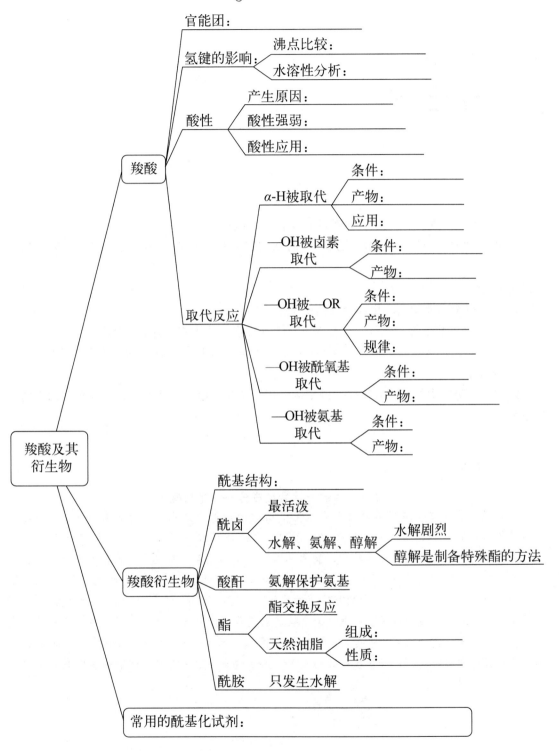

第十六章

杂环化合物

【知识目标】

1. 掌握呋喃、吡咯、噻吩、吡啶的化学性质及应用。

2. 理解"五元杂环"和"六元杂环"的结构特征及它们的亲电取代反应与苯环上的反应的异同。

【能力目标】

1. 能正确命名典型杂环化合物及其简单衍生物。

2. 能利用"五元杂环"和"六元杂环"性质的差异对其进行鉴别或分离。

3. 能区分"五元杂环"和"六元杂环"的亲电取代反应与苯环上的取代反应的异同。

【素质目标】

通过了解嘌呤类物质对人体代谢的影响，建立科学健康的生活习惯，形成积极向上的人生态度。

情景导入

自然界中的天然活性成分——生物碱

生物碱大量存在于自然界中（主要存在于植物中，但有的也存在于动物中），是一类含氮的碱性有机化合物，有类似碱的性质，又称为赝碱，目前分离出来的有 10000 多种。

大多数生物碱有复杂的环状结构，有的环内还包含氮元素，而且具有显著的生物活性，是许多药用植物的有效成分。例如，从黄连中提取的黄连素属于异喹啉类生物碱（如图 16-1 所示），有抑制痢疾杆菌、链球菌和葡萄球菌的作用，可用于治疗肠胃炎和细菌性痢疾；从金鸡纳霜树皮中提取的金鸡纳碱属于喹啉系生物碱，对某些疟疾原虫有杀灭作用。另外，食物中也含有多种生物碱，例如从茶叶中提取的咖啡因、茶碱属于嘌呤类生物碱（如图 16-2 所示），咖啡因具有兴奋中枢神经、扩张管状血管的作用，而茶碱能松弛平滑肌、增强肠液胃液分泌。

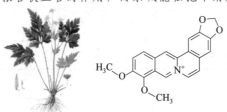

图 16-1　黄连及黄连素

图 16-2　茶叶及咖啡因和茶碱

　　在有机化学中将非碳原子统称为杂原子（不包括氢原子），氧、硫、氮等是常见的杂原子。环上含有杂原子的有机物称为杂环化合物，这类化合物数目庞大，广泛存在于自然界中，它们大都具有生理活性，如叶绿素、血红素、生物碱、核酸等都含有杂环结构。

　　一般地，可以将杂环化合物分为两类，脂杂环类和芳杂环类。前面章节介绍的内酯、内酰都属于脂杂环，性质与相应开链化合物相似，且容易开环。本章重点研究芳杂环化合物，结构与芳环相似，分子具有"芳香性"，环比较稳定，不容易开环。

第一节　杂环化合物的分类和命名

一、杂环化合物的分类

　　杂环化合物可按环的形式分为单杂环和稠杂环两大类，其中单杂环又按环的骨架主要分为五元杂环和六元杂环。杂环化合物还可按环中杂原子的数目分为含有一个杂原子的杂环和含有多个杂原子的杂环，如表 16-1 所示。

表 16-1　常见杂环化合物的分类及名称

分类		含一个杂原子			含多个杂原子	
单杂环	五元杂环	呋喃 (furan)	噻吩 (thiophene)	吡咯 (pyrrole)	噻唑 (thiazole)	咪唑 (imidazole)
	六元杂环	吡啶 (pyridine)	吡喃 (pyran)		嘧啶 (pyrimidine)	吡嗪 (pyrazine)
稠杂环		吲哚 (indole)	喹啉 (quinoline)	异喹啉 (isoquinoline)	嘌呤 (purine)	苯并噻唑 (benzothiazole)

二、杂环化合物的命名

杂环化合物的命名比较复杂，我国一般采用两种方法，即音译法和系统命名法。

1. 音译法

音译法，即根据杂环化合物的英文名称，选择带"口"字偏旁的同音汉字来命名。如表16-1中的呋喃（furan）、吡咯（pyrrole）等。

2. 系统命名法

对杂环的衍生物命名时，结合系统命名方法。

(1) 选母体　与芳香族化合物命名原则类似，当杂环上连有—R、—X、—OH、—NH$_2$等简单取代基时，以杂环为母体；如果连有—CHO、—COOH、—SO$_3$H等复杂基团时，则以官能团为母体，杂环作取代基。

(2) 杂环编号　杂环上连有取代基时，需要给杂环编号，编号规则如下：

① 从杂原子开始编号，杂原子位次为1。当环上只有一个杂原子时，通常把靠近杂原子的碳原子称为α位，其后依次为β位和γ位。例如：

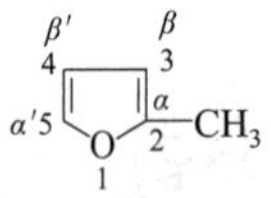

2-甲基呋喃 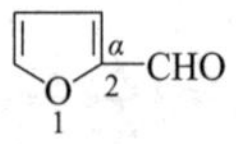　　2-呋喃甲醛(糠醛)　　4-甲基吡啶　　3-吡啶甲酸
　　　　　　　(α-呋喃甲醛)　　　(γ-甲基吡啶)　　(β-吡啶甲酸)

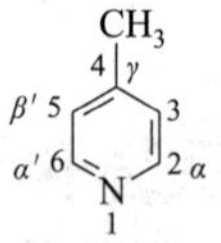

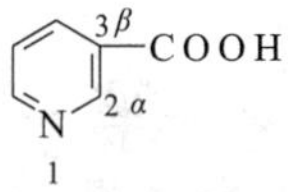

② 若含有多个相同的杂原子，则从连有氢或取代基的杂原子开始编号，而且要使其他杂原子的位次尽可能最小。例如：

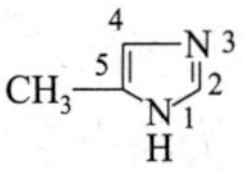

(5-甲基咪唑)

③ 若含有不相同的杂原子，按O、S、N的顺序编号。例如：

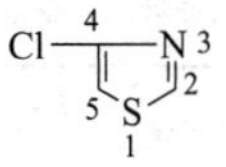

4-氯噻唑

当N上连有取代基时，往往用"N"表示取代基的位置。如：

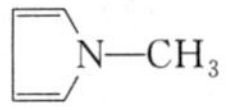

N-甲基吡咯

🛢 **知识加油站** ————————————————————————————

生活中，患痛风的人越来越多，很多人都知道痛风和体内尿酸代谢有关，那么尿酸是怎么产生的？尿酸和嘌呤之间又有什么关系呢？

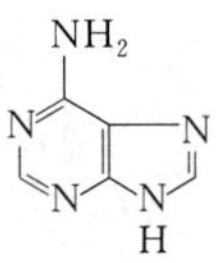

腺嘌呤 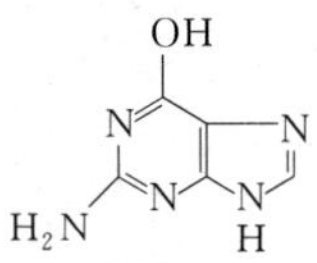　　　　　　鸟嘌呤 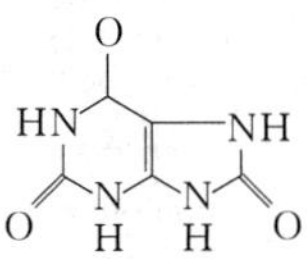　　　　　　尿酸

尿酸是人体内嘌呤代谢后的产物。嘌呤的来源主要是人体自身核酸的氧化分解，人体产生的尿酸约占 80%，另外 20% 从食物中摄取。尿酸在人体内没有什么生理功能。正常情况下，2/3 的尿酸由肾脏排出体外，余下的 1/3 则从肠道排出。

人体每天产生的尿酸量与排泄出的尿酸量大约保持相等，才能使机体维持一定的平衡。如果生产过剩或排泄不良，就会造成尿酸堆积过多，使血液中尿酸含量升高。当高度浓缩的尿酸析出结晶并沉积在关节、软组织和肾脏中使周围组织产生红肿疼痛等炎症反应时，痛风就发作了。

✏️ **练习**

命名下列化合物或写出构造式。

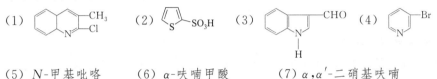

(1) (2) (3) (4)

(5) N-甲基吡咯   (6) α-呋喃甲酸   (7) α,α′-二硝基呋喃

第二节　五元杂环化合物

本节重点介绍只含有一个杂原子的五元杂环化合物——呋喃、噻吩、吡咯。

一、呋喃、噻吩、吡咯的结构

五元杂环化合物呋喃、噻吩、吡咯在结构上有共同点：组成五元杂环的 5 个原子都位于同一个平面上，杂原子与 4 个碳原子的 p 轨道相互重叠，形成了一个闭合共轭大 π 键，如图 16-3 所示。因此，五元杂环化合物都具有芳香性。

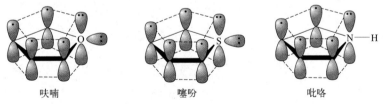

呋喃　　　　　　噻吩　　　　　　吡咯

图 16-3　呋喃、噻吩、吡咯的原子轨道示意图

数据显示，呋喃、噻吩、吡咯环的键长虽然区别于一般的单、双键，却也并不像苯一样完全平均化。而且由于呋喃、噻吩、吡咯分子中的杂原子不同，它们的芳香性在程度上也有所不同。其中，噻吩的芳香性较强，比较稳定，呋喃的芳香性较弱，吡咯介于呋喃和噻吩之间。

另外，吡咯分子中的氮原子上连有一个氢原子，由于氮原子的 p 电子参与了环上共轭，降低了对这个氢原子的吸引力，使得氢原子变得比较活泼，具有弱酸性。

二、呋喃、噻吩、吡咯的性质及应用

呋喃存在于松木焦油中，是无色易挥发的液体，沸点 31.36℃，难溶于水，易溶于有机溶剂，有类似氯仿的气味。呋喃的蒸气遇到浸过盐酸的松木片时呈绿色，这叫作松木片反应。呋喃极度易燃，主要用于有机合成或用作溶剂。

噻吩存在于煤焦油的粗苯及石油中，是无色有特殊气味的液体，沸点 81.16℃。噻吩在浓硫酸存在下，与靛红一同加热显示蓝色，反应灵敏。噻吩在一些反应中可代替苯，用作制取染料和塑料的原料，但由于性质较为活泼，一般不如由苯制造出来的产品性质优良，噻吩也可用作溶剂。

吡咯存在于煤焦油和骨焦油中，为无色油状液体，沸点 131℃，有弱的苯胺气味，难溶于水，易溶于醇或醚中。吡咯的蒸气或其醇溶液能使浸过盐酸的松木片呈红色，此反应可用来鉴定吡咯。

1. 杂环上的亲电取代反应

呋喃、噻吩、吡咯由于环中的杂原子上的未共用电子对参与了环的共轭，π 电子云密度高于苯，所以，它们都比苯更容易发生亲电取代反应，取代主要发生在 α 位。反应的活性顺序为：吡咯＞呋喃＞噻吩＞苯。

（1）卤化　呋喃、噻吩、吡咯都容易发生卤化反应，主要生成 α-卤代物。例如：

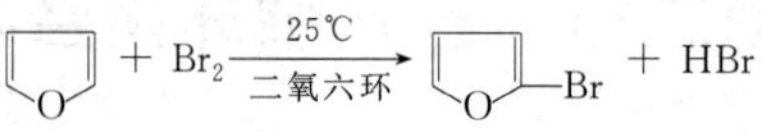

2-溴呋喃（75%）

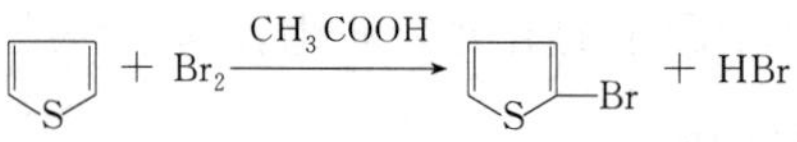

2-溴噻吩

（2）硝化　呋喃、噻吩、吡咯活性很强，很容易被氧化，甚至在空气中就可以被氧化，所以不能采用一般的硝化试剂（如硝酸）硝化，而是使用比较缓和的硝化剂（硝酸乙酰酯），并且在低温下进行，主要生成 α-硝基取代物。

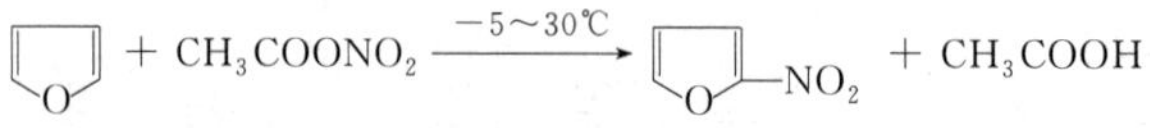

硝酸乙酰酯　　　　　　　α-硝基呋喃（35%）

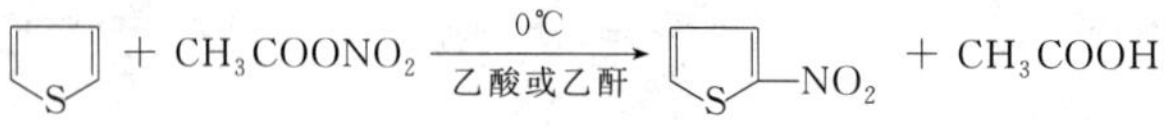

α-硝基噻吩（60%）

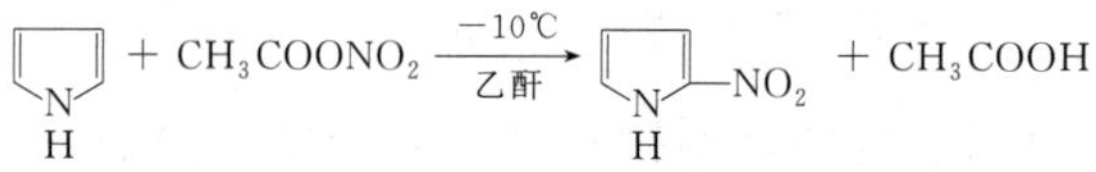

α-硝基吡咯（51%）

（3）磺化　同样，呋喃、噻吩、吡咯磺化时也需要避免直接使用硫酸，通常使用更温和的磺化试剂，比如吡啶和三氧化硫的混合物，主要生成 α-磺酸基取代物。

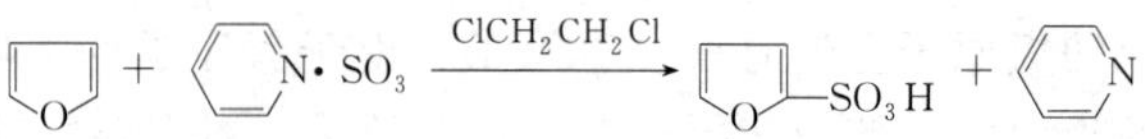

三氧化硫吡啶　　　　　　α-呋喃磺酸

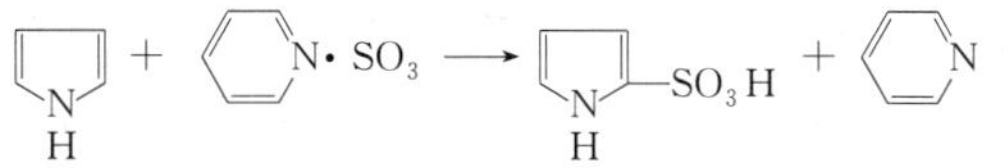

噻吩相对较为稳定，也可以用硫酸直接磺化，但产率不如上述方法高。生成的 α-噻吩磺酸溶剂发生水解反应，又得到噻吩。

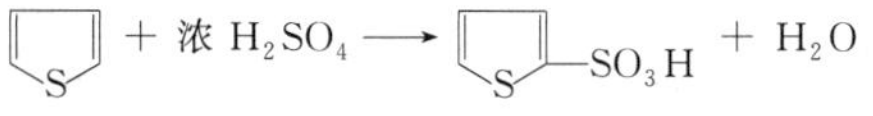

α-磺吩磺酸（70%）

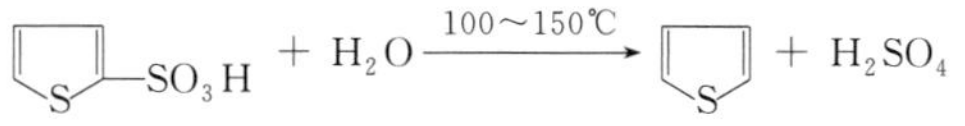

思考：煤焦油中得到的苯通常含有少量的噻吩，如何分离、回收其中的噻吩？

2. 还原反应

呋喃、噻吩、吡咯的杂环在催化剂作用下，可以进行催化加氢反应，生成相应的饱和四氢化物，芳香性消失。

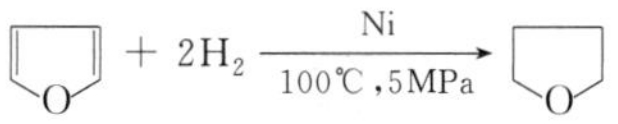

四氢呋喃是一种优良的溶剂，也是合成医药咳必清、黄体酮的原料，维生素类药物中称为新 B_1 的呋喃硫胺就是四氢呋喃的衍生物。四氢噻吩也是一种优良的溶剂，另外，由于其气味难闻，有刺激作用，可用于天然气加臭，以便检漏。

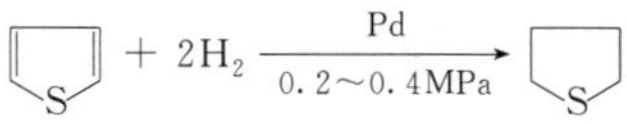

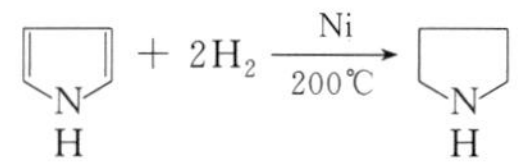

知识加油站

重要的吡咯衍生物

很多天然的有机分子中都能找到吡咯的结构，如绿色植物中的叶绿素，以及动物血液、肌肉中存在的血红素。

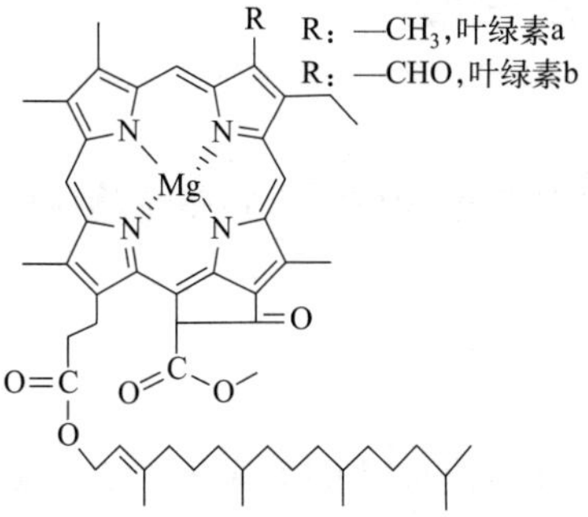

R R：—CH_3,叶绿素a
R：—CHO,叶绿素b

图 16-4　叶绿素的结构

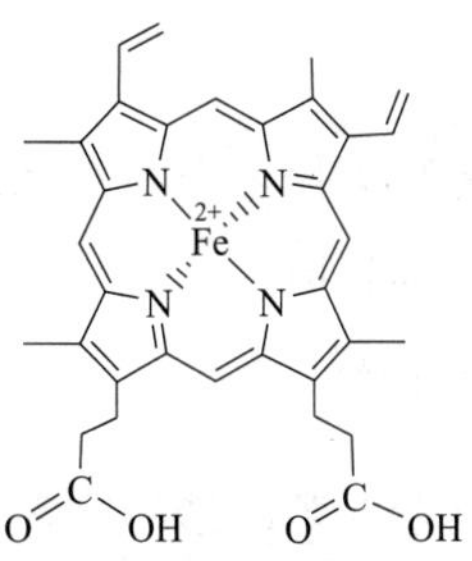

图 16-5　血红素的结构

叶绿素存在于叶绿体中，进行光能的捕获和转换，叶绿素有两种类型（如图 16-4 所示）。绿色蔬菜在加工过程中热烫是造成叶绿素损失的主要原因，加热时产生的有机酸会使叶绿素发生脱镁的现象，蔬菜的颜色也会转变为橄榄绿甚至褐色。实验表明，pH＝9 时，叶绿素的耐热性更好，不容易脱镁，而 pH＜3 时，脱镁反应加快。

血红素是肌红蛋白的辅基（如图 16-5 所示），肌肉中 90％以上为肌红蛋白，所以肌肉的颜色主要为血红素的紫红色。肉制品在加工及储藏过程中，肌红蛋白会转化为多种衍生物。新鲜的肉放置在空气中，表面就形成很薄的一层色泽鲜红的氧合肌红蛋白；放置过久，则更多地生成高铁肌红蛋白，此时，肉的颜色为高铁肌红蛋白的褐色。

✎ 练习

1. 填空题

（1）杂环化合物是指成环原子由碳原子和＿＿＿＿＿＿＿＿等杂原子共同组成，具有与＿＿＿＿＿＿相似结构和＿＿＿＿＿＿性的化合物。

（2）呋喃、吡咯、噻吩亲电取代反应比苯＿＿＿＿，反应位置主要在＿＿位。

（3）由于呋喃十分活泼，遇酸容易发生环的破裂和树脂化，因此它发生硝化反应使用的硝化剂是＿＿＿＿＿＿；发生磺化反应使用磺化剂是＿＿＿＿＿＿。

（4）噻吩经过催化氢化得到的＿＿＿＿＿＿，可用于天然气加臭，以便检漏。

（5）五元杂环化合物的芳香性由强到弱依次为＿＿＿＿＿＿、＿＿＿＿＿＿、＿＿＿＿。

2. 购买的甲苯中含有少量噻吩，应如何除去？

3. 完成下列化学反应式。

（1）

$$\boxed{}_S\text{—CHO} + 3H_2 \xrightarrow[\triangle,\ P]{Ni} ?$$

（2）

$$\boxed{}_O\text{—CH}_3 + CH_3COONO_2 \longrightarrow ?$$

（3）

$$\boxed{}_S + Br_2 \xrightarrow{CH_3COOH} ?$$

第三节　六元杂环化合物

本节以吡啶为代表介绍六元杂环化合物。吡啶的各种衍生物广泛存在于生物体中，并且大都具有强的生物活性。

一、吡啶的结构

吡啶的构造与苯的结构非常相似，是一个平面六元环。组成环的氮原子和 5 个碳原子的 p 轨道侧面相互重叠形成一个闭合共轭大 π 键（见图 16-6），因此吡啶也具有芳香性。此外，氮原子的原子轨道上还有一对电子未参与成键，可以与质子结合，所以吡啶具有碱性。

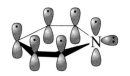

图 16-6　吡啶原子轨道示意图

二、吡啶的性质及应用

吡啶存在于煤焦油中，是无色有特殊气味的液体，沸点 115℃，熔点 42℃，可与水、乙醇、乙醚、苯等混溶，能溶解大部分有机化合物和许多无机盐类，是一种良好的溶剂。

另外，吡啶能与无水氯化钙生成配合物，所以不能使用氯化钙干燥吡啶。

1. 碱性

吡啶氮原子上有一对孤对电子没有参与共轭，可与质子结合，而显碱性，可以使湿润的石蕊试纸变蓝。不同化合物的碱性大小顺序为：

$$\underset{\substack{\text{四氢吡咯}}}{\overset{\begin{array}{c}\\ \text{N}\\ \text{H}\end{array}}{\bigcirc}} > NH_3 > \underset{\substack{\text{吡啶}}}{\overset{\text{N}}{\bigcirc}} > \underset{\substack{\text{苯胺}}}{\bigcirc\text{—NH}_2} > \underset{\substack{\text{吡咯}}}{\overset{\begin{array}{c}\\ \text{N}\\ \text{H}\end{array}}{\bigcirc}}$$

四氢吡咯　氨　　吡啶　　　苯胺　　　　吡咯

吡啶能与无机酸作用生成盐，生成的吡啶盐再用碱处理即可得到吡啶。利用此反应可分离、提纯吡啶，也可用吡啶吸收反应中所生成的酸。

$$\underset{\text{N}}{\bigcirc} + H_2SO_4 \longrightarrow \left[\underset{\substack{\text{N}\\ \text{H}}}{\bigcirc}\right]^+ HSO_4^- \xrightarrow{2NaOH} \underset{\text{N}}{\bigcirc} + Na_2SO_4 + 2H_2O$$

吡啶硫酸盐

> **思考：** 煤焦油中得到的苯通常含有少量的吡啶，如何分离、回收其中的吡啶？

2. 取代反应

吡啶也可以发生卤化、磺化、硝化等亲电取代反应。但由于氮原子的电负性较强，吡啶环上的电子云密度向氮原子转移而降低，这与硝基使苯环的反应活性降低类似，导致的结果就是吡啶亲电取代比苯更难，也不会发生傅-克反应。

吡啶发生亲电取代时环上有两个活性部位，氮取代和碳取代，在这里重点介绍碳取代反应。

$$\underset{\text{N}}{\bigcirc}
\begin{array}{c}
\xrightarrow[\text{浮石，气相}]{Br_2, 300℃} \underset{\text{N}}{\bigcirc}\text{—Br} \quad \beta\text{-溴吡啶}\\
\xrightarrow[300℃]{H_2SO_4, HNO_3} \underset{\text{N}}{\bigcirc}\text{—NO}_2 \quad \beta\text{-硝基吡啶}\\
\xrightarrow[350℃]{\text{浓}H_2SO_4} \underset{\text{N}}{\bigcirc}\text{—SO}_3H \quad \beta\text{-吡啶磺酸}
\end{array}$$

吡啶的碳取代反应主要发生在 β 位，也就是氮原子的间位，其反应活性与硝基苯相似，活性弱于吡咯、呋喃、噻吩。

3. 加成反应

吡啶比苯容易还原，经催化氢化或用化学试剂如醇钠还原都可以得到六氢吡啶。

$$\text{（吡啶）} + 3H_2 \xrightarrow[\text{CH}_3\text{COOH}]{\text{Pt}} \text{（六氢吡啶）}$$

六氢吡啶

4. 侧链 α-H 氧化反应

相对于苯，吡啶更不容易被氧化剂氧化，但和苯一样，当环上连有含 α-氢的侧链时，侧链容易被氧化成羧基或醛基。

$$\text{（3-甲基吡啶）} \xrightarrow[\triangle]{\text{KMnO}_4, \text{H}^+} \text{（3-羧基吡啶）}$$

β-吡啶甲酸（烟酸）

烟酸也称作维生素 B_5 或维生素 PP，属于 B 族维生素，有较强的扩张周围血管的作用，临床用于治疗头痛、偏头痛、耳鸣、内耳眩晕症等，缺乏烟酸则会引起癞皮病。

📖 **阅读材料**

结核病特效药——雷米封

结核俗称"痨病"，它和人类的历史几乎一样长，曾在全世界猖獗流行，夺去了数亿人的生命，人们称之为"白色瘟疫"。1952 年的纽约，一种能治愈肺结核的神奇新药出现的消息迅速地占领了各大报纸的头版，这种神奇的药物就是异烟肼，又叫雷米封。异烟肼问世之后没有多久，曾经遍布欧洲和美国的结核病疗养院就纷纷关门了。

在异烟肼等特效药发明之前，人类对结核病几乎没有什么有效手段。在西方国家，大半个世纪里医生们通常让病人们待在疗养院里通过休息和呼吸新鲜空气来治疗。如果这种疗法没有效果的话，医生们就只有采用萎陷疗法（用人工气胸、人工气腹等方法，使肺的有病变的部分萎缩，减少活动而逐渐愈合，也叫压缩疗法）。中国著名作家冰心在美国留学的时候就因为被诊断为肺结核而不得不在疗养院住了很久。

在雷米封接近 70 年的使用历史中，虽然有的病人所感染的结核菌已经产生了耐药性，但绝大多数医生仍认为它是治疗结核病的一个不可缺少的主药。

✏️ **练习**

1. 硝基苯中混有少量吡啶，应如何除去？

2. 完成下列化学反应式。

(1) $\text{（吡啶）} + \text{CH}_3\text{Br} \longrightarrow ?$

(2) $\text{CH}_3\text{（吡啶）N} + \text{H}_2 \xrightarrow[\text{CH}_3\text{COOH}]{\text{Pt}} ?$

(3) $\text{（乙基吡啶）}\text{C}_2\text{H}_5 \xrightarrow[\triangle]{\text{KMnO}_4, \text{OH}^-} ?$

---

1. 单选题

（1）下列化合物中具有芳香性的是（　　　）。

A. 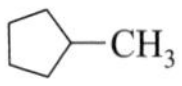 ⬠—CH₃　　　　　B. 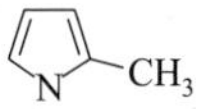 2-甲基吡咯　　　　C. 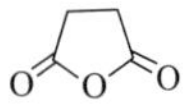 丁二酸酐

（2）要除去苯中少量的噻吩可采用的方法是（　　　）。

A. 用稀 $NaOH$ 洗涤　　　B. 用浓 H_2SO_4 洗涤　　　C. 用乙醚洗涤

（3）下列化合物中，最难被还原的是（　　　）。

A.  苯　　　　　B. 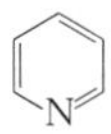 吡啶　　　　　C.  吡咯

（4）下列对吡啶化学性质描述完全正确的是（　　　）。

A. 吡啶具有芳香性，同苯一样稳定

B. 吡啶比苯更容易发生亲电取代反应

C. 吡啶的碱性比 NH_3 弱

（5）下列化合物中属于五元杂环化合物的是（　　　）。

A. 噻吩　　　　　B. 吡啶　　　　　C. 四氢呋喃

2. 完成下列反应方程式。

（1） 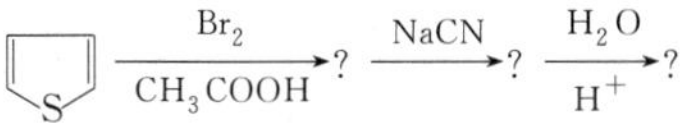 $\overset{S}{\square} \xrightarrow[CH_3COOH]{Br_2} ? \xrightarrow{NaCN} ? \xrightarrow[H^+]{H_2O} ?$

（2） 呋喃-CHO $\xrightarrow{浓\ NaOH} ?$

（3） 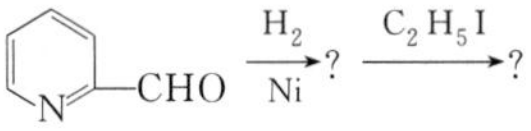 吡啶-CHO $\xrightarrow[Ni]{H_2} ? \xrightarrow{C_2H_5I} ?$

（4） 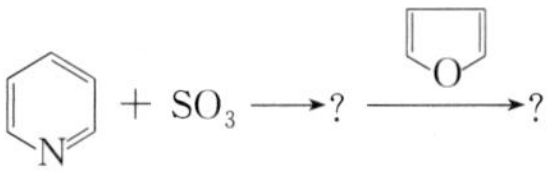 吡啶 $+ SO_3 \longrightarrow ? \xrightarrow{呋喃} ?$

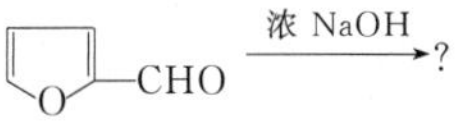

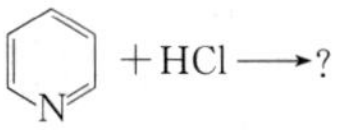

（5） 吡啶 $+ HCl \longrightarrow ?$

（6） 吡啶-CH(CH₃)₂ $\xrightarrow{KMnO_4} ? \xrightarrow{PCl_5} ? \xrightarrow[H^+]{C_2H_5OH} ?$

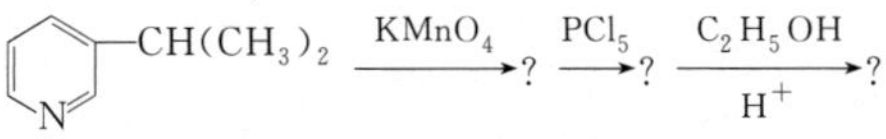

3. 某杂环化合物 A 的分子式为 $C_6H_6O_2$，它不发生银镜反应，但能与羟胺作用生成肟。A 与次氯酸钠反应生成羧酸 B，B 的钠盐与碱石灰作用，转变为 C，C 可发生松木片反应。试推测 A、B、C 的构造式。

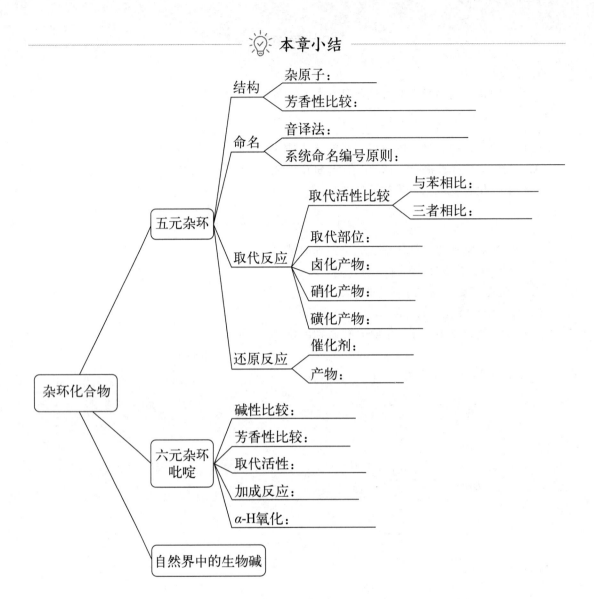

第十七章

糖类

【知识目标】

  1. 掌握单糖的组成、结构及变旋光现象。

  2. 掌握单糖、二糖的化学性质；糖苷的形成。

  3. 理解单糖的开链式结构和环状结构之间的转化。

【能力目标】

  1. 能用化学方法鉴别还原性糖与非还原性糖。

  2. 能用糖类化合物的变旋光现象解释相应性质。

【素质目标】

通过了解我国古老的制糖技艺，建立民族自信。

情景导入

中国古老的制糖技艺

中国是世界上最早掌握制糖技艺的国家之一，早期制得的糖主要有麦芽糖、蔗糖。

以米或麦芽经过糖化熬煮而成的糖，呈黏稠状，就称为麦芽糖，也叫饴糖。这种制糖技艺自西周创制以来，民间流传普遍。北魏贾思勰所著的《齐民要术》中更是对麦芽糖制作的方法、步骤、要点等都作了叙述，为后人长期沿用，如图 17-1 所示。

图 17-1 《齐民要术》中的制糖工艺

到了战国时期，古人开始研究从甘蔗中提取麦芽糖。屈原的《楚辞·招魂》中有这样的诗句："胹鳖炮羔，有柘浆些"。这里的"柘"即是蔗，"柘浆"是从甘蔗中取得的汁。

公元 674 年，中国发明用滴漏法制取土白糖。该法用一套漏斗形的陶器，配以瓦缸和其他小设施，将蔗汁熬至相当浓度后倒入瓦溜（漏斗形陶器）中，从上淋入黄泥浆，借助黄泥浆的吸附脱色制取土白糖。白糖的出现，标志着我国制糖技术达到了一个新的高度。这种土法制糖在中国沿用了千余年。

中华民族还将这种对甜味的享受传播出去。8 世纪中叶，中国制糖技术传到日本；13 世纪左右，传入爪哇，成为该岛糖业的起源；15～16 世纪，中国的侨民开始在菲律宾、夏威夷等地传播制糖法。

糖类是自然界中分布最广的一类有机化合物，如木材、棉花、大米、小麦中都富含糖类。糖还是人体主要的能源之一，是维持人体正常生命活动的重要物质。作为生命的能源，自然界中存在的糖类是由绿色植物通过光合作用合成的，在日光的作用下，植物中的叶绿素将吸收的二氧化碳和水经过一系列复杂的反应过程转变成糖类，所吸收的太阳能被储存在糖的分子中。

思考： 糖类是人体重要的能源物质，那么什么样的物质是糖类呢？具有甜味的物质就属于糖类吗？糖精很甜，是糖吗？

第一节　糖类的含义和分类

糖的定义
和分类

一、糖类的定义

如何判断一种物质是否属于糖类？甜的都是糖吗？判断是否属于糖类的标准主要看物质分子结构，而不是靠口味。糖类都含有碳、氢和氧三种元素，最初发现的糖类，分子中氢原子与氧原子数目之比与水分子相同，可用通式 $C_m(H_2O)_n$ 表示，所以长期以来人们将糖也称为碳水化合物。但后来发现有的糖如鼠李糖（$C_6H_{12}O_5$）和脱氧核糖（$C_5H_{10}O_4$）并不符合上述通式，而某些符合这一通式的化合物如乙酸（$C_2H_4O_2$）和乳酸（$C_3H_6O_3$）又不是糖类，所以"碳水化合物"这个名称已不能代表糖类化合物确切的含义，但在有的资料上仍称糖类为碳水化合物，是一种习惯。

从结构上分析，糖类是多羟基醛或酮，以及水解后能生成多羟基醛或酮的一类有机化合物。自然界动植物体中存在的糖都具有旋光性，并且是 D 型糖，不存在左旋的 L 型葡萄糖。

二、糖类的分类

根据能否水解以及水解后生成的物质不同，可将糖类分为单糖、二糖和多糖。

糖 { 单糖（不能水解，如葡萄糖、果糖）
二糖（水解为两个单糖分子，如麦芽糖、蔗糖）
多糖（可彻底水解为多个单糖分子，如纤维素、淀粉）

1. 单糖

单糖是指多羟基醛或酮，按官能团分为醛糖（分子中含有醛基）和酮糖（分子中含有酮基）。碳原子数相同的醛糖和酮糖互为同分异构体，例如葡萄糖（醛糖）和果糖（酮糖）都是重要的单糖，分子式都为 $C_6H_{12}O_6$，互为同分异构体。

2. 二糖

二糖是指水解后能生成两个单糖分子的化合物，常见的有蔗糖和麦芽糖，分子式都为 $C_{12}H_{22}O_{11}$，互为同分异构体。蔗糖水解后生成一分子葡萄糖和一分子果糖，麦芽糖水解后生成两分子葡萄糖。

3. 多糖

多糖是指水解后能生成多个单糖分子的化合物。多糖又分为同多糖和杂多糖两类。水解后只产生一种单糖的多糖叫作同多糖（如淀粉和纤维素）；水解后产生两种或两种以上单糖的多糖叫作杂多糖（如透明质酸和树胶）。

多糖是重要的天然高分子化合物，性质与单糖和二糖有较大差别，一般为无定形固体，不溶于水，无甜味。淀粉和纤维素都是重要的多糖，分子式可用 $(C_6H_{10}O_5)_n$ 表示。

✏️ 练习

1. 填空题

（1）二糖是指水解后能生成两个单糖分子的化合物，常见的有_____糖和_____糖。其中，_____糖水解后生成一分子葡萄糖和一分子果糖，_____糖水解后生成两分子葡萄糖。

（2）常见的单糖中，葡萄糖属于_____（酮/醛）糖，果糖属于_____（酮/醛）糖。

2. 单选题

（1）单糖从结构上划分属于（　　）。

A. 多羟基醛（酮）　　　　B. 多取代羧酸　　　　C. 多元醇

（2）蔗糖属于（　　）。

A. 单糖　　　　　　　　B. 二糖　　　　　　　　C. 多糖

（3）糖的特点在于（　　）。

A. 糖类都很甜　　　　　B. 糖类都易溶于水

C. 糖类是多羟基醛或酮或水解可生成多羟基醛或酮

（4）淀粉属于（　　）。

A. 单糖　　　　　　　　B. 二糖　　　　　　　　C. 多糖

第二节　单　糖

思考：生活中总听到人说血糖高，不可以吃糖了，"血糖"是一种什么糖？

不能水解成更简单的多羟基醛或多羟基酮的糖叫作单糖。单糖根据分子的结构可分为醛糖和酮糖；根据分子中所含碳原子的数目，又可分为丙糖、丁糖、戊糖和己糖等。这两种分类方法常合并使用。例如：

	CH_2OH			CH_2OH
CHO	$C{=}O$	CHO	CHO	$C{=}O$
$CHOH$	$CHOH$	$(CHOH)_3$	$(CHOH)_4$	$(CHOH)_3$
CH_2OH	CH_2OH	CH_2OH	CH_2OH	CH_2OH
丙醛糖	丁酮糖	戊醛糖	己醛糖	己酮糖

自然界的单糖主要是戊糖和己糖，最重要的戊糖是核糖（戊醛糖），最重要的己糖是葡萄糖（己醛糖）和果糖（己酮糖），人体血液中的葡萄糖称为血糖，正常人的血糖浓度为 3.9～6.1mmol/L。

一、单糖的结构及表达形式

单糖的结构是根据它们的化学性质推导出来的，现在已经证明单糖有开链结构，也有环状结构。

1. 单糖的链状结构

通过一系列化学反应，可以推知单糖是多羟基醛或多羟基酮，并且具有开链结构。例如：葡萄糖是开链的五羟基己醛糖，其构造式为：

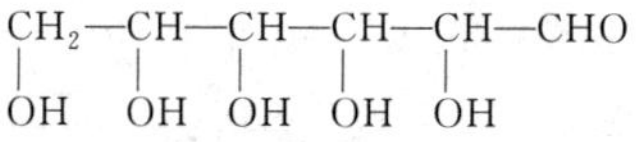

$$\underset{\text{OH}}{\text{CH}_2}-\underset{\text{OH}}{\text{CH}}-\underset{\text{OH}}{\text{CH}}-\underset{\text{OH}}{\text{CH}}-\underset{\text{OH}}{\text{CH}}-\text{CHO}$$

果糖是开链的五羟基-2-己酮，其构造式为：

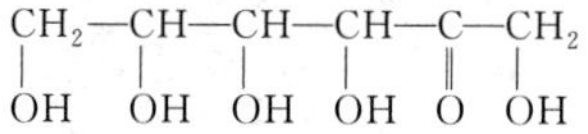

$$\underset{\text{OH}}{\text{CH}_2}-\underset{\text{OH}}{\text{CH}}-\underset{\text{OH}}{\text{CH}}-\underset{\text{OH}}{\text{CH}}-\underset{\text{O}}{\text{C}}-\underset{\text{OH}}{\text{CH}_2}$$

天然葡萄糖构型用费歇尔投影式表示如下：

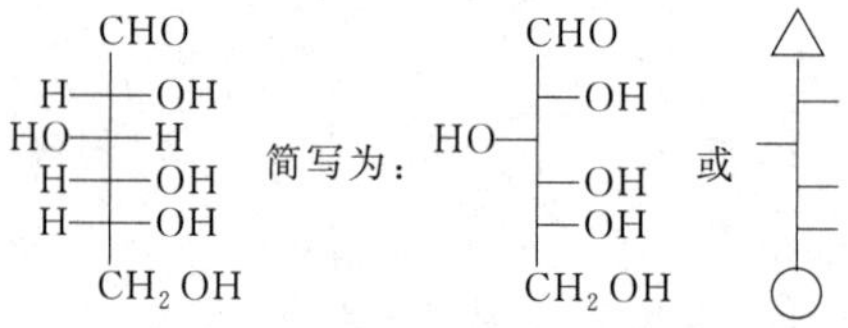

在书写单糖的开链结构时，一般将碳链竖写，羰基写在上端。碳链的编号从靠近羰基的一端开始。

单糖的名称可用 R/S 标记法，表示时需要把每一个手性碳原子标记出来。如天然葡萄糖的名称是：$(2R,3S,4R,5R)$-2,3,4,5,6-五羟基己醛。单糖的名称还可以用 D/L 标记法表示，就是凡分子中离羰基最远的手性碳原子的构型，与 D-甘油醛的构型（—OH 在右侧）相同的糖，其构型属于 D 型。反之，则属于 L 型。

天然存在的单糖大多数是 D 型的，例如，天然的葡萄糖和果糖都是 D 型糖。

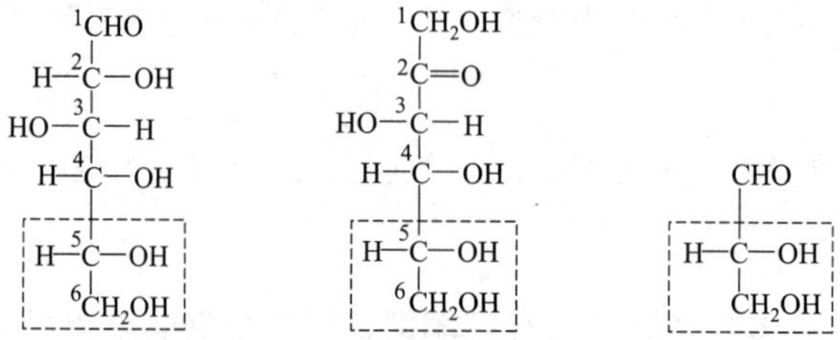

D-葡萄糖　　　　D-果糖　　　　D-甘油醛

2. 单糖的环状结构

单糖的开链结构虽然是根据它的性质推断出来的，但此结构却解释不了糖的以下性质和现象：

① 葡萄糖不能与亚硫酸氢钠饱和水溶液反应（而醛可以与亚硫酸氢钠饱和水溶液发生加成反应）。

② 葡萄糖与乙醇反应时，1mol 葡萄糖仅与 1mol 乙醇而不是 2mol 乙醇生成缩醛（而

1mol 醛可以与 2mol 乙醇生成缩醛)。

③ 用新配制的葡萄糖水溶液测定其比旋光度，所得数值是+112°，且随着时间的推移，比旋光度数值连续下降，直至降到+52.7°才不发生变化。**这种比旋光度会发生变化的现象，叫作变旋光现象。**

这些现象用开链式结构均无法解释。

为解释以上现象，人们提出了单糖为环状结构的假设，现已得到证实。在溶液中单糖的开链式结构可转化为环状结构，形成一个互变的平衡体系。用费歇尔投影式表示的单糖的环状结构，不能反映出原子和基团在空间的相互关系。因此，哈沃斯（Haworth）提出把直立的环状结构改写成平面的环状结构来表示（称作哈沃斯式），这样观察糖的基团之间的立体化学关系更为方便。

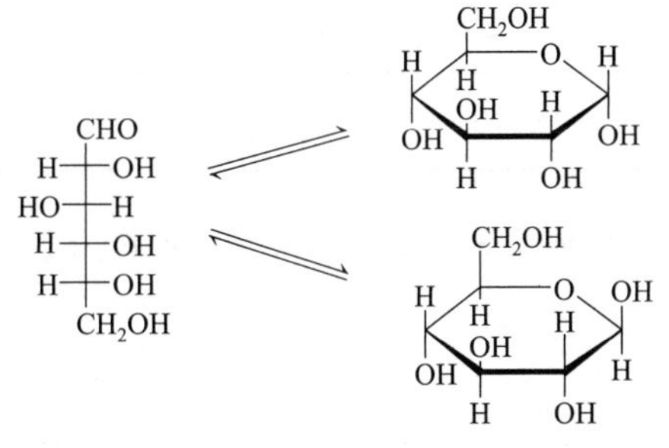

α-D-葡萄糖(36.4%)

β-D-葡萄糖(63.6%)

D-葡萄糖(0.026%)　　哈沃斯式结构

所有的单糖与 D-葡萄糖一样，在溶液中都以两种环状结构通过开链式相互转化的平衡态存在，即都具有变旋光现象，比如果糖。

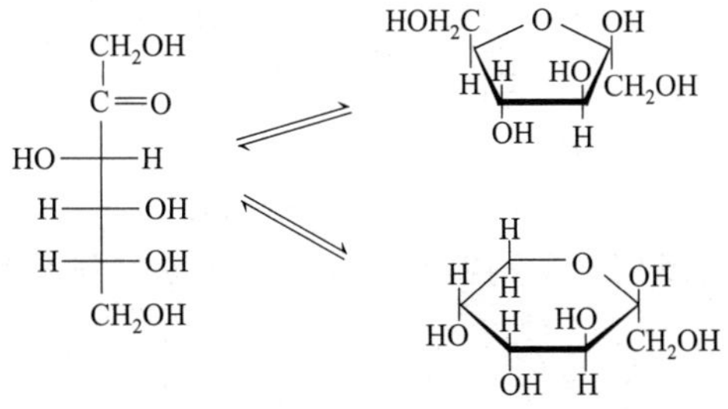

β-D-呋喃果糖

β-D-吡喃果糖

D-果糖　　哈沃斯式结构

环状结构的确定，就可以合理解释糖的如下性质和变旋光现象：

(1) 为何不能与亚硫酸氢钠饱和水溶液反应?

葡萄糖在水溶液中主要以环状结构形式存在，链式醛式结构在溶液中的浓度很低，裸露的醛基很少，因此，对亚硫酸氢钠反应不灵敏。

(2) 为何只与 1mol 乙醇反应?

醛可以和 2mol 乙醇形成缩醛，但糖的醛基已经和分子内的一个羟基形成半缩醛的环式结构，所以只能再和 1mol 乙醇缩合得到缩醛。

(3) 为何有变旋光现象?

因为单糖的 α-构型和 β-构型两种晶体溶于水后，在水溶液中可以通过开链式互变，在未达到平衡之前，各种形式的糖的浓度不断变化，所以旋光度也在变化，直至最后建立平衡，旋光度才稳定。

思考：观察葡萄糖的变旋光现象，能否用放置过夜的葡萄糖水溶液？

二、单糖的性质及应用

思考：葡萄糖和果糖都是单糖，有什么办法可以区分二者？

单糖都是无色结晶体，易溶于水，难溶于乙醇，不溶于醚，有吸湿性。单糖都有不同程度的甜味，以果糖为最甜，见表 17-1。除二羟基丙酮外单糖都有旋光性，具有环状结构的单糖都具有变旋光现象。

表 17-1　单糖的比甜度

糖	葡萄糖	果糖	半乳糖
比甜度	0.70	1.50	0.27

单糖具有羟基和羰基，能够发生这些官能团的特征反应。但因它们处于同一分子中相互影响，所以又显示某些特殊性质。

1. 氧化反应

葡萄糖是醛糖，具有醛的一些相关性质，比如还原性，可被弱氧化剂（溴水、托伦试剂、费林试剂）氧化，生成葡萄糖酸。

单糖的氧化反应

（1）与溴水的反应　醛糖可以被溴水氧化成糖酸，酮糖不与溴水反应，因此可用溴水来区别醛糖和酮糖。

$$
\underset{\text{CH}_2\text{OH}}{\overset{\text{CHO}}{\mid}}(\text{CHOH})_4 \xrightarrow{\text{Br}_2\text{-H}_2\text{O}} \underset{\text{CH}_2\text{OH}}{\overset{\text{COOH}}{\mid}}(\text{CHOH})_4
$$

葡萄糖酸

（2）与托伦试剂、费林试剂的反应　葡萄糖与托伦试剂、费林试剂反应，分别生成银镜和氧化亚铜红棕色沉淀。

糖和费林试剂的反应

$$
\overset{\text{CHO}}{\underset{\text{CH}_2\text{OH}}{(\text{CHOH})_4}} + 2[\text{Ag(NH}_3)_2]\text{OH} \longrightarrow \overset{\text{COONH}_4}{\underset{\text{CH}_2\text{OH}}{(\text{CHOH})_4}} + 2\text{Ag}\downarrow + 3\text{NH}_3 + \text{H}_2\text{O}
$$

$$
\overset{\text{CHO}}{\underset{\text{CH}_2\text{OH}}{(\text{CHOH})_4}} + 2\text{Cu(OH)}_2 + \text{NaOH} \longrightarrow \overset{\text{COONa}}{\underset{\text{CH}_2\text{OH}}{(\text{CHOH})_4}} + \text{Cu}_2\text{O}\downarrow + 3\text{H}_2\text{O}
$$

糖和托伦试剂的反应

在糖中，凡是能被托伦试剂和费林试剂氧化的糖都叫作还原糖，不能被氧化的糖叫作非还原糖。以上氧化试剂可以将酮糖中 α-羟基酮的 α 位的活泼羟基氧化为 α-二酮，所以果糖也是还原糖。

$$
-\underset{\text{OH}}{\overset{\mid}{\text{CH}}}-\underset{\text{O}}{\overset{\|}{\text{C}}}-\xrightarrow{[\text{O}]} -\underset{\text{O}}{\overset{\|}{\text{C}}}-\underset{\text{O}}{\overset{\|}{\text{C}}}-
$$

（3）与稀硝酸的反应　在温热的稀硝酸作用下，醛糖可被氧化成糖二酸，酮糖易发生碳链断裂，生成小分子的二元酸。

$$\underset{\text{CH}_2\text{OH}}{\overset{\text{CHO}}{\underset{|}{\overset{|}{(\text{CHOH})_4}}}} \xrightarrow[100℃]{\text{HNO}_3,\text{H}_2\text{O}} \underset{\text{COOH}}{\overset{\text{COOH}}{\underset{|}{\overset{|}{(\text{CHOH})_4}}}}$$

葡萄糖二酸

（4）与本尼迪特（Benedict）试剂的反应 本尼迪特试剂是由硫酸铜、碳酸钠和柠檬酸钠组成的溶液。它也是一种弱氧化剂，含有 Cu^{2+} 配离子，该试剂与醛的作用原理和费林试剂相似，但稳定性优于费林试剂，也不需要现用现配，临床上常用它来检查尿液中的葡萄糖，可以根据生成的氧化亚铜沉淀颜色的深浅及量的多少判断尿液中葡萄糖的含量。

2. 还原反应

葡萄糖由于分子中含有醛基，还可以发生还原反应，采用催化加氢或用金属还原剂（$NaBH_4$）还原的方法，得到己六醇（又叫葡萄糖醇或山梨糖醇），属于糖醇。例如：

$$\underset{\text{CH}_2\text{OH}}{\overset{\text{CHO}}{\underset{|}{\overset{|}{(\text{CHOH})_4}}}} \xrightarrow{\text{NaBH}_4} \underset{\text{CH}_2\text{OH}}{\overset{\text{CH}_2\text{OH}}{\underset{|}{\overset{|}{(\text{CHOH})_4}}}}$$

葡萄糖醇（山梨糖醇）

山梨糖醇为无色晶体，略有甜味，存在于各种植物果实中，主要用于合成维生素 C、表面活性剂和炸药等；也用作牙膏、烟草和食物等的水分控制剂。

3. 成脎反应

葡萄糖与过量的苯肼作用生成糖脎。例如：

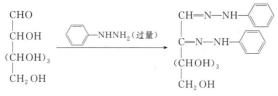

葡萄糖脎

实验：糖脎反应

单糖的糖脎反应

糖脎为黄色晶体，不溶于水，具有固定的熔点，不同的糖脎晶形不同。一般说来，不同的糖生成糖脎的速度、析出糖脎的时间以及生成的糖脎的晶体的形状、熔点均不同。因此，可以利用成脎反应来鉴别糖。而且在早期研究糖时，遇到的一个大问题就是糖很难结晶，容易成为浆状物质，可以先形成糖脎，容易提纯，之后再分解为糖。

4. 成苷反应

在酸的催化下，单糖的环状结构中的半缩醛羟基可与其他含羟基的化合物（醇或酚）反应，生成的化合物称为苷。

葡萄糖(α和β构型的混合物)　　　α-D-葡萄糖甲苷　　　β-D-葡萄糖甲苷

糖的这种由半缩醛羟基转化而形成的衍生物，叫作糖苷。原羰基碳上的半缩醛羟基就叫作苷羟基。苷由糖和非糖部分组成，非糖部分叫作糖苷配基。**糖和糖苷配基之间连接的键（即—O—）称为苷键。**

所以，葡萄糖与甲醇生成的化合物就叫作葡萄糖甲苷。葡萄糖在溶液中有 α-和 β-两种半缩醛结构。因此与甲醇作用所生成的苷也有 α-和 β-两种。在糖苷分子中没有苷羟基，因此不再具有还原糖的性质（即没有变旋光现象，不能成脎，也不能发生银镜等反应）。

> **思考**：苦杏仁苷具有止咳作用，但绝不能多食，查阅资料，你能从苦杏仁苷的结构分析出其中的道理吗？

阅读材料

维生素 C 也称为抗坏血酸。某些动物如人类由于缺乏其合成关键酶 L-古洛糖内酯氧化酶，所以不能在体内合成维生素 C，只能不断从食物中获取。维生素 C 是一种抗氧化剂，能够保护身体免受自由基的威胁，其广泛的食物来源为各类新鲜蔬果。

关于维生素 C 的结构测定及合成是糖化学中的一项重大成就。1933 年瑞士化学家 Tadeus Reichstein 发明了维生素 C 的工业生产法。此法是先将葡萄糖还原成为山梨糖醇，细菌发酵成为山梨糖，山梨糖加丙酮制成二丙酮山梨糖，然后再用氯及氢氧化钠氧化成为二丙酮古洛酸，将其溶解在混合的有机溶液中，经过酸的催化剂重组成为维生素 C。

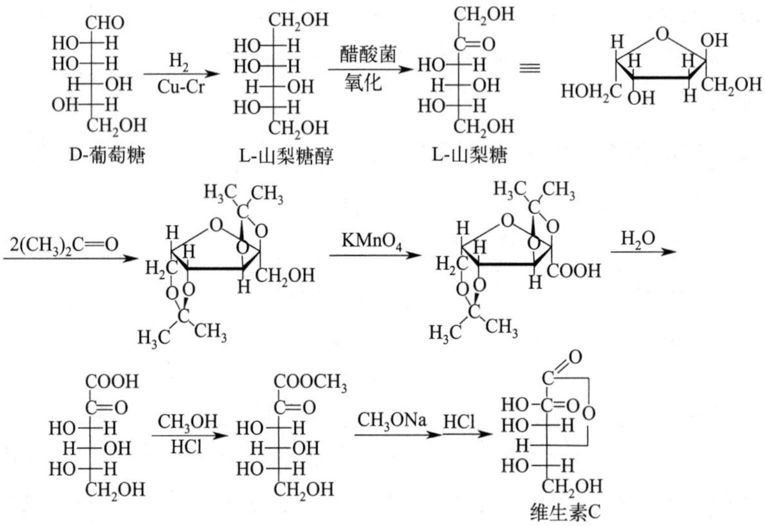

1980 年中国科学院微生物研究所的研究员尹光琳发明"维生素 C 二步发酵新工艺"，大幅改进了 Reichstein 的一步发酵法，降低了维生素 C 的生产成本。此法先将葡萄糖还原成为山梨糖醇，经过第一次细菌发酵成为山梨糖，再经过第二次细菌发酵转化为二丙酮古洛酸，最后异化成为维生素 C。这种"二步发酵法"是现在生产维生素 C 的主要方法。

练习

1. 写出下列化合物的构造式。
   （1）丁酮糖　　（2）葡萄糖　　（3）果糖　　（4）葡萄糖脎
2. 用成脎反应能区分葡萄糖和果糖吗？如果不能请你想一个办法区分二者。

第三节　重要的二糖

二糖是由两分子单糖脱水而生成的化合物。常见的二糖有蔗糖、麦芽糖、纤维二糖和乳糖等。它们的分子式都是 $C_{12}H_{22}O_{11}$。

一、蔗糖

蔗糖主要从甘蔗、甜菜中取得，也是因此而得名，又叫甜菜糖。蔗糖是日常生活中不可缺少的食用糖，属于二糖，蔗糖为白色晶体，其甜味仅次于果糖，熔点 $180℃$，易溶于水，具有旋光性，天然蔗糖是右旋糖。蔗糖结构见图 17-2。

如果加热蔗糖，会发生熔融现象，并变成黄色至褐色，这种现象称为焦糖化。焦糖化后的蔗糖与水混合即为焦糖色素，可用于对饮品如葡萄酒着色。另外，蔗糖在医药上常用作矫味剂，常制成糖浆服用，也可在食品加工中用作防腐剂。工业上通过将甘蔗或甜菜经榨汁、浓缩、结晶等操作制得食用蔗糖。

蔗糖是非还原性糖，没有变旋光现象，不能被托伦试剂、费林试剂氧化，也不能与苯肼作用生成糖脎。 蔗糖分子是由一分子葡萄糖一分子果糖分子通过糖苷键连接组成的，水解后可得到等量的 D-葡萄糖和 D-果糖。

图 17-2　蔗糖

蔗糖是右旋的，水解后生成的葡萄糖和果糖的混合物则是左旋的。因而把蔗糖的水解过程称为转化。水解后的混合物叫作转化糖，使蔗糖水解的酶叫作转化酶。

蔗糖的
水解反应

$$C_{12}H_{22}O_{11} + H_2O \xrightarrow{\text{H}^+ \text{或酶}} C_6H_{12}O_6 + C_6O_{12}O_6$$

蔗糖　　　　　　　　　　　　　　　　葡萄糖　　果糖

由于转化糖中含有果糖，所以转化糖比蔗糖甜。蜂蜜中大部分是转化糖，所以很甜。

二、麦芽糖

自然界中不存在游离的麦芽糖。麦芽糖为白色晶体，甜度约为蔗糖的 40%，熔点 $102\sim103℃$，可溶于水，微溶于乙醇，不溶于乙醚，具有旋光性，是右旋糖。麦芽糖分子是由两分子葡萄糖单位经由糖苷键连接而成的，也可以水解得到葡萄糖。麦芽糖结构见图 17-3。

在人体中，食物中的淀粉被水解生成麦芽糖，再经麦芽糖酶水解为 D-葡萄糖。故麦芽糖是淀粉水解过程中的中间产物。

$$2(C_6H_{10}O_5)_n + nH_2O \xrightarrow{\text{淀粉酶}} nC_{12}H_{22}O_{11}$$

淀粉　　　　　　　　　　　　　　　　麦芽糖

图 17-3 麦芽糖

$$C_{12}H_{22}O_{11} + H_2O \xrightarrow{\text{麦芽糖酶}} 2C_6H_{12}O_6$$

麦芽糖　　　　　　　　　　　　　D-葡萄糖

唾液中含有淀粉酶，能使淀粉水解为麦芽糖，所以细嚼淀粉食物后常有甜味感。麦芽糖主要用于食品工业中，是饴糖的主要成分，也可作为微生物的培养基。

麦芽糖属于还原糖，能发生银镜反应、费林反应，也能与苯肼作用生成糖脎。

✏️ 练习

1. 用化学方法区别下列两组糖。
(1) 葡萄糖和蔗糖　　　　　　(2) 蔗糖和麦芽糖
2. 用化学方法鉴别蔗糖、葡萄糖、果糖。

第四节　重要的多糖

多糖是天然高分子化合物，广泛存在于动植物体中。它是由许多单糖分子脱水缩合而成的聚合物，可用通式 $(C_6H_{10}O_5)_n$ 表示。中药中含有的多糖有淀粉、菊糖、黏液质、纤维素等。多糖的性质与单糖、二糖差别较大，一般为无定形固体，没有甜味，不溶于水，没有还原性和变旋光现象。

思考：大米的主要成分是淀粉，为什么北方的大米和南方的大米吃起来口感却相差甚远呢？

一、淀粉

淀粉是无臭、无味的白色无定形粉末，广泛存在于植物的种子、茎和块根中，谷类植物中含淀粉较多。淀粉是人类三大营养素之一，也是重要的工业原料。淀粉含有直链淀粉和支链淀粉两部分。

1. 直链淀粉

直链淀粉又称可溶性淀粉，在淀粉中占 $10\%\sim20\%$，在玉米、马铃薯中直链淀粉含量较高，约含 $20\%\sim30\%$。直链淀粉是由 1000 个以上的葡萄糖脱水缩合而成的直链多糖,分子量约为 150000～600000,能溶于热水而成为透明的胶体溶液。直链淀粉遇碘呈蓝色。

2. 支链淀粉

支链淀粉又称胶淀粉或淀粉精,在淀粉中占 80%～90%,是由 6000～37000 个葡萄糖分子脱水缩合而成含有支链的多糖,分子量约为 1000000～6000000,不溶于冷水,在热水中形成浆糊。支链淀粉遇碘呈紫红色,常利用此性质鉴别这两种淀粉。

直链淀粉和支链淀粉完全水解都生成 D-葡萄糖,部分水解都可生成麦芽糖。水解过程如下:

$$(C_6H_{10}O_5)_n \xrightarrow[\text{淀粉酶}]{H_2O} C_{12}H_{22}O_{11} \xrightarrow[\text{麦芽糖酶}]{H_2O} C_6H_{12}O_6$$

$$\text{淀粉} \qquad\qquad \text{麦芽糖} \qquad\qquad \text{D-葡萄糖}$$

淀粉没有还原性,不发生银镜反应、费林反应,也不能与苯肼生成糖脎。

淀粉不溶于水、醇和醚等有机溶剂,能吸收空气中的水分。在冷水中容易膨胀,干燥后又收缩为粒状,工业上利用这一性质来分离淀粉。

淀粉除作食物外,也是工业上制造葡萄糖和酒精等的原料。以淀粉为原料生产酒精时,先将淀粉水解成葡萄糖,葡萄糖受酒化酶的作用,转变成酒精,同时放出二氧化碳。

📖 素质阅读

方志敏

1934 年 10 月,时任红十军团军政委员会主席的方志敏(见图 17-4)率部北上。在国民党军队重兵围追堵截之下,北上部队终因寡不敌众而失利,方志敏不幸被俘。他并没有因身陷囹圄而停止战斗,在短短六个多月中,以惊人的毅力和顽强的意志,克服种种困难和疾病折磨,写下了《我从事革命斗争的略述》《可爱的中国》《清贫》等重要文稿和信件十三万字,用以表达对党和人民的热爱。他真正履行了"我生存一天就要为中国呼喊一天"的铿锵誓言。

图 17-4　方志敏

方志敏还用米汤密写了部分文稿,比如,在《我们临死以前的话》的文末及《给中央的信》文稿用碘酒擦拭后即可显出字来。因为米汤里面有淀粉,淀粉遇碘就会变成蓝色。

二、纤维素

纤维素是自然界中分布最广的有机化合物。它是植物细胞壁的主要成分。木材中含纤维素 50%～70%,亚麻含纤维素约 80%,棉花含纤维素 92%～95%。这 3 种物质是工业上纤维素的主要来源。此外,已经发现某些动物体内也有动物纤维素。

1. 纤维素的物理性质

纤维素纯品是无色、无味、无臭的纤维状物质,不溶于水、稀酸或稀碱,也不溶于一般有机溶剂,但能溶于浓硫酸。

2. 纤维素的化学性质

纤维素水解比淀粉困难，在酸性水溶液中加热、加压水解可以得到纤维二糖，完全水解产物是 D-葡萄糖。

人体内不存在水解纤维素的酶，故纤维素在人体内不能被水解成葡萄糖，从而不能被人体消化吸收。而食草动物如马、牛、羊等的消化道中寄存的微生物能分泌水解纤维素的酶，使之转化为 D-葡萄糖，所以纤维素可以作为它们的食物。

三、动物多糖

1. 糖原

糖原是存在于动物体内的多糖，又称动物淀粉。最初由肝中提取得到，因此，也常把糖原叫作肝糖或肝淀粉。糖原水解也生成 D-葡萄糖，动物将食物消化后所得的葡萄糖以糖原的形式储存于肝脏和肌肉中，成人体内约含糖原 400 克。在动物体内，当机体需要时，糖原即转化为葡萄糖。

糖原的结构与支链淀粉相似，但分支更多、更密、更短，所以糖原的结构更为复杂，分子量为 1000000～4000000。

糖原是无定形粉末，不溶于冷水，加热不糊化，与碘作用呈蓝紫色或紫红色。它是动物储备糖的主要形式，也是动物体能量的主要来源之一。

2. 肝素

肝素广泛存在于动物体组织中，以肝脏中含量最多，因而得名。它的分子量约为 17000，结构单位是 D-葡萄糖醛酸-2-硫酸酯和 N-磺基-D-氨基葡萄糖-6-硫酸酯。肝素在体内以与蛋白质结合的形式存在。它具有防止血小板集聚和破坏、抑制凝血酶的形成等作用，可防止形成血栓，是动物体内的一种天然抗凝血物质。肝素抑制凝血酶活性的作用与它的分子长度有关，分子越长则酶的抑制作用越大。

α-1,4-苷键
肝素

临床上肝素主要用于血栓栓塞性疾病的预防和治疗，另外肝素也有降血脂作用。

3. 甲壳素

甲壳素是组成甲壳类昆虫外壳的多糖。其结构与纤维素类似，不溶于水，对稀酸和碱都很稳定。甲壳素的水解产物葡萄糖胺是重要的合成原料。

4. 硫酸软骨素

硫酸软骨素为动物组织的基础物质，用以保持组织的水分和弹性，也是软骨的主成分。它与肝素相似，在动物体内与蛋白质结合而存在，具有降血脂作用。

5. 透明质酸

透明质酸为酸性黏多糖，存在于眼球玻璃体、关节液、皮肤等组织中作为润滑剂，并能阻止微生物的入侵。

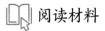 阅读材料

稀奇古怪的植物多糖

植物多糖普遍存在于自然界植物体中，之前介绍的包括淀粉、纤维素等都属于植物多糖，在生活中也比较常见，但还有一些多糖的名字可能你很少听说。

① 枸杞多糖　枸杞多栽种于我国的西北地区，主要品种是宁夏枸杞，其果实称为枸杞子。枸杞多糖就是从枸杞子中提取而来。先用有机试剂石油醚或丙酮脱脂，再用乙醇除去单糖和低聚糖，最后用水提取出枸杞多糖。它具有增强机体免疫力、抗肿瘤、抗衰老、降血脂、降血压的作用。

② 人参多糖　人参生于密林，主要活性成分是人参多糖和人参皂苷，现在从人参中提取出的多糖有 30 余种。提取方法是沸水浸提，提取液过滤后浓缩，加入乙醇后再过滤干燥。"人参多糖液"临床上可以用于增强机体免疫力，减小肿瘤化疗引起的副作用。另外，它还具有降血糖的作用。我国将人参作为保健品由来已久。

③ 茶叶多糖　茶叶多糖在成品茶叶中含量在 1% 左右。其中以绿茶含量最高，红茶为全发酵茶，含量最低。茶多糖具有明显的降血糖作用，在我国民间也有常喝老粗茶预防糖尿病的说法。此外，茶叶多糖也可以增强免疫力、抗辐射。

本章习题

1. 选择题

(1) 下列试剂不能鉴别蔗糖和葡萄糖的是（　　）。

A. 费林试剂　　　　　　B. 托伦试剂　　　　　　C. 路易斯试剂

(2) 下列化合物中不具有还原性的是（　　）。

A. 甲酸　　　　　　　　B. 果糖　　　　　　　　C. 淀粉

(3) 下列试剂用于临床糖尿病检测的是（　　）。

A. 托伦试剂　　　　　　B. 费林试剂　　　　　　C. 本尼迪特试剂

(4) 下列化合物具有还原性的是（　　）。

A. 葡萄糖苷　　　　　　B. 纤维素　　　　　　　C. 果糖

2. 填空题

(1) 糖是_____以及_____的一类有机化合物。

(2) 糖类依据其结构可以分为_____、_____、_____。

(3) 蔗糖水解后可得到等量的_____和_____。

(4) 凡是能被_____氧化的糖都称为还原性糖，如_____、_____，否则为_____，如_____、_____。

3. 写出下列化合物的构造式。

(1) 葡萄糖　　　(2) 果糖　　　(3) 葡萄糖酸　　　(4) 山梨糖醇

4. 写出葡萄糖与下列试剂作用的化学反应式。

(1) 托伦试剂　　　(2) 费林试剂　　　(3) 苯肼　　　(4) 溴水

5. 用化学方法区别下列各组化合物。

（1）葡萄糖和果糖　　（2）蔗糖和麦芽糖　　（3）淀粉和纤维素　　（4）直链淀粉和直链淀粉

6. 下列糖属于什么糖类？能否水解？若能，请写出水解的化学反应式。

（1）葡萄糖　　　　　（2）蔗糖　　　　　（3）淀粉

7. 还原糖的定义是什么？下列哪些糖是还原糖？如何区分？

（1）葡萄糖　　　　　（2）蔗糖　　　　　（3）淀粉　　　　　（4）纤维素

（5）麦芽糖　　　　　（6）果糖

8. 化合物 A 的分子式为 $C_6H_{12}O_6$，与托伦试剂能发生银镜反应，但不能与溴水反应。与硼氢化钠反应生成 B，B 的分子式为 $C_6H_{14}O_6$，A 与过量苯肼反应生成化合物 C。将蔗糖水解可得到化合物 A 和 D。试写出化合物 A、B、C、D 的构造式。

💡 本章小结

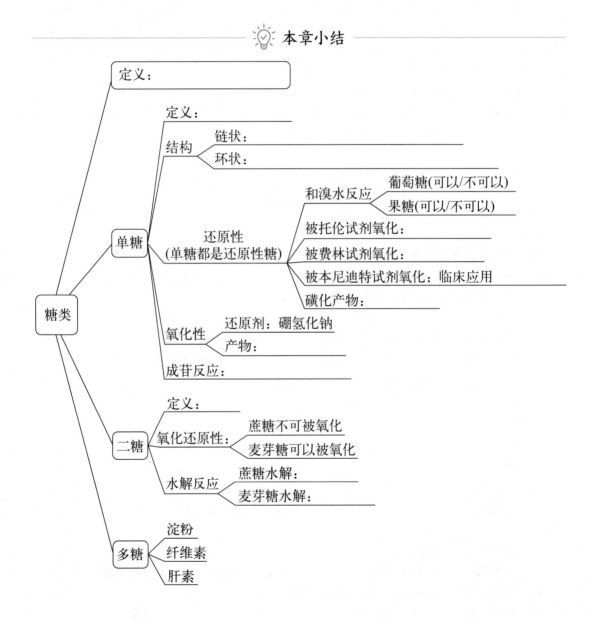

第十八章

氨基酸、多肽和蛋白质

【知识目标】

1. 掌握氨基酸的结构和性质。

2. 掌握蛋白质的性质及应用。

3. 理解氨基酸与多肽、蛋白质的关系。

4. 了解酶的基本知识。

【能力目标】

1. 能识别化合物是否属于氨基酸。

2. 能判断氨基酸、蛋白质的 N 端、C 端。

【素质目标】

通过了解酒精浓度对消毒效果的影响，培养严谨认真、实事求是的科学态度。

情景导入

尽职尽责的"运输工"

人体在补充了钙、铁、锌、硒等各种矿物质和微量元素后，就像是将这些物质储存在了一个大仓库，还需要氨基酸和蛋白质将它们运送至身体各处去发挥作用。氨基酸和蛋白质就是人体内各种矿物质和微量元素的"运输工"，可以想象如果缺少这个运输工，那么这些微量元素和矿物质就会全部堆积起来，不能被运输给需要它的各个器官，仍然会导致体内矿物质和微量元素的缺乏。

氨基酸是蛋白质的基本组成单位，是人体不可缺少的物质。两个、三个或多个氨基酸形成的物质分别叫作二肽、三肽或多肽。蛋白质和多肽之间并没有明显的界限，一般把分子量小于 10000 的叫作肽，大于 10000 的叫作蛋白质。

第一节　氨基酸

分子中既含有氨基又含有羧基的化合物，称为氨基酸。氨基酸在自然界主要以多肽或蛋白质的形式存在于动植物体内。

一、氨基酸的分类、命名

1. 分类

根据烃基中的碳架结构，氨基酸可分为脂肪族氨基酸和芳香族氨基酸。根据氨基和羧基的相对位置不同，将氨基连在羧基 α 位的称为 α-氨基酸，连在 β 位的称为 β-氨基酸，连在 γ 位的称为 γ-氨基酸。例如：

$$
\begin{array}{ccc}
\underset{\underset{NH_2}{|}}{CH_3CHCOOH} & \underset{\underset{NH_2}{|}}{CH_2CH_2COOH} & \underset{\underset{NH_2}{|}}{CH_2CH_2CH_2COOH} \\
\alpha\text{-氨基丙酸} & \beta\text{-氨基丙酸} & \gamma\text{-氨基丁酸}
\end{array}
$$

其中，又以 α-氨基酸在自然界中存在最多，它是构成蛋白质分子的基础。

根据分子中氨基和羧基的相对数目不同，又可将氨基酸分为中性氨基酸（氨基和羧基的数目相等）、酸性氨基酸（氨基的数目小于羧基的数目）和碱性氨基酸（氨基的数目大于羧基的数目）。例如：

$$
\begin{array}{ccc}
\underset{\underset{NH_2}{|}}{CH_3CHCOOH} & \underset{\underset{NH_2}{|}}{HOOCCH_2CH_2CHCOOH} & \underset{\underset{NH_2}{|}}{H_2N(CH_2)_4CHCOOH} \\
\text{丙氨酸（中性氨基酸）} & \text{谷氨酸（酸性氨基酸）} & \text{赖氨酸（碱性氨基酸）}
\end{array}
$$

2. 命名

氨基酸的系统命名法是以羧基为母体，氨基为取代基。但天然 α-氨基酸通常使用其俗名，即根据其来源或性质命名。例如，具有微甜味的称为甘氨酸；最初从蚕丝中得到的称为丝氨酸；从天门冬的幼苗中发现的称为天门冬氨酸。例如：

$$
\begin{array}{ccc}
\underset{\underset{NH_2}{|}}{CH_2COOH} & \underset{\underset{OH\ NH_2}{|\ \ |}}{CH_2CHCOOH} & \underset{\underset{NH_2}{|}}{HOOCCH_2CHCOOH} \\
\alpha\text{-氨基乙酸} & \alpha\text{-氨基-}\beta\text{-羟基丙酸} & \alpha\text{-氨基丁二酸} \\
\text{（甘氨酸）} & \text{（丝氨酸）} & \text{（天门冬氨酸）}
\end{array}
$$

蛋白质水解可以得到各种 α-氨基酸的混合物，经分离已经得到的有 20 余种。蛋白质中存在的 α-氨基酸见表 18-1。人体需要的氨基酸，有些可以在体内自身合成，有些则不能，必须通过食物摄取，这些只能从食物中摄取的氨基酸称为必需氨基酸。表 18-1 中带 * 的 8 种氨基酸为必需氨基酸。

表 18-1　蛋白质中存在的 α-氨基酸

名称	代号	构造式	等电点
甘氨酸(氨基乙酸)	Gly	$CH_2(NH_2)COOH$	5.97
丙氨酸(α-氨基丙酸)	Ala	$CH_3CH(NH_2)COOH$	4.00
丝氨酸(α-氨基-β-羟基丙酸)	Ser	$CH_2(OH)CH(NH_2)COOH$	5.68
半胱氨酸(α-氨基-β-巯基丙酸)	Cys	$CH_2(SH)CH(NH_2)COOH$	5.05
胱氨酸(β-硫代-α-氨基丙酸)		$\begin{array}{l}S—CH_2CH(NH_2)COOH\\ S—CH_2CH(NH_2)COOH\end{array}$	4.80
苏氨酸*(α-氨基-β-羟基丁酸)	Thr	$CH_3CH(OH)CH(NH_2)COOH$	5.70
蛋氨酸*(α-氨基-γ-甲硫基丁酸)	Met	$CH_3SCH_2CH_2CH(NH_2)COOH$	5.74
缬氨酸*(β-甲基-α-氨基丁酸)	Val	$(CH_3)_2CHCH(NH_2)COOH$	5.96
亮氨酸*(γ-甲基-α-氨基戊酸)	Leu	$(CH_3)_2CHCH_2CH(NH_2)COOH$	6.02
异亮氨酸*(β-甲基-α-氨基戊酸)	Ile	$CH_3CH_2CH(CH_3)CH(NH_2)COOH$	5.98
苯丙氨酸*(α-氨基-β-苯基丙酸)	Phe	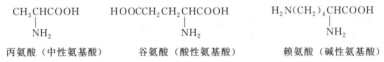 $—CH_2CH(NH_2)COOH$	5.48

名称	代号	构造式	等电点
酪氨酸(β-对羟苯基-α-氨基丙酸)	Tyr	HO—⟨⟩—CH$_2$CH(NH$_2$)COOH	5.66
脯氨酸(α-吡咯烷甲酸)	Pro	⟨N H⟩—COOH	6.30
色氨酸*[α-氨基-β-(3-吲哚)丙酸]	Try	⟨N H⟩—CH$_2$CH(NH$_2$)COOH	5.80
天门冬氨酸(α-氨基丁二酸)	Asp	HOOCCH$_2$CH(NH$_2$)COOH	2.77
天冬酰胺(α-氨基丁酰胺酸)	Asn	N$_2$NCOCH$_2$CH(NH$_2$)COOH	5.41
谷氨酸(α-氨基戊二酸)	Glu	HOOCCH$_2$CH$_2$CH(NH$_2$)COOH	3.22
谷氨酰胺(α-氨基戊酰胺酸)	Gln	N$_2$NCOCH$_2$CH$_2$CH(NH$_2$)COOH	5.63
精氨酸(α-氨基-δ-胍基戊酸)	Arg	H$_2$NCNH(CH$_2$)$_3$CH(NH$_2$)COOH ‖ NH	10.6
赖氨酸*(α,ω-二氨基己酸)	Lys	H$_2$N(CH$_2$)$_4$CH(NH$_2$)COOH	9.74

二、氨基酸的性质及应用

α-氨基酸为无色晶体，熔点较高，一般在 $200 \sim 300℃$ 之间，易溶于水，不溶于苯、乙醚等非极性有机溶剂。

1. 酸碱性

氨基酸分子中既有碱性的氨基，又有酸性的羧基，可以和酸反应生成铵盐，又可以和碱反应生成羧酸盐，具有两性，所以是两性化合物。例如：

$$\underset{\overset{|}{^+NH_3Cl^-}}{RCHCOOH} \xleftarrow{HCl} \underset{\overset{|}{NH_2}}{RCHCOOH} \xrightarrow{NaOH} \underset{\overset{|}{NH_2}}{RCHCOO^-\ Na^+}$$

氨基酸分子中的氨基和羧基还可以相互作用生成内盐。

$$\underset{\overset{|}{NH_2}}{RCHCOOH} \longrightarrow \underset{\overset{|}{^+NH_3}}{RCHCOO^-}$$

内盐

内盐分子中，既有带正电荷的部分，又有带负电荷的部分，所以又叫偶极离子（两性离子）。在氨基酸晶体中，主要以偶极离子的形式存在，故熔点较高，不易挥发，易溶于水，难溶于有机溶剂。

2. 等电点

溶液的 pH 值，决定氨基酸在溶液中离子的存在状态。氨基酸在强酸性溶液中以正离子的形式存在，这时在电场中的氨基酸向阴极移动；在强碱性溶液中以负离子的形式存在，在电场中向阳极移动；调节溶液的 pH 为一定数值时，正负离子的浓度相等，氨基酸以偶极离子的形式存在，在电场中不移动，此时溶液中的 pH 值称为氨基酸的等电点，用 pI 表示。

$$\underset{\overset{|}{NH_2}}{R-CHCOO^-} \underset{OH^-}{\overset{H^+}{\rightleftharpoons}} \underset{\overset{|}{^+NH_3}}{R-CHCOO^-} \underset{OH^-}{\overset{H^+}{\rightleftharpoons}} \underset{\overset{|}{^+NH_3}}{R-CHCOOH}$$

阴离子　　　　　　偶极离子　　　　　　阳离子

不同的氨基酸的等电点不同。通常中性氨基酸的等电点在 $5.6 \sim 6.8$ 之间；酸性氨基酸

的等电点在 $2.8 \sim 3.2$ 之间；碱性氨基酸的等电点在 $7.6 \sim 10.8$ 之间。各种氨基酸在其等电点时，溶解度最小，通过调节溶液的 pH 值，可以分离和提纯氨基酸。

注意，氨基酸的等电点不同于中性点。如中性氨基酸的等电点都小于 7，是由于羧基解离出质子的能力大于氨基接受质子的能力，若使氨基酸以偶极离子的形式存在，必须向溶液中加入适量的酸抑制羧基的解离，所以，中性氨基酸的等电点都小于 7。

> **思考**：为什么碱性氨基酸的等电点在 7 以上呢？

3. 脱氢和脱水反应

β-氨基酸受热时，氨基与 α-碳原子上的氢结合成氨而脱去，生成 α，β-不饱和酸。例如：

$$R-CH-CH-COOH \xrightarrow{\triangle} R-CH=CH-COOH + NH_3$$
$$\underset{NH_2 \quad H}{}$$

α-氨基酸受热时生成六元环交酰胺。例如：

交酰胺（二酮吡嗪）

4. 与亚硝酸反应

$$R-CH-COOH + HNO_2 \xrightarrow{\triangle} R-CH-COOH + N_2\uparrow + H_2O$$
$$\underset{NH_2}{} \qquad \underset{OH}{}$$

氨基酸中的氨基可以与亚硝酸反应放出氮气。

根据反应所得氮气的体积，可计算氨基酸和蛋白质分子中氨基的含量。这一方法叫作范斯莱克（Van Slyke）氨基测定法。

5. 与茚三酮反应

α-氨基酸水溶液与水合茚三酮反应，经过一系列过程最终得到一种蓝紫色物质。

水合茚三酮　　　　　　　　　　　蓝紫色

该反应非常灵敏，常用于 α-氨基酸的鉴定。N-取代的 α-氨基酸以及 β-氨基酸或 γ-氨基酸都不发生该颜色反应。水合茚三酮作显色剂用于 α-氨基酸的比色测定和色层分析显色。

✏️ 练习

1. 选择题

（1）下列化合物属于氨基酸的是（　　　）。

A. $\underset{OH}{CH_3CH_2CHCOOH}$ 　　B. （苯环结构） 　　C. $\underset{NH_2}{CH_3CHCOOH}$

（2）下列能和水合茚三酮发生反应显蓝紫色的是（　　　）。

A. $\overset{\overset{\displaystyle O}{\|}}{H_3C-C-NH_2}$　　　　B. $(CH_3CO)_2O$　　　　C. $\overset{\overset{\displaystyle NH_2}{|}}{CH_3CHCOOH}$

（3）氨基酸在等电点时（　　　）。

A. 在水中溶解度最小　　　　B. 带正电荷　　　　C. 带负电荷

（4）下列属于必需氨基酸的是（　　　）。

A. 甘氨酸　　　　　　　　　B. 丙氨酸　　　　　　　C. 色氨酸

2. 写出下列化合物的构造式。

（1）氨基乙酸（甘氨酸）　　　（2）2-氨基-3-甲基丁酸（缬氨酸）

（3）2-氨基戊二酸（谷氨酸）　（4）2，6-二氨基己酸（赖氨酸）

3. 用化学方法区别下列两种化合物：$\overset{\overset{\displaystyle NH_2}{|}}{CH_3CHCH_2OOH}$ 、$\overset{\overset{\displaystyle NH_2}{|}}{CH_3CH_2CHCOOH}$ 。

第二节　多肽和蛋白质

一、多肽

α-氨基酸分子中的氨基与另一个 α-氨基酸分子中的羧基，发生分子间脱水生成的以酰胺键（—CONH—）相连接的缩合产物称为**肽**。肽分子中的酰胺键称为**肽键**。由两个 α-氨基酸缩合形成的肽称为二肽。例如：

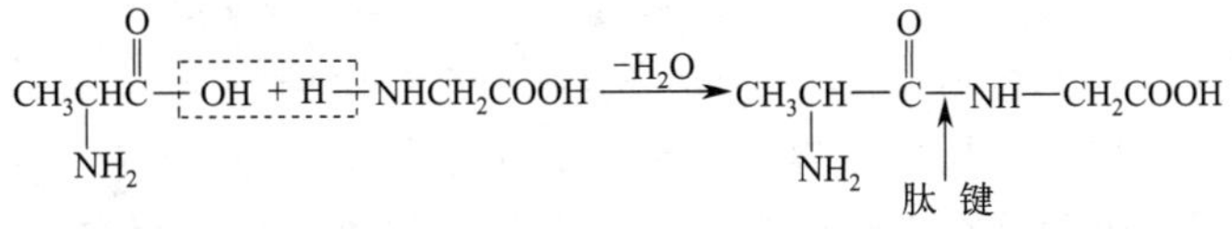

丙氨酸　　　　　　甘氨酸　　　　　丙氨酰甘氨酸（二肽）

由 3 个 α-氨基酸缩合而成的肽称为三肽；由多个 α-氨基酸缩合而成的肽称为多肽。组成多肽的氨基酸，可以相同，也可以不同。

两种不同的 α-氨基酸分子间脱水可生成两种不同的二肽。例如，上述丙氨酸与甘氨酸的缩合，除生成丙氨酰甘氨酸外，还有如下的二肽生成：

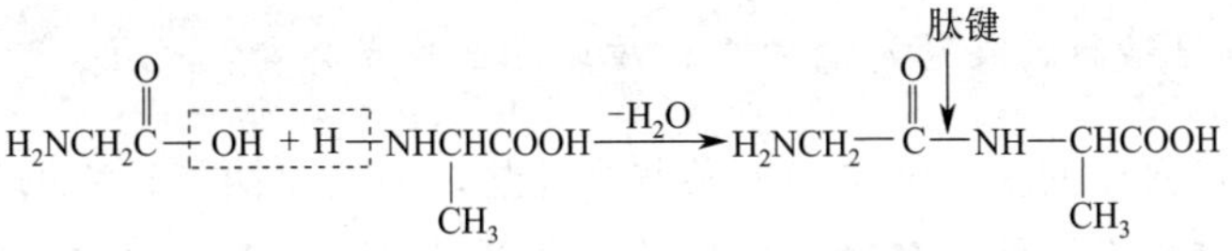

甘氨酰丙氨酸（二肽）

上述反应生成的肽链有两端，自由氨基的一段称为氨基末端或 N 端，常写在左侧；游离羧基的一端称为羧基末端或 C 端，常写在右侧。

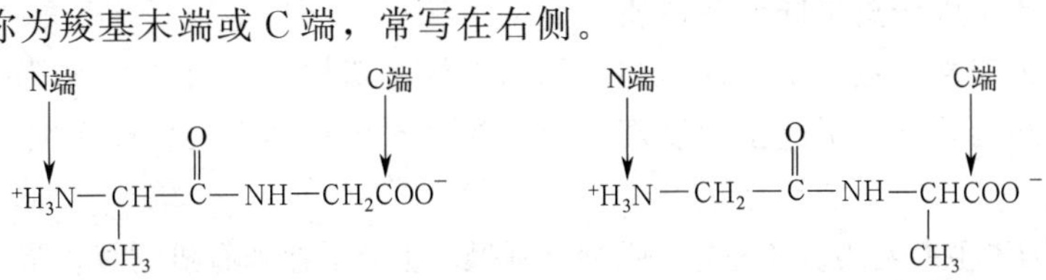

此外，两种不同的 α-氨基酸的分子自身也可以缩合成另外两种二肽。总之，参与缩合

的 α-氨基酸的数目越多，产物越复杂。

二、蛋白质

蛋白质是由 20 多种 α-氨基酸单元通过肽键组成的高分子化合物，与多肽间并无明显界限。人们通常根据分子量的大小来划分多肽和蛋白质，将分子量小于 10000 的称为多肽，高于 10000 的称为蛋白质，有的蛋白质分子量甚至高达数千万。

蛋白质不但种类繁多，而且结构也较为复杂，主要含有碳、氢、氧、氮和硫 5 种元素，有些还含有微量的磷、铁、锰、锌和碘等元素。一般干燥蛋白质的元素组成为：

C	H	O	N	S
50%～55%	6%～7%	20%～23%	15%～17%	0.5%～2.5%

在化学分析中，可通过测定样品氮元素含量来推算样品中蛋白质的含量，如在食品分析领域广为使用的凯氏定氮法就是依据此原理。

1. 蛋白质的性质及应用

(1) 两性和等电性　蛋白质与氨基酸相似，也是两性物质，能与酸和碱反应生成盐，并且具有等电点。在水溶液中蛋白质的两性解离可用下式表示：

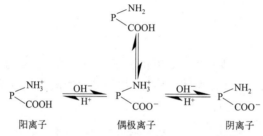

（其中，P 代表蛋白质中不包含 N 端、C 端的部分）

和氨基酸类似，不同蛋白质的等电点不同。大多数氨基酸的 pI 在 5.0 上下，人体血液的 pH 值在 7.4 上下，因此，在人体中蛋白质大多是以阴离子形式存在，或与体内的 Na^+、K^+、Ca^{2+}、Mg^{2+} 等离子结合成盐。

并且，在等电点时，蛋白质在水中的溶解度最小，最易析出沉淀。利用此性质，通过调节溶液的 pH 值，可使不同的蛋白质从混合溶液中分离出来，也可以通过测定其等电点鉴别氨基酸种类。

> **思考：**葡萄酒呈酸性，在葡萄酒中蛋白质以什么形式存在？

(2) 盐析　在蛋白质的水溶液中加入某些中性盐，如氯化钠、硫酸钠等，可使蛋白质从溶液中沉淀出来，这种作用称为**盐析**。盐析是一个可逆过程，被沉淀出来的蛋白质分子结构基本无变化，只要消除沉淀因素，沉淀会重新溶解。不同蛋白质盐析时所需盐的最低浓度不同，利用这一性质可以分离不同的蛋白质。

(3) 蛋白质的变性　蛋白质的性质与它们的结构密切相关。而某些物理或化学因素，能够破坏蛋白质的结构状态，引起蛋白质理化性质改变并导致其丧失生理活性，这种现象称为**蛋白质的变性**。

引起变性的因素主要是热、紫外光、强酸、强碱、重金属盐和有机物等。蛋白质变性是不可逆的。这正是高温灭菌，酒精消毒的依据，因为在这些条件下，细菌（蛋白质）变性而死亡。

酒精消毒越浓越好？

酒精可以使蛋白质变性失活，从而起到消毒杀菌的作用，属于醇类消毒剂，毒性较小，在家庭中使用也比较普遍。为什么市面上看到的都是 75％的酒精，而不用纯乙醇消毒呢？

酒精浓度太高，和细菌接触后很快就使细菌表面的蛋白质变性凝固，形成一层硬膜，这层硬膜反而会对细菌起到保护作用，阻止酒精进一步渗入。而酒精浓度太低时，虽然可以渗透进入病毒体内，但不足以使病毒体内的蛋白质变性凝固，同样起不到很好的杀菌作用。浓度为 75％的酒精和细菌的渗透压最接近，使酒精能缓慢渗入细菌内部，又不会使细菌表面蛋白质立刻变性，从而达到最佳杀菌效果。

（4）显色反应　蛋白质也能与某些试剂反应生成有颜色的化合物，这些显色反应可用于蛋白质的鉴别，例如：

① 茚三酮反应　与水合茚三酮溶液反应，呈现蓝紫色。

② 缩二脲反应　与硫酸铜的碱性溶液反应，呈现红紫色。

③ 蛋白黄反应　含有芳环的蛋白质遇浓硝酸显黄色。

2. 蛋白质的生理功能

蛋白质在机体中承担着各种各样的生理作用与机械功能。例如，酶是以蛋白质为主要成分的生物催化剂，在人体的新陈代谢过程中起催化作用；血液中的血红蛋白的主要功能是在血液中输送氧气和二氧化碳，同时还能够对血液的 pH 起缓冲作用；转铁蛋白、甲状腺素具有转运金属和激素的作用；凝血酶素、纤维蛋白参与血液凝结作用；人体中的免疫球蛋白抗体，在人体中起免疫作用，它可识别外来的病毒、细菌并与之结合，使之失去活性，从而防止疾病的发生。另外，蛋白质还在传导神经活动、遗传信息传递、生物的遗传变异等方面起着重要作用。

蛋白质制剂目前主要用于某些疾病的预防、治疗和辅助诊断。例如，注射用的各种疫苗；用尿激酶、蛇毒蛋白酶溶解血栓；用胰岛素治疗糖尿病；注射丙种球蛋白治疗某些免疫功能缺损和感染；利用单克降抗体帮助诊断某些癌症和病毒感染等。

蛋白质制剂在食品加工和饲料工业上也有一定的应用。例如，α-淀粉酶和 β-淀粉酶用于发酵工业以提高淀粉原料的利用率；葡萄糖淀粉酶用于酶法生产葡萄糖；菠萝蛋白酶、木瓜蛋白酶用作肉类嫩化剂；果胶酶用于果汁澄清；纤维素酶用于饲料添加剂；等等。

食物中存在多种蛋白质，如肉类中含有肉类蛋白、胶原和明胶，奶制品中含有大量乳蛋白，蛋类中含有卵蛋白，鱼类中含有肌浆蛋白、肌原纤维蛋白和基质蛋白，成熟的谷物中含有小麦蛋白、玉米蛋白、稻米蛋白等。应当如何合理地储藏、加工食物才能保证食物中蛋白的营养能够最大限度地保留呢？

蛋白质热处理后会发生一系列的物理、化学变化。一方面，有些蛋白质在热处理变性后肽键会断裂，原来卷曲、紧密的结构变得松散更容易受到消化酶的作用，提高了氨基酸的生物利用率。另外，适当的热处理使得食物中的大多数酶失活，有利于食物的储存。另一方面，热处理也有可能使氨基酸的结构发生变化，导致营养降低。

蛋白质在冷藏或冷冻条件下比较稳定，变化不大，但一经解冻，蛋白质在质地和口感上都有改变。冷冻后的食物中蛋白质的细胞膜被破坏，释放出酶，随温度回升，酶的活性增强，使蛋白质更快速地被降解。另外，蛋白质的冷冻也影响食物的口感，例如，鱼肉蛋白冷冻后其中肌球蛋白变性，与肌动蛋白反应，使得肌肉变硬，因此，解冻后的鱼肉变得干而强韧。

三、酶

酶是由生物活细胞产生的，是生物体内许多复杂化学反应的催化剂。目前，发现的酶除少数几种属于核酸分子，其余 3000 多种酶都是蛋白质。

1. 酶的分类

酶的种类繁多，结构复杂，长期以来就形成了以酶的作用或酶催化的化学反应等来分类的习惯。例如，依据酶促反应类型可将酶划分为以下几类：

(1) 氧化还原酶　催化底物发生氧化还原反应。

(2) 转移酶　催化底物发生基因转移或交换。

(3) 水解酶　催化底物发生水解反应。

(4) 裂解酶　催化底物发生分子中共价键（C—C 键、C—O 键、C—N 键）断裂的反应。

(5) 异构酶　催化底物发生同分异构变化。

(6) 合成酶　催化分子结合，并伴随 ATP 中高能磷酸键断裂。

2. 酶的催化特性

(1) 极高的催化效率　酶是自然界中催化活性最高的一类催化剂。生命体系中发生的许多反应如果没有酶的介入实际上是难以进行的。酶催化反应的速率是非酶催化反应的 $10^8 \sim 10^{20}$ 倍。例如，在 20℃ 下，脲酶水解脲的速率是在微酸水溶液中反应速率的 10^{18} 倍。

(2) 高度的专一性（选择性）　酶对其所催化的底物有严格的选择性。也就是说，酶只能作用于某一类化合物，甚至只能与某一种化合物发生化学反应。例如，酸可催化蛋白质、脂肪、纤维素的水解，而蛋白酶只能催化蛋白质水解；脂肪酶只能催化脂肪的水解；纤维素酶只能催化纤维素的水解。有的酶还只对一种立体异构体起作用，例如，延胡索酸酶只催化延胡索酸（反丁烯二酸）和水加成生成苹果酸，而对顺丁烯二酸无作用。

顺丁烯二酸　　　　反丁烯二酸

(3) 酶易失活　酶是蛋白质，凡是能使蛋白质变性的因素，如高温、强酸、强碱、重金属等都能使酶丧失活性。同时酶也常因温度、pH 等轻微的改变或抑制剂的存在改变活性。

(4) 温和的反应条件　酶由生物体产生，本身是蛋白质，只能在常温常压下，接近中性的 pH 值条件下发挥作用。例如，在人体中的各种酶促反应，一般都是在体温（约 37℃）和血液的 pH（约为 7）的条件下进行的。

人类对生物酶的研究已经形成一个独立的科学体系——生物酶工程。它是以酶学 DNA 重组技术为主的与现代分子生物学技术相结合的产物，与发酵工程、细胞工程、基因工程相互依存。它的研究内容包括三个方面：一是利用 DNA 重组技术大量生产酶；二是对酶基因进行修饰，产生遗传修饰酶；三是设计新的酶基因，合成催化效率更高的酶。生物酶的深入研究和发展极大地推动了生命科学的研究进程。

目前，酶工程在食品工业领域应用的市场份额最大，主要用于酿酒工业、乳品加工、淀粉加工等。例如，生产啤酒的原料麦芽会产生大量的淀粉酶、纤维素等，但由于酶的活性不足，会使得蛋白质降解、糖化不完全，影响啤酒口感，所以会在酿酒时加入酸性蛋白酶以提高淀粉酶活性。

练习

选择题

(1) 下列化合物的组成单元是 α-氨基酸的是 （   ）。

A. 多肽　　　　　　　B. 淀粉　　　　　　　C. 纤维素

(2) 下列能和水合茚三酮发生反应显蓝紫色的是 （   ）。

A. $H_3C-\overset{\overset{O}{\|}}{C}-NH_2$　　　　　B. 蛋白质　　　　　　　C. 二糖

(3) 下列化合物在水中具有等电点的是 （   ）。

A. 淀　　　　　　　　B. 多肽　　　　　　　C. 多糖

(4) 蛋白质在等电点时 （   ）。

A. 在水中溶解度最小　B. 带正电荷　　　　　C. 带负电荷

(5) 蛋白质在某些条件下容易变性，例如 （   ）。

A. 冷冻　　　　　　　B. 紫外线　　　　　　C. 溶解

(6) 蛋白质在人体内主要以什么形式存在 （   ）。

A. 偶极离子　　　　　B. 阳离子　　　　　　C. 阴离子

(7) 酒精消毒杀菌的原理是 （   ）。

A. 盐析　　　　　　　B. 等电点　　　　　　C. 变性

本章习题

1. 名词解释

(1) 等电点　　　　(2) 蛋白质变性　　　　(3) α-氨基酸

(4) 蛋白质的盐析　(5) 偶极离子　　　　　(6) 多肽

2. 氨基酸具有两性，但它们的等电点不等于7，说明原因。

3. 蛋白质在人体内以阴离子形式存在，在葡萄酒里却以阳离子形式存在，说明原因。

4. 完成下列化学反应式。

(1)　$\underset{\qquad\quad NH_2}{CH_3CH_2CHCOOH} \xrightarrow{HNO_2}$

(2)　$CH_3CH_2CH_2COOH \xrightarrow{Cl_2, P}$? $\xrightarrow{NH_3}$

(3)　$\underset{\qquad\quad NH_2}{CH_3CH_2CHCOOC_2H_5} \xrightarrow{H_2O, H^+}$

5. 写出下列介质中氨基酸的主要存在形式。

(1) 丝氨酸在 pH＝1 时　　　　　　　　(2) 赖氨酸在 pH＝10 时

（3）色氨酸在 pH＝12 时　　　　　　（4）谷氨酸在 pH＝3 时

6. 用化学方法区别下列各组化合物。

（1）CH₃CH₂CHCOOH （NH₂）　　CH₃CH₂CHCOOH （NHCOCH₃）

（2）CH₃CH₂CHCOOH （NH₂）　　CH₃CH₂CHCOOC₂H₅ （NH₂）

（3）赖氨酸、甘氨酸

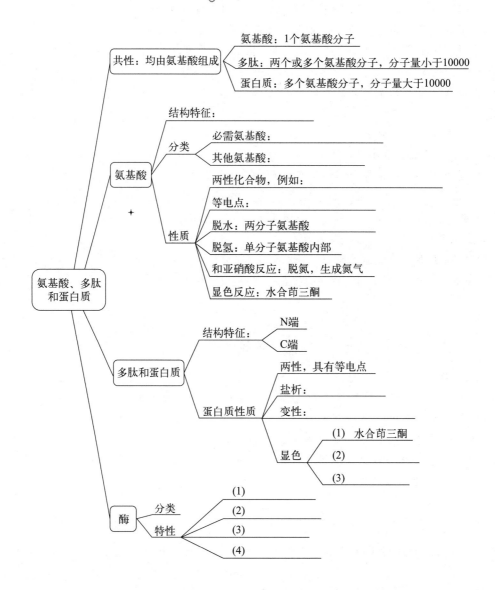

本章小结

氨基酸、多肽和蛋白质
├─ 共性：均由氨基酸组成
│   ├─ 氨基酸：1个氨基酸分子
│   ├─ 多肽：两个或多个氨基酸分子，分子量小于10000
│   └─ 蛋白质：多个氨基酸分子，分子量大于10000
├─ 氨基酸
│   ├─ 结构特征：
│   ├─ 分类
│   │   ├─ 必需氨基酸：
│   │   └─ 其他氨基酸：
│   └─ 性质
│   ├─ 两性化合物，例如：
│   ├─ 等电点：
│   ├─ 脱水：两分子氨基酸
│   ├─ 脱氢：单分子氨基酸内部
│   ├─ 和亚硝酸反应：脱氮，生成氮气
│   └─ 显色反应：水合茚三酮
├─ 多肽和蛋白质
│   ├─ 结构特征：N端　C端
│   └─ 蛋白质性质
│   ├─ 两性，具有等电点
│   ├─ 盐析：
│   ├─ 变性：
│   └─ 显色
│   ├─（1）水合茚三酮
│   ├─（2）
│   └─（3）
└─ 酶
    ├─ 分类（1）
    └─ 特性（2）（3）（4）

附 录

弱酸弱碱在水中的解离常数 （25℃）

1. 弱酸

名称	化学式	酸解离常数 K_a	pK_a
醋酸	HAc	$K_a = 1.76 \times 10^{-5}$	4.75
碳酸	H_2CO_3	$K_{a1} = 4.30 \times 10^{-7}$	6.37
		$K_{a2} = 5.61 \times 10^{-11}$	10.25
草酸	$H_2C_2O_4$	$K_{a1} = 5.90 \times 10^{-2}$	1.23
		$K_{a2} = 6.40 \times 10^{-5}$	4.19
亚硝酸	HNO_2	$K_{a1} = 5.13 \times 10^{-4}$	3.29
磷酸	H_3PO_4	$K_{a1} = 7.5 \times 10^{-3}$	2.12
		$K_{a2} = 6.31 \times 10^{-8}$	7.20
		$K_{a3} = 4.36 \times 10^{-13}$	12.36
亚硫酸	H_2SO_3	$K_{a1} = 1.26 \times 10^{-2}$	1.90
		$K_{a2} = 6.31 \times 10^{-8}$	7.20
硫酸	H_2SO_4	$K_{a2} = 1.20 \times 10^{-2}$	1.92
氢硫酸	H_2S	$K_{a1} = 1.32 \times 10^{-7}$	6.88
		$K_{a2} = 1.2 \times 10^{-13}$	12.92
氢氰酸	HCN	$K_a = 6.17 \times 10^{-10}$	9.21
硼酸	H_3BO_3	$K_a = 5.8 \times 10^{-10}$	9.24
铬酸	H_2CrO_4	$K_{a1} = 1.8 \times 10^{-1}$	0.74
		$K_{a2} = 3.20 \times 10^{-7}$	6.49
氢氟酸	HF	$K_a = 6.61 \times 10^{-4}$	3.18
过氧化氢	H_2O_2	$K_a = 2.4 \times 10^{-12}$	11.62
次氯酸	HClO	$K_a = 3.02 \times 10^{-8}$	7.52
次溴酸	HBrO	$K_a = 2.06 \times 10^{-9}$	8.69
次碘酸	HIO	$K_a = 2.3 \times 10^{-11}$	10.64
碘酸	HIO_3	$K_a = 1.69 \times 10^{-1}$	0.77
砷酸	H_3AsO_4	$K_{a1} = 6.31 \times 10^{-3}$	2.20
		$K_{a2} = 1.02 \times 10^{-7}$	6.99
		$K_{a3} = 6.99 \times 10^{-12}$	11.16
亚砷酸	H_3AsO_3	$K_a = 6.0 \times 10^{-10}$	9.22
铵离子	NH_4^+	$K_a = 5.56 \times 10^{-10}$	9.25
质子化六亚甲基四胺	$(CH_2)_6N_4H^+$	$K_a = 7.1 \times 10^{-6}$	5.15
甲酸	HCOOH	$K_a = 1.77 \times 10^{-4}$	3.75
氯乙酸	$ClCH_2COOH$	$K_a = 1.40 \times 10^{-3}$	2.85

名称	化学式	酸解离常数 K_a	pK_a
质子化氨基乙酸	$^+NH_3CH_2COOH$	$K_{a1}=4.5\times10^{-3}$	2.35
		$K_{a2}=1.67\times10^{-10}$	9.78
邻苯二甲酸	$C_6H_4(COOH)_2$	$K_{a1}=1.12\times10^{-3}$	2.95
		$K_{a2}=3.91\times10^{-6}$	5.41
D-酒石酸	$HOOC(OH)CHCH(OH)COOH$	$K_{a1}=9.1\times10^{-4}$	3.04
		$K_{a2}=4.3\times10^{-5}$	4.37
柠檬酸	$(HOOCCH_2)_2C(OH)COOH$	$K_{a1}=7.1\times10^{-4}$	3.15
		$K_{a2}=1.68\times10^{-5}$	4.77
		$K_{a3}=4.0\times10^{-7}$	6.40
苯酚	C_6H_5OH	$K_a=1.2\times10^{-10}$	9.92
对氨基苯磺酸	$H_2NC_6H_4SO_3H$	$K_{a1}=2.6\times10^{-1}$	0.59
		$K_{a2}=7.6\times10^{-4}$	3.12
琥珀酸	$H_2C_4H_4O_4$	$K_{a1}=6.5\times10^{-5}$	4.19
		$K_{a2}=2.7\times10^{-6}$	5.57
乙二胺四乙酸(EDTA)	H_6Y^{2+}	$K_{a1}=1.3\times10^{-1}$	0.89
	H_5Y^+	$K_{a2}=3.0\times10^{-2}$	1.52
	H_4Y	$K_{a3}=1.0\times10^{-2}$	2.00
	H_3Y^-	$K_{a4}=2.1\times10^{-3}$	2.68
	H_2Y^{2-}	$K_{a5}=6.9\times10^{-7}$	6.16
	HY^{3-}	$K_{a6}=5.5\times10^{-11}$	10.26

2. 弱碱

名称	化学式	碱解离常数 K_b	pK_b
氨水	$NH_3\cdot H_2O$	$K_b=1.79\times10^{-5}$	4.75
联胺	N_2H_4	$K_b=8.91\times10^{-7}$	6.05
羟氨	NH_2OH	$K_b=9.12\times10^{-9}$	8.04
氢氧化铅	$Pb(OH)_2$	$K_{b1}=9.6\times10^{-4}$	3.02
		$K_{b2}=3\times10^{-8}$	7.52
氢氧化锂	$LiOH$	$K_b=6.31\times10^{-1}$	0.20
氢氧化铍	$Be(OH)_2$	$K_{b1}=1.78\times10^{-6}$	5.75
	$BeOH^+$	$K_{b2}=2.51\times10^{-9}$	8.60
氢氧化铝	$Al(OH)_3$	$K_{b1}=5.01\times10^{-9}$	8.30
	$Al(OH)^{2+}$	$K_{b2}=1.99\times10^{-10}$	9.70
氢氧化锌	$Zn(OH)_2$	$K_b=7.94\times10^{-7}$	6.10
乙二胺	$H_2NC_2H_4NH_2$	$K_{b1}=8.5\times10^{-5}$	4.07
		$K_{b2}=7.1\times10^{-8}$	7.15
六亚甲基四胺	$(CH_2)_6N_4$	$K_b=1.4\times10^{-9}$	8.85
尿素	$CO(NH_2)_2$	$K_b=1.5\times10^{-14}$	13.82

参考文献

[1]　王萍．无机化学．2版．北京：化学工业出版社，2025.

[2]　伊赞荃．无机化学与实验技术．北京：化学工业出版社，2013.

[3]　韩忠宵．无机及分析化学．4版．北京：化学工业出版社，2024.

[4]　池利民．无机及分析化学．南昌：江西科学技术出版社，2011.

[5]　倪静安．无机及分析化学．2版．北京：化学工业出版社，2004.

[6]　赵志才．药用化学基础．北京：化学工业出版社，2020.

[7]　刘军．有机化学．4版．北京：化学工业出版社，2020.

[8]　邢其毅．基础有机化学．4版．北京：北京大学出版社，2016.

[9]　胡宏纹．有机化学．3版．北京：高等教育出版社，2006.

元素周期表

IUPAC 2013

氧化态为单质的氧化态为0.
未列入；常见的为红色)
以 $^{12}C=12$ 为基准的原子量
(注+的是半衰期最长同位
素的原子量)

95	← 原子序数
Am	← 元素符号(红色的为放射性元素)
镅▲	← 元素名称(注▲的为人造元素)
$5f^76s^2$	← 价层电子构型
243.06138(2)+	

氧化态 +3 +4 +5 +6

图例：
s区元素　p区元素　ds区元素　稀有气(体)
d区元素　d区元素　f区元素

电子层：K L M N O P Q

周期表

族 周期	1 IA	2 IIA	3 IIIB	4 IVB	5 VB	6 VIB	7 VIIB	8	9 VIIIB(VIII)	10	11 IB	12 IIB	13 IIIA	14 IVA	15 VA	16 VIA	17 VIIA	18 VIIIA(0)
1	1 **H** 氢 $1s^1$ 1.008																	2 **He** 氦 $1s^2$ 4.002602(2)
2	3 **Li** 锂 $2s^1$ 6.94	4 **Be** 铍 $2s^2$ 9.0121831(5)											5 **B** 硼 $2s^22p^1$ 10.81	6 **C** 碳 $2s^22p^2$ 12.011	7 **N** 氮 $2s^22p^3$ 14.007	8 **O** 氧 $2s^22p^4$ 15.999	9 **F** 氟 $2s^22p^5$ 18.998403163(6)	10 **Ne** 氖 $2s^22p^6$ 20.1797(6)
3	11 **Na** 钠 $3s^1$ 22.98976928(2)	12 **Mg** 镁 $3s^2$ 24.305											13 **Al** 铝 $3s^23p^1$ 26.9815385(7)	14 **Si** 硅 $3s^23p^2$ 28.085	15 **P** 磷 $3s^23p^3$ 30.973761998(5)	16 **S** 硫 $3s^23p^4$ 32.06	17 **Cl** 氯 $3s^23p^5$ 35.45	18 **Ar** 氩 $3s^23p^6$ 39.948(1)
4	19 **K** 钾 $4s^1$ 39.0983(1)	20 **Ca** 钙 $4s^2$ 40.078(4)	21 **Sc** 钪 $3d^14s^2$ 44.955908(5)	22 **Ti** 钛 $3d^24s^2$ 47.867(1)	23 **V** 钒 $3d^34s^2$ 50.9415(1)	24 **Cr** 铬 $3d^54s^1$ 51.9961(6)	25 **Mn** 锰 $3d^54s^2$ 54.938044(3)	26 **Fe** 铁 $3d^64s^2$ 55.845(2)	27 **Co** 钴 $3d^74s^2$ 58.933194(4)	28 **Ni** 镍 $3d^84s^2$ 58.6934(4)	29 **Cu** 铜 $3d^{10}4s^1$ 63.546(3)	30 **Zn** 锌 $3d^{10}4s^2$ 65.38(2)	31 **Ga** 镓 $4s^24p^1$ 69.723(1)	32 **Ge** 锗 $4s^24p^2$ 72.630(8)	33 **As** 砷 $4s^24p^3$ 74.921595(6)	34 **Se** 硒 $4s^24p^4$ 78.971(8)	35 **Br** 溴 $4s^24p^5$ 79.904	36 **Kr** 氪 $4s^24p^6$ 83.798(2)
5	37 **Rb** 铷 $5s^1$ 85.4678(3)	38 **Sr** 锶 $5s^2$ 87.62(1)	39 **Y** 钇 $4d^15s^2$ 88.90584(2)	40 **Zr** 锆 $4d^25s^2$ 91.224(2)	41 **Nb** 铌 $4d^45s^1$ 92.90637(2)	42 **Mo** 钼 $4d^55s^1$ 95.95(1)	43 **Tc** 锝▲ $4d^55s^2$ 97.90721(3)+	44 **Ru** 钌 $4d^75s^1$ 101.07(2)	45 **Rh** 铑 $4d^85s^1$ 102.90550(2)	46 **Pd** 钯 $4d^{10}$ 106.42(1)	47 **Ag** 银 $4d^{10}5s^1$ 107.8682(2)	48 **Cd** 镉 $4d^{10}5s^2$ 112.41444)	49 **In** 铟 $5s^25p^1$ 114.818(1)	50 **Sn** 锡 $5s^25p^2$ 118.710(7)	51 **Sb** 锑 $5s^25p^3$ 121.760(1)	52 **Te** 碲 $5s^25p^4$ 127.60(3)	53 **I** 碘 $5s^25p^5$ 126.90447(3)	54 **Xe** 氙 $5s^25p^6$ 131.293(6)
6	55 **Cs** 铯 $6s^1$ 132.90545196(6)	56 **Ba** 钡 $6s^2$ 137.327(7)	57~71 **La~Lu** 镧系	72 **Hf** 铪 $5d^26s^2$ 178.49(2)	73 **Ta** 钽 $5d^36s^2$ 180.94788(2)	74 **W** 钨 $5d^46s^2$ 183.84(1)	75 **Re** 铼 $5d^56s^2$ 186.207(1)	76 **Os** 锇 $5d^66s^2$ 190.23(3)	77 **Ir** 铱 $5d^76s^2$ 192.217(3)	78 **Pt** 铂 $5d^96s^1$ 195.084(9)	79 **Au** 金 $5d^{10}6s^1$ 196.966569(5)	80 **Hg** 汞 $5d^{10}6s^2$ 200.592(3)	81 **Tl** 铊 $6s^26p^1$ 204.38	82 **Pb** 铅 $6s^26p^2$ 207.2(1)	83 **Bi** 铋 $6s^26p^3$ 208.98040(1)	84 **Po** 钋 $6s^26p^4$ 208.98243(2)+	85 **At** 砹 $6s^26p^5$ 209.98715(5)+	86 **Rn** 氡 $6s^26p^6$ 222.01758(2)+
7	87 **Fr** 钫▲ $7s^1$ 223.01974(2)+	88 **Ra** 镭 $7s^2$ 226.02541(2)+	89~103 **Ac~Lr** 锕系	104 **Rf** 𬬻▲ $6d^27s^2$ 267.1224(4)+	105 **Db** 𬭊▲ $6d^37s^2$ 270.131(4)+	106 **Sg** 𬭳▲ $6d^47s^2$ 269.129(3)+	107 **Bh** 𬭛▲ $6d^57s^2$ 270.133(2)+	108 **Hs** 𬭶▲ $6d^67s^2$ 270.134(2)+	109 **Mt** 鿏▲ $6d^77s^2$ 278.156(5)+	110 **Ds** 𫟼▲ 281.165(4)+	111 **Rg** 𬬭▲ 281.166(4)+	112 **Cn** 鿔▲ 285.177(4)+	113 **Nh** 鿭▲ 286.182(5)+	114 **Fl** 𫓧▲ 289.190(4)+	115 **Mc** 镆▲ 289.194(6)+	116 **Lv** 𬭊▲ 293.204(4)+	117 **Ts** 鿬▲ 293.208(6)+	118 **Og** 鿫▲ 294.214(5)+

镧系 ★

57 **La** ★ 镧 $5d^16s^2$ 138.90547(7)	58 **Ce** 铈 $4f^15d^16s^2$ 140.116(1)	59 **Pr** 镨 $4f^36s^2$ 140.90766(2)	60 **Nd** 钕 $4f^46s^2$ 144.242(3)	61 **Pm** 钷▲ $4f^56s^2$ 144.91276(2)+	62 **Sm** 钐 $4f^66s^2$ 150.36(2)	63 **Eu** 铕 $4f^76s^2$ 151.964(1)	64 **Gd** 钆 $4f^75d^16s^2$ 157.25(3)	65 **Tb** 铽 $4f^96s^2$ 158.92535(2)	66 **Dy** 镝 $4f^{10}6s^2$ 162.500(1)	67 **Ho** 钬 $4f^{11}6s^2$ 164.93033(2)	68 **Er** 铒 $4f^{12}6s^2$ 167.259(3)	69 **Tm** 铥 $4f^{13}6s^2$ 168.93422(2)	70 **Yb** 镱 $4f^{14}6s^2$ 173.045(10)	71 **Lu** 镥 $4f^{14}5d^16s^2$ 174.9668(1)

锕系 ★

89 **Ac** ★ 锕▲ $6d^17s^2$ 227.02775(2)+	90 **Th** 钍▲ $6d^27s^2$ 232.0377(4)	91 **Pa** 镤▲ $5f^26d^17s^2$ 231.03588(2)	92 **U** 铀▲ $5f^36d^17s^2$ 238.02891(3)	93 **Np** 镎▲ $5f^46d^17s^2$ 237.04817(2)+	94 **Pu** 钚▲ $5f^67s^2$ 244.06421(4)+	95 **Am** 镅▲ $5f^77s^2$ 243.06138(2)+	96 **Cm** 锔▲ $5f^76d^17s^2$ 247.07035(3)+	97 **Bk** 锫▲ $5f^97s^2$ 247.07031(4)+	98 **Cf** 锎▲ $5f^{10}7s^2$ 251.07959(3)+	99 **Es** 锿▲ $5f^{11}7s^2$ 252.0830(3)+	100 **Fm** 镄▲ $5f^{12}7s^2$ 257.09511(5)+	101 **Md** 钔▲ $5f^{13}7s^2$ 258.09843(3)+	102 **No** 锘▲ $5f^{14}7s^2$ 259.10100(7)+	103 **Lr** 铹▲ $5f^{14}6d^17s^2$ 262.110(2)+

第三模块　化学实验 / 001

第三模块
化学实验

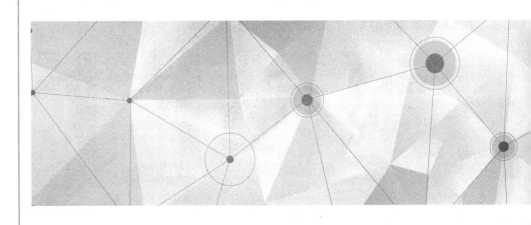

第十九章
化学实验室基础知识

第一节　化学实验室守则

　　化学实验室是一个散发魅力、探究世界甚至创造奇迹的场所，但也存在一定危险性。在进行化学实验时，经常使用一些有腐蚀性的（如浓硫酸、浓盐酸、浓碱）或者易燃、易爆的试剂（如甲醇、乙醚），实验过程中也会经常使用各种玻璃器皿、气瓶、电气设备等，因此，在实验过程中要时刻注意安全问题，进入实验室必须严格遵守实验室规章制度，以免发生危险。

　　① 首次实验前，必须熟悉实验室水电阀门、消防器材（见图 19-1）和洗眼器、紧急淋浴器的位置及使用方法，确定实验室安全出口和紧急情况下的逃生路线。

1.使用前上下晃动　　2.打开保险销。　　3.将喷嘴握紧并　　4.捏动手柄，干粉
灭火器。　　　　　　　　　　　　　　对准火焰根部。　　即可喷出。

图 19-1　干粉灭火器使用方法

　　② 应着实验服进入实验室，并根据要求佩戴防护眼镜。着装要求长袖上衣，不准穿短裤、拖鞋或凉鞋进入实验室。随身携带的书包、衣物以及与实验无关的物品应放在指定位置。

　　③ 为保持实验室的良好秩序和个人安全，实验过程中不允许接打电话、吸烟或进食。更不允许在实验室内追逐打闹。

　　④ 实验前要求认真预习，查阅文献，了解实验目的、实验原理及过程，预判实验中可能出现的问题，并做好解决方案。掌握所用试剂的化学性质，并写出预习报告。

　　⑤ 每次实验开始前应先检查实验台所配仪器是否完好无损，如有破损报告老师及时更换。

　　⑥ 实验中严格按照实验步骤进行实验，认真观察实验现象，并如实记录实验数据。

　　⑦ 严防水银等有毒试剂的流失，如发现实验温度计损坏或试剂泄漏，必须及时报告，

由老师采取必要措施进行收集，严禁用手触碰。

⑧ 实验中保持台面、地面及水池的清洁，固体垃圾等不要扔进水槽，以免堵塞。废弃溶剂，要倒入指定的废液回收瓶中，不允许倒入水池。

⑨ 使用公用仪器及试剂，用完后要及时放回原处，避免影响其他同学使用。

⑩ 实验结束后，将自己的实验台面整理干净，关闭水、电，认真洗手，将实验记录交老师审阅后方可离开实验室。值日生做好清洁卫生工作。

⑪ 离开实验室时绝对不允许将实验室所用的任何仪器、试剂带出实验室。

第二节 实验常用的仪器及设备

在实验室中常用的各种玻璃仪器主要由硬质玻璃（也就是高硼酸玻璃）和软质玻璃制成。其中，烧瓶等是硬质玻璃制作，能耐高温、高压、耐腐蚀。容量瓶、移液管、漏斗等是软质玻璃制作，不用于加热。现在实验中的玻璃仪器按照有无磨口，可分为磨口仪器和非磨口仪器。

能够正确选用实验对应型号仪器是保证实验顺利进行的最基础的要求。表 19-1 中总结了实验室中常用的仪器及其型号、主要用途等。

表 19-1　常见仪器及设备

图片及名称	主要用途	主要规格	使用注意事项
常用玻璃仪器			
试管	① 普通试管用作少量药剂的反应容器；② 离心试管用于沉淀离心分离	主要有普通试管、离心试管等种类。普通试管和离心试管可分为有刻度、无刻度两种；也可分为具塞、无塞两种 试管容积（mL）：10、15、20、25、50、100	① 普通试管可直接用火加热,但不能骤冷；② 离心试管不能直接加热,只能用水浴加热；③ 反应液体不超过容积的 1/2,加热液体不超过容积的 1/3；④ 用试管夹夹持。加热时管口不要对人,要不断振荡；⑤ 加热液体时,试管与桌面成 45°
烧杯	药剂量较大时,用此反应器配制溶液、溶样、进行反应、加热蒸发等	常用容积（mL）：50、100、200、250、400、500、600、800、1000、2000	①加热前先将外壁水擦干,不可干烧；②反应液体不超过容积的 2/3,加热液体不超过容积的 1/3
量筒、量杯	粗略量取一定体积的液体	量出式量器；有具塞、无塞两种 常用容积（mL）：25、50、100、250、500、1000	① 不能加热,不能量取热的液体；② 不能作反应容器；③ 读取液体体积时,视线与液面水平
试剂瓶	广口瓶盛放固体试剂；细口瓶盛放液体试剂或溶液；棕色瓶盛放见光易分解挥发的不稳定试剂	有广口、细口；磨口、非磨口；无色、棕色等种类 常用容积（mL）：125、250、500、1000	① 不能加热；② 存放碱液瓶应用胶塞；③ 不可在瓶内配制热效应大的溶液；④ 倾倒取液体试剂时,标签要对着手心

图片及名称	主要用途	主要规格	使用注意事项
常用玻璃仪器			
滴瓶	盛放、取用液体或溶液	有无色和棕色两种,滴管上配有胶帽 常用容积(mL):30、60、125	① 滴管不能倒置,防止液体进入胶帽; ② 专管应专用,不得互换使用; ③ 滴液时滴管要保持垂直,不得接触容器内壁
胶头滴管	吸取或滴加少量液体试剂	直形、具球直形、具球弯形; 配胶帽使用	① 滴管不能倒置,防止液体进入胶帽; ② 专管应专用,不得互换使用
洗瓶	贮存纯水,洗涤器皿时用	塑料质地	① 不得盛放自来水; ② 不可加热
锥形瓶	① 用于处理试样; ② 作反应容器(可避免液体大量蒸发); ③ 用作滴定的容器	分为无塞、具塞 常用容积(mL):10、25、50、100、150、200、250、300	① 磨口瓶加热时要打开瓶塞; ② 滴定时,所盛溶液不超过容积的1/3; ③ 其他同烧杯
烧瓶	① 用于加热、蒸馏等操作; ② 多口的可装配温度计、搅拌器、加料管、冷凝管 ③ 圆底耐压,平底不耐压	有平底、圆底; 长颈、短颈; 细口、磨口; 圆形、梨形; 单口、二口、多口 常用容积(mL):50、100、250、500	① 盛放的反应物料或液体不超过容积的2/3,但也不宜太少; ② 避免直火焰加热; ③ 加热时要固定在铁架台上; ④ 圆底烧瓶放在桌面上,下面要有木环或石棉环,以免翻滚损坏
容量瓶	用于准确配制或稀释溶液	量入式仪器 分为无色与棕色 常用容积(mL):25、50、100、200、250、500、1000	① 瓶塞配套,不能互换; ② 读取液体体积时,视线与液面水平; ③ 不可加热; ④ 不可长期贮存溶液; ⑤ 不用时在瓶塞与瓶口间夹上纸条
称量瓶	① 高形用于称量试样、基准物; ② 扁形用于在烘箱中干燥试样、基准剂与测定物质的水分	分扁形和高形两种 ① 高形: 外径(mm)×瓶高(mm) 2×40、30×50、30×60、35×70 ② 扁形 外径(mm)×瓶高(mm) 25×25、35×25、40×25、50×30	① 瓶塞配套,不能互换; ② 不用时在瓶塞与瓶口间夹上纸条

图片及名称	主要用途	主要规格	使用注意事项
常用玻璃仪器			
干燥器	① 存放试剂防止吸湿； ② 在定量分析中将灼烧过的坩埚放在其中冷却	无色、棕色； 普通、真空干燥器 上口直径(mm)：160、210、240、300	① 磨口部分涂凡士林； ② 放入热物体后要开盖数次，以放走热空气； ③ 下室的干燥剂要及时更换； ④ 真空干燥器接真空系统抽去空气，干燥效果更好
滴定管	准确测量滴定时溶液的流出体积	量出式量器 ① 具有玻璃活塞者为酸式管； ② 具胶管(内有玻璃珠)与玻璃尖嘴者为碱式管； ③ 酸、碱通用聚四氟乙烯滴定管 常用容积(mL)：25、50、100	① 酸、碱式滴定管不得混用； ② 不能加热； ③ 读取溶液体积，视线与液面水平
酒精灯	实验室中常用的加热仪器	容量(酒精安全灌注量，mL)100、150、200	① 灯壶中的酒精容量不应少于1/3，不应多于4/5； ② 点灯要使用火柴或打火机，不准用燃着的酒精去点燃另一个酒精灯； ③ 不得在燃着的酒精灯中加酒精； ④ 熄灭酒精灯，应用灯帽盖灭，切忌用嘴吹。盖灭后还应将灯帽提起一下
表面皿	① 烧杯、漏斗或蒸发皿盖； ② 物质称量、鉴定器皿	直径(mm)：45、65、70、90、100、125、150	① 不能直接用火加热 ② 作盖用时，直径要比容器口直径大些
漏斗	① 过滤沉淀； ② 作加液器； ③ 粗颈漏斗可用于加入固体药品	① 短颈、长颈； ② 细颈、粗颈 上口直径(mm)：45、55、60、70、80、100、120	① 不能用火焰直接烘烤，过滤的液体也不能太热； ② 过滤时漏斗颈尖端要紧贴承接容器的内壁
恒压滴液漏斗	制备反应中加液器	无刻度、具刻度 常用容积(mL)：50、100、250、500、1000	① 不能加热； ② 磨口处保持清洁
分液漏斗	① 两相液体分离； ② 液体洗涤； ③ 萃取富集	① 球形、锥形、梨形、筒形； ② 无刻度、具刻度 常用容积(mL)：50、100、250、500、1000	① 不能加热； ② 进行萃取时，振荡初期应放气数次

图片及名称	主要用途	主要规格	使用注意事项
常用玻璃仪器			
吸滤瓶、布氏漏斗	吸滤瓶、布氏漏斗配套使用 ① 常压固液分离； ② 减压固液分离	① 吸滤瓶容积（mL）：50、100、250、500、1000 ② 布氏漏斗直径（mm）：80、100、120、150、250、300	① 布氏漏斗和吸滤瓶大小要配套； ② 滤纸直径要略小于漏斗内径
冷凝管	冷凝。冷凝效果蛇形优于球形优于直形优于空气冷凝管	直形、球形、蛇形	① 使用时保证冷凝水流动； ② 磨口处保持清洁； ③ 装配时磨口间轻微旋转连接不要用力过猛； ④ 不得用球形、蛇形冷凝管做蒸馏实验
变径	用于不同磨口仪器的连接过度	多种型号	① 连接时确认磨口处磨合紧密； ② 磨口处保持清洁； ③ 装配时磨口间轻微旋转连接不要用力过猛
蒸馏头	蒸馏时用于连接烧瓶与冷凝器	① 普通蒸馏头、蒸馏弯头、克氏蒸馏头； ② 常见磨口大小：14#、19#、24#	① 连接时确认磨口处磨合紧密； ② 磨口处保持清洁； ③ 装配时磨口间轻微旋转连接不要用力过猛
真空弯接管、弯接管	蒸馏时用于连接冷凝装置和接收器	① 真空弯接管、具支弯接管、弯接管； ② 常见磨口大小有：14#、19#、24#	使用时用皮筋等和冷凝装置固定好，防止脱落； 其他同变径
分水器	分离反应体系的水分	常见磨口大小有：14#、19#、24#	使用时玻璃旋塞应保持关闭； 其他同变径
其他常用仪器			
研钵	用于混合、研磨固体物质	有玻璃、瓷、铁、玛瑙等材质制品 口径（mm）：60、70、90、100、150、200	① 不能作反应容器，放入物质量不超过容积的1/3； ② 易爆物质只能轻轻压碎，不能研磨
蒸发皿	用于蒸发或浓缩溶液，也可作反应器及灼烧固体	① 平底与圆底； ② 有瓷、石英、铂等材质 容积（mL）：30、60、100、250	① 能耐高温，但不宜骤冷； ② 一般放在铁环上直接用火加热，但须在预热后再提高加热强度

图片及名称	主要用途	主要规格	使用注意事项
其他常用仪器			
 坩埚	熔融或灼烧固体,高温处理样品	有瓷、石墨、铁、镍、铂等材质制品 容积(mL):20、25、30、50	① 根据灼烧物质性质选用不同材质的坩埚; ② 耐高温,可直接用火加热,但不宜骤冷
 坩埚钳	夹取高温下的坩埚或坩埚盖	铁或铜合金制成,表面镀铬	必须先预热再夹取
 三脚架	放置加热器	铁制品有大、小、高、低之分	① 盛放受热均匀的受热器应先垫上石棉网; ② 保持平稳
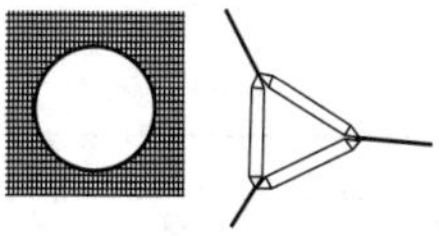 石棉网、泥三角	石棉网:承放受热容器,使加热均匀 泥三角:直接加热时用以承放坩埚或小蒸发皿	石棉网:由铁丝编成,涂上石棉层 泥三角:由铁丝编成,上套耐热瓷管	石棉网:不要浸水或扭拉,以免损坏石棉网 泥三角:灼烧后不要沾上冷水,保护瓷管

实验室常用设备			
设备图片及名称	一般用途	设备图片及名称	一般用途
 电子天平	精确到0.1g或0.01g 用于一般有机、无机实验中称量药品	 分析天平	精确到0.0001g 用于分析化学实验
 循环水真空泵	配合减压蒸馏装置、抽滤装置、旋转蒸发仪使用	 加热套	实验室加热装置
 电炉	实验室加热装置,不能用于加热有机试剂	 气流烘干器	干燥实验室的玻璃仪器
 恒温水浴锅	实验室加热装置		

第三节 实验室试剂

一、试剂的种类

1. 标准试剂

标准试剂是用于衡量其他物质化学量的标准物质，通常由大型试剂厂生产，并严格按国家标准规定的方法进行检验，其特点是主体成分含量高而且准确可靠。

滴定分析用标准试剂我国习惯称为基准试剂，它分作 C 级（第一基准）与 D 级（工作基准）两个级别。基准试剂规定采用浅绿色瓶签。

2. 普通试剂

普通试剂是实验室广泛使用的通用试剂，生化试剂、指示剂均属于普通试剂。

国家和主管部门颁布的质量指标主要是三个级别，其规格和适用范围见表 19-2。

表 19-2 普通化学试剂级别

试剂级别	名称	英文名称	符号	标签颜色	适用范围
一级品	优级纯	guaranteed reagent	GR	深 绿	主体成分含量最高，杂质含量最低，适用于精密分析及科学研究工作
二级品	分析纯	analytical reagent	AR	金光红	主体成分含量低于优级纯试剂，杂质含量略高，主要用于一般分析测试、科学研究工作
三级品	化学纯	chemical pure	CP	中 蓝	质量较分析纯试剂低，适用于教学或精度要求不高的分析测试工作和无机、有机化学实验

3. 实验室用水

水是一种使用最广泛的化学试剂，是最廉价的溶剂和洗涤液。进行化学实验时，洗涤仪器、配制溶液、溶解试样、冷却降温均需用水。自来水中常含有 Ca^{2+}、Mg^{2+}、Na^+、Fe^{3+}、Al^{3+}、Cl^-、SO_4^{2-}、HCO_3^- 等杂质，对化学反应会造成不同程度的干扰，只在仪器的初步洗涤或冷却时使用。自来水经纯化处理后所得纯水即化学实验室用水，方可作为精洗仪器用水、溶剂用水、分析用水等。

基础化学实验室中常使用蒸馏水。蒸馏法制备纯水是根据水与杂质的沸点不同，将自来水用蒸馏器进行蒸馏。用这种方法制备纯水操作简单，不挥发的离子型杂质和非离子型杂质均可除去，但不能除去易溶于水的气体。蒸馏一次所得蒸馏水仍含有微量杂质，只能用于一般化学实验，对洗涤洁净度高的仪器和进行精确的定量分析工作，则必须采用多次蒸馏而得到的二次、三次甚至更多次的高纯蒸馏水。该方法的缺点是极其耗能和费水且速度慢、产量低，一般纯度也不够高。

现在实验室中也经常使用去离子水。化学实验室采用离子交换树脂来分离出水中的杂质离子，这种方法叫离子交换法。因为溶于水的杂质离子已被除去，所以制得的纯水又称为去离子水。离子交换法制纯水具有出水纯度高，操作技术易掌握，产量大，成本低等优点，很适合各种规模的化验室采用。该方法的缺点是设备较复杂，制备的水未除去非离子型杂质，含有微生物和某些微量有机物。

一般水的纯度可用电阻率（或电导率）的大小来衡量，电阻率越高（或电导率越低），说明水越纯净。自来水一般约为 $3 \times 10^3 \Omega \cdot cm$，蒸馏水在室温时的电阻率可达约 $10^5 \Omega \cdot cm$，去离子水常温下的电阻率可达 $5 \times 10^6 \Omega \cdot cm$ 以上。

二、试剂的取用

通常固体试剂装在广口瓶内，液体试剂则盛在细口瓶或滴瓶中。

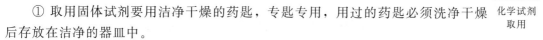
化学试剂
取用

1. 固体试剂的取用方法

① 取用固体试剂要用洁净干燥的药匙，专匙专用，用过的药匙必须洗净干燥后存放在洁净的器皿中。

② 取用一定质量的固体试剂时，可用托盘天平或电子天平等进行称量。称量时，将固体试剂放在洁净的称量纸上，腐蚀性或易潮解的固体，则必须放在表面皿、小烧杯或称量瓶内称量。

③ 向试管中加入粉末状固体时，可用药匙或将试剂放在对折的纸槽中，伸入平放的试管中约 2/3 处，然后竖直试管使试剂落入试管底部，如图 19-2（a）所示。

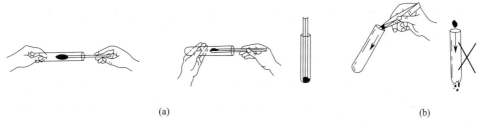

(a) (b)

图 19-2　向试管中加入固体试剂

用块状固体时，应将试管斜放，将块状药品放入管口，再使其沿管壁缓慢滑下。不得垂直悬空投入，以免碰破管底，如图 19-2（b）所示。

2. 液体试剂的取用

（1）从滴瓶中取用液体试剂　滴管必须保持垂直，避免倾斜，尤忌倒立，否则试剂将流入橡皮头内而被沾污。向试管中滴加试剂时，只能将滴管下口放在试管上方滴加（见图 19-3）。禁止将滴管伸入试管内或与管器壁接触，以免沾污滴管。滴加完毕将滴管中剩余液体挤回原滴瓶，不能将充有试剂的滴管放置在滴瓶中。

当液体试剂用量不必十分准确时，可以估计液体量，如一般滴管的 20 滴约为 1mL；10mL 的试管中试液约占其容积的 1/5 时，则试液约为 2mL。

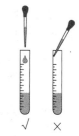
√　　×
图 19-3　向试管
中滴加液体试剂

（2）从细口瓶中取用液体试剂　当取用的液体试剂不需定量时，一般用左手拿住容器，右手握住试剂瓶，标签朝向手心，倒出所需量试剂后，将试剂瓶口在容器口边靠一下，再缓慢坚起试剂瓶，避免液滴沿瓶外壁流下。

无论固体试剂还是液体试剂取用时都应注意以下几个方面：

① 取用试剂前核对标签，确认无误后才能取用。

② 取下瓶塞后，将瓶塞倒置在桌面上，防止受到污染。

③ 取用完毕，盖好瓶塞，并将试剂瓶放回原处。

④ 试剂取用量要合适，多取的试剂不能倒回原瓶，以免污染试剂，有回收价值的，可收集在回收瓶中。

⑤ 任何化学试剂都不得用手直接取用。

第四节　化学实验室常用器皿的洗涤

在化学实验中，经常用到各种玻璃仪器，仪器的洁净度往往是决定实验成功与否及准确度高低的重要因素。

一、常用洗涤剂

1. 洗衣粉

洗衣粉是以十二烷基苯磺酸钠为主要成分的阴离子表面活性剂，可配成较浓的溶液使用，亦可用毛刷直接蘸取洗衣粉刷洗仪器。洗衣粉洗涤高效、低毒，既能溶解油污，又能溶于水，对玻璃器皿的腐蚀性小，不会损坏玻璃，是洗涤一般玻璃器皿的较好选择。

2. 铬酸洗液

铬酸洗液用于洗涤除去仪器上的残留油污及有机物。用铬酸洗液洗涤时，必须先将器皿用自来水洗涤，倾尽器皿内的水，以免洗液被水稀释降低洗液的效率。洗液可重复使用，用过的洗液不能随意乱倒，应返回原瓶，以备下次再用。当其颜色由深褐色变绿时即为失效，要倒入废液缸内另行处理。

因铬酸洗液为强氧化剂，腐蚀性强，易灼伤皮肤，烧坏衣服，而且铬有毒害作用，使用时应注意采取防护措施。

3. 有机溶剂

有机溶剂如乙醇、丙酮、乙醚、二氯乙烷等，可洗去油污及可溶性有机物。但有机溶剂价格较高，只有碱性洗液或合成洗涤剂难以洗涤干净的仪器以及无法用毛刷洗刷的小型或特殊的仪器才用有机溶剂洗涤。

各类仪器洗涤一般均不要使用去污粉，因其细粒易划伤器壁，且不宜冲洗干净。

二、洗涤方法

化学实验所需的器皿必须洗涤干净，玻璃仪器洗净的标志是：壁面能被水均匀地润湿成水膜而不挂水珠。洗涤方法一般有下列几种：

① **冲洗法**　利用水把可溶性污物溶解而除去。洗涤时往仪器中注入少量水，用力振荡后倒掉，依此重复数次。

② **刷洗法**　仪器内壁有不易冲洗掉的污物，可用毛刷刷洗。先用水湿润仪器内壁，再用毛刷蘸取少量洗涤剂进行刷洗。刷洗时要选用大小合适的毛刷，不能用力过猛，以免损坏仪器。

③ **浸泡法**　对不溶于水、刷洗也不能除掉的污物，可利用洗涤液与污物反应转化成可溶性物质而除去。倒入少量洗涤液，旋转使仪器内壁全部润湿，洗涤液浸泡一段时间后再洗涤效果更好。

无论何种器皿，通常总是先用水洗涤，然后再用洗涤剂洗涤。洗涤完毕，应用自来水冲净，再用蒸馏水润洗 3 次。一般容器和普通量器，可用毛刷蘸上洗涤剂刷洗，但精密量器和不宜使用毛刷刷洗的及难以刷洗干净的仪器，则须采用相应的洗涤液浸泡洗涤，如滴定管、容量瓶需严格按照规范步骤洗涤，不允许使用烧瓶刷等，以免划伤仪器内壁。

三、仪器的干燥

某些化学实验须在无水的条件下进行，要求使用干燥的仪器。玻璃仪器的干燥一般常采用下列几种方法。

① 晾干　对不急于使用的仪器，洗净后将仪器倒置在干燥架或格栅板上，使其自然干燥。

② 烘干　将洗净的仪器沥去水分，放在气流烘干器支架上烘干。

一些不耐热的仪器（如比色皿等）不能用加热方法干燥；精密量器也不能用加热方法干燥（玻璃的胀缩滞后性会造成量器容积变化），否则会影响仪器的精度，其可采用晾干或冷风吹干的方法干燥。

第五节　化学实验室安全防护

在实验中，要接触到不少易燃、易爆、具有腐蚀性或毒性的化学危险品，所以，实验人员应具备一定的安全防护知识，尽量避免事故的发生并熟悉各种事故的紧急处理措施，以减少伤害与损失。

一、试剂的毒性

进行化学实验离不开各种化学试剂，其中很多试剂是有毒性的。这些毒物能通过呼吸道吸入、皮肤渗透及误食等途径进入人体而导致中毒。所以，对常见毒物应有一定的了解，以便做好中毒预防及对环境的保护工作，见表 19-3。

表 19-3　化学实验室部分常见毒物

序号	名称	序号	名称	序号	名称
1	氯乙烯	14	1,1,2-三氯乙烷	27	乙苯
2	甲醛	15	1,1-二氯乙烯	28	乙醛
3	环氧乙烷	16	甲苯	29	液氨
4	三氯甲烷	17	二甲苯	30	苯胺
5	苯酚	18	砷化合物	31	丙酮
6	苯	19	氰化钠	32	蒽
7	甲醇	20	铅	33	邻苯二甲酸二丁酯
8	四氯化碳	21	萘	34	邻苯二甲酸二辛酯
9	亚硝酸钠	22	乙酸	35	溴甲烷
10	四氯乙烯	23	镉	36	二硫化碳
11	石棉	24	1,2-二氯乙烷	37	氯苯
12	汞	25	2,3-二硝基苯酚	38	4-硝基苯酚
13	三氯乙烯	26	二氯甲烷	39	硝基苯

二、意外事故的处置

实验过程中如不慎发生了意外事故，应及时采取救护措施，以下是一些常见事故的现场处置方法。

① **误食毒物**　误食毒物应立即服用肥皂液、蓖麻油，或服用一杯含 5～10mL 硫酸铜溶液（50g/L）的温水，并用手指伸入咽喉部，以促使呕吐，然后立即送医院治疗。

② **吸入刺激性气体或有毒气体**　不慎吸入了溴、氯、氯化氢等气体时，可吸入少量酒精和乙醚的混合蒸气以解毒。若吸入了硫化氢、煤气而感到不适时，应立即到室外呼吸新鲜空气。

③ **酸或碱溅到皮肤上**　酸或碱溅到皮肤上应立即用大量水冲洗，再用饱和碳酸氢钠溶液（或 2%醋酸溶液）冲洗，然后用水冲洗，最后涂敷氧化锌软膏（或硼酸软膏）。

④ **酸或碱溅入眼内**　酸或碱溅入眼内应立即用洗眼器冲洗，然后用 20g/L 硼砂溶液（或 30g/L 硼酸溶液）冲洗眼睛，再用水冲洗。

⑤ **烫伤**　烫伤是操作者身体直接触及高温、过冷物品（低温引起的冻伤，其性质与烫伤类似）所造成的。如皮肤被烫伤，切勿用水冲洗，更不要把烫起的水泡挑破。可在烫伤处用高锰酸钾溶液擦洗或涂上黄色的苦味酸溶液、烫伤膏或万花油。严重者应立即送医院治疗。

⑥ **触电**　不慎触电时，立即切断电源，必要时进行人工呼吸。

⑦ **火灾**　火灾发生时应根据起火原因立即采取相应的灭火措施，常用灭火器的适用范围见表 19-4。

表 19-4　常用灭火器及适用范围

类型	药液主要成分	适用范围
1211	二氟一氯一溴甲烷	主要应用于油类有机溶剂、高压电气设备、精密仪器等失火，灭火效果好
泡沫式	硫酸铝、碳酸氢钠	适用于扑灭油类及苯、香蕉水、松香水、凡立水等易燃液体的失火，而不适用于丙酮、甲醇、乙醇等易溶于水的液体失火
高倍泡沫	脂肪醇、硫酸钠加稳定剂、抗燃剂	适用于火源集中，泡沫容易堆积等场合的火灾，大型油池、室内仓库、油类、木材纤维等失火
干粉	主要由碳酸氢钠、硬脂酸铝、云母粉、滑石粉、石英粉等混合配成	适用于扑救油类、可燃气体、电气设备、精密仪器、纸质文件和遇水燃烧等物品的初起火灾
二氧化碳	液体二氧化碳	适用于电器(包括精密仪器、电子设备)失火
酸碱式	硫酸、碳酸氢钠	适用于非油类及切断了电路的电器失火等一般火灾,不适用于忌酸性的化学药品(如氰化钠等)和忌水的化工产品(如钾、钠、镁、电石等)失火

第六节　实验记录与实验报告

在化学实验中，不仅要仔细地观察实验现象，精确地测量有关物理量，准确记录，最后还要正确书写实验结果，提交实验报告，实验才算真正成功。因此，应按照以下要求作好实验记录、进行数据处理和书写实验报告。

一、实验记录

① 学生应有专门的实验预习与记录本，并标上页码，不得撕去其中任何一页。更不允许将实验结果记在单页纸片上或随意记在其他地方。

② 将每一个实验项目设计成表格形式的预习报告，其中要包括实验名称、日期、实验步骤、实验记录表（实验现象和数据）、实验结果处理方法和其他与实验有关的信息。用钢笔或圆珠笔记录，文字应简单、明了、清晰、工整，不得涂改、刀刮或补贴。

③ 实验过程中所得到的实验现象、数据与结论都应及时、准确、清楚地记录下来。要有严谨的科学态度，实事求是，切忌夹杂主观因素，不得随意拼凑和编造数据。

④ 实验过程中涉及特殊仪器的型号和溶液的浓度、室温、气压等，也应及时准确地记录下来。

⑤ 实验过程中记录测量数据时，其数字的准确度应与分析仪器的准确度相一致。如用万分之一分析天平称量时，要求记录至 0.0001g；常量滴定管、移液管的读数应记录至 0.01mL。

⑥ 实验所得每一个数据都是测量的结果，平行测定中即使得到完全相同的数据也应如实记录下来。

二、实验报告

实验完成后，应以原始记录为依据，认真分析实验现象，处理实验数据，总结实验结果，并探讨实验中出现的问题，这些工作都需通过书写实验报告来完成。独立地书写实验报告，是提高学生学习能力和信息加工能力的不可缺少的环节，也是一名实验人员必须具备的能力和基本功。

实验报告应内容准确、逻辑严密、文字简明、字迹工整、格式规范。由于实验类型的不同，对实验报告的要求也不尽相同，但基本内容大体如下。

① 实验名称

② 实验日期

③ 实验目的

④ 实验原理　例如滴定分析实验原理应包括反应式、滴定方式、测定条件、指示剂及其颜色变化等。

⑤ 实验现象分析或数据处理　要求根据观察到的实验现象归纳出实验结论；对于制备与合成类实验，要求有理论产量计算、实际产量及产率计算；对于滴定分析法和称量分析法实验，要求写出测定数据、计算公式和计算过程、计算结果平均值、平均偏差等。

⑥ 实验结果　根据实验现象分析或数据处理报出实验结论或实验结果。

⑦ 实验问题及误差分析　对实验中遇到的问题、异常现象进行探讨，分析原因，提出解决办法；对实验结果进行误差计算和分析，对实验提出改进措施。

⑧ 实验思考题　实验完成，对预习中思考的问题及教材中的思考题，要作出回答，并写入实验报告中。

第二十章
基础化学实验

实验一　仪器的认知和洗涤

一、实验目的

1. 能熟知实验室常用仪器名称、规格、用途和使用注意事项。
2. 能正确完成减压过滤操作，并掌握减压过滤的原理及使用范围。
3. 能正确洗涤和干燥常用玻璃仪器。

二、实验原理

　　化学实验中使用过的玻璃仪器常沾附有化学试剂等污物，在洗涤实验仪器时需要选用合适的洗涤剂及洗涤方法。

　　过滤是实验室中最常用的分离固、液混合物的操作，需要熟练掌握。过滤的方法有常压过滤、减压过滤等。

　　常压过滤也称普通过滤，在常温常压下，使用漏斗过滤的方法称为常压过滤，操作较为简单，但效率较低，实验室中更多地使用减压过滤方法。

　　减压过滤也称吸滤或抽滤。此方法过滤速度快，沉淀抽得较干，适合于大量溶液与沉淀的分离，但不宜过滤颗粒太小的沉淀和胶体沉淀（因颗粒太小的沉淀易堵塞滤纸或滤板孔，而胶体沉淀容易穿滤）。

　　(1) 减压过滤装置　实验室常用过滤装置（见图 20-1）由布氏漏斗、吸滤瓶、安全瓶和循环水真空泵四部分组成。

　　① 布氏漏斗和吸滤瓶　布氏漏斗是瓷质的，耐腐蚀，耐高温，底部有很多小孔，使用时需衬滤纸或滤膜，且必须置于橡皮垫或装在橡皮塞上。吸滤瓶用于承接滤液。

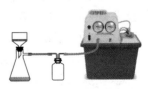

图 20-1　减压过滤装置

　　② 安全瓶　安全瓶安装在减压系统与吸滤瓶之间，防止在关闭泵后，压力的改变引起自来水倒吸入吸滤瓶中，沾污滤液。

　　(2) 减压过滤操作方法

　　① 安装好抽滤装置。注意将布氏漏斗插入吸滤瓶时，漏斗下端的斜面要对着吸滤瓶侧面的支管。

② 将滤纸剪成较布氏漏斗内径略小的圆形，以全部覆盖漏斗小孔为准。把滤纸放入布氏漏斗内，用少量蒸馏水湿润滤纸。

③ 开启循环水真空泵开关，然后进行过滤。抽滤过程中要注意：溶液加入量不得超过漏斗总容量的 2/3；吸滤瓶中的滤液要在其支管以下，否则滤液将被水泵抽出；不得突然关闭水泵，如欲停止抽滤，应先将吸滤瓶支管上的橡皮管拔下，再关闭循环水真空泵开关。

④ 洗涤沉淀时，先拔下吸滤瓶上的橡皮管，加入洗涤液湿润沉淀，再插上橡皮管进行抽滤。重复上述操作，洗至达到要求为止。

⑤ 过滤结束后，应先将吸滤瓶上的橡皮管拔下，关闭循环水真空泵开关，再取下漏斗倒扣在清洁的滤纸或表面皿上，轻轻敲打漏斗边缘，使滤饼脱离漏斗而倾入滤纸或表面皿上。

⑥ 将滤液从吸滤瓶的上口倒入洁净的容器中，不可从侧面的支管倒出，以免污染滤液。

三、试剂和仪器

试剂：洗衣粉、滤纸、粗食盐、蒸馏水。

仪器：烧杯、量筒、布氏漏斗、吸滤瓶、循环水真空泵。

四、实验步骤

① 观看多媒体教学课件，了解化学实验基本知识。

② 熟悉实验室内水、电等线路的走向，了解实验室规则及安全知识。

③ 认领仪器：按实验室提供仪器清单认领仪器；并填写仪器清单。

④ 熟悉仪器的名称、规格、用途、性能及其使用方法与注意事项。

⑤ 洗涤仪器；干燥仪器。

⑥ 称取一定质量的粗食盐颗粒，做溶解、减压抽滤练习。

思考题

1. 洗涤玻璃仪器时应注意什么？如何判断玻璃仪器是否洗涤干净？

2. 比较玻璃仪器不同洗涤方法的适用范围和优缺点。

3. 减压过滤时对滤纸的要求是什么？

4. 冲洗滤饼时可不可以直接关掉循环水真空泵开关？

实验二　碳酸钠的制备

一、实验目的

1. 掌握利用盐的溶解度差异、复分解反应原理来制备无机化合物的方法。

2. 掌握温控、灼烧、抽滤及洗涤等基本操作。

二、实验原理

碳酸钠俗称纯碱，本实验是直接利用碳酸氢铵和氯化钠发生复分解反应来制取碳酸氢钠，反应方程式为：

$$NH_4HCO_3 + NaCl \rightleftharpoons NaHCO_3 + NH_4Cl$$

反应体系是一个复杂的由碳酸氢铵、氯化钠、碳酸氢钠和氯化铵组成的四元交互体系，这些盐在水中的溶解度互相发生影响。必须根据其在水中不同温度下的溶解度差异，选择最佳操作条件。

由表 20-1 可以看出，在四种盐的混合溶液中，各种温度下，碳酸氢钠的溶解度都是最小的。当温度超过 35℃ 会引起碳酸氢铵的分解，故反应温度不可超过 35℃；温度过低又会影响碳酸氢铵的溶解，从而影响碳酸氢钠的生成，故反应温度又不宜低于 30℃。因此控制温度在 30～35℃ 制备碳酸氢钠是比较适宜的。

表 20-1　四种盐在不同温度下的溶解度　　　　　单位：(g/100gH₂O)

溶质	0℃	10℃	20℃	30℃	40℃	50℃	60℃	70℃
NaCl	35.7	35.8	36.0	36.3	36.6	37.0	37.3	37.8
NH₄HCO₃	11.9	15.8	21.0	27.0	—	—	—	—
NH₄Cl	29.4	33.3	37.2	41.4	45.8	50.4	55.2	60.2
NaHCO₃	6.9	8.2	9.6	11.1	12.7	14.5	16.4	—

三、试剂和仪器

试剂：氯化钠、碳酸氢铵。

仪器：恒温水浴、布氏漏斗、抽滤瓶、锥形瓶、温度计、研钵、蒸发皿、调温电炉、电子天平。

四、实验步骤

(1) 碳酸氢钠制备　称取 14g 氯化钠于 100mL 锥形瓶中，加水 50mL 溶解后，置于恒温水浴上加热，温度控制在 30～35℃ 之间。同时称取研磨成细粉末的固体碳酸氢铵 20g，在不断搅拌下分几次慢慢加入氯化钠溶液中，然后继续充分搅拌并保持在此温度下反应 20min。静置 5min 后减压抽滤，得到碳酸氢钠晶体，用少量的水淋洗以除去表面吸附的铵盐，再尽量抽干母液。

(2) 碳酸钠制备　将中间产物碳酸氢钠放在蒸发皿中，置于调温电炉上加热，同时用玻璃棒不断翻搅，使固体受热均匀并防止结块。开始加热时可适当采用低温，5min 后改用高温，灼烧 30min 左右，即可制得干燥的白色细粉末状碳酸钠。冷却到室温，在台秤上称量并记录产品的质量。

碳酸钠产品的产率按下式计算：

$$产率（\%）= \frac{m_{Na_2CO_3} 2M_{NaCl}}{m_{NaCl} M_{Na_2CO_3}}$$

式中　$m_{Na_2CO_3}$——碳酸钠产品的质量，g；

　　　　m_{NaCl}——氯化钠原料的质量，g；

　　$M_{Na_2CO_3}$——碳酸钠的摩尔质量，105.99g/mol；

　　　M_{NaCl}——氯化钠的摩尔质量，58.44g/mol。

思考题

1. 向锥形瓶中加入碳酸氢铵时为什么要分次加入？

2. 碳酸氢钠在蒸发皿内加热时发生了什么化学变化？

实验三　电子天平使用练习

一、实验目的

1. 能熟练使用万分之一电子天平准确称量药品。
2. 掌握差减法称量药品的原理。

二、实验原理

电子天平是采用电磁力平衡的原理，应用现代电子技术设计而成。电子天平精确度较高，实验室常用的有百分之一天平（能称至 0.01g）、万分之一天平（能称至 0.0001g），如图 20-2 所示。

实验室常采用以下两种称量方法：

1. 直接称量法

图 20-2　电子天平

此法适用于对仪器的称量。可将称量物直接放在天平盘上直接称量物体的质量。例如，称量小烧杯、容量瓶、坩埚的质量等。

2. 递减称量法

此法用于称量一定质量范围的样品或试剂。由于称取试样的质量是由两次称量之差求得，故也称**差减法**。称量步骤如下：

（1）取样　从干燥器中用纸带（或纸片）夹住称量瓶后取出称量瓶（注意：不要让手指直接触及称量瓶和瓶盖），用纸片夹住称量瓶盖柄，打开瓶盖，用牛角匙加入适量试样（一般为称一份试样量的整数倍），盖上瓶盖。

（2）去皮　将加试样后的称量瓶放入天平后，按"去皮"键。

（3）取样称量　再将称量瓶从天平上取出，在接收容器的上方倾斜瓶身，用称量瓶盖轻敲瓶口上部使试样慢慢落入容器中，瓶盖始终不要离开接收器上方。当倾出的试样接近所需量（可从体积上估计或试重得知）时，一边继续用瓶盖轻敲瓶口，一边逐渐将瓶身竖直，使黏附在瓶口上的试样落回称量瓶，然后盖好瓶盖，准确称其质量（如图 20-3 所示）。天平显示"－"值，去掉负号，即为试样的质量。

图 20-3　差减法倾倒药品

按上述方法连续递减，可称量多份试样。有时一次很难得到合乎质量范围要求的试样，可重复上述称量操作 1～2 次。

注意：记录数据时，应将天平上显示的数字记录完整，不得随意删减。

三、试剂与仪器

试剂：碳酸钠样品。

仪器：称量瓶、锥形瓶、电子天平（万分之一）。

四、实验步骤

1. 直接称量法

实验数据记录在表 20-2 中。

电子天平
使用方法

表 20-2　直接称量法记录表

称量物品	表面皿	小烧杯	称量瓶	
质量/g				
称量后天平零点/mg				

2. 递减称量法

从试剂瓶中将碳酸钠样品转移到称量瓶中，分别称取质量为 0.20～0.22g 的三份样品至锥形瓶中，并将数据记录在表 20-3 中。

表 20-3　差减法记录表

项目	第一份	第二份	第三份
称量瓶+试样质量(倾出前)m_1/g			
称量瓶+试样质量(倾出后)m_2/g			
试样质量(m_1-m_2)/g			
称量后天平零点/mg			

思考题

容量瓶

1. 差减法称量时，若一次取样小于要求质量，再次取样时还需要"去皮"吗？
2. 差减法称量得到的数据为什么显示有负号？

实验四　溶液配制练习

一、实验目的

1. 能熟练使用容量瓶配制一定浓度的溶液。
2. 能熟练使用移液管移取一定体积的溶液。

二、实验原理

1. 容量瓶的使用

容量瓶是用来配制准确浓度的溶液或准确地稀释溶液的精密量器。它是一个细颈梨形平底玻璃瓶，带有磨口塞，瓶颈上有环形标线，一般表示在 20℃ 时液体充满标线时的准确容量。常见规格有：100mL、250mL、500mL 等。

（1）容量瓶的准备　检查容量瓶的质量和有关标志。容量瓶应无破损，磨口瓶塞密合不漏水。

（2）使用操作

① **溶解**　先把准确称量好的固体放在烧杯中，加入适量水，在搅拌下使固体完全溶解（**注意：溶解固体物质时可以适当加热，但必须降至室温后再往容量瓶中转移溶液**）。

② **溶液转移**　将溶液沿玻璃棒注入容量瓶中（注意杯嘴和玻璃棒的触点及玻璃棒和容量瓶颈的触点），如图 20-4 所示。洗涤烧杯及玻璃棒三次，并将洗涤液也注入容量瓶中。

图 20-4　溶液转移

③ **初步摇匀**　加水至总体积的 3/4 左右时，平摇容量瓶数次（此时不要盖瓶塞，不能颠倒，水平转动摇匀）。

④ **定容**　注水至刻度线稍下方 1cm，放置 1～2min，用滴管加水调定弯月面最低点和刻度线上缘相切（注意容量瓶垂直，视线水平）。

⑤ **摇匀**　塞紧瓶塞，上下颠倒摇动容量瓶 10 次后，将瓶盖打开，以使其周围的溶液流下，再继续翻转振荡 10 次即可，如图 20-5 所示。

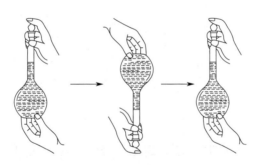

图 20-5　摇匀

2. 移液管的使用

吸量管是用于准确移取一定体积溶液的量出式仪器，有分度吸量管（如图 20-6 所示）和单标线吸量管（如图 20-7 所示）两类，其中单标线吸量管习惯称为移液管。

移液管使用

移液管中间有一膨大部分，上端管颈处刻有一条标线，是所移取的准确体积的标志。常用的移液管有 5mL、10mL、25mL 和 50mL 等规格。所移取液体的体积通常可准确到 0.01mL。

图 20-6　吸量管

图 20-7　移液管

(1) 移液管的准备 使用时，先检查移液管管尖、管口有无破损，如无损伤则可进行洗涤。可先使用铬酸洗涤液润洗，之后用自来水清洗三次，再用蒸馏水润洗三次。

(2) 移液管的使用

① **用待吸溶液润洗移液管** 取一小烧杯，用待吸溶液润洗三次。然后将待吸溶液倒入小烧杯中，用待吸溶液将移液管润洗 3 次。之后用滤纸将移液管下端外壁擦干，并将管口内溶液吸干。

② **调液面**

a. 将润洗好的移液管插入装有待吸溶液的细口瓶或容量瓶中，伸入液面以下约 1～2cm。用洗耳球缓缓将溶液吸上，当液体上升到刻度以上 5～10mm 时，迅速用右手食指堵住管口取出移液管，用滤纸擦拭管口外壁溶液。

b. 左手执一洁净烧杯使之成 45°倾斜，右手三指执移液管使其下口尖端靠住杯壁，微微放松食指，使液面缓缓下降，平视标线直到弯月面刚好与之相切，立即按紧食指，使溶液不再流出。

③ **放液** 取出移液管放入准备接收溶液的锥形瓶中，使其出口尖端靠住瓶壁并保持垂直，锥形瓶倾斜 45°。抬起食指，使溶液自由地顺壁自然流下。待溶液全部流尽后，等候 15s，取出（如图 20-8 所示）。此时所放出的溶液的体积即等于移液管上所标示的体积。

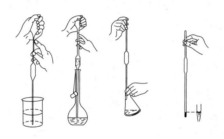

图 20-8　移液管的使用过程

注意：在任溶液自然放出时，最后因毛细作用总有一小部分溶液留在管口不能落下，此时绝对不可用外力将其震出或吹出，因为在检定移液管时就没有把这一点溶液放出。、

三、试剂与仪器

试剂：氯化钠、食醋、蒸馏水。

仪器：电子天平（万分之一）、容量瓶、移液管、烧杯、洗耳球。

四、实验步骤

1. 配制浓度为 0.1000mol/L 的氯化钠溶液 250mL

(1) 计算 计算配制 250mL 0.1000mol/L 氯化钠溶液所需氯化钠的质量。

(2) 称量 在电子天平上称取所需质量的氯化钠（称准至 0.0001g），放入烧杯中。

(3) 配制 往盛有试样的烧杯中加入 40mL 蒸馏水，用玻璃棒慢慢搅动，使其混合均匀，转移至 250mL 容量瓶中，并定容。具体过程如图 20-9 所示。

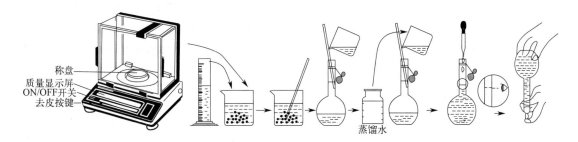

称盘
质量显示屏
ON/OFF开关
去皮按键

蒸馏水

图 20-9　用容量瓶配制溶质为固体的溶液过程

2. 稀释食醋溶液

将购买的食醋浓度稀释 10 倍。

（1）转移　使用移液管准确移取食醋 25mL，并转移到 250mL 容量瓶中。

（2）配制　在容量瓶中完成定容稀释过程，配制食醋稀溶液。

（3）计算　计算稀释后食醋稀溶液的质量浓度。

思考题

1. 稀释浓硫酸时，可以把水加到酸中吗？
2. 洗涤移液管时，废液可以由上口放出吗？
3. 如果所用固体物质常温下较难溶解，可以用容量瓶直接加热溶解吗？

实验五　滴定管的使用练习

一、实验目的

1. 掌握酸碱滴定法测定溶液浓度的原理。
2. 初步练习滴定操作。
3. 熟悉判断滴定终点的方法。

二、实验原理

利用酸碱中和反应，可以测定酸或碱溶液的浓度。用已知浓度的酸或碱溶液中和一定体积未知浓度的碱或酸的待测液，根据酸碱反应的物质的量之比，可计算待测液的浓度。

例如：

$$NaOH + HCl \longrightarrow NaCl + H_2O$$

$$c_{NaOH}V_{NaOH} = c_{HCl}V_{HCl}$$

则

$$c_{HCl} = \frac{c_{NaOH}V_{NaOH}}{V_{HCl}}$$

中和反应的终点可以用酸碱指示剂的变色来确定。一般用强酸滴定强碱时，可取甲基橙作指示剂；用强碱滴定强酸时，可取酚酞作指示剂。

实验室中测定酸或碱溶液的浓度用到的主要仪器是滴定管。滴定管可以准确测量放出标准滴定溶液的体积，是"量出式"量器，上面标有"Ex"字样。常用的常量滴定管的容积为50mL，最小刻度是0.1mL，可估读到0.01mL。在教学、生产和科研中常用的是酸式滴定管和碱式滴定管。

酸式滴定管也称具塞滴定管，适用于装酸性、中性及氧化性溶液；碱式滴定管也称无塞滴定管，适用于装碱性和非氧化性溶液（如图20-10所示）。两者管尖处有明显区别，如图20-11所示。

图20-10　滴定管和滴定管架

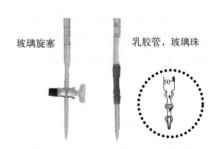

玻璃旋塞　　　乳胶管，玻璃珠

图20-11　滴定管管尖

（1）滴定管使用前的准备工作

① 检查　滴定管使用前应检查管尖和管口是否完好无损；胶管是否有孔洞、裂纹和硬化。酸式滴定管在使用前还需在旋塞上涂一层凡士林。

② 试漏　往酸式滴定管中充水至"0"刻度以上，排出滴定管出口管内的气泡，并调液面至"0"刻度附近，关闭旋塞，然后夹在滴定台上。用滤纸擦干旋塞两侧的水，并用干净烧杯碰除管尖悬挂的液滴，静置约2min，仔细观察管尖或旋塞周围有无水渗出，然后把旋塞转动180°，重新检查。若前后2次均无水渗出，旋塞转动也灵活，即可使用。

碱式滴定管若胶管不老化，玻璃球大小合适，一般不漏水。

③ 洗涤　先用洗液清洗，再用自来水冲洗，最后用蒸馏水润洗三遍。

（2）酸式滴定管具体使用方法

以盐酸溶液滴定氢氧化钠溶液为例说明。

① 润洗　滴定管应用待装盐酸溶液洗涤3次（用量为10mL、5mL、5mL）。

② 装入溶液，驱赶气泡　将盐酸溶液直接倒入滴定管至"0"刻度以上，右手拿住滴定管上部无刻度处，左手迅速打开旋塞使溶液冲出，从而赶走气泡。

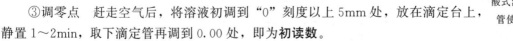

酸式滴定
管使用

③调零点　赶走空气后，将溶液初调到"0"刻度以上5mm处，放在滴定台上，静置1~2min，取下滴定管再调到0.00处，即为**初读数**。

④ 开始滴定操作：

a. 调好液面后，先用洁净的烧杯内壁粘落管尖悬挂的液滴。

b. 移取待测氢氧化钠溶液于锥形瓶中，加入甲基橙指示剂2滴。

c. 调节滴定管的位置，使管尖距锥形瓶口上方 1cm，滴定时滴定管下端深入锥形瓶口约 1cm。

d. 打开旋塞，摇动锥形瓶。摇动时要手腕用力，以同一方向作圆周运动，在整个滴定过程中，左手注意手形（如图 20-12 所示），不能离开旋塞任溶液自流，摇动锥形瓶时要注意勿使瓶口碰滴定管口。

用盐酸溶液滴定氢氧化钠溶液时，用甲基橙作指示剂，终点前颜色为黄色，终点颜色为橙色，若终点滴过，颜色呈红色。

图 20-12　酸式滴定管使用手法

碱式滴定
管使用

e. 到达终点后，等待 1～2min，再读数。

（3）碱式滴定管滴定操作

以氢氧化钠溶液滴定盐酸溶液为例。

碱管的润洗、驱赶气泡、调零点与酸管步骤相同，只是碱管使用时手法不同。

驱赶气泡的手法： 将氢氧化钠溶液直接倒入滴定管至"0"刻度以上，右手拿住滴定管上部无刻度处，并使管倾斜120°，左手食指将管尖翘起，拇指、中指挤压玻璃球中间偏上部，使溶液从出管口迅速流出，赶走气泡，如图 20-13 所示。

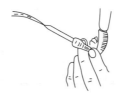

图 20-13　碱式滴定管驱赶气泡的方法

滴定操作：

① 调好液面后，用洁净的烧杯内壁粘落管尖悬挂的液滴。

② 取盐酸溶液于锥形瓶中，加酚酞指示剂 2 滴。

③ 调节滴定管的高低位置。

④ 滴定时注意规范手形。使用碱式滴定管时，无名指和小拇指夹住尖嘴，使出口管垂直不摆动，左手拇指在管前，食指在管后，捏执胶管玻璃珠中部偏上处，挤压玻璃球，使玻璃球旁边形成空隙，溶液从缝隙处流出，如图 20-14 所示。

注意：滴定中不能使玻璃球上下移动，更不能挤玻璃球下部的胶管，以免手松开时空气进入而形成气泡。

⑤ 用氢氧化钠溶液滴定盐酸溶液时，用酚酞作指示剂，终点颜色为浅粉红色，若终点滴过，颜色呈深粉红色。

⑥ 到达终点后，等待 1～2min，再读数。

图 20-14　碱式滴定管使用方法

三、试剂与仪器

试剂：0.1mol/L HCl、0.1mol/L NaOH、酚酞指示剂、甲基橙指示剂。

仪器：酸式滴定管、碱式滴定管、滴定台、25mL 移液管、250mL 锥形瓶、洗耳球、100mL 烧杯。

四、实验步骤

1. 用盐酸溶液滴定氢氧化钠溶液

由碱式滴定管放出 20mL 氢氧化钠溶液于 250mL 锥形瓶中，加甲基橙指示剂 1～2 滴，用盐酸溶液滴定至溶液由黄色变为橙色。如此反复练习，直至能做到滴入半滴盐酸溶液刚好使溶液由黄色转变为橙色。选取三组数据记录在表 20-4 中。

表 20-4　未知盐酸溶液浓度的确定

项目	1	2	3
消耗 HCl 溶液的体积/mL			
代入公式计算 $c_{HCl} = \dfrac{c_{NaOH} V_{NaOH}}{V_{HCl}}$			
c 平均值/(mol/L)			

2. 用氢氧化钠溶液滴定盐酸溶液

由酸式滴定管放出 20mL 盐酸溶液于 250mL 锥形瓶中，加酚酞指示剂 2～3 滴，用氢氧化钠溶液滴定至呈粉红色，并保持 30s 内不褪色。如此反复练习，直至能做到滴入半滴氢氧化钠溶液刚好使溶液呈粉红色，并保持 30s 内不褪色。

选取三组数据记录在表 20-5 中。

表 20-5　未知氢氧化钠溶液浓度的确定

项目	1	2	3
消耗 NaOH 溶液的体积/mL			
代入公式计算 $c_{NaOH} = \dfrac{c_{HCl} V_{HCl}}{V_{NaOH}}$			
c 平均值/(mol/L)			

思考题

1. 为什么用蒸馏水洗净的滴定管和移液管，使用前还要用待装溶液洗涤？锥形瓶是否也有同样的要求？

2. 滴定管装入溶液后，为什么要先赶尽气泡，后调"零点"？

3. 滴定速度过快或过慢，对滴定结果有什么影响？

实验六　氢氧化钠标准滴定溶液制备

一、实验目的

1. 掌握氢氧化钠标准滴定溶液的制备方法。
2. 正确判断酚酞指示剂的滴定终点。

二、实验原理

见第六章第七节。

三、试剂和仪器

试剂：氢氧化钠（分析纯）、酚酞指示液、邻苯二甲酸氢钾（基准试剂）。

仪器：分析天平、碱式滴定管、移液管、烧杯。

四、实验步骤

1. c_{NaOH} = 0.1mol/L 氢氧化钠溶液配制

称取 110g 氢氧化钠，溶于 100mL 无二氧化碳的水中，摇匀，注入聚乙烯容器中，密闭放置至溶液清亮。用塑料吸管量取 5.4mL 上层清液，用无二氧化碳的水稀释至 1000mL，摇匀。

2. c_{NaOH} = 0.1mol/L 氢氧化钠溶液标定

基准试剂邻苯二甲酸氢钾于 105～110℃ 电烘箱中干燥至恒重。称取 0.75g（精确至 0.0001g）基准试剂于锥形瓶中，用 50mL 新制蒸馏水溶解，滴加 2 滴酚酞指示液，用配制好的氢氧化钠溶液滴定至溶液呈粉红色，并保持 30s 不褪色，即为终点，记下消耗的体积，平行标定 3 次。同时做空白试验。

氢氧化钠标准滴定溶液的浓度（c_{NaOH}），以摩尔每升（mol/L）表示，按下式计算：

$$c_{NaOH} = \frac{m_{KHP} \times 1000}{(V_1 - V_2) M_{KHP}}$$

式中　m_{KHP}——邻苯二甲酸氢钾的质量，g；

$\quad\quad V_1$——消耗氢氧化钠溶液的体积，mL；

$\quad\quad V_2$——空白试验消耗氢氧化钠溶液的体积，mL；

$\quad\quad M_{KHP}$——邻苯二甲酸氢钾的摩尔质量，204.22g/mol。

实验数据记录在表 20-6 中。

表 20-6 氢氧化钠标准溶液配制

项目	1	2	3
m_{KHP}/g			
消耗 NaOH 溶液的体积/mL			
代入公式计算 $c_{NaOH}=\dfrac{m_{KHP}\times 1000}{(V_1-V_2)M_{KHP}}$			
c 平均值/(mol/L)			

<h2 style="text-align:center">思考题</h2>

1. 氢氧化钠标准滴定溶液能否采用直接法制备？为什么？

实验七 盐酸标准滴定溶液制备

一、实验目的

1. 掌握盐酸标准滴定溶液的制备方法。
2. 正确判断溴甲酚绿-甲基红指示剂的滴定终点。

二、实验原理

见第六章第七节。

三、试剂和仪器

试剂：盐酸（分析纯）、无水碳酸钠（基准试剂）、溴甲酚绿-甲基红指示剂。
仪器：分析天平、酸式滴定管、烧杯。

四、实验步骤

1. c_{HCl} = 0.1mol/L 盐酸溶液的配制

量取 9mL 浓盐酸，注入 1000mL 水中，摇匀。

2. c_{HCl} = 0.1mol/L 盐酸溶液的标定

工作基准试剂无水碳酸钠于 300℃ 高温炉中灼烧至恒重。称取基准试剂 0.2g（精确到 0.0001g），溶于 50mL 水中，加入 10 滴溴甲酚绿-甲基红指示液，用配制好的盐酸溶液滴定至溶液由绿色变为暗红色，煮沸 2min，冷却后继续滴定至溶液再呈暗红色，记下消耗的体积。平行标定 3 次。同时做空白试验。

盐酸标准滴定溶液的浓度 $[c(HCl)]$，以摩尔每升（mol/L）表示，按下式计算：

$$c_{HCl}=\frac{m_{Na_2CO_3}\times 1000}{(V_1-V_2)M_{\frac{1}{2}Na_2CO_3}}$$

式中 $m_{Na_2CO_3}$——碳酸钠的质量，g；

V_1——消耗盐酸溶液的体积，mL；

V_2——空白试验消耗盐酸溶液的体积，mL；

$M_{\frac{1}{2}Na_2CO_3}$——半个碳酸钠的摩尔质量，$M_{\frac{1}{2}Na_2CO_3}=52.994$g/mol。

实验数据记录在表 20-7 中。

表 20-7　盐酸标准溶液配制

项目	1	2	3
$m_{Na_2CO_3}/g$			
消耗 HCl 溶液的体积/mL			
代入公式计算 $c_{HCl}=\dfrac{m_{Na_2CO_3}\times 1000}{(V_1-V_2)M_{\frac{1}{2}Na_2CO_3}}$			
c 平均值/（mol/L）			

思考题

1. 制备盐酸标准滴定溶液能否采用直接法？为什么？

实验八　食醋总酸度测定

一、实验目的

1. 掌握食醋总酸度测定的原理和方法。
2. 熟悉强碱滴定弱酸的反应原理及指示剂的选择。

二、实验原理

食醋的中含有的酸性物质主要是醋酸，可以和氢氧化钠发生酸碱中和反应。

$$CH_3COOH+NaOH \Longrightarrow CH_3COONa+H_2O$$

三、试剂和仪器

试剂：氢氧化钠标准滴定溶液 $[c_{NaOH}=0.1mol/L]$、酚酞指示剂、食醋。

仪器：碱式滴定管、烧杯、移液管、锥形瓶。

四、实验步骤

吸取食醋试液 10.00mL 于 250mL 容量瓶中，以新制蒸馏水稀释至刻度，摇匀。

用移液管吸取 25.00mL 稀释后的试液于 250mL 锥形瓶中，加入 25mL 新制蒸馏水，滴加酚酞指示剂 1~2 滴，用氢氧化钠标准滴定溶液（$c_{NaOH}=0.1mol/L$）滴定至溶液刚好呈现粉红色，并保持 30s 不褪色，记下消耗的体积。平行测定三次。

食醋总酸度以质量浓度 ρ_{HAc} 表示，单位为克每升（g/L），按下式计算：

$$\rho_{HAc} = \frac{c_{NaOH} V_{NaOH} M_{HAc}}{V_s \times \dfrac{25.00}{250.00}}$$

式中 c_{NaOH}——氢氧化钠标准滴定溶液的浓度，mol/L；

       V_{NaOH}——氢氧化钠标准滴定溶液的体积，mL；

       M_{HAc}——醋酸的摩尔质量，60.05g/mol；

       V_s——醋酸试液的体积，mL。

实验数据记录在表 20-8 中。

表 20-8　食醋总酸度测定

项目	1	2	3
消耗 NaOH 溶液的体积/mL			
c_{NaOH}/(mol/L)			
代入公式计算 $\rho_{HAc} = \dfrac{c_{NaOH} V_{NaOH} M_{HAc}}{V_s \times \dfrac{25.00}{250.00}}$			
c 平均值/(mol/L)			

思考题

1. 测定食醋总酸度可否不经稀释直接滴定？
2. 测定醋酸含量时，为什么需要用新制蒸馏水稀释？

实验九　碳酸钠样品总碱度的测定

一、实验目的

1. 掌握碳酸钠样品含量测定的原理和方法。
2. 熟悉强酸滴定弱碱的反应原理及指示剂的选择。

二、实验原理

碳酸钠样品中的有效成分为碳酸钠，和盐酸发生如下反应：

$$CO_3^{2-} + 2H^+ = H_2O + CO_2 \uparrow$$

三、试剂和仪器

试剂：盐酸标准滴定溶液 [$c(HCl)$ =0.1mol/L]、溴甲酚绿-甲基红指示剂、碳酸钠样品。

仪器：酸式滴定管、烧杯、锥形瓶。

四、实验步骤

称取干燥碳酸钠样品 0.2g（精确到 0.0001g），置于 250mL 锥形瓶中，加入 50mL 蒸馏水溶解，溶清后加入 10 滴溴甲酚绿-甲基红指示剂，用盐酸标准滴定溶液 $[c（HCl）= 0.1mol/L]$ 滴定至溶液由绿色变为暗红色，煮沸 2min，冷却后继续滴定至溶液再呈暗红色，记下消耗的体积。平行标定 3 次。

碳酸钠试样含量按下式计算：

$$w_{Na_2CO_3} = \frac{c_{HCl}V_{HCl}M_{\frac{1}{2}Na_2CO_3} \times 10^{-3}}{m_s} \times 100\%$$

式中　c_{HCl}——盐酸标准滴定溶液的浓度，mol/L；

　　　V_{HCl}——盐酸标准滴定溶液的体积，mL；

　　$M_{\frac{1}{2}Na_2CO_3}$——半个碳酸钠的摩尔质量，$M_{\frac{1}{2}Na_2CO_3}$＝52.994g/mol。

　　　m_s——碳酸钠试样的质量，g。

实验数据记录在表 20-9 中。

表 20-9　碳酸钠含量测定

项目	1	2	3
消耗 HCl 溶液的体积/mL			
c_{HCl}/(mol/L)			
代入公式计算 $w_{Na_2CO_3} = \dfrac{c_{HCl}V_{HCl}M_{\frac{1}{2}Na_2CO_3} \times 10^{-3}}{m_s} \times 100\%$			
w 平均值/%			

思考题

1. 滴定过程中如果锥形瓶内碳酸钠溶液溅出，对测定结果有何影响？

实验十　熔点测定

一、实验目的

1. 了解熔点测定的意义。
2. 掌握毛细管法提勒管式装置测定熔点的方法。
3. 掌握熔点仪的操作方法。

二、实验原理

固体加热到一定程度，就从固态转变为液态，此时的温度即为该物质的熔点。规范地说，熔点是固液两相在大气压力下，平衡共存时的温度。物质自初熔至全熔的温度范围称为熔点范围（又称熔程或熔距）。

纯有机物有固定的熔点，熔距很小，温差仅 0.5～1℃，若含有杂质，会使熔点降低，熔距增大。所以，熔点是鉴定固体有机物的重要常数，也是判断化合物纯度的指标。

在测得某物质熔点和某已知物的熔点相同或相近时，并不能确认两者为同一种物质。还需要把它们混合，测混合物熔点，若熔点不变，才能认为它们是同一物质；否则，混合物熔点降低，熔距增大，则说明它们不是同一物质而是混合物。

三、试剂与仪器

试剂： 甘油、阿司匹林、苯甲酸、尿素。

仪器： 提勒管、温度计（200℃）、熔点管、玻璃管（50～60cm）、表面皿、玻璃钉、酒精灯、海能全自动熔点仪 MP120。

四、实验步骤

1. 提勒管法测熔点

提勒管法测熔点

（1）填装样品 取 0.1g 样品放在洁净的表面皿上，用玻璃钉研成粉末，聚成小堆。将熔点管的开口一端插入粉末堆中，样品即被压入管内。

再取一玻璃管（长约 40cm），直立在倒放的表面皿上，将熔点管开口朝上自玻璃管上端自由下落，这样重复数次，直至样品高约 2～3mm 为止。装入的要求均匀、紧密、结实。

注意： 样品的碾磨越细越好，否则装入熔点管时，有空隙，会使熔程增大，不易传热，影响测定结果。

（2）安装仪器 将提勒管固定在铁架台上，装入浴液至略高于上支管上沿；熔点测定管口配一缺口单孔胶塞，用于固定温度计，并使温度计水银球的中点在熔点管竖管的中间；熔点管利用甘油的黏性附着在温度计旁，或用皮圈套在温度计上并使毛细管中样品位于温度计水银球的中间，如图 20-15 所示。

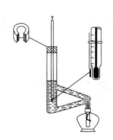

图 20-15　提勒管法测熔点

（3）加热测熔点 用酒精灯在提勒管弯管侧管的底部加热。开始升温速度可快些（约 5℃/min），距样品熔点温度 10～15℃时，以 1～2℃/min 的速度缓慢升温，并注意观察温度及样品，记录样品开始出现液体时和固体完全消失时的温度读数，即熔程。

测定时注意以下几点：

① 每一次测定熔点都要使用新的熔点管重新装样，不得用已经使用过的样品替代。因为有时某些化合物加热后可能部分分解或转变为其他结晶形式，影响实验准确性。

② 熔点测定应重复 2～3 次，每次要用新熔点管装样品，并将浴液冷却到样品熔点 15℃以下。

③ 样品熔化前会出现收缩、软化、出汗或发毛等现象，并不是初熔，真正的初熔是试样出现明显的局部液化。

2. 熔点仪法

下面以海能全自动熔点仪 MP120 为例进行介绍。毛细管填装样品与提勒管法相同。

全自动熔点仪测熔点

操作步骤及使用方法：

（1）打开电源　连接好电源线，打开电源开关。

（2）参数设定　点击显示屏右下角"全自动熔点仪"字样，进入功能界面，选择"测试"键，进入参数界面。

（3）预热　选择"预热温度"键，设定预热温度（如：76℃），设定后点"确定"；选择"升温速率"，通过方向键选择 1℃/min，点击"确定"键，进入加热界面。点击"预热"键，仪器开始升温预热，约 6min 后实际温度值会稳定在预热温度值。

（4）测试　将装有样品的熔点管（毛细管）插入加热炉心内，点击"升温"键，仪器开始升温测试样品熔点，约 5min 后仪器自动显示出样品的初熔温度和终熔温度，初熔温度与终熔温度出现后，拔出毛细管，实际温度值会自动回落到预热温度值。

等温度稳定后，插入一根新的装有样品的毛细管，点击"升温"键，仪器开始升温测试样品熔点，约 5min 后仪器再次自动显示出样品熔点，并求出平均值。拔出毛细管，实际温度值会再次自动回落到预热温度值。

将实验数据记录在表 20-10 中。

同样方法，可以重复测试。测试完成，点击"返回"键，即可完成测试。

实验中一定要注意安全，避免实验完成后拿取样品管时被烫伤。

表 20-10　熔点测定数据记录表

样品种类	提勒管法		熔点仪法	
	测定温度 1/℃	测定温度 2/℃	测定温度 3/℃	测定温度 4/℃
阿司匹林				
苯甲酸				
尿素				

思考题

1. 提勒管法测熔点时，甘油为什么不能多装点？
2. 测定样品熔点，如果升温过快对实验结果有何影响？

实验十一　液体沸点测定及蒸馏实验

一、实验目的

1. 掌握常量法测定液体沸点的原理。
2. 掌握蒸馏装置的安装技术。
3. 掌握蒸馏法分离混合物的操作。

二、实验原理

1. 基本原理及意义

在常压下将液体物质加热至沸腾使之汽化，然后将蒸气冷凝为液体并收集到另一个容器中，这两个过程的联合操作叫作常压蒸馏，通常简称为蒸馏。

蒸馏过程

当液体混合物沸腾时，液体上面的蒸气组成与液体混合物的组成是不一样的，由于低沸点物质比高沸点物质容易汽化，在开始沸腾时，蒸气中主要含有低沸点组分。随着低沸点组分的蒸出，混合液中高沸点组分的比例增大，致使混合物的温度也随之升高，当温度升至相对稳定时，再收集馏出液，即得高沸点组分。这样沸点低的物质先蒸出，沸点高的随后蒸出，不挥发的留在容器中，从而达到分离和提纯的目的。

显然，通过蒸馏可以将易挥发和难挥发的物质分离开来，也可将沸点不同的物质进行分离。但各物质的沸点必须相差较大（一般在30℃以上）才可得到较好的分离效果。

常压蒸馏是实验室测定纯液体沸点的重要手段，同时，也是分离、提纯液体有机化合物最常用的方法之一。

2. 蒸馏装置

蒸馏装置见图20-16。

(1) 汽化部分　由圆底烧瓶和蒸馏头、温度计组成。液体在烧瓶中受热汽化，蒸气从蒸馏头侧口进入冷凝管中。

(2) 冷凝部分　蒸馏时使用直形冷凝管。蒸气进入冷凝管的内管时，被外层套管中的冷水冷凝为液体。

(3) 接收部分　由尾接管和接收器（常用圆底烧瓶或锥形瓶）组成。冷凝的液体经尾接管收集到接收器中。若沸点较低，还要将接收器放在冷水浴或冰水浴中冷却。

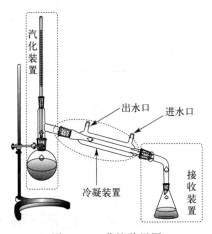

图 20-16　蒸馏装置图

3. 蒸馏操作

(1) 组装仪器　根据被蒸馏物的性质安装适当的蒸馏装置。

(2) 加入物料　于蒸馏头上口放一长颈玻璃漏斗，通过漏斗将待蒸馏液体倒入烧瓶中，加入1~2粒沸石防止暴沸，再装好温度计。

(3) 通冷凝水　检查装置的气密性和与大气相通处是否畅通后，打开水龙头，缓缓通入冷凝水。

（4）加热蒸馏 开始先用小火加热，逐渐增大加热强度，使液体沸腾。然后调节热源，控制蒸馏速度，以每秒馏出 1～2 滴为宜。其间应使温度计水银球下部始终挂有液珠，以保持汽液平衡，确保温度计读数的准确。

（5）观察温度，收集馏分 记下第一滴馏出液滴入接收器时的温度。如果所蒸馏的液体中含有低沸点的前馏分，待前馏分蒸完，温度趋于稳定后，应更换接收器，收集所需要的馏分，并记录所需要的馏分开始馏出和最后一滴馏出时的温度，即该馏分的沸程。

（6）停止蒸馏 如果维持原来的加热温度，不再有馏出液蒸出时，温度会突然下降，这时应停止蒸馏，即使杂质含量很少，也不能蒸干，以免烧瓶炸裂。

4. 操作注意事项

（1）安装蒸馏装置时，各磨口仪器之间磨合要紧密，旋转磨合连接。但接收部分一定要与大气相通，绝不能造成密闭体系。

（2）一定要在加热前加入沸石。若发现忘记放入，而液体已经沸腾则必须冷却后再补加。若因故中断蒸馏，则原有的沸石即行失效，重新蒸馏前，也应补加沸石。

（3）蒸馏过程中，加热温度不能太高，否则会使蒸气过热，水银球上的液珠消失，导致所测沸点偏高；温度也不能太低，以免水银球不能充分被蒸气包围，致使所测沸点偏低。

（4）结束蒸馏时，应先停止加热，稍冷后再关冷凝水。拆卸蒸馏装置的顺序与安装顺序相反。

三、试剂与仪器

试剂：乙醇、蒸馏水。

仪器：圆底烧瓶（100mL）、蒸馏头、量筒（10mL、25mL）、直形冷凝管、尾接管、温度计（100℃）、长颈玻璃漏斗、锥形瓶、电热套。

四、实验步骤

测定乙醇沸点

1. 沸点测定

（1）安装仪器 按图 20-16 所示安装普通蒸馏装置。

（2）加入物料 量取 30mL 乙醇，经长颈玻璃漏斗由蒸馏头上口倾入圆底烧瓶中，加 1～2 粒沸石，装好温度计。

（3）加热 认真检查装置的气密性后，接通冷凝水。打开电热套开关，缓慢加热使液体平稳沸腾，记录第一滴馏出液滴入锥形瓶时的温度（T_0）。调节加热速度，保证水银球底部始终挂有液珠，并控制蒸馏速度为每秒 1～2 滴。

加热过程仔细观察温度计的变化趋势，收集到约 25mL 乙醇后，记录此时的温度计示数（T_e）。停止加热，待液体不沸腾后关掉冷凝水。将数据记录到表 20-11 中。

表 20-11 乙醇沸点测定数据记录

样品种类	T_0/℃	T_e/℃
乙醇		
沸程 $T_e - T_0 =$		

2. 蒸馏法分离乙醇和水的混合物

和测沸点的操作过程相同，但要注意在加入物料时需要量取 25mL 乙醇和 25mL 水，一起转移入蒸馏烧瓶，形成混合物体系。仍然要仔细调节加热强度，观察温度计水银球是否挂有水珠，并控制蒸馏速度为每秒 1～2 滴。

蒸馏法分离乙醇和水的混合物

待有馏出液出现后，记录第一滴馏出液滴入接收器时的温度（T_0）。与测沸点实验现象不同的是，此时，温度计度数不断变化，总体趋势是上升的，分别准备三个接收器，接收表 20-12 中各温度范围的馏分。

当温度升至 95℃时，停止加热。用量筒测量各个温度段馏分的实际体积及烧瓶中剩余液体的实际体积，一并记入表 20-12 中。

表 20-12　乙醇沸点测定数据记录

温度范围/℃	馏出液体积/mL	温度范围/℃	馏出液体积/mL
78～80		85～95	
80～85		烧瓶剩余液	

注意：本实验中产生的废液及用过的沸石都不得直接倒入水池中，按老师要求分别回收！

思考题

1. 蒸馏装置若没有与大气相通，会有什么后果？
2. 在蒸馏（或分馏）时加沸石的目的是什么？加沸石应注意哪些问题？
3. 为什么要控制蒸馏（或分馏）速度？快了会造成什么后果？

实验十二　萃取技术

一、实验目的

1. 掌握萃取技术的理论基础。
2. 掌握分液漏斗的使用方法。

二、实验原理

1. 萃取原理

利用不同物质在选定溶剂中溶解度的不同进行分离和提纯混合物的操作，叫作萃取。例如，碘的水溶液用 CCl_4 萃取后，几乎所有的碘都会转移到 CCl_4 中，从而实现碘和水的分离。

通过萃取既可以从混合物中提取出所需要的物质，也可以去除混合物中的少量杂质。通常将后一种情况称为**洗涤**。基础化学研究中，根据系统中各分散相的种类可分为液-液萃取、液-固萃取等，本实验主要讲解液-液萃取的相关技术。

2. 萃取剂

用于萃取的溶剂又叫萃取剂。常用的萃取剂为有机溶剂、水、稀酸溶液、稀碱溶液和浓硫酸等。实验中可根据具体需求加以选择。

（1）有机溶剂 苯、乙醇、乙醚和石油醚等有机溶剂可将混合物中的有机产物提取出来，也可除去某些产物中的有机杂质。

（2）水 水可用来提取混合物中的水溶性产物，又可用于洗去有机产物中的水溶性杂质。

（3）稀酸（或稀碱）溶液 稀酸或稀碱溶液常用于洗涤产物中的碱性或酸性杂质。

（4）浓硫酸 浓硫酸可用于除去产物中的醇、醚等少量有机杂质。

3. 分液漏斗使用操作

液体物质的萃取（或洗涤）常在分液漏斗中进行。分液漏斗的使用和萃取操作方法如下：

（1）分液漏斗的准备 将分液漏斗洗净后，取下旋塞，用滤纸吸干旋塞及旋塞孔道中的水分，在旋塞微孔的两侧涂上薄薄一层凡士林，小心将其插入孔道并旋转几周，至凡士林分布均匀呈透明为止。在旋塞细端伸出部分的圆槽内，套上一个橡胶圈，以防操作时旋塞脱落。

关好旋塞，在分液漏斗中装上水，观察旋塞两端有无渗漏现象，再开启旋塞，看液体是否能通畅流下，最后盖上顶塞，用手指抵住，倒置漏斗，检查其严密性。在确保分液漏斗顶塞严密、旋塞关闭时严密、开启后畅通的情况下方可使用。

（2）萃取（或洗涤）操作 由分液漏斗上口倒入混合溶液与萃取剂，盖好顶塞。

为使分液漏斗中的两种液体充分接触，用右手握住顶塞部位，左手持旋塞部位（旋柄朝上），将漏斗颈端向上倾斜，并沿一个方向振摇。振摇几下后，打开旋塞，排出因振摇而产生的气体。若漏斗中盛有挥发性的溶剂或用碳酸钠中和酸液时，更应特别注意排放气体。反复振摇几次后，将分液漏斗放在铁圈中，打开顶塞（或使顶塞的凹槽对准漏斗上口颈部的小孔），使漏斗与大气相通，静置分层。

（3）分离操作 当两层液体界面清晰后，便可进行分离操作。先把分液漏斗下端靠在接收器的内壁上，再缓慢旋开旋塞，放出下层液体（如图 20-17 所示）。当液面间的界线接近旋塞处时，暂时关闭旋塞，将分液漏斗轻轻振摇一下，再静置片刻，使下层液聚集得多一些，然后打开旋塞，仔细放出下层液体。当液面间的界线移至旋塞孔的中心时，关闭旋塞。最后把漏斗中的上层液体从上口倒入另一个容器中。

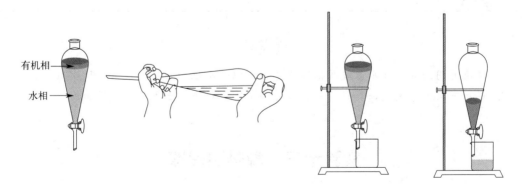

有机相
水相

图 20-17 萃取操作示意图

三、试剂与仪器

试剂：粗酯、蒸馏水、碳酸钠溶液（10%）、饱和氯化钠溶液。

仪器：烧杯、分液漏斗、量筒（10mL、25mL）。

四、实验步骤

检查分液漏后将粗酯装入分液漏斗中。

1. 蒸馏水洗涤

制备的粗酯中含有未反应的强酸性催化剂（硫酸）及反应剩余的有机酸和醇，加入蒸馏水 20mL，充分振摇，使酸性物质转移至水相，静置分层。分界面清晰后，分液。

水相从下口放出，有机相留在分液漏斗中。

重复以上操作一次。

2. 碳酸钠溶液洗涤

此时，体系中还剩余少量有机酸及醇，加入碳酸钠溶液 15mL，充分振摇，有机酸生成钠盐转移至水相。此次洗涤时，要注意及时放气，避免反应生成的 CO_2 气体顶开顶塞。静置分层，分界面清晰后，分液。

水相从下口放出，有机相留在分液漏斗中。

重复以上操作一次。

3. 饱和氯化钠溶液洗涤

有机相中加入饱和氯化钠溶液 15mL，去除体系中的少量碱和水。充分振摇后静置分层。分界面清晰后，分液。

水相从下口放出，有机相由上口转移至锥形瓶，洗涤完成。

实验数据及现象记录在表 20-13 中。

表 20-13　粗酯洗涤实验数据

试剂名称	试剂体积/mL	原　理	现　象
蒸馏水	1.		
	2.		
碳酸钠溶液	1.		
	2.		
饱和氯化钠溶液	1.		

思考题

1. 洗涤时用到的蒸馏水、碳酸钠溶液是否可以一次性加入？如果不能说明原因。
2. 最后一次洗涤完成，转移有机相时能否由下口放出？如果不能说明原因。

实验十三　咖啡因提取

一、目的要求

1. 熟悉从茶叶中提取咖啡因的原理和方法。
2. 掌握脂肪提取器的构造、原理和使用方法。

3. 进一步掌握蒸馏装置的安装与操作。

4. 学会利用升华提纯固体物质的操作技术。

二、实验原理

茶叶中含有多种生物碱，其中以咖啡因为主，约占 2%～5%。此外还含有纤维素、蛋白质、单宁酸和叶绿素等。

咖啡因是杂环化合物嘌呤的衍生物，学名为 1,3,7-三甲基-2,6-二氧嘌呤，其结构式如下：

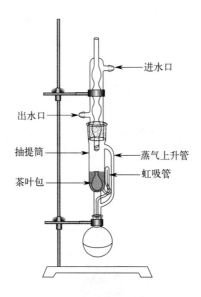

咖啡因为白色针状晶体，熔点 236℃，味苦，能溶于水和乙醇。含结晶水的咖啡因在 100℃时失去结晶水开始升华，120℃时升华明显，178℃时很快升华。

咖啡因具有刺激心脏、兴奋大脑神经和利尿等药理功能。在医学上用作心脏、呼吸器官和神经系统的兴奋剂，也是常用退热镇痛药物 APC 的主要成分之一（C 即为咖啡因）。

本实验用 95%乙醇作溶剂，从茶叶中提取咖啡因，这属于萃取手段中的液-固萃取。实验室常用的液-固萃取仪器是索氏提取器，如图 20-18 所示。

图 20-18　索氏提取器

萃取液中除咖啡因外，还含有叶绿素、单宁酸等杂质。蒸去溶剂后，在粗咖啡因中拌入生石灰，使其与单宁酸等酸性物质作用生成钙盐。游离的咖啡因通过升华得到纯化。

实验具体操作流程见图 20-19。

图 20-19　咖啡因提取实验流程图

三、试剂与仪器

试剂: 茶叶、乙醇 (95%)、生石灰。

仪器: 圆底烧瓶 (150mL)、索氏提取器、球形冷凝管、烧杯 (500mL)、蒸发皿、玻璃漏斗、蒸馏头、温度计 (250℃)、滤纸、刮刀、石棉网、烧杯、量筒 (10mL、25mL)、无纺布茶叶包。

四、实验步骤

1. 提取

称取 8g 研细的茶叶末,装入无纺布茶叶包中,封紧后放入提取器内,加入 30mL95% 乙醇[1],再在圆底烧瓶中放入 70mL95% 乙醇,加 1~2 粒沸石。按图 20-18 安装索氏提取装置。

检查装置各连接处的严密性后,接通冷凝水,开始加热,回流提取,直到虹吸管内液体的颜色很淡为止,约用 2.5h。当冷凝液刚刚虹吸下去时,立即停止加热。

2. 蒸馏

稍冷后,拆除索氏提取器,在圆底烧瓶上安装蒸馏头改成蒸馏装置,并在烧瓶中补加沸石 1 粒,加热蒸馏,回收约 70mL 乙醇后,停止加热[2]。

3. 中和、蒸发除水

趁热将烧瓶中的残液倒入干燥的蒸发皿中,加入 4g 研细的氧化钙,搅拌均匀成糊状[3]。

将蒸发皿放在加热套上,蒸发剩余溶剂和水[4]。其间仍不断搅拌,并压碎块状物。调节加热套电压,小心焙炒烘干,直到固体混合物变成疏松的粉末状,水分全部除去为止[5]。

图 20-20　升华装置

4. 升华

冷却后,擦净蒸发皿边缘上的粉末,盖上一张刺有细密小孔且孔刺向上的滤纸,再将干燥的玻璃漏斗 (口径须与蒸发皿相当) 罩在滤纸上,漏斗颈部塞上一团疏松的棉花 (见图

20-20)。

用加热套加热升华，当滤纸的小孔上出现较多白色针状晶体时，暂停加热，让其自然冷却至100℃以下。取下漏斗，轻轻揭开滤纸，用刮刀仔细地将附在滤纸上的咖啡因晶体刮下。称量后交给实验指导教师。

思考题

1．脂肪提取器的萃取原理是什么？利用脂肪提取器萃取有什么优点？
2．蒸馏回收溶剂时，为什么不能将溶剂全部蒸出？
3．升华操作时，需注意哪些问题？

注释

[1] 开始在脂肪提取器中加入乙醇，是为更有效地浸润茶叶。但乙醇液面不能超过虹吸管。
[2] 蒸馏时不要蒸得太干，否则因残液很黏而难以转移，造成损失。
[3] 拌入生石灰要均匀，生石灰的作用除吸水外，还可中和除去部分酸性杂质。
[4] 蒸发时要充分搅拌，防止乙醇溅出。
[5] 焙炒时，切忌温度过高，以防咖啡因在此时升华。

实验十四　阿司匹林的制备

一、实验目的

1．熟悉酚羟基酰化反应的原理。
2．掌握阿司匹林的制备方法。
3．掌握重结晶纯化固体有机物的操作技术。

二、实验原理

阿司匹林化学名称为乙酰水杨酸，是白色晶体，易溶于乙醇、氯仿和乙醚，微溶于水。因具有解热、镇痛和消炎作用，可用于治疗伤风、感冒、头痛、发烧、神经痛、关节痛及风湿病等，也用于预防心脑血管疾病。常用退热镇痛药 APC 中 A 即为阿司匹林。实验室通常采用水杨酸和乙酸酐在浓硫酸的催化下发生酰基化反应来制取。反应式如下：

水杨酸　　　　　　乙酸酐　　　　　　　　　乙酰水杨酸　　　乙酸

反应温度应控制在 75～80℃左右，温度过高易发生下列副反应：
生成的阿司匹林粗品，用 35% 的乙醇溶液进行重结晶将其纯化。
实验具体操作流程见图 20-21。

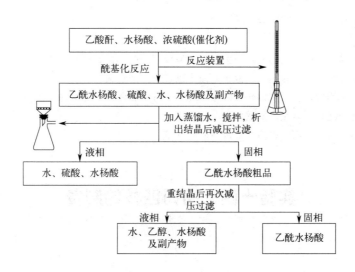

图 20-21 阿司匹林制备实验流程图

三、试剂与仪器

试剂：水杨酸、乙酸酐、浓硫酸（98％）、乙醇水溶液（35％）。

仪器：锥形瓶（100mL）、量筒（10mL、25mL）、温度计（100℃）、烧杯（200mL、100mL）、吸滤瓶、布氏漏斗、恒温水浴锅。

四、实验步骤

1. 酰化

在干燥的锥形瓶中加入 4.3g 水杨酸和 6mL 乙酸酐，再滴入 5 滴浓硫酸，立即配上带有 100℃ 温度计的塞子（温度计插入物料之中）。水浴温度达到 70℃ 后将锥形瓶置于水浴中加热，在充分振摇下缓慢升温至 75℃。保持此温度反应 15min，其间仍不断振摇。最后，提高反应温度至 80℃，再反应 5min，使反应进行完全。

阿司匹
林的制备

2. 结晶抽滤

稍冷后拆下温度计。在充分搅拌下将反应液倒入盛有 100mL 水的 200mL 烧杯中，充分搅拌，析出结晶。然后用冰水浴冷却，待结晶完全析出后，进行抽滤。用少量冷水洗涤滤饼两次，压紧抽干后转移到 100mL 烧杯中。

3. 重结晶

水浴温度达到 50℃ 后，在盛有粗产品的烧杯中加入 25mL 35％乙醇，烧杯置于 45～50℃ 水浴中加热，使其迅速溶解。溶解时，加热时间不宜太长，温度不宜过高，否则阿司匹林发生水解。若产品不能完全溶解，可酌情补加 35％的乙醇溶液。

完全溶清后，取出烧杯室温下静置，然后用冰水浴冷却，待结晶完全析出后，进行抽滤。用少量冷水洗涤滤饼两次，压紧抽干。将结晶转移至表面皿中，置于干燥箱内烘干。

将实验数据记录在表 20-14 中。

表 20-14　阿司匹林制备实验数据

产品外观	实际产量	理论产量	产率

思考题

1. 制备阿司匹林时，浓硫酸的作用是什么？不加浓硫酸对实验有何影响？
2. 制备阿司匹林时，为什么所用仪器必须是干燥的？
3. 用什么方法可简便地检验产品中是否残留未反应完全的水杨酸？

实验十五　乙酸异戊酯的制备

一、实验目的

1. 掌握乙酸异戊酯的制备方法。
2. 掌握带分水器的回流装置的安装与操作。
3. 掌握液体有机物的干燥技术。

二、实验原理

乙酸异戊酯为无色透明液体，不溶于水，易溶于乙醇、乙醚等有机溶剂。它是一种香精，因具有香蕉气味，又称为香蕉油。实验室通常采用冰醋酸和异戊醇在浓硫酸的催化下发生酯化反应来制取。反应式如下：

$$CH_3\overset{O}{\overset{\|}{C}}-OH + HOCH_2CH_2\overset{CH_3}{\overset{|}{C}}HCH_3 \underset{\triangle}{\overset{H_2SO_4}{\rightleftharpoons}} CH_3\overset{O}{\overset{\|}{C}}-OCH_2CH_2\overset{CH_3}{\overset{|}{C}}HCH_3 + H_2O$$

　　　乙酸　　　　　　异戊醇　　　　　　　　乙酸异戊醇

酯化反应是可逆的，本实验采取加入过量冰醋酸，并除去产物水的方法，使反应不断向右进行，提高酯的产率。

生成的乙酸异戊酯中混有过量的冰醋酸、未完全转化的异戊醇、起催化作用的硫酸及副产物醚类，经过洗涤、干燥和蒸馏予以除去。

实验具体操作流程见图 20-22。

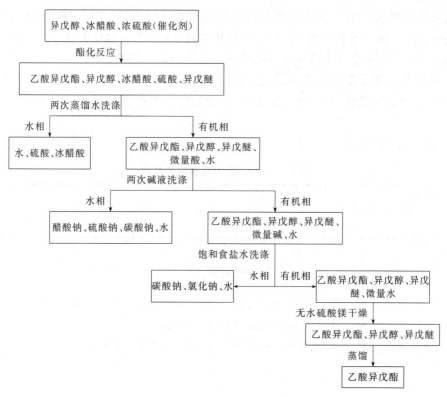

图 20-22　乙酸异戊酯制备实验流程图

三、试剂与仪器

试剂：异戊醇、冰醋酸、浓硫酸（98%）、碳酸钠溶液（10%）、食盐水（饱和）、无水硫酸镁。

仪器：圆底烧瓶（100mL）、球形冷凝管、分水器、蒸馏烧瓶（50mL）、直形冷凝管、尾接管、分液漏斗（100mL）、量筒（25mL）、温度计（200℃）、锥形瓶（50mL）、电热套。

四、实验步骤

1. 酯化

在干燥的圆底烧瓶中加入 18mL 异戊醇和 15mL 冰醋酸，振摇与冷却后加入 15 滴浓硫酸，混匀后放入 1～2 粒沸石。按图 20-23 安装带分水器的回流装置。

乙酸异戊酯
的制备

检查装置气密性后，用电热套缓缓加热至烧瓶中的液体微沸，保持 20min。升高温度，控制回流速度，使蒸气浸润面不超过冷凝管下端的第一个球，当分水器内观察不到水相液面升高，反应基本完成，大约需要 1h。

2. 洗涤

停止加热，稍冷后拆除回流装置。将烧瓶中的反应液倒入分液漏斗中，用 15mL 冷水淋洗烧瓶内壁，洗涤液并入分液漏斗。充分振摇，静置，待分界面清晰后，分去水层。再用

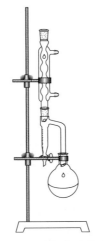

图 20-23　酯化实验装置图

15mL 冷水重复操作一次。然后酯层用 20mL10％碳酸钠溶液分两次洗涤。最后再用 15mL 饱和食盐水洗涤一次。

3. 干燥

经过水洗、碱洗和食盐水洗涤后的酯层由分液漏斗上口倒入干燥的锥形瓶中，加入 2g 无水硫酸镁，配上塞子，充分振摇后，放置 30min。

4. 蒸馏

安装普通蒸馏装置。将干燥好的粗酯小心滤入干燥的蒸馏烧瓶中，放入 1～2 粒沸石，加热蒸馏。用称过质量的锥形瓶作接收器收集 138～142℃馏分。

将实验数据记录在表 20-15 中。

表 20-15　乙酸异戊酯制备实验数据

产品外观	实际产量	理论产量	产率

思考题

1. 制备乙酸异戊酯时，使用的哪些仪器必须是干燥的？为什么？
2. 洗涤时能否先碱洗再水洗？
3. 为什么不能使用无水氯化钙干燥粗酯？
4. 酯化反应时，实际出水量往往多于理论出水量，这是什么原因造成的？